HOMO ADDICTUS

GÉRARD PIRLOT

HOMO ADDICTUS

VERS UNE SOCIÉTÉ ADDICTOPHILE

DUNOD

NOUS NOUS ENGAGEONS EN FAVEUR DE L'ENVIRONNEMENT :

Nos livres sont imprimés sur des papiers certifiés pour réduire notre impact sur l'environnement.

Le format de nos ouvrages est pensé afin d'optimiser l'utilisation du papier.

Depuis plus de 30 ans, nous imprimons 70 % de nos livres en France et 25 % en Europe et nous mettons tout en œuvre pour augmenter cet engagement auprès des imprimeurs français.

Nous limitons l'utilisation du plastique sur nos ouvrages (film sur les couvertures et les livres).

11 rue Paul Bert, 92240 Malakoff
www.dunod.com
ISBN 978-2-10-088039-3

Table des matières

Avant-Propos

Mais ce qui est absent, vois-le, malgré tout, pour la pensée ferme présence.

PARMÉNIDE, *Le poème*, IV (I)

L'être humain est un animal politique.

ARISTOTE, *Politique*, I, 1-2

Les addictions recouvrent les conduites toxicomaniaques, d'alcoolisme, de tabagisme et toutes celles qui entraînent une dépendance avec ou sans toxiques (troubles du comportement alimentaire, addictions sexuelles, au travail, au sport, aux jeux, etc.), ce dont nous avons traité dans *Psychanalyse des addictions* et dont le présent ouvrage se veut apporter des éléments complémentaires tant cliniques, psychopathologiques, métapsychologiques que sociaux et économiques.

Elles sont devenues dans notre monde occidental postmoderne le « mal du siècle ». Leur explosion n'est pas sans lien avec une société consumériste stimulant continuellement le sujet dans un hédonisme d'excitations à un quelconque objet de satisfaction, cela dès son plus jeune âge, allant des aliments sucrés, aux écrans, aux excitants, à l'alcool, aux drogues, à la publicité, aux objets de consommation, etc., qui le rendent « addictophile », c'est-à-dire cherchant à être constamment « addict » à des stimuli continus.

On pourra m'opposer qu'il est contestable de créer un néologisme, l'« addictophilie », composé d'un terme, addiction, d'origine latine (*addictus*[1]), et d'un second, d'origine grec (φιλία *philia*), pour définir un objet conceptuel que désignerait déjà le terme « addiction ».

C'est que, dans ce contexte, différent de l'*agapé*, l'amour universel, et d'Éros, l'amour physique, *philia* n'est pas tant l'amour pour un frère ou une sœur, un sentiment ou une émotion de l'amitié qu'il désigne habituellement que plutôt, ici en particulier, *l'amour pour quelque chose*[2], comme l'amour du gain ou du pouvoir, ou encore de ce que nous appelons lien à l'autre, à savoir l'objet ou le produit.

1. « Esclave pour dette », Gaffiot F., 1934, p. 31.

2. Bailly A., 1901, p. 931. « phil » compose également le mot « phil-mdeo » φιλ-mdέw-ώ), signifiant « chercher son plaisir dans... », notion que nous retrouverons dans le terme allemand *Sucht*, besoin, passion, désir (*infra*).

Dès lors, si l'addiction signifie étymologiquement un « enfermement corporel pour dette non payée » et, sur le plan médical, une dépendance ou un comportement avec perte de contrôle, envie irrépressible, compulsion de répétition et appétence pour un produit ou un comportement produisant des symptômes allant de l'euphorie, à l'hallucination, l'ivresse, l'excitation ou la sédation, l'adjonction du terme « philie » qualifie, l'émotion, le sentiment, voire l'amour, recherchés dans ce lien à un objet ou un comportement provoquant un besoin doublé d'un plaisir au point d'en engendrer la dépendance.

Cet « amour » de la dépendance s'inscrit très tôt dans la psyché de l'enfant, cela dès sa néoténie, de sa petite enfance jusqu'à son adolescence, du fait de ses relations aux parents et à sa famille. Cette dépendance sera très tôt « encouragée » par une foule d'objets, allant des jouets aux objets de consommation, prolongeant une excitation sans fin, par exemple pour les enfants, les écrans et même cette prémisse de la cigarette qu'est la « puff ».

Ce « gadget », à la mode chez les collégiens et les lycéens, est une cigarette électronique jetable dont la mode vient des États-Unis. « Des parfums sucrés qui évoquent l'enfance, un packaging coloré, le tout prêt à l'emploi : il n'en faut pas plus pour séduire les jeunes consommateurs. Elles contiennent en moyenne 600 à 700 bouffées. » Comme toute e-cigarette, la puff génère un aérosol et contient la plupart du temps de la nicotine[1].

En fait, l'« addictophilie » relève d'une dépendance, plus large que celle à une drogue, à un produit ou à un comportement : elle est ancrée dans un consumérisme sociétal devenu « servitude volontaire » comme l'écrivit Étienne de La Boétie. Elle contient évidemment ce que l'on appelle habituellement « addiction », mais inclue également un mode de vie reposant sur la quête d'un bonheur excitant proportionnel à la consommation de biens et de services ; la période de soldes Black Friday est un exemple parfait de ce qui participe de cette « addictophilie », à savoir la publicité.

Dans celle-ci, le marketing s'inspire d'un neuromarketing[2], qui utilise l'imagerie cérébrale, créant une alliance entre les chercheurs en neurosciences et les professionnels du marketing.

1. Duran Manon (2023). « La Puff, en vogue chez les ados, est-elle dangereuse pour la santé ? » https://www.santemagazine.fr/sante/addictions/cigarette-electronique/la-puff-la-cigarette-jetable-en-vogue-chez-les-ados-inquiete-les-medecins-919684.

2. Pirlot G., 2010, p. 20.

Le neuromarketing a en effet montré que *les circuits neuronaux producteurs d'endorphines, qui conduisent à la consommation telle qu'elle est présentée dans les images publicitaires, sont les mêmes que ceux que l'on va trouver dans les addictions.* « La sensation de plaisir ressenti à la vue ou à la consommation de certains produits est activée par un système de récompense impliquant le striatum ventral » (Ouazzani Touhami, Benlafkih, Jiddane, Cherrah, El Malki, Benomar, 2011, p. 135) dont on verra dans notre première partie combien il est également activé dans toutes les addictions.

« Pour qu'une publicité marque les esprits, il faut un engagement émotionnel » déclare à France Culture Anne-Marie Gaultier, directrice de Datakalb, start-up de neuroscience pour mesurer les émotions dans la publicité afin d'aider les marques à optimiser leur « pub ». « Nous mesurons l'intensité des émotions, les émotions positives ou négatives et la capacité d'attention du consommateur à toucher[1]. »

Dès lors, par l'activation d'« émotions positives » dont la pointe désirante trouvera dans l'image de l'objet la voie du besoin de celui-ci, la publicité choisit le profil bas, la souplesse, la persuasion comme le remarquait Frédéric Beigbeder dans son roman *99 francs*. La description dans cet ouvrage de l'univers des publicitaires était d'ailleurs émaillée de leurs fréquentes prises de cocaïne et autres excitants. « Nous visons dans le premier système de domination de l'homme par l'homme contre lequel même la liberté est impuissante », écrit-il (Beigbeder, 2000, p. 21).

Les « passions addictives » ne sont ainsi qu'un cas particulier, un avatar même, et une conséquence de plus en plus visible et exponentielle, si on en croit les chiffres, d'une société néolibérale postmoderne consumériste de plus en plus « addictophile » faute de pouvoir mettre en mot des émotions continuellement véhiculées par la publicité ou simplement toute excitation qu'elle soit d'ordre privée ou professionnelle. Dans la publicité, ces émotions, y compris les plus archaïques comme l'envie et la haine, ou celles sollicitant le désir d'un objet, ne sont là que comme excitation continue dont la promesse est de transformer tout désir de cet objet en son besoin accessible, nécessaire, obligé.

Cette « addictophilie » est également celle d'une société devenue depuis plus de soixante-dix ans celle de la « vidéosphère » qui remplace celle de la « graphosphère » issue de l'invention de l'écriture comme l'indique Régis Debray (1991). À la différence de cette graphosphère, cette vidéosphère piège l'intellect dans l'émotion

1. https://www.youtube.com/watch?v=I9b7SgYJVmk.

que produisent l'écran et son flux d'images. C'est ce que relève le sociologue Alain Ehrenberg[1], reprenant l'idée de Régis Debray, selon laquelle la vie médiatique et politique accentue aujourd'hui l'« hystérosphère » (Debray, 2018, p. 69) des émotions et des passions.

Comme le soulignait André Green en 1983, dans ce contexte, « le vrai danger est dans l'image même, séductrice par l'illusion de présence qui nous rendrait la réalité plus sensible. Cette représentation que la société se donne d'elle-même est incohérente et nous rend omnipotents. D'une part nous n'avons plus le moyen de penser le monde, nous subissons ses images, nous n'en tirons que peu d'idées, tout juste une mosaïque ou un kaléidoscope ; c'est un monde morcelé qui se présente à nous. D'autre part, nous compensons notre sentiment d'impuissance à peser sur le cours des choses par l'illusion que tout est devenu visible » (Green, 1983, p. 28).

La télévision et la publicité ont en effet développé cette « sur-sémiotisation » du monde par l'image comme le relevait Roland Barthes dans ses textes sur la publicité (Barthes, 1957). « Dès 1963, Barthes faisait reposer la réussite sémiotique du message publicitaire sur sa capacité à faire à lui seul un récit » (Berthelot-Guiet, 2015, p. 26). « Le signe est [ainsi devenu] l'apogée de la marchandise » (Baudrillard, 1972, p. 259), l'objet de consommation étant devenu une « sémiurgie » et, à lui seul, « une sémiologie opérationnelle » (*idem*, p. 250), entretenant une « contrainte aveugle de satisfaction », écrit encore Jean Baudrillard.

Cette « rhétorique » (Barthes, 1964) du signe qu'est l'image publicitaire a développé une « mythologie » qui n'est plus celle chargée d'Histoire et de symbolisme sur lesquels reposait jusque-là notre civilisation. Elle est celle qui, sur un mode *hédoniste*, touche plus directement les émotions et les passions désirantes dans un monde devenu d'une telle hypercomplexité – et pour lequel les programmes éducatifs ne donnent aux élèves aucune arme intellectuelle pour le comprendre – que le consommateur, captif de ces images publicitaires, omniprésentes (télé, murs, Internet, applications mobiles, etc.) sollicitant journellement son attention, « s'addicte » sans même s'en apercevoir, ce qui est le but même de toute propagande et de toute « communication » (les « communicants » faisant partis aujourd'hui de tout cabinet ministériel).

1. « On a le sentiment que tout ce qui concerne les émotions, les affects, la subjectivité est passé au centre de la vie sociale, essentiellement *via* les questions de souffrance psychique et de santé mentale. » « Le grand phénomène social dont il faut rendre compte est cette place nouvelle de l'affect dans les sociétés développées » (Ehrenberg, 2014, p. 99).

L'image, ne l'oublions pas, qui a la même étymologie que le mot « idole », a ainsi aujourd'hui contaminé une parole dont le seul but est, non point d'ouvrir sur l'au-delà de ce qu'elle veut dire, d'entendre ce qu'elle ne sait pas, mais de « communiquer ».

« Voici que les hommes s'échangent maintenant les mots comme des idoles invisibles, ne s'en forgeant plus qu'une monnaie : nous finirons un jour muets à force de communiquer ; nous deviendrons enfin égaux aux animaux, car les animaux n'ont jamais parlé mais toujours communiquer très-très bien. Il n'y a que le mystère de parler qui nous séparait d'eux. À la fin, nous deviendrons des animaux : dressés par les images, hébétés d'échanges de tout, redevenus mangeurs du monde et une matière pour la mort. La fin de l'histoire est sans parole », comme le relève Valère Novarina (2010, p. 13).

Ces passions technopathiques par l'image omniprésente, ou celles addictives, apparaissent ainsi être le produit de chiasmes : chiasme entre une émotion humaine et celle de synthèse issue de la technologie : chiasme entre le besoin d'un objet (eau, aliment) nécessaire pour vivre ou entre le « néo-besoin » qu'est l'objet addictif nécessaire *pour ne pas éprouver le manque*, et le désir qui, lui, est non indispensable pour vivre mais surtout *nécessite le manque de l'objet pour advenir*. Ce chiasme coagule ainsi désir et besoin de façon « autosimilaire » (*cf. infra*, p. 244).

Cet aspect passionnel de l'addiction trouve dans l'œuvre de Freud son modèle métapsychologique, modèle qui s'est vu étoffé par la suite par d'autres études psychanalytiques et psychosomatiques, mais l'on verra également que « l'addictophilie » de la société néolibérale postindustrielle touche les États eux-mêmes qui, pour assurer leurs courses à une croissance factice et satisfaire les puissances financières, n'hésitent pas à « s'addicter » à la dette.

Force est ainsi de constater que le phénomène addictif ne peut ainsi séparer l'« intra-psychique » de l'extra-psychique contextuel, qu'il soit familial, sociétal, économique ou politique, dans lequel il s'insère. Un exemple parmi tant d'autres est l'accentuation d'une addiction particulière, les troubles alimentaires compulsifs (anorexie et boulimie) lors du confinement et dans sa suite le déconfinement[1].

1. Gaubert C., 2020, « Anorexie, boulimie et troubles du comportement alimentaire : les dégâts du confinement. Perte de contrôle, isolement, stress : le confinement a entraîné l'aggravation de la majorité des troubles du comportement alimentaire », *Science et vie*, 24/08/2020, https://www.sciencesetavenir.fr/sante/anorexie-boulimie-et-troubles-du-comportement-alimentaire-les-degats-du-confinement_146914. *Cf.* étude de référence : Fernández-Aranda *et al.*, 2020.

Pour conclure, je dois préciser que l'idée de cet ouvrage me vint lorsqu'un groupe d'internes en psychiatrie de Paris, autour du professeur Maurice Corcos, exhumèrent de ma mémoire un de mes anciens textes sur l'addiction sur lequel ils travaillaient, celui sur la « complexité psychopathologique du phénomène d'addiction », texte dont j'avais oublié l'existence.

Ceci m'encouragea à revisiter quelques textes que j'avais pu écrire ces vingt dernières années sur le sujet. Je m'aperçus que des articles qui n'avaient pu être inclus dans l'ouvrage *Psychanalyse des addictions*, présentaient sur celles-ci un autre éclairage. Cette relecture de ces anciens travaux et l'idée du présent ouvrage prirent ensuite forme quelque temps après que la revue *Adolescence* me demanda un article sur l'addiction en focalisant celui-ci sur le processus adolescent et sur l'emprise, texte que j'insère ici avec quelques remaniements.

J'ajoute que je ne traiterai pas dans cet ouvrage les questions techniques de la prise en charge thérapeutique et psychanalytique, en ayant traité à la fin de mon ouvrage *Psychanalyse des addictions*.

Je n'aborderai pas non plus la description clinique des principales addictions (alcoolisme, toxicomanie, anorexie, boulimie, etc.), les ayant abordées dans *Psychanalyse des addictions*.

Cet ouvrage se veut plutôt utiliser une focale sur la question des addictions et de la « passion » addictive de notre société (« addictophilie »), allant du microscope métapsychologique aux lunettes médianes psychopathologiques et celles psychosomatiques, jusqu'à celles plus larges, avec un grand angle, du contexte socio-économicopolitique dans lesquels ces comportements se développent de plus en plus. Cette focale allant de l'échelle micro du psychique à celle macro du sociétal, est celle d'un psychanalyste qui se trouve également être citoyen d'une société et d'une civilisation qui, au fil des années, n'ont pas manqué de changer de manière vertigineuse, en particulier dans ce domaine. Cette prise en compte du sociétal concernant les mouvements psychiques et les comportements me paraît être fidèle à la démarche freudienne.

De *Psychologie des masses, l'avenir d'une illusion,* à *Malaise dans la civilisation* Freud nous a en effet légué des textes politiques, « même s'ils ne se revendiquent pas comme tels et même si, généralement, nul ne songe à les qualifier ainsi » (Le Guen, 2002, p. 82).

Cette vision politique est avant tout chez Freud une conception anthropologique du fait psychique.

Car si la psychanalyse traite des individus non des groupes, l'anthropologie de S. Freud nous a appris que les pulsions et les fantasmes ne cessent d'agir dans le champ social et qu'en retour celui-ci influe sur les mécanismes psychiques eux-mêmes – *cf.* à cet égard le rôle de la publicité et toute propagande[1]. Pour Freud l'environnement socio-culturel était en quelque sorte incorporé psychologiquement (introjecté) en même temps que les figures non séparées des images parentales, ceci particulièrement jusqu'à l'âge de cinq ou six ans du complexe d'Œdipe.

La société, le socius, sont souvent désignés par Freud comme « extérieur » à l'appareil psychique ; « Nous avons inlassablement répété que le moi doit son origine, aussi bien que ses plus importants caractères acquis, à ses relations avec le monde extérieur » écrit-il dans l'*Abrégé de psychanalyse* (1967, p. 77).

En 1923, l'image de la « boule protoplasmique » qu'est le moi se présente comme étant à sa surface un lieu d'échange entre ça et le monde extérieur[2]. Cet « extérieur », ce « dehors » n'est ainsi pas, par le jeu des processus de projection et d'introjection, sans avoir un réel impact sur « l'intérieur » psychique comme l'exprime encore Freud en 1937 pour qui « les conflits internes seraient, à coup sûr, l'équivalent exact des combats extérieurs qui n'ont alors plus lieu[3] ».

En d'autres termes, les modalités pathologiques de fonctionnements psychiques paraissent être sélectionnées par des conditions sociales, familiales, culturelles et *sociétales* dans ce que Freud a appelé les séries complémentaires (*Ergänzungsreihe*)[4] : l'explication de l'étiologie d'une névrose tiendrait compte à la

1. Publicité et propagande ne sont pas sans liens : « La propagande est à la démocratie ce que la violence est à un État totalitaire ». Cette formule de Noam Chomsky figure dans l'édition de 2007 du livre *Propaganda* (1928) d'Edward L. Bernays, neveu de Freud, ayant grandi aux États-Unis. « Bernay est généralement reconnu comme l'un des principaux créateurs (sinon le principal) de l'industrie des relations publiques et donc comme le père de ce que les Américains nomment le *spin*, c'est-à-dire la manipulation – des nouvelles, des médias, de l'opinion – ainsi que la pratique systématique et à large échelle de l'interprétation et de la présentation partisanes des faits », écrit dans la préface de l'ouvrage Normand Baillargeon. Nous sommes avec le livre *Propaganda* dans un régime de perversion (ici sociale) dans lequel le but est de faire accomplir à des individus, trop bêtes pour agir par eux-mêmes, des gestes et des actions qui accroissent le pouvoir économique, politique et financiers de ceux qui les manipulent.

2. Freud S., Le Moi et le Ça, in *Essais de psychanalyse*, (1923), p. 236-237 ; et *Nouvelles Conférences d'introduction à la psychanalyse*, 1984, p. 107-109.

3. Freud S., « Analyse terminée et analyse interminable », in *Résultats, idées, problèmes*, (1937), II, PUF, 1985, p. 260.

4. Freud S., *Introduction à la psychanalyse*, (1916-1917), 1975, p. 340.

fois des facteurs endogènes et exogènes complémentaires qui varient en raison inverse l'un de l'autre.

On pourrait avancer que notre « culture du narcissisme » (pour reprendre le titre de l'ouvrage prophétique du sociologue Christopher Lash (1991)) de notre postmodernité sélectionne, dans le sens darwinien du terme, certains types de fonctionnement psychique de personnalités comme celles que Fromm appelait « individualiste asocial » (Fromm, 1964), chez qui les comportements ou les fantasmes de toute-puissance narcissique se conjuguent à l'éviction de toute censure.

Pour terminer, je dois ajouter que si la prise en charge de patients psychotiques, addicts graves, toxicomanes, états-limites, ou anorexiques pendant plus de vingt ans à l'hôpital public fut suivie de celle de névrosés et de patients souffrants de pathologies somatiques en pratique libérale, je n'ai jamais cessé de recevoir des patients addicts, au profil souvent non névrotique (états-limites) et, ainsi, de m'intéresser à la question de leurs problématiques.

Chapitre 1

Généalogie d'un parcours d'intérêt pour les addictions

Il est bien vrai que, depuis Freud,
la question des rapports entre
les structures individuelles et
les structures sociales est laissée
à l'abandon [...] On pourrait
s'interroger là-dessus et
les psychanalystes peuvent faire leur
autocritique. Quel rôle aura joué
*l'*establishment *de la psychanalyse*
– le repli exclusif sur les problèmes
cliniques dispensant d'une réflexion
plus large – dans cette démission
à l'égard des objectifs de Freud,
est la question qu'il faudra se poser.

André GREEN, « L'"Anti-Œdipe" de Deleuze et Guattari », in *La Clinique du négatif,* 1972

Lorsque, à la fin des années 1970, après des séjours au Maroc, en Grèce puis en Inde et au Népal, déplacements où j'avais rencontré nombre d'adolescents et jeunes adultes se droguant (« junkies », nous étions encore à cette époque à la fin des années *flower power* des hippies), j'ai eu l'occasion, lors de ma 6e année de médecine, de faire un stage d'externe dans le service d'alcoologie du professeur Fontan au CHR de Lille. Je devais y côtoyer des patients soignés pour alcoolisme, dont la plupart avaient plus de quarante ans, et se trouvaient en face de sujets toxicomanes qui, eux, âgés d'une vingtaine d'années, auraient pu être leurs fils.

Je reconnaissais chez ces derniers le style, tant au niveau vestimentaire des attitudes ou des comportements, de ceux croisés quelques années auparavant sur « les chemins de Katmandou », ou ceux fréquentés dans le village de Diabat près d'Essaouira au Maroc ou dans celui de La Chora dans l'île grecque d'Ios de la mer Égée.

Certes, je n'étais pas comme Régis Ayrault (2000), psychiatre au consulat de Bombay, venant en aide à des centaines de Français en perdition de Bombay à Goa, de Pondichéry à Delhi, mais un simple étudiant en médecine qui, avant ce stage au CHU, avait croisé et parfois partagé la route avec certains de ces jeunes hippies.

Cependant, comme lui, j'avais pu constater à l'époque de ces voyages antérieurs à mon stage, combien cette Inde fascinait au point d'entraîner, même chez des jeunes sans trouble psychiatrique et ne prenant aucune drogue, des sentiments d'étrangeté. Ainsi j'avais pu constater des épisodes de déréalisation, voire des bouffées délirantes aiguës, à type de « désir d'éternité » (*ibid.*, p. 60) du même type que celui que je devais plus tard rencontrer également à Jérusalem, lorsque le fantasme messianique se superposait pour certains croyants à la réalité d'une ville. Cette « inquiétante étrangeté » pouvait en effet advenir chez ceux qui découvraient l'Inde en dehors de toute pharmacopsychose due au LSD ou au haschich[1]. Si le plus souvent ces troubles étaient passagers, d'autres pouvaient s'aggraver et s'installer durablement.

À cette époque, et dans l'ambiance de « largage des amarres » post-68, l'Inde ne manquait ainsi pas de « retourner » celui ou celle qui s'y rendait au point de vouloir... y retourner... Le regard violet et la prestance des Hindous les plus pauvres, la rencontre avec les Sâdhus (dont certains m'avaient marqué quand, avant de faire leurs exercices de yoga, ils s'aspergeaient le corps des cendres de ceux qui, à quelques mètres de là venaient de partir en fumer par crémation), tout portait le jeune Occidental – que j'étais également – à une forme de rencontre, qu'il cherchait précisément, avec un *lieu psychique* en lui jusque-là ignoré ou parfois pressenti.

« Il n'est pas rare que l'exaltation vous saisisse quand vous posez le pied sur le sol indien. On éprouve alors fréquemment un sentiment de déjà-vu (ou de retour) : "J'ai dû vivre ici dans une vie antérieure", "Me voici revenu chez moi" », déclare alors le jeune occidental (*ibid.*, p. 68) ...

Ce lieu psychique cherché, et parfois même éprouvé dans le réel, n'est pas sans lien avec cette zone mystique dont Freud a donné, quelque temps avant sa mort, une définition métapsychologique laconique : « Mystique, l'obscure autoperception du royaume externe au moi, au ça[2]. »

Si on ajoute à cette brève formule, celle toute aussi concise de 1923, « la perception est au moi ce que la pulsion est au ça » (Freud résumant ainsi ses recherches sur le système perception-conscience du début à la fin de son œuvre), on aboutit

1. *Ibid.*, exemple à Goa, Betty p. 131-137 ; Rena, p. 144-148

2. Freud S., *Résultats, idées, problèmes II*, (1938), Paris, PUF, 1985. p. 289.

au constat que *si le ça est pulsion, le moi* (qui « est avant tout un moi corporel » écrit Freud[1]) *est alors perception*, perception qui, chez ces jeunes routards, était celle d'une « Mother India » énigmatique et mystique dont la promesse était celle d'ouvrir « les portes de la perception[2] » de leur propre moi, ce que le son long, chavirant et plaintif comme un « bateau ivre » de la cithare indienne, suscitait à merveille.

Cette « économie de la perception-sensation » (Dejours, 1987) voyait chez eux le *perceptum* supplanter *le percipiens*[3], c'est même ce qui était recherché. Une forme de perception « anonyme » les submergeait sans qu'ils pensent à cette phrase de Merleau-Ponty : « Je devrais dire qu'on perçoit en moi et non, je perçois » (Merleau-Ponty, 1945, p. 249).

Ces jeunes routards poursuivaient donc la perception qui avait, dans ce contexte, son prix d'expériences « d'inquiétante étrangeté » pouvant parfois déboucher sur des délires et/ou sur une toxicomanie pour peu qu'ils y rencontrassent la drogue.

Car l'Inde, à l'époque, comme le Maroc ou les îles grecques, pouvait rendre fou. Simple étudiant en médecine, j'avais pu moi-même constater combien les naufrages psychiques, les syndromes de dépersonnalisation, la clochardisation, la prostitution, les vacillements identitaires, la schizophrénie, la désocialisation, se rencontraient chez ceux, drogués, que j'avais pu simplement croiser ou avec qui j'avais pu vivre quelque temps dans des villages habités de ces « âmes errantes ».

Ces jeunes, partis avec le fantasme d'un « sentiment d'union indissoluble avec le grand tout » que cite Freud dans *Malaise dans la civilisation*, s'étaient, pour beaucoup d'entre eux, fracassés dans une Inde, dans un Maroc, dans une Grèce ou une Turquie, qui les perdaient alors qu'ils pensaient s'y retrouver…

Quelques années plus tard donc, revenu de ces voyages, je constatais que dans le service du professeur Fontan, le groupe des sujets alcooliques et celui des toxicomanes

1. Ce moi qui est « d'intermédiaire entre le ça et l'extérieur » (Freud [1938], *Abrégé de psychanalyse*, 1973, p. 4) « … est avant tout un moi corporel, il n'est pas seulement un être de surface, mais lui-même la projection d'une surface [*Ajouté en 1927:* le moi est finalement dérivé de sensations corporelles, principalement de celles qui ont leur source dans la surface du corps. Il peut être ainsi considéré comme une projection mentale de la surface du corps […] il représente la surface de l'appareil mental] […] le mieux est de l'identifier avec l'"homoncule cérébral" des anatomistes » (Freud, *Le Moi et le Ça*, 1991, p. 260).

2. Titre de l'ouvrage d'Aldous Huxley, *Les Portes de la perception*, 1954.

3. *Percipiens* est le nominatif de *percipient* : l'être ayant la faculté de perception.

ne se mélangeaient guère, vivaient leur vie dans l'indifférence, chacun replié dans sa communauté. Étudiant en médecine puis jeune médecin, j'abordais ainsi intellectuellement les deux conduites pathologiques, alcoolisme et toxicomanie, de manières différentes, tant au niveau médicamenteux, psychanalytique qu'institutionnelle.

Je suis donc venu à la psychiatrie par l'intérêt clinique pour les toxicomanies, intérêt initié par mes rencontres avec les « routards » du Maroc, des Cyclades ou de l'Inde. Dans le même temps, ma curiosité pour la psychanalyse fut initiée, d'un côté, par la lecture des surréalistes (*cf.* « l'associationnisme » de leur « écriture automatique » à l'instar de celle de *L'Immaculée conception*), ou encore par la découverte d'Antonin Artaud[1] et son « désarroi stupéfiant de sa langue dans ses relations à sa pensée » ([1925], *Le pèse-nerfs*, 1984, p. 99) et, de l'autre, par ce qu'à l'époque nous nommions le « freudo-marxisme ».

Herbert Marcuse et Gérard Mendel m'en ouvrirent le chemin. Philosophe allemand de l'École de Francfort, Marcuse était associé pour moi aux mouvements de contestation étudiante des années 1960-1975 aux États-Unis et en Europe. Les manifestations contre la guerre du Vietnam, des films comme *Des fraises et du sang*[2], des concerts comme ceux de Woodstock, de l'île de Wight ou des « Fêtes de l'Huma », m'avaient attiré vers le rêve d'une Californie où enseignait ce « philosophe de la révolte des jeunes ».

C'est dans ce contexte intellectuel et culturel, deux ans après cette expérience dans le service d'alcoologie et toxicomanie du CHR de Lille, que, devenu interne dans un service de pédopsychiatrie de la région, je devais constater que les jeunes patientes soignées pour anorexie et/ou boulimie, c'est-à-dire pour des troubles des conduites alimentaires (TCA), n'étaient elles aussi, en aucun cas, appréhendées sur le plan psychopathologique avec les mêmes concepts que ceux relevant de l'alcoolisme ou des toxicomanies.

Certes, les études et travaux psychanalytiques sur l'alcoolisme ou la toxicomanie, ou ceux sur l'anorexie, étaient apparus, alimentant passionnellement ma soif de savoir. Toutefois chaque champ clinique et pathologique y apparaissait décrit de façon singulière, sans lien les uns avec les autres.

1. *Cf.* Pirlot, 2018, p. 263.

2. *Des fraises et du sang*, en anglais *The Strawberry Statement*, est un film américain réalisé par Stuart Hagmann, sorti en 1970. Le film est basé sur la chronique de James Simon Kunen qui raconte la révolte étudiante à l'université Columbia en 1968.

C'est la venue du concept d'addiction qui, au milieu des années 1990, révolutionnera le regard psychopathologique et métapsychologique que je devais porter sur ces pathologies en leur donnant un fondement psychopathologique et métapsychologique qui pouvait les réunir. Quelques temps après, les travaux de psychosomatique analytique ont ensuite élargi cette vision unitaire possible.

En attendant, dans ces années 1970-1980, comme quelques autres de ma génération, je fus séduit par le livre d'H. Marcuse, *Éros et civilisation*. Marcuse y interprétait les théories marxistes de l'aliénation, à la lumière de la répression du plaisir (Éros) qui, selon le philosophe, se trouvait être sur-réprimé dans les sociétés capitalistes avancées dominées par le *Principe de rendement* et la productivité à marche forcée.

Évidemment la libération sexuelle que nous vivions dans ces années-là, jusqu'à la libération de l'avortement, devait largement infirmer cette pensée du philosophe, ce que l'idéologie qui était la mienne à l'époque, pétrie de trotskisme, m'empêchait de voir.

C'est d'ailleurs le propre de toute idéologie : elle met un voile sur le réel, empêchant de le voir. Le tort de toute idéologie est d'aller à l'encontre de la formule de Péguy dans *Notre jeunesse*, « il faut toujours dire ce que l'on voit : surtout il faut toujours, ce qui est plus difficile, voir ce que l'on voit » (Péguy, 1910, 1934, p. 45).

L'autre ouvrage de Marcuse qui m'avait marqué et qui, à mon sens, reste encore d'actualité, était *L'Homme unidimensionnel*. L'auteur y développait l'idée que notre culture – nous ne disions pas encore à l'époque « postmoderne[1] » – s'était détachée de son potentiel critique, au point d'être devenue « unidimensionnelle[2] ». Ce qu'il appelait la « bidimensionnalité », celle par exemple de sujet et d'objet, pour lui avait perdu de sa profondeur. J'ajouterai également qu'elle avait perdu la dimension du sacré, que Roger Caillois (Caillois, 1950, p. 127), définit comme « négatif » – ce qui ne manque pas d'interroger sur un manque de sacré aujourd'hui tant ce « négatif »

1. Le philosophe Jean-François Lyotard (*La Condition postmoderne*, 1979, *infra*) utilisera le terme pour qualifier une époque où l'on assiste à l'effondrement des « grands récits » et où tout se réduit au pur et simple relativisme.

2. *Le principe de connaissance postmoderne* repose sur un scepticisme radical quant à la possibilité d'obtenir un savoir objectif ou la vérité et l'adhésion à un constructivisme culturel. *Le principe de politique postmoderne* repose sur la croyance selon laquelle la société est constituée de pouvoir et de hiérarchies décidant de ce qui peut être connu et de la façon dont cela peut l'être. *Les quatre thèmes postmodernes* sont : le brouillage des frontières, le pouvoir du langage, le relativisme culturel, l'abandon de l'universel. (Pluckrose, Lindsay (2020), 2021, cf. p. 51.)

n'est plus « visible » dans une société dominée par le « positif » de l'image (*supra*) comme de l'objet marchandise et de consommation.

Proche en cela de son maître Heidegger et de sa critique de la technique (Heidegger (1954), 1993, p. 22-24) – philosophe dont je découvris l'œuvre à l'époque en fréquentant un séminaire de phénoménologie – la société était ainsi devenue pour Marcuse le produit de l'« unidimension » d'une raison instrumentalisée et technicisée qui, dans l'*hubris* que lui donnait sa toute-puissance technologique, produisait des idéologies nous éloignant d'autant plus du réel qu'elles se conjuguaient à la production de choses et d'images entretenant un « régime de simulacre dans lequel le réel n'a pas fini d'être aboli » (Baudrillard, 1981, p. 20).

Ce point de vue ne me semble aujourd'hui aucunement dépassé. Cependant les anciens « ismes » des idéologies marxiste, communiste, capitalisme, qui reposaient du XIXe au XXe siècle sur une pensée *dialectique* supposant l'acceptation de la contradiction des raisonnements et opinions, pensée héritée de la *disputatio* universitaire (une dialectique et une hétéronomie correspondant, sur le plan symbolique, à l'hérérosexualité), se voient depuis quarante ans, c'est-à-dire l'advenue concommitante du néolibéralisme et de la postmodernité, supplantées par un univers qui apparaît de plus en plus « unidimensionnel ». Celui-ci appartient à une culture postmoderne conduisant, de par sa nature, à un unanimisme appelée « *pensée unique* » qui, chargée d'un *conformisme d'ambiance*, érige l'opinion médiatico-politique en une *doxa*[1] qui n'est, quant à elle, qu'affirmation de choses vagues sans jamais les démontrer.

La « vérité », ne souffrant de nos jours aucune contestation ou critique, se voit en effet vite taxée de *fake news* ou de complotisme pour peu qu'elle s'oppose à la *doxa*. C'est ainsi que notre culture occidentale a inventé la « post-vérité[2] » qui est une réécriture de l'Histoire et de l'actualité selon l'idéologie que l'on veut imposer. C'est ce dont rend compte, d'un côté la *cancel culture* et, de l'autre, le « totalitarisme *soft* » de pouvoirs voulant contrôler autant le vote des peuples[3] que les informations diffusées sur Internet, c'est-à-dire hors des médias *mainstream*. « La parole est la

1. *Doxa* est un mot que l'on a traduit par opinion et qu'on oppose celui de science. « En elles [ces opinions] on ne peut se fier à rien de vrai » (I, 30). Parménide, 1955.

2. *Post-truth* (post-vérité) a été désigné « mot de l'année 2016 » par l'*Oxford Dictionary*.

3. À preuve le traité de Lisbonne de 2007 ratifié par Congrès (le Parlement plus le Sénat) alors, qu'à quelques variantes près, son texte avait été récusé par le référendum de 2005 (54,67 de « non », 45,33 de « oui »). La déclaration de Jean-Claude Junker, président de la Commission européenne quelques années plus tard, ne peut être plus claire : « Il n'y a pas de choix démocratique possible contre les traités européens », *Le Figaro* du 28/01/2015.

pierre angulaire du système. Régner sur les esprits permet de gouverner le pays », comme l'écrit Czeslaw Milosz (cité par Mathieu Bock-Côté, 2019, p. 11).

Ce *rapport singulier à la verbalisation* est celui, notons-le, que Paul-Claude Racamier attache à la notion de perversion narcissique et à ce qu'il appelle « l'AntŒdipe[1] » : « Dans la psychose les mots sont surinvestis à la place des objets, mais dans la perversion narcissique, *c'est la parole qui est surinvestie au détriment des êtres. Et ce n'est pas, comme dans la psychose, la réalité qui est surinvestie, c'est la vérité* » (Racamier, 1992b, p. 138), ce que P.-C. Racamier synthétise en une phrase simple : « *Pour eux* [les pervers narcissiques] *un mensonge réussi compte comme une vérité.* » Que le mot soit confondu à la chose appartient, outre au registre psychotique, à celui de l'idéologie et de la manipulation et propagande politique et médiatique, en cherchant à paraître comme un langage performatif selon J.-L. Austin, dans lequel « dire, c'est faire[2] ».

Cette configuration relève de l'incestuel antœdipien en créant un « monde intellectuel » dans lequel *la chose et la pensée sont confondues*, ce que Racamier appelle « l'objet-délire ». Celui-ci est « un des dérivés du *déni des origines* propre à l'antœdipe intempéré » (Racamier, 1992, p. 199).

Ce « déni des origines » se retrouve dans le « déni du contexte » de toute information dérangeante pour différents pouvoirs qui souhaitent la contrôler. Cela conduit à une réécriture de l'Histoire[3] répondant ainsi à des convictions idéologiques dans lesquelles il faut percevoir l'aspect « pervers narcissique » concernant tout « narratif » visant à tordre, voire à effacer, le *réel* de certains faits objectifs.

En ce sens, *ce rapport « perversif »* (Racamier) *au réel correspond aux convictions de l'addict*, en particulier *toxicomane*, sur sa prétendue invincibilité que soustendent ses fantasmes de toute-puissance, et qui dénie *le réel* des conséquences néfastes de sa conduite addictive sur la biologie de son corps.

À sa manière, l'addict, en particulier toxicomane, pratique, nous pourrions-nous dire, une forme de *cancel culture* qui se veut effacer les effets nocifs, pour le

1. Racamier, 1992a, p. 194 ; 1993, p. 24, 47.

2. Quand, lors d'un mariage, le maire dit aux deux fiancés : « Je vous déclare mari et femme », il ne se borne pas à constater cette union : il la réalise par le fait même de prononcer cette phrase.

3. Interrogé par la chaîne américaine CBS le 18 avril 2021, le président de la République déclare à la journaliste Margaret Brennan, dans une interview en anglais, que la France souffre de racisme lié à son passé colonial qui justifie un projet de « déconstruction de notre histoire ».

narcissisme de son moi, de son comportement sur son organisme. Au réel de ces effets négatifs de son addiction, il préfère « réécrire » son histoire subjective en y substituant une « post-vérité », le plus souvent « victimaire », avant de pouvoir, par un travail analytique entraînant bien souvent une sérieuse dépression, réenvisager les choses autrement.

Ce comportement s'inscrit dans le contexte d'une société vouée au « veau d'or » de la consommation et son culte de l'objet, une culture caractérisée par la désymbolisation, c'est-à-dire la perte de ses références symboliques, sacrées et historiques.

Grand lecteur, j'avais déjà repéré dès mes années d'internat que cette ère de la post-vérité avait été décrite dans le roman *1984* du socialiste libertaire George Orwell. Dans ce roman dystopique, la propagande du ministère de la Vérité modifiait et supprimait les informations et faits objectifs, ou à tout le moins complexes, défavorables au discours idéologique et à la *doxa* du Pouvoir. Ceci y était diffusé dans une novlangue servant d'instrument de domination des esprits. Cette novlangue, était également utilisée par le Ministère qui s'occupait de la guerre, désigné « ministère de l'Amour »... donc du Bien. Qui donc peut être contre l'Amour et le Bien ?

Le lecteur peut penser que ce rapprochement entre notre société et celle décrite par le roman est excessif et erroné. Je citerai donc l'écrivain Amin Maalouf de l'Académie française qui a écrit quelques réflexions sur la pertinence de ce rapprochement.

> « Il est vrai que la forme que revêt aujourd'hui cette menace n'est pas celle que l'auteur redoutait. Son imaginaire était conditionné par les réalités de son temps ayant connu les dérives totalitaires de son siècle, il croyait savoir d'où viendraient les tyrannies futures, au nom de quelles croyances elles gouverneraient, et par quelles méthodes elles se perpétueraient. En cela, il se trompait. Mais sur l'essentiel, il avait raison. [...] C'est cette inquiétude qu'il nous a transmise à travers ses écrits. Et elle demeure, hélas, parfaitement justifiée. Sinon en raison du cauchemar totalitaire qui l'obsédait, du moins par d'autres cauchemars, qui l'auraient sans doute horrifié s'il les avait imaginés.
> Un monde apeuré, où la surveillance quotidienne de nos faits et gestes serait dictée par notre désir réel et légitime d'être protégés à chaque instant, n'est-il pas, finalement, plus inquiétant encore qu'un monde où cette surveillance serait imposée de force par un tyran paranoïaque et mégalomane ? » (Maalouf, 2019, p. 309).

Ce monde est celui que le sociologue québécois M. Bock-Côté appelle « le totalitarisme sans goulag » (Bock-Côté, 2024) où le Big Brother de *1984* prend la figure anonyme d'un monde connecté 24 heures sur 24, soumis de plus en plus à l'émotionnel des images, au défilement incessant des images et des stimulations des diverses applications allant de X (ex-Twitter), Telegram, Instagram ou TikTok, qu'il convient de contrôler.

Ce monde totalitaire sans goulag est paradoxalement celui d'une liberté de se détruire dans le plaisir. C'est celui de la servitude volontaire (*supra*) dans laquelle l'intime et « l'extime » se superposent[1] pour la seule cause qui vaille, celle de « l'amour de soi », une autophilie qui trouvera dans toute addiction largement de quoi s'épancher.

Cette « addictophilie » sera de plus activée, nous l'avons dit, dès le plus jeune âge, par la nourriture sucrée, les écrans, les excitants que sont la publicité, la mode, les objets de toute sorte, les drogues, l'alcool, contribuant ainsi à l'asservissement du consommateur qui, par ailleurs, à chaque clic sur son ordinateur ou smartphone, renforcera par le contrôle de ses données, la puissance des géants de la technologie tels que Google, Amazon, Facebook ou encore Apple (les GAFAM), véritables nouveaux seigneurs féodaux des temps modernes selon Yanis Varoufakis (2024), là où les anciens ordonnaient à leurs serfs des corvées qu'au Moyen Âge on appelait… *addictum* (*cf. infra*).

Ceci se conjugue à un espace où s'abolit la vie privée (*ibid.*, p. 163 *sq.*) et dans lequel règne une novlangue inclusive et diversitaire diffusant dans toutes les strates de la société (*ibid.*, p. 143 *sq.*) l'*inexistence d'un réel* qui, par trop, risquerait de limiter le narcissisme du citoyen-consommateur : l'inexistence touche ainsi les sexes selon la sociologie du genre (*ibid.*, p. 129 *sq.*), l'Histoire (Fukuyama, *infra*), l'autorité, les frontières, les limites. L'idéologie est ainsi progressivement devenue le simulacre entretenu par un consumérisme permis par le « techno-féodalisme » des GAFAM et des médias qui joue comme un filtre continu à toute perception d'un réel pouvant être vécu comme déplaisant, voire « castrateur ».

Est-ce cela que fuient certains jeunes toxicomanes ou addicts ?

Fuir un monde qui les « déboussole », leur fait peur, leur inspire du dégoût ?

L'un d'entre eux, Jean-Maxime, fils de parents universitaires divorcés quand il avait 15 ans, âge où il commença à fumer de plus en plus de cannabis, m'y fit

1. Le ravage des harcèlements dans les écoles primaires et collèges, relayés des jours durant par les portables, en témoigne.

penser : Jean-Maxime avait abandonné ses études universitaires pour passer ses journées au lit après des nuits alcoolisées et sous haschich. Il vint consulter à la demande d'une amie de ses parents.

Jean-Maxime avait été un enfant très sensible et précocement blessé par la figure d'un père à la fois absent et effrayant de par sa réussite professionnelle et sa forte personnalité. De même, sa mère était décrite comme étant plongée elle aussi dans son passionnant métier où dominaient livres, cours et conférences.

Les séances avec lui étaient tout à fait curieuses : sa parole, son esprit, d'une minute à l'autre pouvait aller d'un flou difficilement compréhensible du fait du cannabis, à un discours hyperlucide où il pouvait dénoncer une société néolibérale présentant le trouble de santé mentale comme la faute d'un individu ne sachant pas s'adapter au monde, plutôt qu'issu d'un contexte de concurrence, de rivalité, de conflit et de malveillance dans les organisations d'entreprise ou dans l'établissement supérieur privé et très sélectif orienté vers le commerce dans lequel il étudiait.

> « La plasticité neuronale découverte a un impact, vous savez… au niveau social. Elle légitime que l'individu doive s'adapter, sinon, il est psychiatrisé… Vous avez remarqué ? La psychologie dite positive parle de "capital de santé mentale" comme si celle-ci était un bien marchandable et aussi de "résilience" qui devient un "impératif catégorique" néokantien auquel tout le monde doit se rallier… Je hais ce monde normatif… Je finirai comme "suicidé" comme les ingénieurs de France Télécom si je devais m'y adapter[1]… »

1. Jean-Maxime me fit penser à ce que j'avais écrit dans *Déserts intérieurs* en 2009 (p. 98-99) à propos de l'emprise de « l'auto-évaluation » à la mode depuis vingt ans dans certaines entreprises ou administration. « […] l'absence d'un chef bien établi participe de cette absence de la figure d'une imago paternelle qui disparaît sous une strate d'organigrammes internes et externes en connexions avec d'autres partenaires, de conseils, de commissions et sous-commission qui toutes, de plus, sont soumises à la toute-puissance des questions financières, administratives et commerciales créent chez les employés, des sentiments de perte d'identité et de remise en question continuelle. Une telle organisation offre au sujet une logique qui n'a pas toujours de sens. C'est avec l'organisation, et non plus le chef que l'employé entretient des rapports infantiles de soumission-révolte réprimée. Les imperfections inhérentes à l'organisation du travail sont mises sur le compte des travailleurs ou des employés eux-mêmes et imputées à leur gestion de cette organisation et non à des dysfonctionnements pouvant provenir des orientations de la direction ou des relations qu'elle entretient avec le personnel (les DRH disposent de toute manière des outils communicationnels *ad hoc* pour faire valoir les options des directions et éviter toute émergence de conflit "frontal"). » *Cf.* Pages, Bonetti, de Gaulejac, Descendre, 1979 ; Dejours (1995), où l'auteur insiste sur les stratégies de la distorsion communicationnelle ou du mensonge institué en cours dans les entreprises.

Ajoutant : « Je me déscolarise pour sauver son esprit. »

Jean-Maxime me fit ainsi part, plus d'une fois, de ce qu'il avait rencontré dans sa grande école privée formant des futurs managers et que, précisément, il fuyait : une novlangue, telle celle de *1984* qui annihilait toute logique de pensée[1] en lui, utilisant continuellement des paradoxes comme « la double-pensée » (Orwell, 1949, p. 19), qui entretenait une ambivalence et une « double contrainte » (le *double bind*) sidérant sa pensée et celle de ses congénères qui, par esprit de conformité, semblaient quant à eux, ne rien remarquer.

Jean-Maxime ne savait pas que c'était l'École systémique de Palo Alto qui avait repéré cette forme de communication. Par contre, il disait avoir rencontré dans ses études ce qu'il avait lu dans le roman *1984*, les discours policés mâtinés de formules du type « en même temps » d'un certain homme politique lui rappelaient les slogans « la guerre, c'est la paix » ; « la liberté, c'est l'esclavage », « l'ignorance, c'est la force » (p. 34) du roman de George Orwell.

« Cette novlangue à laquelle le citoyen doit se soumettre », me dit Jean-Maxime, « l'amène à retenir simultanément deux opinions qui s'annulent alors qu'on les sait contradictoires, et à les croire tous deux »... Bref, « employer la logique contre la logique » et, comme dit Orwell, saisir que « la compréhension même du mot double pensée impliquait l'emploi de la double pensée » (Orwell, 1950, p. 55)... « Évidemment toute ressemblance avec ce qu'en politique on appelle "le double langage" ou le "en même temps" est purement fortuit », ajouta-t-il pour conclure avec ironie et, je dois l'avouer, une grande clairvoyance.

Il fallut plusieurs années, entrecoupées de réactions thérapeutiques négatives, d'interruptions et de reprises de séances, avant que, pouvant enfin s'attacher à une compagne, Jean-Maxime puisse reprendre des études, non plus juridiques et commerciales, mais dans un métier tourné vers le soin à autrui.

C'était un fait que la novlangue, qu'avait détectée Jean-Maxime, travaille ainsi, comme le langage nazi qu'a décrit le philologue allemand Victor Klemperer dans son ouvrage *LTI, la langue du IIIe Reich* : elle distille de façon infraliminaire une haine sournoise de la pensée et un « décervelage » de la population – décervelage que Jean-Maxime avait longtemps pratiqué en se droguant pour échapper à celui

1. Il devient « impossible, littéralement, de penser une idée hérétique », explique Orwell.

subi dans ce qu'il disait être la novlangue rencontrée dans son site universitaire privé pendant ses études...

Ce qu'avait repéré Jean-Maxime auprès de ses camarades de promotion était la pauvreté et les stéréotypes de leur vocabulaire. Il avait remarqué que cet abrutissement de la pensée passait dans le roman d'Orwell par une réduction drastique du vocabulaire[1], vidant les mots de leur sens, substituant à la réalité un univers purement linguistique, ceci dans une langue composée de termes manipulables à volonté. Chez ses camarades revenait ainsi de manière psittaciste, disait-il, le terme « valeur » dont il avait remarqué la vacuité de sens.

Comme dans *1984*, la novlangue de ses congénères disposait ainsi de termes qui, pour ceux qui cherchaient encore à se référer à des anciens schèmes de pensée, étaient regroupés sous les termes « pensée criminelle » ou *oldthink*, « vieille pensée ».

J'ajoute quant à moi qu'il en est de même avec ce que la publicité et la presse font à la syntaxe de la langue et qui n'est pas sans risque de produire de la pensée opératoire et de l'alexithymie, pourvoyeuses de somatisation et de conduites addictives.

Ces opérations sur la langue sont en effet diverses : suppression des articulations logiques, usage de conjonctions afin de « faire choc » et de faire peur (« nous sommes en guerre », « guerre civile »), l'inflation de l'hyperbole, recours à une langue d'impulsion comme on parle d'« achat impulsif » doublée d'un caractère performatif[2], emploi d'euphémismes (« entrepreneur » est moins autoritaire que « patron ») et de mots-masques composés, par exemple, avec le préfixe « post » comme « post-colonialisme », « post-industriel », etc., donnant l'illusion de concepts bien définis (Hazan, 2006, p. 12, 17, 21 et 37).

Cette langue publicitaire n'est rien d'autre qu'un « prêt-à-penser » distillant l'illusion d'un monde irréel et hédoniste, se superposant comme un écran de fumée au réel du quotidien.

1. « Comparé au nôtre, poursuit-il, le vocabulaire novlangue était minuscule. On imaginait constamment de nouveaux moyens de le réduire. [...] Chaque réduction était un gain puisque, moins le choix est étendu, moindre est la tentation de réfléchir. » « Chaque année, moins de mots, et le champ de la conscience sera de plus en plus restreint » (Orwell, 1949, p. 80).

2. Largement repris dans les professions de foi des politiciens.

Avec le recul que donnent les années qui passent, j'ai l'impression d'être habité et de réfléchir avec précisément ces « vieilles pensées ». Je suis en effet stupéfait de constater que les conversations, y compris celles entre amis, sont de nos jours rapidement teintées d'une police de la pensée qui n'a rien à envier à celle d'Océania de *1984* (*op. cit.*, p. 33) et dont avait réellement souffert Jean-Maxime, homme jeune et sensible avec qui le « voyage analytique » ne fut pas de tout repos.

Les opinions sont en effet aujourd'hui clivées, éliminant tout humour, toute dialectique, toute complexité, toute nuance, et donc tout « compromis névrotique », jusqu'à utiliser le ghosting, l'effacement qui est le fait de rendre invisible une personne (Pirlot, 2023) ou le *name and shame*, c'est-à-dire clouer au pilori sur les réseaux sociaux un individu ou une institution, deux formes de punition envers ceux qui pensent différemment.

J'ai ainsi eu en traitement des adolescents et des jeunes adultes ayant « plongé » dans la drogue ou l'abus chronique de psychotropes, « médicaments du narcissisme » selon Vassilis Kapsambelis (Kapsambelis, 1994)[1], après des ruptures amoureuses brutales, sans explication, par simple « effacement » (*ghosting*) de la liste des numéros de portable et un silence total aux différents appels…

Ce refus narcissique de l'altérité de l'autre n'est pas sans appartenir à une époque marquée par le changement évoqué précédemment des « ismes » idéologiques.

En effet, aux anciens « ismes » du temps de la modernité, évoqués plus haut, se sont substitués ceux d'une postmodernité caractérisée par une société où les hommes n'envisagent plus leur destin dans le cadre de grands narratifs communs, à savoir les Lumières ou le marxisme, mais dans une seule référence : celle de leur individualité, de ses droits, de sa consommation et de ses plaisirs. Ces nouveaux « ismes » sont, remarquons-le, tous profondément individualistes : wok*isme*, transsexual*isme*, transhuman*isme*. Chacun d'entre eux décline le spectre d'une toute-puissance d'un narcissisme occidental qui ne connaît *ni de limites, ni le réel*, y compris dans les addictions.

1. L'auteur y parle essentiellement des neuroleptiques. « La clinique motrice des états déficitaires (dyskinésies tardives, akinésie ou parkinsonisme prononcé), en contraste avec la pauvreté de la clinique "productive", témoigne d'une utilisation toute particulière, dans ces états, du rétablissement de l'investissement narcissique du sujet sous l'effet neuroleptique. L'état de déperdition narcissique, inaugural de la psychose, a bel et bien été rétabli […] » (p. 131).

Régis Debray résume cela dans une superbe formule : « Il n'y a plus de limites *à* parce qu'il n'y a plus de limite *entre* » (Debray, 2010, p. 73). Ce « entre » concerne, outre les limites/frontières entre les États au sein de l'Union européenne, entre le moi et le ça, celles entre les générations, celle entre les genres, comme celle entre les instances psychiques, en particulier, chez les cas-limites.

Cette absence de limite/frontière est celle de la société postmoderne que Zygmunt Bauman préfère appeler « société liquide » (Bauman, 2000, 2003), qui s'oppose à ce qu'était la « société solide » de la « modernité » technologique et industrielle de la fin du XIXe jusqu'aux années 1975, société dans laquelle les structures sociales avaient été créées collectivement.

Cette « société liquide » est celle où les références sont la valorisation de l'individu, son projet, son épanouissement, ses droits, ses convictions. Cela implique, de fait, *son addiction à une multitude d'objets ou produits*, de même que la recherche d'un érotisme fonctionnel tout autant que de loisirs. Dans cet univers mental et sociétal ? il est dès lors *impossible de perdre son temps, comme de s'ennuyer*. Dans cette société liquide postmoderne tout peut, et tout doit même varier, *fluctuer* rapidement : statut social, genre, partenaire, choix de consommation, ou encore travail que les pouvoirs publics et le patronat souhaitent « flexible ». Les couples eux-mêmes sont devenus « liquides », tant les liens permanents entre hommes et femmes sont devenus impossibles de stabilité, de continuité, de confiance.

Si la modernité, triomphante et conquérante des XIXe-XXe siècles était fille de Prométhée et de l'émancipation humaine par la science et la production industrielle, la postmodernité, en mal de transcendance, s'incarne ainsi quant à elle dans les figures de Narcisse et d'Hermaphrodite.

Ces figures s'entremêlant représentent ce que dépeint Michel Schneider : « deux sexes [qui] sont dans la même confusion et ne savent plus ni ce qu'ils sont, ni ce qu'ils attendent l'un de l'autre. Le malaise prend la forme d'une perte de désir » (Schneider, 2007, p. 13).

Cette perte du désir ne serait-il pas, dès lors et dès que possible, remplacer par le besoin, par un « néo-besoin », tel celui du produit d'addiction ou de l'objet de consommation afin de compenser un univers relationnel où « chaque sexe se prend pour l'autre de peur de se prendre l'un l'autre » (*ibid.*) ?

Enfin, pour revenir à ce parcours d'intérêt pour les addictions, un autre auteur, liant Marx et Freud, qui, lors de mon internat, m'ouvrit les voies d'une réflexion sur les liens entre processus sociaux et ceux inconscients, fut Gérard Mendel.

Son livre *La Révolte contre le père,* paru en 1968, proposait, à l'orphelin de père que j'étais, une étude historique de l'image du père qui m'impressionna. Du roi-chef, à Dieu le Père, de l'image paternelle avec ses dimensions consciente et inconsciente, au déclin (déjà) de la société patriarcale, Mendel me fit découvrir la thèse lamarckienne de Freud d'une transmission des caractères acquis à laquelle il s'opposait, proposant une transmission socioculturelle de l'acquis inconscient des générations successives.

Cette « sociogenèse d'un inconscient » construit, même partiellement, par les rapports sociaux dans leurs liens aux forces économiques et à la lutte des classes, me rapprochait du monde ouvrier d'où je venais, comme de mon défunt père que le travail en usine avait éreinté au point d'y mourir à l'âge de 33 ans, laissant une veuve de trente ans seule avec ses trois enfants. Par la suite, d'autres livres ainsi que des numéros de la revue *Sociopsychanalyse,* parus en poche chez Payot, me poussèrent à venir à Freud d'abord par *Malaise dans la civilisation,* puis *Totem et tabou.*

Ces auteurs me marquèrent suffisamment pour que, vingt ans plus tard, mon second cursus universitaire, en psychologie cette fois, m'amena à un Master recherche (DEA) de psychosociologie sous l'égide du professeur Baubion-Broye à Toulouse. Ensuite, psychanalyste en formation, fréquentant des séminaires à l'Institut de psychosomatique de la Poterne des peupliers, je revins à la psychopathologie et la psychosomatique psychanalytiques dans une thèse de psychologie dirigée par le professeur Henri Sztulman, travail que m'encouragea à entreprendre Pierre Marty, et qui fut par la suite publiée en 1997 aux Presses universitaires de France sous le titre *Les Passions du corps.*

Enfin, pour terminer cette liste non exhaustive d'auteurs que je découvrais à l'époque de mon internat, Henri Laborit, médecin et chirurgien militaire puis neurobiologiste. Épris de curiosité, cet esprit anticonformiste, mettant au point dans les années 1950 l'hibernation artificielle à des fins chirurgicales, puis introduisant en 1951 la chlorpromazine, le premier neuroleptique au monde, fut un des premiers à étudier les mécanismes liés au stress et à l'angoisse en les liant à l'inhibition de l'action.

Il orienta chez moi une pensée psychosomatique non psychanalytique qui, dès les années 1970, chercha à établir des relations socio-psychoneurobiologiques pouvant déclencher et entretenir des pathologies somatiques[1].

Laborit déposa en moi l'attrait pour les articulations complexes entre les symptômes psychiques et la neurophysiologie, la psychopharmacologie, la biologie et les comportements sociaux, autant de relations que je devais ultérieurement retrouver dans « L'esquisse » ou « Le projet de psychologie » de Freud de 1895[2], puis dans l'organodynamisme d'Henri Ey[3], dans les travaux d'Éric Kandel[4] ou ceux de neuropsychanalyse de Solms[5], et que posent les addictions et les toxicomanies.

Ces liens entre psyché-soma-socius sont évidemment au cœur de toute tentative, à mon sens, de compréhension du phénomène addictif, y compris celui qui, par bien des aspects, peut y apparaître comme tel, l'écriture...

1. Parmi les ouvrages qui me marquèrent : Laborit H., *L'Homme imaginant : Essai de biologie politique*, UGE, 1970, coll. « 10/18 » ; *L'agressivité détournée : Introduction à une biologie du comportement social*, UGE, 1970, coll. « 10/18 » ; *Éloge de la fuite*, Paris, Laffont, 1979 ; *L'Inhibition de l'action*, Paris, Masson.

2. Freud S., « Projet d'une psychologie », *Lettres à Wilhelm Fliess : 1887-1904* (1895), 2006, Paris, PUF, p. 593-693.

3. Ey H., *Des idées de Jackson à un modèle organodynamique en psychiatrie* (1938), Privat, 1975 ; *L'Inconscient : VIe colloque de Bonneval*, Éd. Bibliothèque des Introuvables, 2006 ; *La Conscience*, Desclée de Brouwer 1968. Ey H., Bernard P., Brisset C., *Manuel de Psychiatrie*, Paris, Masson, 1974. Autant que les trois tomes de *L'Encyclopédie médico-chirurgicale*, ce *Manuel* donnait accès à une psychiatrie française qui, avec celle allemande, avait construit l'édifice scientifique de la psychiatrie, ce dont les DSM américains (*Diagnostic and Statistical Manual of Mental Disorders*) ne rendent absolument aucun compte par leur approche du diagnostic de maladie mentale uniquement par des critères standardisés, uniquement symptomatologiques. Les DSM sont an-historiques, anti-évolutifs et a-théoriques.

4. Kandel E.R., « A new intellectual framework for psychiatry », *Am. J. of Psychiatry*, 155, 1998, 447-69, « Un nouveau cadre pour la psychiatrie », *Évolution psychiatrique*, 2002, 1, 67, 12-39. Kandel E.R., « Biology and the Future of Psychoanalysis : A New Intellectual Framework for Psychiatry Revisited », *Amer. J. of Psvchiatry*, 156, avril 1999, 505-524.

5. Solms M., « Preliminaries for integration of psychoanalysis and neuroscience », *Pluralism and Unity. Methods of Research in Psychoanalysis*, London, Inter. Psychoan. Library, 2003 ; Solms M., « Psychanalyse et neurosciences », *Pour la Science*, 324, octobre 2004, 76-81, trad. de « Freud Returns », *Scientific American*, 290, 5, 82-88 ; Solms M., Tornbull O., *Le Cerveau et le Monde interne* (2004), Paris, PUF, 2015.

Chapitre 2

Du sujet toxicomane ou alcoolique à celui addicté. L'*Homo addictus*

Sommaire

Un tyran n'a de puissance que celle que les hommes lui donnent, qui n'a pouvoir de leur nuire, sinon qu'ils ont pouvoir de l'endurer; qui ne saurait leur faire mal aucun, sinon lorsqu'ils aiment mieux le souffrir que lui contredire.

De La Boétie, *Discours sur la servitude volontaire*, 1576

De tout temps, l'humanité a usé du *pharmakon*, d'un produit « médicament-poison-drogue », souvent une plante, un champignon ou une plante transformée comme la bière ou le vin, pour dépasser les malaises qui l'assaillent.

Ce *pharmakon* relevait de rituels sociaux, dans la plupart des cultures dont la nôtre, ayant pour fonction d'endormir le conscient et les douleurs morales, pour laisser s'exprimer les forces de l'inconscient par l'entremise d'un état proche d'une hypnose, d'une extase ou d'une agitation (*cf.* le carnaval au Moyen Âge) autorisé par les autorités religieuses et royales, ou dans d'autres cultures en lien avec des pratiques totémiques aux croyances aux ancêtres.

Le vin, correspondait ainsi au « sang du Christ » dans les messes catholiques quand les produits hallucinogènes (peyotl, champignon hallucinogène) étaient pris par les chamans ou les sorciers pour soulager des souffrances psychiques, somatiques ou celles collectives, ceci *à l'intérieur de narrations et de mythes culturels qui leur étaient propres, les reliant au groupe social* qui étaient des leurs (Eliade, 1959, p. 65-88).

Ces prises de drogues, ou de produits addictifs, ne sont plus de mise sous cette forme sociale dans notre postmodernité. Quand elles le sont, cela survient chez un individu seul, ou dans un groupe en marge du groupe social (*rave parties*, concerts, etc. regroupant des adolescents ou jeunes adultes).

Concernant l'usage des drogues, il peut être d'un type particulier chez certains « ados » ou jeunes adultes se retrouvant en effet en marge et en rupture de tout lien social ou professionnel : c'est celui, nous y reviendrons, de nouveaux produits de synthèse (NPS) qui, selon Laurent Karila et Amine Benyamina, ont totalement bouleversé le paysage actuel des addictions.

> « Appelées également *designer drugs, legal highs* ou euphorisants légaux, euphorisants végétaux ou *herbal highs*, sels de bains, engrais, encens,

research chemicals (RC) ou produit chimique pour la recherche non consommable par l'homme, elles ont fait leur apparition sur le marché des drogues à la fin des années 1990 » (Karila, Benyamina, 2018, p. 33).

Dans notre pays, ce marché s'est développé avec un marketing attrayant dans sa forme ou son emballage et même ses modes de distribution. De plus, les modifications chimiques de drogues préexistantes permettent un renouvellement rapide de molécules contournant les législations en vigueur et donnant aux trafiquants une longueur d'avance sur les douanes et les policiers.

En France, il n'est pas inutile de rappeler le Rapport de la Commission d'enquête sur l'impact du narcotrafic, après des auditions commencées le 21 novembre 2023 et publié le 14 mai 2024.

Ce rapport est alarmant. Son titre premier souligne que « la France [est] submergée par le narcotrafic ».

> « Submersion : c'est l'image qui s'impose pour décrire le phénomène auquel la France est confrontée, tant les routes par lesquelles la drogue est acheminée dans notre pays sont nombreuses, tant les moyens par lesquels elle est introduite sont variés, tant les façons de la distribuer et de la vendre sont multiples. Avec l'explosion simultanée de l'offre et de la demande, plus aucun territoire, plus aucune catégorie sociale ne sont épargnés – et les outre-mer, victimes de leur situation géographique, sont particulièrement pénalisés. Le trafic s'infiltre partout, avec pour corollaire une violence exacerbée ; dans le même temps, il mute sous l'effet d'une ubérisation qui témoigne de l'extrême rationalité économique des trafiquants. »

Évidemment, la Commission d'enquête constate qu'avec la mondialisation et l'effacement des frontières (du moins dans l'Union européenne) « jamais la drogue n'a été autant produite dans le monde, jamais elle n'a été autant distribuée ». Le rapport relate également :

> « L'émergence de produits nouveaux et la banalisation des drogues dures. Le cannabis reste de loin la drogue la plus répandue dans le monde : 219 millions de personnes, soit 4,3 % de la population adulte mondiale, en ont consommé en 2021, contre 192 millions en 2018. C'est davantage que toutes les autres drogues réunies. […]

L'héroïne est, par comparaison, en relative stagnation, mais elle continue à faire des ravages sanitaires considérables ; parallèlement, on assiste à la montée en puissance d'un danger peut-être plus grand encore, celui des opioïdes de synthèse dont les effets sont similaires. [...]
Mais le phénomène le plus marquant des dix dernières années est bien, au niveau mondial, l'explosion du trafic de cocaïne. [...] Depuis 2015, les saisies mondiales sont en augmentation constante. La cocaïne est partout, tirée par une demande qui grimpe en flèche dans toutes les classes sociales, mais aussi par une production qui explose. Les saisies de plusieurs tonnes se banalisent.
Enfin, les drogues de synthèse apparaissent comme un "nouvel eldorado" pour les trafiquants : elles sont beaucoup plus faciles à produire discrètement puisqu'elles ne nécessitent pas de surfaces de culture. À côté des produits plus anciens comme les amphétamines ou la MDMA/ecstasy, les enquêteurs mettent régulièrement au jour de nouveaux produits dont le nom peut changer au gré des habillages marketing : PTC (pour "pète ton crâne"), cocaïne rose, ice (nom de la méthamphétamine en Polynésie française), etc. Au total, pas moins de 897 de ces nouvelles drogues de synthèse ont été répertoriées au niveau européen. Car l'Europe, notamment l'Europe de l'Est mais aussi les Pays-Bas et la Belgique, est désormais un lieu de production où sont implantées des dizaines de laboratoires clandestins : le danger est à nos portes[1]. »

Cet état de fait sociétal et politique rappelé, constatons que cliniquement, le sujet addict, dépendant de son produit et/ou comportement, dont il est convenu de penser qu'il ou elle franchit la frontière entre « le tout est possible » et « le tout est permis », radicalise en quelque sorte la figure de l'individu se croyant souverain. Il se trouve de fait dans un état de dépendance qu'il pense être une liberté sans limites.

La dépendance n'est chez lui qu'une forme d'esclavage qu'on verra plus loin être contenue dans l'étymologie même du terme « addiction » qui est « avec la folie, la deuxième manière de dire ce qui se passe quand la part du sujet vacille » (Ehrenberg, 1998, p. 279). Je reviendrai sur ce déclin subjectif cherché, parfois incidemment trouvé, dans les addictions.

1. Commission d'enquête sur l'impact du narcotrafic en France et les mesures à prendre pour y remédier.

Ceci précisé, je rappellerai la manière succincte les symptômes comportementaux qu'avance Laurent Karila pour diagnostiquer une addiction, et qu'il regroupe en « 5 C » :

- « contrôle (perte de contrôle) ;
- consommation (envie irrépressible de consommer) ;
- compulsion (activité compulsive) ;
- continu (usage continu) ;
- conséquences (usage continu malgré les conséquences négatives)[1]. »

C'est en fait la description dès 1990 par Aviel Goodman (Goodman, 1990) de l'addiction qui a servi de matrice à de nombreux travaux neurobiologiques ainsi qu'aux grilles du DSM-IV, VR et DSM-5[2], et CIM-10 sur ce sujet. Pour Goodman, ce n'est pas le type de comportement, ni sa fréquence ou son acceptabilité sociale qui déterminent si c'est ou non une addiction, mais comment ce mode de comportement est relié et affecte la vie de l'individu.

Soulignant la dimension de compulsion, Goodman définit deux points principaux : l'impossibilité de résister à l'envie de réaliser un comportement et l'échec du contrôle de ce comportement. Il est intéressant de noter que la CIM-10 (1994) et le DSM-IV (1996), dans leur forme révisée traduite en français, ont inclus le critère de « perte de contrôle » dans leur définition de la dépendance.

Goodman est allé plus loin en proposant la création d'une nouvelle catégorie nosographique assez vague, les « troubles addictifs ».

Bernard Cordier (1992), après avoir comparé l'addiction sexuelle à la dépendance de substance psychoactive et à des comportements utilisés pour obtenir le plaisir et/ou échapper à un conflit intérieur (jeu pathologique, boulimie, sexualité, dépenses et achats compulsifs), considère que l'on peut définir certaines caractéristiques communes à tous ces comportements addicts :

- l'impossibilité de résister à l'impulsion de s'engager dans le comportement ;
- la tension interne croissante avant d'initier le comportement ;
- le plaisir ou le soulagement dès le début du comportement ;
- la perte de contrôle dès le début du comportement
- le maintien de ce comportement malgré les conséquences négatives ;

1. Karila L., « Les 5 C de l'addiction et l'addict-arbre », https://apprendreaeduquer.fr/les-5c-de-laddiction-et-laddict-arbre-laurent-karila/.

2. *Cf.* Pirlot G. (2010).

- des préoccupations obsessionnelles concernant le comportement;
- la réduction des activités sociales, professionnelles, familiales du fait du comportement;
- l'irritation ou l'agitation en cas d'impossibilité de réaliser le comportement.

Ces spécificités sémiologiques précisées, il faut toutefois insister sur un fait: dans une société qui en appelle fréquemment à «psychiatriser» et «psychopathologiser» tout propos ou comportement ne répondant pas aux «normes» morales, le clinicien ne doit pas oublier qu'il est en face d'un sujet *singulier* dont les symptômes addictifs ne sont que la face émergée d'un iceberg dont les composantes inconscientes, infantiles, familiales, sociétales et culturelles ne manquent jamais d'apparaître au cours de la prise en charge.

La psychanalyse et la psychothérapie analytique de sujets addicts – ou pas – n'évaluent pas les critères définis plus haut au regard d'une norme morale ou médicale, mais défendent l'idée que l'élaboration pour le patient des souffrances sous-jacentes à ses symptômes conduit à un *Plaidoyer pour une certaine anormalité* comme l'a courageusement titré pour l'un de ses ouvrages Joyce McDougall.

Cette «anormalité» n'est, de fait, ni un *statu quo*, ni un acquiescement à ce qui ne serait pas dans les «normes», Georges Canguilhem (1966) lui-même ayant souligné depuis longtemps que le médecin ne doit pas avoir une appréciation «normée» de la santé, tant celle-ci peut relever de certaines «anormalités» (biologiques, psychologiques) qui équilibrent l'homéostasie d'un sujet.

C'est en cela qu'il est intéressant pour le psychanalyste, afin de ne pas s'enfermer dans le piège d'une taxinomie normative psychiatrique, de se référer également à d'autres classifications, comme celle ancienne concernant les drogues et autres toxiques que j'utilisais à l'époque de mon internat.

Cette catégorisation, presque poétique mais devenue obsolète a ainsi été celle établie en 1928 par le pharmacologue allemand Louis Lewin.

Celui-ci divisait les stupéfiants en quatre grandes parties: *Euphorica* (opium, morphine, héroïne[1]), *Phantastica* (cannabis, plantes divinatoires, peyotl et mescaline,

1. La dépendance à l'héroïne sera plus prompte du fait d'un tropisme plus grand pour le tissu du SNC. La drogue et ses dérivés (Dolosal, Eubine, Fentanyl, Morphine, Palfium, etc.) agissent comme barrière artificielle contre la douleur (Sawitt, 1963, p. 43-57).

ayahuasca[1], champignons hallucinogènes, LSD [découvert en 1938 par le chimiste Hoffman]), *Inebrientia* (éther, solvants) et *Excitantia* (cocaïne, crack, amphétamines, ecstasy, GHB, cathinones de synthèse dérivées de la feuille du khat composé de trois alcaloïdes principaux : la cathinone, la cathine et la norephédrine[2]). Aujourd'hui, la MDMA, dérivé amphétaminique, peut également relever de ces *Excitantia*[3].

D'un point de vue pharmacologique, rappelons ici que la morphine et les morphinomimétiques déterminent des actions sur diverses zones spino-cérébrales et, du fait de la présence de récepteurs aux opiacés, sur des zones telles que le bulbe, sur le cortex limbique et frontal, le thalamus et la moelle épinière (Besson J.-M., 1988, p. 26-37). Ces structures sont destinées à fixer les enképhalines et neuropeptides qui ont la même action que la morphine. Au moment du sevrage, la restauration catécholaminergique est presque immédiate tandis que la normalisation des taux d'endorphine et enképhaline est plus tardive. La morphine induit, comme dérivée d'opium, la constipation, et surtout des pathologies infectieuses, cardio-vasculaires (endocardite) et sida. Sur le système nerveux central, la morphine a un effet anxiolytique d'une sédation, d'une euphorie passagère, de « bien-être » avec indifférence aux stimuli extérieurs. Chez les sujets non accoutumés, des crises de panique avec hallucination sont fréquentes. Sur le système nerveux autonome, les effets parasympathiques prédominent. L'activité cardiaque voit apparaître une bradycardie vagale, et parfois des troubles du rythme. Sur l'activité gastrique, la morphine a un caractère antivomitif.

Concernant cette classification, on peut relever que Lewin nommait *Phantastica* des agents hallucinogènes et onirogènes qui comprenaient ce qu'on appelle

1. L'ayahuasca est un breuvage purgatif, hypnotique et hallucinogène utilisé couramment par les *curanderos* amazoniens, les médecins traditionnels capables d'entrer en contact avec les « esprits » de la nature.

2. Ces drogues se présentent « sous forme de poudre cristalline et sont essentiellement consommées par voie orale (*bombing* : ingestion de la poudre dans une feuille enroulée) ou par voie intranasale (*sniff*). Elles peuvent aussi être consommées par voie intra-rectale (*plug*) ou intraveineuse (*slam* : terme anglais qui signifie « claquer », en raison de la montée rapide et intense de l'effet psychoactif de la substance consommée). D'autres voies d'administration, la voie inhalée (fumée ou *chase the dragon*) ou la voie oculaire (*eyeballing*) ont été rapportées. En moyenne, les doses ingérées par voie orale sont supérieures aux doses intranasales. L'absorption étant plus lente et les effets plus prolongés dans le temps, les usagers rapportent moins d'effets indésirables. Certains associent ces deux voies d'administration afin d'obtenir un effet psychoactif plus rapide et prolongé » (Karila L., Benyamina A., 2018, p. 42). Ce produit est souvent utilisé pour des fêtes privées à thématique sexuelle. Son action dure entre 30 minutes et 7 heures selon la substance consommée et la voie d'administration.

3. *Cf.* Guilbert C., « Entretien avec Jamin Arnaud », Diakritic, 17 septembre 2019, https://diacritik.com/2019/09/17/cecile-guilbert-cette-anthologie-revisite-lhistoire-litteraire-a-travers-un-prisme-specifique-la-prise-de-substances/.

désormais les drogues *psychédéliques* – terme inventé en 1956 – parmi lesquelles nous n'incluons pas aujourd'hui le cannabis alors que lui, l'y rangeait.

C'est cette catégorisation de Lewin qu'a utilisé l'écrivain Cécile Guilbert, dans son ouvrage *Écrits stupéfiants. Drogue et littérature. D'Homère à Will Self*, pour répartir en quatre parties les écrivains ayant utilisé ces drogues à un moment donné ou pendant la production de leurs œuvres. Elle note ainsi que Thomas De Quincey, dont Baudelaire dans les *Paradis artificiels* rapporta le récit autobiographique paru en 1822, *Confessions d'un mangeur d'opium anglais* (en fait en prenant laudanum, alcool et opium[1]), fut le précurseur de la narration et de l'écriture sous drogue ou après avoir pris celle-ci.

Dans cet ouvrage, comme son récit *Suspiria de profundis* (1845), De Quincey alla jusqu'à entrevoir l'existence de l'inconscient quelque temps avant Freud. Son auto-analyse sur son accoutumance au laudanum montra qu'il s'était interrogé sur les traumatismes de son enfance – la perte de son père à l'âge de sept ans (De Quincey, 1964, p. 95-96), suivi de tuteurs stupides – qui avaient pu le rendre vulnérable ultérieurement au produit.

Au milieu du XXe siècle, d'autres drogues furent expérimentées chez les Occidentaux, en particulier chez certains de leurs artistes et écrivains sur lesquels nous reviendrons. La mescaline, l'alcaloïde du peyotl et la psilocybine (H. Michaux, A. Huxley et C. Castaneda) furent décrits comme provoquant les mêmes symptômes que le LSD ou certains médicaments : corticoïdes, anticholinergiques, digoxine, digitaliques, etc. Les troubles neurovégétatifs qu'on y observe, surviennent au début d'un « voyage » (*trip*) qui se caractérise par des hallucinations polysensorielles faites d'une distorsion du champ sensoriel et du temps ouvrant *Les Portes de la perception* (A. Huxley). Le psychanalyste Jean Cournut (2002, p. 56-67) a rendu compte du travail analytique chaotique, du fait des troubles de la perception, avec une de ses patientes, Fabienne, précisément habituée à ces produits.

Dans son premier ouvrage consacré à ses expériences hallucinogènes, Michaux écrira : « La mescaline diminue l'imagination. Elle châtre l'image, la désensualise. Elle fait des images cent pour cent pures. Elle fait du laboratoire » (Michaux, 1956, p. 43). Il décrit ainsi une expérience hallucinogène sous mescaline où l'image hallucinatoire se trouve exempte de toute incarnation de la sensation mais, par son excès, prend la forme d'une illumination violemment intellectuelle.

1. « Les plaisirs de l'opium », in *Confession d'un mangeur d'opium*, p. 171-201, précédant « Introduction aux souffrances de l'opium », p. 203-279.

Sous emprise d'une substance psychédélique qu'il ne nomme pas, Henri Michaux écrit :

> « Je recevais l'espace et le ciel me recevait.
> Simultanément, j'étais dans une expansion extraordinaire.
> L'espace m'espacifiait… » (Michaux, 1966, p. 118).

En 1968, dans *Je veux regarder Dieu en face (le phénomène hippie)*, le journaliste Michel Lancelot a décrit quant à lui la saga de l'« épopée » hippie et de ses rapports avec les drogues psychédéliques, mouvement ayant commencé en Californie dans les années 1960. Cette jeunesse californienne avait ses propres « têtes pensantes » : le psychologue Timothy Leary[1], les écrivains Jack Kerouac, Allen Ginsberg[2], William Burrough[3], Gregory Corso, ou encore le philosophe Alan Watts[4] qui, dans son livre *The Joyous Cosmology* (*La Cosmologie du bonheur*), vantait le choc de la connaissance mystique dans une prise de conscience cosmique procuré par le LSD.

Influencé par A. Watts, l'étudiant en théologie Walter Pahnke obtint son doctorat en philosophie, en juin 1963, à Harvard, intitulé *Drugs and Mysticism*, à partir d'une étude sur vingt étudiants ayant absorbé de la vraie drogue, l'autre moitié ayant avalé sans le savoir 200 milligrammes d'acide nicotinique qui produit sensiblement les mêmes sensations physiques, mais aucune expansion profonde de la conscience.

1. Metzner R., Leary T., « Sur la programmation des expériences psychédéliques », in *Essai sur l'expérience hallucinogène*, 1969, p. 253-268. Les auteurs évoquent un programme de la Harvard Psylocibin Project où des volontaires, aidés de la vision de mandalas (dessins symboliques) ou de mantras (vibrations sonores) expérimentent des drogues hallucinatoires (LSD, Peytotl, psilocybine), les stimulations sensorielles aidant au « voyage » (*trip*) des sujets. Les expérimentateurs constatent que ceux ayant une humeur positive au départ augmentent celle-ci et ceux ayant des idées négatives augmentent également celles-ci dans un *bad trip*.

2. Ginsberg A., « Une expérience » (1960), in *Essai sur l'expérience hallucinogène*, 1969, p. 140-146, est un récit à partir de l'expérience de la prise de peyotl.

3. Burroughs W.S., « Quelques points de distinction », in *Essai sur l'expérience hallucinogène*, 1969, p. 146-151, récit où l'auteur passe en revue les différents effets psychosensoriels et hallucinatoires des drogues : alcool, LSD, morphine, héroïne, peyotl, chanvre indien, cannabis jusqu'aux barbituriques.

4. Watts A., « L'expérience psychédélique : réalité ou chimère ? », in *Essai sur l'expérience hallucinogène*, 1969, p. 238-251 où l'auteur, passant également en revue les différentes drogues (LSD, mescaline, psilocybine, hachisch et marijuana), qualifiées de psychédéliques, après avoir appelé à la prudence quant à leur utilisation, développe des idées propres à cette époque hippy, de « drogues qui offrent des moyens valables d'exploration du « monde intérieur » de l'homme, des voies cachées de l'esprit et du cerveau [ainsi que]la nouvelle connaissance de cette frontière, la plus intime, [qui]peut être digne des risques les plus sérieux » (p. 240).

> « Dans une chapelle privée, située près de l'université de Boston, Pahnke réunit vingt volontaires, étudiants en théologie comme lui, afin d'assister à un service religieux qui se déroulerait dans des conditions un peu spéciales. On devine, bien sûr, le résultat de cette expérience étrange seuls les étudiants ayant pris le vrai hallucinogène déclarèrent avoir vu "la Lumière Blanche d'une pureté absolue, tandis qu'ils s'enfonçaient profondément en eux-mêmes". » (Lancelot, 1968, p. 70-71).

L'expérience psychédélique de Pahnke prouvait selon lui que la drogue provoquait (et relevait d') une quête spirituelle, plus même, d'un état mystique semblable à ceux racontés par les saints ou autres mystiques. Ces tentatives d'extases mystiques n'étaient pas, bien souvent, sans aboutir à une dépendance et à une perdition de nombre de sujets. Ils auraient pu se prémunir de ce genre d'avatar en lisant Emil Cioran, déclarant, « ce que proposent les mystiques ? – *les vertus du déséquilibre* » (Cioran, 1956, p. 161)...

Ce déséquilibre n'est pas sans être également l'expression d'une société aux réels aspects « addictophiles » de par son goût effréné de la consommation, de l'excitation, de la vitesse, de la nouveauté à toujours renouveler, c'est-à-dire autant d'attitudes pour fuir les traumas et les souffrances psychiques qui, sur le moment, sont indépassables et inénarrables.

Quoi qu'il en soit, le danger de ces substances hallucinogènes était évidemment l'entrée dans la psychose ou, *a minima*, la présence d'hallucinoses chronicisés, ce qui se voit chez des sujets aux personnalités introverties et angoissés (Bensoussan, Joannides, Soubrier, 1966)[1]. Les possibles et fréquents *feed-back* de reviviscence d'hallucinations ou de troubles perceptifs, des semaines, voire des mois après avoir pris ces produits, peuvent en effet générer durablement des angoisses de dépersonnalisation que chaque clinicien peut observer chez ces adolescents ou ces jeunes adultes.

Enfin, ce fut un écrivain, Aldous Huxley, qui mit ce type de drogue au centre de son roman *Le Meilleur des mondes*, avec ce qu'il appela le « soma », drogue de synthèse qui se présentait aux citoyens comme un simple médicament donné après une journée de travail pour les plonger dans un « paradis artificiel ». Ce « soma »

1. Pour une étude critique et revue de la littérature et articles de presse alarmistes sur le LSD et les hallucinogènes, au point d'arrêter toute recherche clinique sur ces drogues, voir Zoë Dubus (2022). On y apprend que le professeur Deniker ou encore le docteur Henri Ey défendirent des points de vue moins anxiogènes sur ces produits.

évoquait la mescaline qu'avait expérimentée Huxley lui-même lorsqu'il le décrivit dans son essai *Les Portes de la perception.*

À la différence des drogues habituelles, mais proche de certains médicaments psychotropes comme les anxiolytiques, hypnotiques et antidépresseurs, ce « soma » permettait également de contribuer à la cohésion de cette société, y compris dans des séances d'échanges sexuels collectifs (récit fictif qui annonçait, en ce sens, le chem-sex [*infra*]).

Dans le monde hiérarchisé que décrivait ce *Meilleur des mondes*, les résistants et opposants à ce « soma » étaient relégués dans une île. Ce type de « bio-pouvoir » n'est pas sans en rappeler un autre, surtout en France, celui produisant les psychotropes de type anxiolytiques, hypnotiques ou antidépresseurs.

Autre drogue, dont la consommation a explosé depuis 2003 de la même manière que la consommation de haschisch et d'alcool, chez les adolescents des deux sexes[1], la cocaïne. Pour les effets psychiques et somatiques de ces drogues, je renvoie à l'ouvrage *Psychanalyse des addictions.*

Rappelons toutefois que la cocaïne a une action psycho-analeptique : elle inhibe le recaptage de neuromédiateurs au niveau central, particulièrement les cathécolamines (surtout la dopamine), d'où augmentation du taux de noradrénaline dans l'espace synaptique, et plus particulièrement stimulation des neurones dopaminergiques du mésencéphale innervant le système limbique, cerveau archaïque du plaisir et de la récompense. Elle agit comme agoniste indirecte des récepteurs dopaminergiques, elle augmente également la noradrénaline et le taux de sérotonine dans l'espace intersynapstique (euphorie) (Richard, 1994, p. 49-54). Sur le système nerveux autonome, elle potentialise l'activité noradrénergique, d'où vasoconstriction périphérique, hypertension, tachycardie, mydriase inconstante. Elle a un effet psycho-stimulant et, en ce sens, est une sorte d'antidépresseur).

Ajoutons que dès 2008, un article du *Monde*[2] nous apprenait que cette addiction ne touchait plus seulement les usagers traditionnels d'opiacés, âgés en général de plus de 30 ans, ou des personnalités du showbiz, du *trading* financier ou du monde

1. L'usage de stupéfiants touche en France trois fois plus d'hommes que de femmes – chaque âge ayant sa propre toxicomanie. Les pratiques ont changé ces dix dernières années. Il ne s'agit plus tant un moyen d'introspection, un « voyage intérieur » comme au temps des hippies, qu'une manière de fuir un monde sans travail et de ne plus penser. Avec la déferlante de la musique « techno », de nouveaux produits sont également apparus et se sont répandus (kétamine, ectasy, GHB).

2. Laronche M., paru dans l'édition du 27 août 2008.

des « élites », mais se diffusait également dans des populations plus jeunes : jeunes en situation de grande précarité évoluant en milieu urbain et, d'autre part, jeunes relativement intégrés qui expérimentent cette drogue en milieu festif de manière occasionnelle (*raves ou free parties*, technivals mais aussi discothèques, boîtes de nuit, fêtes).

1. Statistiques, typologies et effets des principales drogues

Depuis 2009, date de la première édition de *Psychanalyse des addictions* qui, déjà, déplorait la hausse progressive des chiffres fournis par l'Observatoire français des drogues et des toxicomanies (OFDT), l'augmentation de la consommation de drogues chez les adolescents en France, devenue le premier pays consommateur de cannabis en Europe, est devenue alarmante. Cette situation se conjugue à une paupérisation des services de psychiatrie, pédopsychiatrie et d'addiction (manque de psychiatres, manque de structures de soin, manque de lits hospitaliers, manque de personnels soignants) et à une certaine incurie de l'État à réprimer le trafic de drogue et son développement dans les « quartiers sensibles ».

1.1 Tabac

Concernant le tabac, l'Observatoire français des drogues et toxicomanies (OFDT) notait en 2019 que le tabac était la première substance psychoactive consommée en France. Chaque jour, 27 % de la population des 18 à 75 ans en consomment. Un collégien sur cinq (21 %) a expérimenté la cigarette. L'augmentation du prix du tabac a certes entraîné une baisse des ventes de cigarette mais, dans le même temps, a multiplié par deux ou trois la contrebande de cigarettes la plupart de mauvaise qualité...

D'un point de vue psychanalytique, et même si nous y reviendrons plus loin, relevons que « contrairement aux petits fumeurs, les grands fumeurs [sont] de grands anxieux, ne sachant pas exactement quelle [est] la cause de leur inquiétude permanente » et qui se servent « de la cigarette pour décharger et apaiser leurs tensions », écrit Odile Lesourne dans *Le Grand Fumeur et sa passion* (Lesourne, 1984, p. VII) – tensions que le stress du monde professionnel ou relationnel (familial, amical, amoureux) ne manque pas de produire.

Outre les éléments chimiques composant la cigarette afin de maximiser l'accoutumance et la dépendance, pourquoi ce « tropisme » psychique pour ce tabac ? Sans doute parce que la cigarette permet de supporter les angoisses de manque et de frustration en les « réincarnant », les « resomatisant » (*cf.* chapitre 5, *infra*), *via* les voies respiratoires, dans une forme d'activité et de gestualité permettant de ne pas rester passif face à un affect de déplaisir vécu excessif comme s'il n'y avait pas de mot pour le dire (*cf.* chapitre 4, *infra,* les vignettes cliniques de Jean et Jacques). L'incapacité à verbaliser et à symboliser cet affect illustre l'archaïcité de sa genèse, celui d'un temps avant que le langage existe. Ce temps est celui de la dépendance à l'objet premier maternel et d'un temps où le trop-plein d'affects pouvait s'écouler, « s'excorporer », par les gestes, le comportement, mais aussi le souffle.

Le « stade du respir » qu'a repéré Jean-Louis Tristani dans les symptômes de la toux de Dora (Tristani, 1978, p. 36-50), ou les « vingt cigarettes quotidiennes de Freud » (*ibid.*, p. 57), n'est en effet pas sans lien avec l'érotisme oral dans ses liens avec une fonction respiratoire dont dépend, dès les débuts de la vie, l'existence ou la non-existence d'un être vivant. C'est cette dimension à la fois existentielle, ontologique et de potentielle détresse primordiale que met en action le tabagisme se constate dans la subversion de cette fonction respiratoire synonyme d'être en vie, afin d'y déjouer la mort possible que peut entraîner l'attaque de cette fonction par cette subversion.

Dès lors, la cigarette répète, compulsivement, la situation de présence d'un autre absent, tout en donnant l'illusion au fumeur de se penser autonome. Fumer, c'est alors en quelque sorte pratiquer un « Fort-Da », un « jeu de la bobine » pour rendre « présent » cet autre manquant, en excorporant toute tension interne (Braunschweig, Fain, 1975, p. 152) que suscite l'affect de séparation à ces autres que sont, chez l'« ado », les parents qu'il quitte, ou pense quitter. Dans le tabagisme, l'érotisation de la sphère oro-pharyngée entretiendrait l'investissement perceptivo-affectif d'un "fantasme-agi" (dé-fantasmé) oral tant de la tétée que du coït sadique-oral. Le *jet* de fumée dans la gorge, comme celui de l'alcool, entretiendrait l'illusion de l'impossible séparation-individuation avec l'objet primaire et la « dette de vie » a ainsi lui payer de manière addictive, masochiste et mortifère : l'ob-*jet* addictif se présente comme sensation donnant chimiquement la vie à un substance psychique anémiée car non représentée.

Ajoutons qu'en plus de la cigarette, chez les très jeunes, une des modalités d'entrée dans des addictions ultérieures, est celle du sniffe de colle. Cette pratique, outre ses effets immédiats (vertiges, nausées, maux de tête, troubles de la vision et difficultés respiratoires), a des effets à long terme qui peuvent avoir des dommages permanents sur le cerveau, le foie, les reins et sur d'autres organes, et ainsi avoir des conséquences sur l'apprentissage, la mémoire et le comportement. Dans certains cas graves, le « sniff » de colle peut même entraîner un arrêt cardiaque, une asphyxie ou un coma, pouvant aboutir à la mort.

1.2 Solvants

Ces détresses organiques répètent toutes, inconsciemment, des détresses infantiles précoces.

Le goût morbide pour l'auto-contrôle de la détresse (*Hilflösigkeit)* va se retrouver encore dans l'utilisation des solvants[1] (éther, trichloréthylène, acétone, colles...) qui ont pour but, outre l'altération de la conscience, un *détournement érotisé,* là aussi, de la fonction respiratoire.

Ce détournement n'est pas sans évoquer une pathologie psychosomatique, le spasme du sanglot, étudié par Kreisler, Soulé et Fain. Le *sniffing,* comme le spasme du sanglot, apparaissent en effet être des passages à l'acte réalisant des fantasmes de satisfaction liés aux traces mnésiques laissées par des satisfactions réelles (comme celle de la tétée jusqu'à en perdre haleine et le passage obligé par l'asphyxie physiologique lors de la première inspiration à la naissance).

Il y a ainsi dans la toxicomanie une *transgression* des lois biologiques comme forme d'accession à une modalité de jouissance, jouxtant d'anciennes détresses, dans une sorte de *perversion de la subversion libidinale*[2] mettant en jeu les lois de l'autoconservation, c'est-à-dire l'opération sur laquelle repose l'étayage de la pulsion sexuelle.

1. Éther, trichloréthylène, acétone. La toxicité pour l'appareil respiratoire est celle d'une atteinte labiale et nasale avec érythème, épistaxis, ulcération jusqu'aux troubles pulmonaires aigus : hypoventilation, œdème aigu du poumon, etc. Des encéphalopathies irréversibles ont été décrites après inhalation d'essence contenant du plomb.

2. La « subversion libidinale » a été proposée par C. Dejours en 1986 pour décrire comment le développement d'un « corps érotique », issu de la sexualité psychique propre à l'homme, qui n'est pas tant la somme des représentations successives que l'enfant se forme de la relation œdipienne, ni celle des stades oral, anal et génital que celle plutôt liée inconsciemment à la sexualité de parents. Ce corps psychique ou corps érotique permet de soulager le soma du corps d'excitations et d'affects trop clivés pour être représentés.

En quelque sorte, ce défi aux lois de l'autoconservation du sujet porte la trace d'un conflit archaïque éprouvé dans un débordement affectif pour le psychisme infantile, celui « d'être ou ne pas être » (*Hamlet*, III, 1).

De même que l'usage de ces produits, leur sevrage est le type même d'expérience pouvant faire revivre au sujet la détresse infantile. Des patients rencontrés dans un centre de post-cure toxicomaniaque, quelques anciens fumeurs aussi, nous ont dit combien l'absence de toxique se présentait chez eux comme une mutilation, une amputation, une « contrainte » infligée au corps. Comme l'a écrit Italo Svevo : « Le véritable esclavage, c'est la condamnation à s'abstenir : Tantale et non Hercule » (Svevo, 1923, p. 214).

Inconsciemment, la stratégie toxicomaniaque n'a ainsi peut-être pas d'autre but que d'éprouver, un jour ou l'autre, la souffrance et la détresse, mêlées de jouissance du manque *dans la chair*, comme elle peut également l'être pour l'objet de la passion amoureuse.

1.3 Cannabis

Entre 1990 et 2000, plus de 50 % des jeunes de 18 ans ont expérimenté le cannabis et parmi ceux-ci, 20 % étaient des fumeurs réguliers. Tandis qu'en France le tabagisme baisse, la consommation de cannabis ne cesse de croître. Entre 2002 et 2003, 40 % des Français âgés de 15 à 34 ans y avaient eu recours, plaçant nos compatriotes dans le peloton de tête européen, juste derrière les jeunes britanniques et danois.

En 2004, l'expérimentation du cannabis chez les adolescents a encore progressé dangereusement, passant de 40,9 % à 45,7 % chez les filles et de 50,1 % à 54,6 % chez les garçons. Plus de 6,8 % des adolescentes et 17,7 % des adolescents de 17 ans ont fumé plus de dix joints au cours du dernier mois, contre respectivement 5,2 % et 16,4 % en 2000. Il en résulte que la consommation régulière de cannabis devient presque aussi fréquente que celle de l'alcool.

1.4 Cocaïne, crack

Autre stupéfiant de plus en plus présent, un dérivé très addictif de la cocaïne, le crack[1]. Il est apparu il y a plusieurs années, et touche en particulier les populations fragiles et avec peu de revenus, tels les immigrés, les adolescents ou les jeunes travailleurs socialement précaires, en particulier dans le nord-est parisien. On le retrouve également parmi les usagers de milieu festif techno-alternatif.

Ce crack est le mélange de cocaïne avec du bicarbonate ou de l'ammoniac dans des « cuisines » tenues par les trafiquants. Après avoir été chauffée, la mixture se cristallise et prend la forme de petits morceaux jaunâtres semblables à du parmesan. Cette « galette » ou ces « cailloux » sont ensuite inhalés à l'aide d'une pipe. Dès son inhalation, le crack provoque un effet beaucoup plus puissant que celui de la cocaïne. La descente et le manque sont démultipliés, poussant le sujet addict à reconsommer très vite, voire à se droguer sur les lieux même de l'achat.

Pour Mario Blaise et Carola Arends, les usagers présentent un style temporel particulier fait de précipitation dans l'instant et dans la discontinuité. Ils arrivent ainsi dans les structures qui les accompagnent, « le plus souvent pressés, disant qu'ils ont encore des tas de choses à faire. Ils nous obligent à nous adapter à leur rythme en termes d'horaires et de rendez-vous. Épuisés, en manque, ils arrivent affamés, comme des naufragés à bout de souffle qui trouvent un îlot de terre où s'échouer, pour se poser, se restaurer, reprendre des forces » (Blaise, Arends, 2023, p. 79-103).

> « La phase de descente, très brutale, se traduit par un épuisement généralisé, de l'anxiété, une grande tristesse, voire un état dépressif. À usage répété ou à forte dose, le consommateur peut également être victime de délires paranoïaques et d'hallucinations sensorielles. Si le crack présente un fort risque addictif, il ne provoque pas, contrairement à ce que l'on croit communément, une dépendance instantanée » (*ibid.*).

1. Slavicek M., Vinogradoff L., Composition, effets, dangers, sevrage… qu'est-ce que le crack ? *Le Monde*, 8 novembre 2021, https://www.lemonde.fr/societe/article/2021/11/08/composition-effets-dangers-sevrage-qu-est-ce-que-le-crack_6101384_3224.html.

1.5 Opioïdes, anxiolytiques, médications de substitution

En plus de cette redoutable drogue, de nouvelles addictions sont apparues depuis quelques années comme celle de médicaments comportant de l'opium dans leur composition, utilisés comme *antidouleurs mais détournés de leur prescription* à des fins de trafic et/ou d'addiction. Aujourd'hui, en France, la ©Lamaline antidouleur très puissant, fait à base de paracétamol, de caféine et d'extrait d'opium, ou encore le ©Tramadol, antalgique opioïde d'action centrale, agissant sur le même type de récepteur que la morphine, ainsi que le ©Lyrica, anti-épileptique chimiquement apparenté à l'acide gamma-aminobutyrique (GABA), sont obtenus par ordonnance médicale avant de se retrouver en vente sur les points de *deal* de Paris et de nombreuses villes.

Sont également l'objet de trafic[1] les médicaments de substitution pour les héroïnomanes tel que le ©Subutex, contenant une substance proche de la morphine, ayant pour but de supprimer les symptômes du manque.

1.6 Amphétaminiques et associations de psychotropes

En supplément à ces médicaments détournés de leurs indications thérapeutiques à des fins addictives, on trouve également les stimulants qui améliorent la concentration : les coupe-faim à action centrale ou encore des médicaments contre le trouble du déficit de l'attention avec hyperactivité (TDAH) (méthylphénidate : ©Ritaline, ©Concerta), médicaments faisant partie de la famille des amphétamines utilisés pour leurs valeurs hyperstimulante et excitante et qui sont très addictogènes, ce que l'on ne dit pas toujours aux parents d'enfants médiqués.

Ajoutons à cela, les calmants, les préparations pour la toux qui contiennent des opioïdes, les somnifères (benzodiazépines) tels que l'alprazolam ou le lorazépam et les médicaments ayant un effet euphorisant lorsqu'ils sont associés à l'alcool[2]. Un rapport ministériel du 22 mars 2023 notait ainsi « une hausse préoccupante de la consommation de psychotropes chez les enfants ».

1. OFDT (Observatoire français des drogues et des toxicomanies), *Drogues et toxicomanies. Indicateurs et tendances*, Paris, OFDT, 1999.

2. Addictions aux médicaments : Info-santé.be : https://infosante.be/guides/somniferes-et-calmantsdependance-et-sevrage

1.7 Chemsex

Autre forme de toxicomanie, celle employée dans le « chemsex » connue du grand public depuis « l'affaire Pierre Palmade ». Chemsex, contraction des mots anglais *chemical* (chimique) et *sex* (sexe), désigne l'usage de drogues juste avant, puis pendant l'acte sexuel. Cette pratique, qui a vu le jour dans le milieu gay anglo-saxon, vise à désinhiber les pratiquants et à prolonger les relations charnelles.

Ces produits psychoactifs peuvent être sniffés, injectés en intraveineuse, avalés ou administrés par voie anale. Ceux qui sont le plus souvent utilisés, seuls ou associés, sont la cocaïne, les cathinones (4-MEC, 3-MMC, 4P, MDPV[1]...) issues du khat, plante psychostimulante consommée surtout au Yémen, le poppers, le GHB/GBL, la méthamphétamine, la kétamine.

Très addictifs, ces produits conduisent évidemment à mésestimer, chez les sujets qui s'y adonnent, toutes les conséquences néfastes pour leur physiologie et leur autoconservation, auxquelles ces produits conduisent.

Ces comportements font partis de ce que l'on appelle « slam », c'est-à-dire la consommation de produits psychostimulants, principalement des cathinones en intraveineuse, dans un contexte sexuel. La plupart du temps il s'agit d'un homme ayant des relations sexuelles avec un autre homme.

1.8 Opioïdes : Fentanyl, Xylazine, héroïne

Une autre nouvelle addiction, éminemment redoutable, qui risque d'apparaître en France et en Europe dans les mois à venir : celle d'opioïdes, en particulier le Fentanyl, mélangé à la cocaïne qui, aux États-Unis a déjà fait des millions de morts. Elle provient du fait que dans les années 1990, des médecins américains avaient largement prescrit, incités par le marketing agressif des laboratoires, des opioïdes

1. La MDPV peut provoquer des états délirants, dépressifs majeurs et des passages à l'acte ainsi que des accidents cardio-vasculaires et neuro-musculaires (tachycardie, hypertension, infarctus, AVC, rhabdomyolyse et insuffisance rénale, bruxisme, troubles parkinsoniens), troubles oculaires, hypersudation, troubles digestifs, amaigrissement. « Les pôles d'action de ces cathinones sont hallucinogènes, psychostimulants et entactogènes, d'intensité variable selon leur structure moléculaire. Elles sont plus ou moins actives sur les systèmes dopaminergiques, sérotoninergiques et noradrénergiques. Ce sont des substances proches des phényléthylamines (amphétamine par exemple) » (Grégoire, 2016, p. 85).

pour soulager les douleurs de leurs patients, rendant des millions d'Américains accros. Les chiffres statistiques qui en attestent sont terribles : 5 % de la population mondiale et les Américains sont 80 % des consommateurs d'opioïdes.

À partir de 2013, le Fentanyl a commencé à prendre le contrôle de l'offre de drogues illicites avec une augmentation importante du nombre de décès. Puis, en 2015, de plus en plus de décès sont survenus dans un contexte d'association de cet opioïde de synthèse avec d'autres substances, essentiellement des drogues dites « stimulantes », cocaïne et méthamphétamines.

C'est ainsi que le nombre de morts par overdose a augmenté chaque année aux États-Unis. Le nombre de décès liés à une overdose aux opioïdes aux États-Unis entre 1999 et 2021 a en effet été multiplié par 10 (!), passant de 8 050 en 1999 à 80 411 en 2021[1].

En 2023, l'Observatoire européen de la drogue (Monitoring Centre for Drug Addiction) notait :

> « La consommation illicite d'opioïdes reste une préoccupation majeure en Europe, principalement alimentée par l'héroïne mais impliquant également d'autres opioïdes. Le marché de détail de l'héroïne était estimé à au moins 5,2 milliards d'euros en 2021, avec environ 1 million d'utilisateurs d'opioïdes à haut risque dans l'Union européenne. La consommation d'opioïdes est liée à une proportion importante des méfaits liés à la drogue, représentant 25 % des personnes entrant dans un traitement spécialisé pour toxicomanie et signalée dans 74 % des décès liés à la drogue en 2021. Les fardeaux associés pour la société sont considérables, englobant les méfaits pour la santé, la criminalité et la marginalisation, ainsi que l'infiltration des secteurs légaux de l'économie par des réseaux criminels. Même si le marché de l'héroïne est globalement stable, des incertitudes subsistent quant à l'impact de l'évolution de la situation politique et sécuritaire en Afghanistan, une source clé d'héroïne pour l'Union européenne[2]. »

1. Gautier M., Drogues : nombre d'overdoses mortelles liées aux opioïdes aux États-Unis 1999-2021, 21 févr. 2023. Statista consulté le 9 février 2024, https://fr.statista.com/statistiques/1366099/overdose-opioides-heroine-etats-unis/.

2. EU Drug Market : Heroin and other opioids – In-depth analysis, European *Monitoring Centre for Drug Addiction*, consulté le 11/02/2023 : https://www.emcdda.europa.eu/index_en

En septembre 2023, le journal *Le Monde* titrait : « La quatrième vague d'overdoses de cette drogue est sans précédent[1]. »

> « Avec près de 120 000 morts par overdose pour 2023, la vague promet d'atteindre un niveau inédit. Une "quatrième vague", en vérité, souligne l'épidémiologiste Chelsea Shover, de l'université de Californie à Los Angeles (UCLA). Dans un article publié jeudi 14 septembre, avec son collègue Joseph Friedman, dans la revue *Addiction*, elle en analyse les particularités[2]. »

Le Fentanyl sous forme de poudre et de méthamphétamine se trouve aujourd'hui mélangé à une nouvelle drogue, la xylazine.

La xylazine, aussi surnommée « tranq » ou « drogue du zombie », est de plus en plus retrouvée aux États-Unis en combinaison avec d'autres drogues, comme le Fentanyl, l'héroïne, la méthamphétamine ou encore la cocaïne. La xylazine, autorisée depuis 1972 par l'Agence américaine des médicaments (FDA) comme sédatif et analgésique vétérinaire, est utilisée pour calmer des animaux, par exemple des chevaux, afin de faciliter leur prise en charge ou contre la douleur[3]. Elle est particulièrement répandue dans le nord-est du pays. Selon une étude, 26 % des overdoses fatales en Pennsylvanie en 2020 impliquaient de la xylazine, et 20 % dans le Maryland, État voisin de la capitale Washington.

Sa consommation peut provoquer des plaies cutanées et des plaques de peau morte et en putréfaction, y compris ailleurs qu'au niveau de l'injection. Ces plaies peuvent facilement s'infecter et, sans traitement, conduire à une amputation[4].

Accusées d'avoir contribué à la crise des opiacés qui ravage les États-Unis, quatre sociétés pharmaceutiques américaines ont ainsi accepté en 2021 de payer 26 milliards de dollars pour solder des milliers d'actions en justice intentées contre elles par de nombreux États américains. Il faut relever que l'officine

1. Herzberg N., *Le Monde*, 19 septembre 2023 : https://www.lemonde.fr/sciences/article/2023/09/19/crise-des-opioides-aux-etats-unis-la-quatrieme-vague-d-overdoses-est-sans-precedent_6190032_1650684.html.

2. *Ibid.*

3. « Les États-Unis sévissent contre la « tranq » qui a infiltré le marché des drogues », *Le Figaro* avec l'AFP, le 28 février 2023.

4. *Idem.*

américaine Mc Kinsey, tant sollicitée par le pouvoir français pendant la crise Covid et au-delà, fut ainsi poursuivie pour avoir contribué à la publicité commerciale de ces produits. Mc Kinsey fut condamnée en 2021 à payer 573 millions de dollars pour solder des poursuites[1]. Ses tactiques marketing furent déclarées cyniques et délibérées, contribuant à alimenter la crise des opiacés en aidant Purdue Pharma à cibler les médecins dont ils savaient qu'ils surprescrivaient les opiacés.

2. Bref repère sur la neuro-anatomie et la neurophysiologie des addictions

Ces drogues et ces divers produits dérivés sont ainsi loin d'être inoffensifs, en particulier pour les structures de personnalité les plus fragiles. Sur le plan neurophysiologique, les hallucinogènes mais également les drogues cannabiniques sont freinateurs des systèmes sérotoninergiques et facilitateurs des voies catécholaminergiques (dopa et noradrénergiques).

Le LSD se fixe sur les aires sensorielles et sur les aires limbiques : hypothalamus et hippocampe. L'hypersensorialité hallucinatoire due aux hallucinogènes se comprendrait par l'augmentation du rapport signal/bruit dans la transmission noradrénergique (par le locus céruléus) et l'abaissement des systèmes sérotoninergiques ; reste à savoir si cette hypersensorialité hallucinatoire due aux hallucinogènes est aussi présente chez les psychotiques hallucinés.

Avec ces drogues, l'entrée des perceptions (activité des aires sensorielles) est perturbée, pendant que le système limbique est activé (Pirlot, 2018, p. 23). Cela amène des perturbations des perceptions aussi bien de la réalité externe que de celles, nociceptives, provenant du corps, cela parfois jusqu'à la létalité.

C'est dans les années 1950 que les travaux d'Olds et Milner (1954, p. 419-427) ont permis d'identifier un ensemble de structures cérébrales, regroupées sous le nom de « système de récompense », à partir desquelles on *peut induire un conditionnement d'autostimulation* : lorsqu'une électrode est implantée dans l'une de ces structures et qu'elle est reliée à un stimulateur qui peut être déclenché en appuyant

1. *Le Figaro*, 4 février 2021 : https://www.lefigaro.fr/societes/crise-des-opiaces-mckinsey-paie-573-millions-de-dollars-pour-solder-des-poursuites-20210204

sur un levier, l'animal *s'auto-stimule, souvent aux dépens de la satisfaction de besoins vitaux* tels que la faim et la soif.

On comprend que les néo-besoins que sont les addictions supplantent le besoin physiologique et sexuel.

Nous sommes dans ce que nous nommons l'« addictophilie ». L'*Homo addictus* postmoderne, sollicité dès son plus jeune âge par des excitations continuelles, ludiques et euphorisantes, telle la publicité (*supra*), fonctionne sur le même schéma que celui qui œuvre dans les addictions, celui de la stimulation du *circuit de récompense.*

Celui-ci a trois structures qui paraissent déterminantes :

- *l'aire tegmentale ventrale,* située dans le mésencéphale, qui contient les neurones dopaminergiques (aire A10) qui innervent le système limbique et le cortex préfrontal ;
- *le nucleus accumbens ou striatum ventral,* situé dans la région septale, innervé par l'aire A10 et dont les connexions ont une interface entre le système limbique et le système moteur ;
- *le cortex préfrontal,* dont le rôle dans les processus attentionnels, motivationnels et directionnels est bien démontré.

La dopamine est la neuro-hormone qui provoque le désir, ou le besoin, d'une action pourvoyeuse de plaisir. Lorsque celui-ci surviendra, il déclenchera d'autres neurotransmetteurs : le système opioïde, les *endorphines* et les *enképhalines,* les récepteurs GABA A et GABA B, tout en activant des endocannabinoïdes, la noradrénaline et l'acétylcholine. La plasticité synaptique participe de cette dynamique (Karila *et al.*, 2004, p. 13-19).

Les études neurobiochimiques ont ainsi fait de ce *système de récompense dopaminergique un substratum important de la dépendance psychique.* On a en effet montré que *la plupart des produits addictifs* ainsi que *les écrans publicitaires* (*supra*) *peuvent activer le système de récompense* (Koob, 1992, p. 177-185 ; Cesaro, Keravel, Ollat, Peschnaski, Sindou, 1994, p. 241-298 ; Besson, 1992, p. 1270-1276). Par exemple, l'amphétamine et la cocaïne sont des puissants agonistes dopaminergiques, la première parce qu'elle stimule la libération de dopamine, et la seconde parce qu'elle en inhibe la recapture.

De même, le sucre et la graisse trouvés par exemple dans la nourriture ultra-transformée. Dans la bouche, le sucre et la graisse envoient un signal destiné à *relâcher de la dopamine* dans le striatum et dans le système de récompense. Un capteur secondaire est également présent dans l'intestin ; il enregistre les graisses et les sucres et incite le cerveau à libérer de la dopamine dans la même région.

Ainsi les aliments riches en graisses et en sucre peuvent augmenter les niveaux de dopamine dans le striatum jusqu'à 200 % au-dessus des niveaux normaux : une augmentation similaire à celle que l'on observe dans le cas de la nicotine et de l'alcool. La cocaïne peut, quant à elle, tripler les niveaux normaux de dopamine, et la méthamphétamine peut les multiplier par dix[1].

Les opiacés et les agonistes GABAergiques (éthanol, benzodiazépines, barbituriques…) dépriment quant à eux l'activité des interneurones inhibiteurs de l'aire tegmentale ventrale et du nucleus accumbens, donc ils *désinhibent les neurones dopaminergiques* méso-limbocorticaux. Concernant le tabagisme, relevons qu'il existe, sur les corps cellulaires et les terminaisons axonales des neurones dopaminergiques mésencéphaliques, des récepteurs nicotiniques dont l'activation (respectivement) stimule l'activité cellulaire et augmente la libération présynaptique de dopamine.

Par son action compulsive, répétitive et excitante, le comportement addictif – comme le « procédé autocalmant » (PAC) – va ainsi mettre en action le circuit dopaminergique mésolimbique, les neurones A10 situés dans le tronc cérébral, au niveau de l'aire tegmentale ventrale (ATV) qui projette, *via* le faisceau médian, d'un côté vers des structures du système limbique comme le noyau accumbens, l'amygdale et l'hippocampe mais aussi, de l'autre, vers le cortex préfrontal.

3. Découplage neuronal, dérégulation du principe de plaisir et besoin de compulsion de répétition addictive

Ce qui précède n'est pas sans amener le psychanalyste à tenter un dialogue entre les phénomènes neurobiologiques décrits par les chercheurs avec ceux psychiques rapportés par les psychiatres et psychanalystes. L'assimilation d'un plan à l'autre

1. Yang Allie, « Les effets du sucre et du gras sur notre cerveau : ce que dit la science », 2023 : https://www.nationalgeographic.fr/sciences/nutrition-dietetique-equilibre-alimentaire-exces-les-effets-du-sucre-et-du-gras-sur-notre-cerveau-ce-que-dit-la-science

peut être pensée en termes d'une *forme* de « parallélisme » entre les deux, comme l'ont fait, il y a depuis plus de soixante-dix ans, Jackson et Henri Ey[1], même si je suis conscient que par leurs approches, ces deux auteurs écartaient l'objet même de ce dont rend compte la psychanalyse concernant les symptômes psychiques à savoir le conflit, l'importance de l'après-coup, etc. Mais ce parallélisme pourrait se concevoir en tenant compte de complexités hiérarchiques progressives, qui vont du vivant au psychisme.

On peut toutefois aujourd'hui rapprocher l'appréciation freudienne d'un « système psychique » comme *organe homéostat* que, plus tard, Freud différenciera en plusieurs instances (inconscient, préconscient, conscient, puis moi, ça, surmoi), de ce que certains biologistes décrivent en termes de « hiérarchie fonctionnelle » à l'intérieur des structures vivantes elles-mêmes.

Il y a en effet une « tendance naturelle dans les systèmes biologiques à l'« auto-association » par complexification permettant une stabilité organisationnelle d'un système » (Chauvet, 1995, p. 165) – « L'ordre fonctionnel par hiérarchie conduit ainsi à l'auto-organisation » et le « potentiel d'organisation fonctionnel est mesure du nombre d'interactions potentielles d'un système » (*ibid.*, p. 247) –, comme de l'importance du rôle du *temps* dans l'organisation des fonctions et du rôle de l'*espace* dans celui des structures (*ibid.*, p. 213).

À ces précisions, ajoutons que les idées de Freud dans l'*Esquisse/Projet* illustrent en ce sens comment le psychisme, en tant cette fois qu'*appareil*, se présente bien comme une « zone-tampon », un système *intermédiaire* entre le somatique et le réel. Le psychisme s'est ainsi vu progressivement *émerger* le jour où, dans l'échelle de l'évolution des êtres vivants (rôle du temps), des neurones intermédiaires se sont interposés (rôle de l'espace) entre surface sensorielle et effectuation motrice.

Ces inter-neurones se sont ensuite progressivement complexifiés en système de plus en plus spécialisés et cela jusqu'au système pare-excitant qu'est la vésicule psychique ; à l'intérieur de celle-ci le rêve et le moi ont ainsi pris un caractère intermédiaire : *intermédiaire d'intermédiaire* (Green, 1994, p. 169).

Ces rappels faits, revenons quelques instants à la neurobiologie pour relever que de récentes propositions neurobiologiques sur les phénomènes d'addiction ont

1. Ey H., *Des idées de Jackson à un modèle organodynamique en psychiatrie* (1938), Privat, 1975.

avancé que ceux-ci relèveraient de l'existence d'un *découplage fonctionnel* entre deux neuromédiateurs (sérotonine et noradrénaline) impliqués dans la dépression, ceci en plus de la perturbation des systèmes dopaminergiques déjà connus et soulignés plus haut qui, elle-même, la provoquait.

L'équipe du neurobiologiste Jean-Pol Tassin, chercheur très ouvert au dialogue avec la psychanalyse, a en effet montré que cette *dérégulation* se trouve être *préexistante* à la toxicomanie.

Dès lors, pour lui, la prise répétée de substances toxicomanogènes *entretiendrait de manière traumatophilique* (Tassin, Lanteri, Salomon, 2006 ; Tassin, 2007) cette dérégulation préexistante. En ce sens, la conduite addictive déclencherait ce que Freud appelle une « compulsion de répétition » dont un des soubassements neurobiologiques prendrait sa source dans un *découplage fonctionnel* entre neurones sérotoninergiques et noradrénergique survenue *lors de traumas psychiques antérieurs.*

Cette appréhension de l'addiction par la dérégulation de systèmes neuronaux rejoint ce que Freud avait avancé concernant les troubles touchant la vie psychique, à savoir la *dérégulation du principe de plaisir-déplaisir* (PdP/D) dont la compulsion de répétition est une des traductions. Ce principe de plaisir/déplaisir, matrice de psychisation des affects[1], peut, de fait, se trouver précocement perturbé par différents traumas possibles, dont l'un des aspects est d'engendrer une « indiscrimination affect-représentation » (Green, 1999a, p. 217-271) dont plusieurs symptomatologies psychiques témoigneraient, allant de celle des états-limites à celle de la pensée opératoire (Marty, M'Uzan, David, 1963 ; Marty, 1967).

Rappelons ici que la pensée opératoire (PO) met en évidence une carence fonctionnelle des activités de pensée fantasmatique et onirique. C'est une forme de pensée

1. Le principe de plaisir-déplaisir (PdP/D), dichotomie première, est conçu par A. Green comme principe de symbolisation primaire permettant une première catégorisation de l'expérience affective et, de ce fait, comme un temps de structuration. La symbolisation primaire est prise entre l'asymbolie du principe de Nirvana et la symbolisation secondaire liée au principe de réalité. L'« unité de plaisir » va donc se situer entre la recherche de la décharge pour accéder au zéro et la liaison qu'A. Green nomme « concaténation » ; celle-ci implique une réduction non seulement de la décharge mais aussi de la qualité de l'affect primaire qui se secondarise alors (affect secondaire) au profit de l'investissement de la chaîne des représentations où l'affect secondaire va prendre sa place. Green insiste sur l'indissociabilité de la quantité et de la qualité. Il est important de noter que, pour lui, la différence essentielle entre représentation et affect tient surtout à leur mode de liaison. Les représentations se lient entre elles par concaténation et l'affect par diffusion. L'affect ne peut donc se lier à la chaîne des représentations qu'en tant qu'il a une certaine valeur représentationnelle (Green, 1973, p. 218 *sq.*).

consciente, cognitive et computante *sans liaison* avec des mouvements fantasmatiques : elle est, avec la dépression essentielle, un « mode de gérance » automatique des processus de pensées. Il ressort de contacts avec les sujets opératoires, la perception d'une « *relation blanche* » (Marty, M'Uzan, David, 1963, p. 198), avec un discours « anhistorique », coupé de l'histoire subjective passée du sujet. L'isolement de l'inconscient (refoulé) ne paraît pas de type obsessionnel puisqu'il ne procède pas d'une distanciation par manifestation mentale ou verbale du matériel psychique. En fait, la PO apparaît dépourvue de valeur libidinale ; elle ne permet pas l'extériorisation de l'agressivité sadomasochiste. Même quand la vie opératoire est complexe, *il lui manque toujours la référence à un objet intérieur* : dans ces conditions, la pensée opératoire sert de *contenant cognitif* à un psychisme sans bon objet interne, de là également la dépression essentielle.

Ceci précisé, revenons au principe de plaisir pour répéter que ce principe n'est pas opérant chez l'addict qui peut paradoxalement trouver son plaisir dans le déplaisir. Ce « déplaisir » provenant de la dérégulation du principe de plaisir, et dont parle le texte de la *Métapsychologie*, peut être compris, ainsi que le relève Benno Rosenberg (1991, p. 156), comme un signal d'alarme pour sauvegarder l'appareil psychique des effets de la pulsion de mort (déliaison) provoqués par différents traumas. Ce signal d'alarme se trouve chez lui, l'addict, défaillant, du fait de ces traumas antérieurs répétés...

Dès lors, avec toute la prudence que doit susciter cette hypothèse tant les niveaux psychiques et neuro-cérébraux ne sont pas superposables, n'ayant aucunement de liens de causalité directe entre eux, on peut faire l'hypothèse selon laquelle la dérégulation précoce de ce principe de plaisir (PdP/D), ayant entraîné un *brouillage entre sensation de plaisir et celle de déplaisir* – brouillage facilitant la compulsion de répétition –, pourrait être considérée comme un des *analogon*, sur le plan psychique, de cette dérégulation précoce et de ce découplage de systèmes neuronaux décrit par l'équipe de J.-P. Tassin (Pirlot, 2014).

En ce sens la compulsion de répétition addictive témoignerait de *l'absence de l'angoisse signal d'alarme* (sur lequel nous reviendrons plus loin) pour le psychisme face au déplaisir d'un évènement traumatique qui dès lors a « brouillé » le « couple » plaisir/déplaisir et dont une des expressions possiblement psychiques sera un *syndrome plus ou moins dissociatif*[1].

1. Les symptômes de cet état dissociatif se groupent en trois catégories :
a) La discordance, rencontrée dans les « folies discordantes » selon Ph. Chaslin (1919) est un « manque de fond émotif aux mimiques », un état d'émotion ne s'accordant pas aux thèmes des

Cette compulsion de répétition addictive sera ultérieurement favorisée par l'*impulsion sexuelle pubertaire et adolescente* ayant un effet de *renforcement* de ce plaisir dans un affect de jouissance jouxtant le déplaisir (le subsumant) en entrelaçant pulsion de mort et plaisir morbide. À partir de la puberté (époque des débuts de nombre d'addictions), la pulsion sexuelle s'exerce en effet avec une énergie qui lui donne l'allure d'une force irrépressible. Dans le monde animal – auquel appartient l'être humain – elle va jusqu'à dominer, rappelons-le, particulièrement chez le mâle, les tendances individuelles les plus impérieuses, ceci jusqu'à faire oublier le risque pour l'autoconservation et donc la mort.

> « Chez beaucoup de poissons, toute recherche de la nourriture cesse, au moment de la fraie, à tel point que l'individu ne vit plus qu'aux dépens de ses propres tissus (saumon, etc.). Le crapaud, qui entre dans la saison des noces en état d'inanition complète, au sortir d'une longue période d'hibernation, ne mange rien avant d'avoir sacrifié aux besoins de l'espèce. On a vu des coqs tenus isolés et à jeun durant plusieurs jours, puis lâchés dans une basse-cour, satisfaire d'abord leur appétit sexuel, avant leur faim. Warden (1931) a cherché à comparer, avec précision, les variations en fonction du temps, de quelques besoins essentiels, faim, soif, appétit sexuel, en exprimant la chez le rat mâle, la force des tendances correspondant aux besoins d'aliments et d'eau s'élève rapidement au début de la privation, puis diminue dès le quatrième jour pour la faim et dès le deuxième jour pour la soif, par suite de l'affaiblissement général de l'organisme ; au contraire, la force de l'impulsion sexuelle se maintient constante durant environ 25 jours. Il est bien connu d'autre part que si la peur, habituellement, tient une grande place dans la vie affective de beaucoup d'animaux, *l'appétit sexuel efface en eux toute crainte et les livre souvent sans défense à leurs ennemis* [souligné par G.P.]. Les phénomènes réflexes de l'accouplement témoignent de la force de l'ardeur sexuelle ; on en trouve un exemple dans le réflexe d'embrassement par lequel le mâle des grenouilles et des crapauds enserre la femelle : Spallanzani (1785), dans de cruelles expériences, vérifia que ni l'amputation

délires, avec des expressions cliniques comme un langage inapproprié, un langage automatique ou de perroquet. Chez C.G. Jung et chez Bleuler, elle est liée à l'émancipation des activités mentales inférieures (inconscientes, préconscientes) et se trouve reliée au hasard d'associations fortuites.
b) L'ambivalence relève d'une dislocation des facultés sensibles, une incapacité à assumer subjectivement le conflit et les tendances conflictuelles (absence d'organisation œdipienne permettant d'intégrer les conflits sous l'égide de la triangulation)
c) L'autisme qui est un repliement sur soi du patient consécutif à une perte énergétique (psychique) du moi. *Cf.* Pirlot, 2013, p. 77 *sq*.

des membres postérieurs ou des mains, ni la décapitation, ni la brûlure progressive des pattes, ne mettait fin à l'étreinte du mâle» (Bournoure, cité par Canguihem, 1962, p. 15-16).

Ainsi, en plus de l'alcoolisme et de la toxicomanie, et au-delà des drogues hallucinogènes, le concept d'addiction, qui a permis une appréhension globale des conduites d'assuétude et de dépendance entraînant des automatismes compulsionnels irrépressibles de comportement, souligne combien le *besoin physiologique d'un produit* ou *d'une conduite peut s'allier à la pulsion sexuelle* afin de procurer et décupler un plaisir mêlé de déplaisir dont les composantes psychiques vont faire jusqu'à *faire oublier au sujet ses besoins physiologiques et corporels* les plus nécessaires à sa survie.

4. Étymologie du mot « addiction ». Sport et addiction

Peuvent donc être considérées comme addiction, l'alcoolisme, la toxicomanie, l'anorexie, la boulimie, la dépendance au sport, au travail, au sexe, au suicide, aux achats pathologiques, aux médicaments psychotropes, aux jeux, y compris vidéo, au café, aux scarifications et autres entailles douloureuses, jusqu'à la relation amoureuse et transférentielle, voire au transfert et au cadre psychanalytique[1].

Le domaine d'application du concept d'addiction est ainsi largement transnosographique. Il paraît n'avoir de pertinence qu'en raison de cette possibilité de fournir un modèle d'interprétation de pathologies dissemblables (boulimie, alcoolisme, toxicomanie, etc.), par l'individualisation de dimensions psychopathologiques et métapsychologiques communes.

L'étymologie du terme « addiction » fournit, déjà en elle-même, des éléments de compréhension que la psychopathologie et la métapsychologie décrivent avec leurs propres conceptualisations. Ce terme provient d'un mot latin, *addictus,* signifiant nous l'avons dit « esclave pour dette », esclave pour qui une pratique de contrainte par corps, c'est-à-dire d'emprisonnement, était infligée par impossibilité d'honorer autrement sa dette. Cette définition, notons-le, n'inclut pas la référence à un objet externe au corps, hormis la prison pour défaut de règlement d'une dette. C'est le corps, ici, qui est l'objet contraint ; l'« emprise » est dans son « emprisonnement ».

1. C'est ce que rappelle B. Brusset, 2005, p. 39.

Précisons que le mot latin *addictus* est lui-même construit d'un préfixe *ad* accolé au mot *dicere*, « dire » : cela donne *ad-dicere*, qui désigne le statut civil de l'esclave : il était *dictus ad*, « dit à » tel maître, et donc aliéné à celui-ci, sous son emprise, sa dépendance. Ce non-état civique ne donnait à l'esclave aucune liberté, aucun libre arbitre, aucune indépendance face à celui dont il était « sous l'emprise » et sous la dépendance « corps et âme » ... comme l'addicté l'est avec son comportement et/ou son produit.

« Addicté » passa ensuite dans le vieux français. *Addictum* désigna ainsi le paysan contraint à la corvée pour son seigneur (*cf. supra*). Tombé en désuétude dans la langue française, le terme réapparut dans la langue anglaise infiltrée de mots français depuis Guillaume le Conquérant.

Dans ces liens entre addiction, emprise corporelle et dette ou culpabilité, on peut ajouter la remarque de Pascal Quignard (1994) pour qui le mot *obsequium* dont a dérivé « le péché » pourrait se traduire par *l'addiction à la dépendance elle-même* (comme chez le névrosé) : « Le sentiment du péché, je le définirai ainsi : un lien ravageur à la dépendance. La sensation de culpabilité intérieure qui le nourrit s'accroît jusqu'au manque panique dès l'instant où une vieille dépendance d'esclave fait défaut » (Quignard, 1994, p. 255).

L'addiction renverrait, en fait, à la première des dépendances, celle du nourrisson envers sa mère, et son état de *détresse* (*Hilflosigkeit*[1]) et d'impuissance (passivité) lors de l'absence de cet objet primaire nécessaire à sa survie. Cette détresse et cette dépendance infantile participeront progressivement de la mise en place du surmoi[2].

1. Cette *Hilflosigkeit* était chez Freud présente dès son texte de 1896, « l'Étiologie de l'hystérie ». Persuadé de l'origine traumatique de la névrose (*Neurotica*), il écrivait : « Toutes les conditions étranges dans lesquelles se déroulent les relations amoureuses du couple inégalement assorti, d'un côté l'adulte qui ne peut se soustraire à la part de dépendance mutuelle résultant nécessairement de toute relation sexuelle, mais qui, lui, est armé de l'autorité absolue et du droit de punir, et qui peut échanger un rôle contre l'autre afin de satisfaire librement ses humeurs, de l'autre côté, l'enfant sans recours (*Hilflosigkeit*), à la merci de l'arbitraire, prématurément éveillé à toutes les sensations, exposé à toutes les déceptions, souvent interrompu dans la pratique des actes sexuels qui lui sont assignés, par la maîtrise des besoins naturels. »

2. La dépendance sera centralement reliée au surmoi dans un article de Freud plus tardif, « Le moi et le ça » (1920) : dans le chapitre III, « Le moi et le surmoi (idéal du moi) ». Freud écrit : « Si nous considérons encore une fois la naissance du surmoi telle que nous l'avons décrite, nous reconnaissons qu'il est le résultat de deux facteurs biologiques de la plus haute importance : le long état de détresse (*Hilflosigkeit*) et de dépendance infantile (*Abhängigkeit*) de l'être humain est le fait de son complexe d'œdipe, que nous avons bien ramené à l'interruption du développement

La prématurité du nouveau-né et sa néoténie créeraient ainsi cette prédétermination à toute dépendance à venir, affective certes, mais également à d'autres « objets ». En deçà du sentiment de culpabilité, cette « addiction à la dépendance » se trouve être ainsi un facteur largement dû à la néoténie propre à l'être humain qui le pousse (terme applicable à la pulsion, *Trieb*) à trouver un lien (*philia, supra*) avec un objet de substitution du manque de l'objet primaire.

En ce sens, comme le remarque Marc Levivier :

> « Il y aurait lieu de situer la dépendance dans l'addiction relativement à la dépendance néoténique qui nous constitue. Les objets d'addiction pourraient-ils être constitués en une classe particulière de *pharmaka* ? L'addiction procéderait-elle d'un rapport particulier à un *pharmakon* quelconque ? Au vu de ce que nous avons présenté, on pourrait formuler l'hypothèse d'une précipitation, ou d'une réduction, dans la polyvalence des rapports au *pharmakon*, rupture dans la dialectique entre faiblesse et puissance. Ce serait une manière, peut-être anthropologique, de considérer le modèle trivarié de Claude Olivenstein dont on pourrait alors dire qu'il propose de penser l'addiction comme la *rencontre* entre un sujet donné, une modalité d'usage donnée d'un *pharmakon* donné et un moment socio-culturel donné, ce qui pose le temps logique de la constitution de l'addiction comme précédant celui de la dépendance » (Levivier, 2012, p. 115-116).

Un des faits cliniques observés, une fois introduit ce concept d'addiction, est que l'on peut facilement passer d'une addiction à l'autre. D'ailleurs nombre de toxicomanes que j'ai pu rencontrer ont trouvé dans le sport, et particulièrement l'addiction au sport, une réelle façon de guérir de leur ancienne dépendance. Selon une enquête réalisée à la Fondation Phénix de Genève auprès de quelque quatre cents patients, plus de 50 % des toxicomanes auraient pratiqué du sport de manière assidue. Avant leur pratique sportive, certains futurs athlètes présentaient en effet des addictions parfois sévères (toxicomaniaques).

de la libido par la période de latence, donc de l'inspiration diphasée de la vie sexuelle » (Freud S., 1923, 1981, p. 247-248 ; *Studieausgabe, Band III*, p. 302) ; d'autre part, le chapitre V de ce même texte est intitulé, « Les relations de dépendance du moi » (*Die Abhängigkeiten des ichs*) : l'enjeu central se joue ici à l'intérieur du psychisme entre les instances, dans les relations que le moi établi et entretient avec le ça et le surmoi, ce dernier étant également spécifié de « mémorial de la faiblesse et de la dépendance (*Abhangigkeit*) qui étaient celles jadis du moi et perpétuant sa domination, même sur le moi maturé. De même que l'enfant subissait la contrainte (*Zwang*) d'obéir à ses parents, de même le moi se soumet à l'impératif catégorique de son sur-moi » (Freud S., 1923, *ibid.*, p. 263 ; *Die Abhängigkeiten des ichs*, 1923, p. 314).

Par ailleurs, il suffit de lire les ouvrages (Mondenard, 2004) et le blog du médecin sportif, le docteur Jean-Pierre de Mondenar, pour s'apercevoir combien le dopage aux substances addictives contamine le sport de haut niveau. Un nombre certain de toxicomanes sont ainsi d'anciens sportifs. L'élation et leur bien-être psychique sont dépendants de leur activité sportive.

Pour la plupart de ces sujets, le sport s'est présenté comme un pansement provisoire, un mécanisme de défense face à une souffrance sous-jacente, ou à un malaise personnel, voire à un début de dépression. Pour le Dr Jean-Jacques Deglon, directeur de la fondation genevoise, les chiffres sont cinglants : plus de 50 % des toxicomanes ont intensément pratiqué du sport de façon quotidienne avant de tomber dans une logique de dépendance aux drogues dures ! 25 % ont pratiqué du sport plusieurs heures par jour et, pour 32 % d'entre eux, l'activité sportive à haut niveau était complétée de compétitions régionales.

Dans les quatre centres de la Fondation, 378 patients, âgés en moyenne de 32 ans et en cure de sevrage avec méthadone, ont ainsi accepté de répondre à deux questions : « Avez-vous pratiqué de façon assidue plusieurs heures par jour pendant plusieurs mois une activité sportive ? » Et en complément : « Avez-vous pratiqué un sport à haut niveau comportant des compétitions au minimum régionales ? »

En 1997, l'Office fédéral de la statistique a mené une enquête sur la santé en Suisse : sur un échantillon de 15 000 personnes, un tiers des 15-35 ans interrogés pratiquaient du sport au moins trois fois par semaine. Ce sont les sportifs intensifs qui étaient nettement plus représentés dans la population des toxicomanes[1]. Le médecin responsable de cette étude interpréta les chiffres de l'étude réalisée à la Fondation Phénix :

> « À force de faire du sport, on devient des drogués du sport. On sait que l'exercice physique intensif stimule les endorphines. Son arrêt entraîne une diminution de la libération de cette substance, crée un manque et donc un état déficitaire. À ce moment-là, si par hasard les gens tombent sur de l'héroïne, c'est extraordinaire parce que ça corrige ce défaut[2]. »

1. *Cf.* Giuseppe Costa, journal *Le Temps*, 24 septembre 1999, https://www.letemps.ch/sport/une-majorite-toxicomanes-danciens-sportifs
2. *Ibid.*

5. Les psychanalystes, premiers à décrire les addictions

Il n'y a pas de « structure psychique profonde » commune aux addictions mais plutôt la survenue d'un *mode économique de fonctionnement psychique commun* sur des structures de personnalités dissemblables, allant de la névrose à la psychose, en passant par la pensée opératoire, la névrose de caractère ou de comportement ou encore les profils « états-limites » et bipolaires.

Dès 1926, on doit au psychanalyste Sandor Rado d'avoir fait une première analogie psychosomatique psychanalytique concernant la prise de drogue. Ainsi, pour lui, l'orgasme pharmacogénique dans des cas de morphinomanie rappelait « l'orgasme alimentaire » du nourrisson au sein. On peut aujourd'hui associer cette relation à un autre orgasme, celui de la faim, que se procure l'anorexie (Rado, 1933, *in* Chassaing (coord.), 1998).

En 1933 le même auteur, avant même qu'apparaisse le concept d'addiction, proposa le terme de « pharmacothymie », survenant sur une « sorte de désordre narcissique [...] qui trouve son origine dans la "dépression anxieuse"[1] ». Pour lui, le produit toxique amènerait un « effet-plaisir-pharmacogénétique » donnant une augmentation de l'euphorie[2] permettant au moi de retrouver « sa dimension narcissique originelle[3] ». La dimension narcissique sous-jacente à l'usage de ces produits d'addiction, sur lesquels nous reviendrons, fut ainsi soulignée dès les années 1930.

C'est à cette époque (en 1932) que le terme d'addiction apparut officiellement, dans un article de Glover (Glover, 1932, *in* Chassaing (coord.), 1998). Celui-ci présenta l'addiction comme relevant volontiers de sujets aux problèmes narcissiques, tout en l'employant dans un sens limitatif : une toxicomanie et une accoutumance à un produit[4]. Glover ouvrit ainsi véritablement le champ de la clinique psychana-

1. *Ibid.*, p. 351.
2. *Ibid.*, p. 351.
3. *Ibid.*, p. 353.
4. « J'ai accordé aux addictions une place spéciale [...] j'ai représenté les addictions comme de réels états *borderline* en ce sens qu'ils ont un pied dans les psychoses et un pied dans les névroses » (cité par Ferbos, p. 123). Dans la continuité de Glover, Rosenfeld (1960) avance que les toxicomanes ont un « moi faible » qui ne supporte ni la frustration, ni la douleur, ni la dépression. La drogue en tant qu'objet idéal, est au service de défenses maniaques et de la maîtrise d'angoisses paranoïdes. *Cf.* Shenckery *in* Chabert, Ciavaldini, Jeammet, Schencker, 2006, p. 197.

lytique des addictions, allant jusqu'à postuler l'existence de substances psychiques ayant une fonction protectrice pour l'économie psychique.

Ce terme d'addiction fut repris en 1945 par d'autres psychanalystes comme O. Fenichel (1945). Dans son acception actuelle, ce concept prit ensuite son essor dans les pays anglo-saxons avec le modèle de Peele (1975), qui ne se réfère pourtant ni à la psychanalyse, ni à l'hypothèse d'un inconscient.

En France, le terme addiction fut amené par la psychanalyste anglo-saxonne d'origine néo-zélandaise Joyce McDougall qui en a introduit l'usage en 1978 à propos de « sexualité addictive » (McDougall, 1978). J. McDougall proposa également le concept « d'économie psychique de l'addiction » (McDougall, 2001). Chez des sujets « esclaves de la quantité », selon la formule de Michel de M'Uzan (1984), la résolution des conflits psychiques se ferait ainsi, non de manière symbolique ou psychique, mais par le recours à une économie pulsionnelle et/ou excitationnelle impliquant le corps[1].

Par la suite, des psychanalystes psychosomaticiens, en premier lieu M. Fain (1981) et J. McDougall (McDougall, 1974), observateurs scrupuleux des modes de fonctionnement de l'économie psychique, ont contribué, sans qu'ils s'y réfèrent explicitement, à une approche *psychosomatique* des addictions. Les liens, parfois paradoxaux, entre comportements addictifs et maladies somatiques (Pirlot, 1997), peuvent en effet être interprétés selon l'apport des œuvres de Pierre Marty (Marty, 1976, 1980, 1990, 1991) et de Joyce McDougall, de même qu'avec les travaux de Léon Kreisler, Michel Soulé et Michel Fain.

Les addictions illustrent le poids de l'ancrage somatique et biologique des pulsions et excitations. Les pulsions, dont l'instance est le ça, pour qui l'objet est contingent, substituable, ont des propriétés dynamiques, topiques, dynamiques. Forces en quête de sens, elles ne connaissent pas le temps et ne trouvent,

1. J'entends par économique un des trois critères retenus par Freud pour décrire les phénomènes psychiques : l'économique, la dynamique, la topique. L'*économique* (*economisch*) aborde les processus psychiques en référence à la quantification et à la circulation de l'énergie (psychique). La *dynamique* est quant à elle l'approche des conflits et de la composition des forces dans ceux-ci et la *topique*, celle de l'identification d'instances ou d'espace psychique comme le conscient, le préconscient ou l'inconscient (1re topique) ou encore le moi, le ça et le surmoi (2e topique). Je ferais ici l'analogie entre une économie psychique non liée (processus primaire) qui, singulièrement chez l'adolescent ou chez l'addicté-toxicomane, paraît excessive au regard des capacités de métaphorisation et mentalisation, et une économie mondiale dont « l'énergie non liée » que sont les flux financiers croissant sans cesse en dehors de tout cadre national et international.

que difficilement chez certains sujets (opératoire ou limites), des liens vers des représentations.

L'absence de représentance de la pulsion, du fait des carences fantasmatiques et de clivages, laisse les pulsions dans leur état originaire d'excitation qui ne sera pas sans provoquer des décharges dans le soma du corps ou par le comportement.

En tant que pathologies *compulsionnelles* de l'excès d'excitations, les conduites addictives ou autocalmantes obligent en effet à exhumer de son silence métapsychologique ce concept d'excitation.

Rappelons donc que, dès les premiers écrits de Freud, l'excitation (*Erregung)* est bien souvent indistincte de la stimulation (*Reizung*). Cette notion, fondamentale dans la conception freudienne, est omniprésente dans son œuvre même si elle ne fut jamais véritablement définie : on pourrait la définir comme une force d'impact momentanée, définissant le vivant. Elle impose à l'appareil psychique de la réduire en la liant. Cette liaison relève d'un certain « travail » dévolu à la pulsion. Enfin, concernant l'excitation, plus connu dans le corpus freudien, est le terme de pare-excitation dont la fonction de protection envers l'excitation relève par exemple du travail thérapeutique, du cadre, etc. Dans le corpus freudien, l'excitation peut être externe ou interne – celles, internes étant les plus difficiles à maîtriser en quelque sorte : elle peut venir du corps biologique – *via* les hormones, la fièvre, la tension, l'excitation sexuelle, comme des fantasmes, pensées, affects divers, etc. S'il ignore la *nature de l'excitation*, Freud ne lui en reconnaît pas moins certains traits spécifiques qui contribuent à la cerner :

- elle détermine le concept de quantité et le fonde ;
- elle pose une orientation au mouvement en allant d'un pôle sensible à un moteur ;
- elle est au plus près de la source qui la suscite. Elle tend à s'accumuler en créant une tension qui doit se décharger ;
- d'abord fonction de l'extérieur, elle agit comme un impact unique. C'est sans doute ce dernier point qui la différentie le mieux de la pulsion puisque celle-ci opère comme une force constante dirigée vers son but, même si elle dépend de sa source (ou elle tend d'ailleurs à se confondre avec l'excitation). On doit ainsi considérer que l'excitation précède et suscite la pulsion (LeGuen C., 2008, p. 511).

Concernant l'approche biologique que l'on peut avoir de l'excitation, rappelons ce qu'en disait le biologiste J.-D. Vincent (Vincent, 1989, p. 132. *Cf.* également Vincent, 1989 :

> « Les *tissus excitables* sont les muscles et le système nerveux. Les glandes, leurs complices, en communiquant, délivrent des hormones – le mot vient d'*ormao* : j'excite – et sont elles aussi très excitables [...] L'excitation est mesure et quantité : elle offre à l'être une représentation de l'étendue et de la durée [...], une solution de recours sur la représentation ; elle ne coûte rien en énergie ; elle résulte de déplacements passifs de charges selon les gradients électriques et chimiques. L'influx est seulement spécifié par son objet : il ne porte en lui-même aucune marque de reconnaissance[1]. »

Dans le champ physiologique, le concept d'excitation renvoie ainsi certes à la notion d'hormone, mais également à celles d'horloge interne, de *pacemaker* ou d'oscillateur biologique, présents dans les noyaux supra-chiasmatiques et l'hypophyse. Le nouveau-né, étant loin d'avoir achevé la maturation d'un système nerveux central qui demande dix à quinze ans, verra le synchronisateur de la plupart de ces horloges internes dépendre largement de l'environnement (rôle ici important de l'épigenèse), par exemple les cycles jour/nuit et présence/absence de la mère (Reinberg, 1983).

En ce qui concerne maintenant l'emploi métapsychologique du terme « excitation », rappelons que Freud a utilisé deux termes : *Erregung* et *Reiz*. Le premier est réservé le plus souvent à l'excitation interne (endogène) circulant dans le système (nerveux ou psychique) tandis que le second est réservé à ce qui vient de l'extérieur (l'objet).

Tout en provenant de l'intérieur, des zones érogènes par exemple, un *Reiz* peut aussi être considéré comme agissant de l'extérieur sur le psychisme, et c'est même là ce qui définit la pulsion : « La pulsion serait une excitation pour le psychisme » ou encore « le représentant psychique des excitations nées à l'intérieur du corps et parvenant au psychisme » (Freud (1915), 1968, p. 13). Intériorisation d'action, elle oblige ainsi le psychisme à une dynamique transformationnelle (Green, 1997, p. 83).

Pour le psychisme, il y a donc des excitations provenant de « pacemaker » biologiques rythmés et périodiques (hormones et neurohormones, signaux à distance : hormones sexuelles) ou de l'extérieur, qui « poussent » (« impulse » ; lettre de Freud à Fliess du 2 avril 1897) à se répéter, à se pulsionnaliser et donc à se représenter

1. Au regard de l'évolution, les êtres vivants se sont adaptés à leur environnement par les organes mais aussi par la manière dont ceux-ci fonctionnent, les hormones jouant un rôle essentiel dans ce fonctionnement (Fontaine, 1984, p. 310-320).

psychiquement mais qui peuvent également se *transférer* dans des systèmes non hiérarchisés mais en réseau.

Les pulsions, « mythiques » dit Freud, constituent quant à elles, un mode d'expression entre l'excitation somatique périodique et la représentation. Si l'excitation « excite » et pousse à la fois, *la pulsion est,* de son côté, *autant poussée que tiroir et « poussoir*[1] », c'est-à-dire *quelque chose dont la force dépend de la résistance qui lui est opposée.*

Ce qui, de plus, spécifie la pulsion est sa force d'impact non pas momentanée comme l'excitation physiologique, mais *constante* (poussée constante non pas égale – il y a des variations d'amplitude –, mais *continue*) et aussi le besoin qu'elle suscite d'être satisfaite.

Les fantasmes sont de leur côté les représentants psychiques de pulsions. La vie pulsionnelle est ainsi l'héritière d'une certaine « domestication », « qualification » (pulsionnelle) des excitations par les fantasmes.

Mais c'est d'abord de la périodicité des soins maternels que naîtra, dans les processus psychiques, cette différenciation progressive entre *quantité* d'excitations et *qualité* pulsionnelle de celles-ci[2], les proto-fantasmes puis les fantasmes favorisant cette qualification.

Issues d'un « dressage » ontologique, les pulsions seraient comme autant de *sédimentations d'effets de l'excitation* qui, au cours de la phylogenèse, ont agi sur la substance vivante et l'ont modifiée tout en travaillant, *au retour,* à un état de

1. Ce lien entre poussée de la « pulsion » et « poussoir/tiroir », vient du rapprochement de deux développements de pensée de G.A. Goldschmidt dans son étude sur la langue allemande de S. Freud. À propos du terme de pulsion il précise : « *Der Trieb* (la pulsion), c'est ce qui pousse de l'intérieur, comme pour les voitures, *der Antrieb*, une force motrice au-dedans même du corps et ce n'est pas pour rien que Freud, dans l'une de ses conférences, la 32e, Angoisse et vie pulsionnelle, parle de la "corporéité", die *Leibchkeit.* [...] *Trieben* appartient au geste dui corps – *der Leib* – à la *Leiblichkeit*, à cet "être corps" qui [...] a tant d'importance dans la langue de Freud. [...] » (p. 79). Ailleurs, l'auteur précise, à partir d'une réflexion sur le souvenir et « se souvenir » (*sich erinnern*), « En somme, une langue, tire ce qu'une autre, l'allemand, pousse. Ce que l'allemand a mis au-dedans de lui (*erinnern*), c'est le français qui l'en retire, ce mouvement de sens contraire ne peut qu'orienter le regard, la latitude des deux langues ; elles ne regardent pas du même regard. Cela se manifeste jusque dans les choses les plus simples : ce sens inverse, on le retrouve jusque dans les meubles. Un tiroir est, en allemand, un poussoir (*eine Schielblade*) » (p. 91) ; *cf.* Goldschmidt G.A., 1988.

2. Freud S., *Esquisse pour une psychologie scientifique* (1895), 1956, p. 329.

satisfaction antérieur (Freud (1915), 1968, p. 17) : « Il me semble, écrivait Freud en 1920, qu'une pulsion est une tendance de la vie organique à restaurer un état de choses antérieur que la créature vivante a été obligée d'abandonner sous l'effet de forces perturbatrices venues du milieu ; ainsi c'est une sorte de plasticité organique ou, pour le dire autrement, l'expression d'une inertie constitutive de la vie organique » (in *Au-delà du principe du plaisir*).

Cette propriété ouvertement *régressive* de la pulsion constitue ainsi, après le tournant de 1920 de Freud, un au-delà du principe de plaisir dans le fonctionnement, poussant l'organisme à rééditer tous les états antérieurs, qu'ils soient à la source du plaisir ou non – ce dont, nous le verrons, les addictions sont autant de symptômes.

À l'intérieur de la métapsychologie, on peut ainsi comprendre que la pulsion est le représentant psychique d'un saut (à la façon des électrons) d'un niveau d'auto-organisation à un autre, en même temps qu'une forme de *rétro-action (feed-back)* d'excitation (somatiques, situées préférentiellement sur des zones érogènes susceptibles d'autoérotisme) sur et par du psychique (intra/intersubjectif), c'est-à-dire une « mesure de l'exigence de travail imposé au psychique en conséquence de sa liaison au corporel » (« tiroir et poussoir » écrivions-nous plus haut).

Ainsi donc, chez les patients addicts, le besoin irrépressible de la drogue, du produit ou du comportement addicts, est impératif, exigeant, sans possibilité de *différer* son exécution du fait d'une rétro-action du pulsionnel vers l'excitation du fait de la massivité originaire (tramatique) de celle-ci. Au plus près de sa trajectoire pulsionnelle vers la représentation (de désir), l'excitation ne peut accéder à sa mise en représentation pulsionnelle, régressant alors dans sa « préforme » (infra) sur son socle (de besoin) physiologique.

Le besoin peut ainsi apparaître comme une catégorie de la pensée physiologique relevant de l'économie psychosomatique et de l'économie psychique.

« Il est facile de voir que le besoin n'est que la tendance à une régulation déterminée et prend sa source dans un état physiologique qui appelle cette régulation. Or le comportement externe ne fait que compléter le rôle du fonctionnement interne à l'égard du besoin : l'animal qui a faim commence par mobiliser ses réserves, fait appel notamment à la fonction glycogénique de son foie pour rétablir la composition de son milieu intérieur, appauvri en métabolites ; l'homéotherme, qui a froid, augmente ses combustions internes pour maintenir son équilibre thermique. Si ces fonctions n'apportent pas une satisfaction suffisante à l'organisme, celui-ci réagit d'une façon plus étendue sous la forme d'un comportement : l'animal affamé part en quête d'une proie ; l'homéotherme, qui a besoin de chaleur, recherche dans la prairie les rayons du soleil ou gagne dans la maison le coin du feu.

La conduite de l'animal n'est donc d'une manière générale, qu'un processus extériorisé de régulation tendant à la satisfaction d'un besoin », écrit L. Bounoure (in Canguilhem, 1962, p. 4-5).

Question gênante. Ce soulagement psychique obtenu par le besoin d'un produit et/ou du comportement addictif (« néo-besoin »), comme dans le cas de l'addict sportif, de l'anorexique ou du rameur solitaire, s'approche-t-il, par *dissonance*, non cognitive mais psychique, d'une quête, parfois avortée, parfois réussie, d'un « surplus d'âme » *provenant d'excitations en quête de représentance pulsionnelle et de représentation d'objet* ? N'est-ce pas celui-ci qu'ont cherché certains écrivains dans leurs addictions ?

6. De quelques écrivains addicts

N'appelle-t-on pas « spiritueux » les vins et les alcools forts, même si ceux-ci peuvent libérer les plus bas instincts puisque, selon la formule de Simmel, « le surmoi se dissout dans l'alcool » ?

N'oublions pas en effet, comme le rappelle le psychiatre addictologue suisse Jacques Besson (2018, p. 52), qu'en latin *spiritus* veut aussi bien dire « alcool » qu'« esprit » et que, dès lors, la formule *Spiritus contra spiritum*, expression des alchimistes utilisée par Carl Gustav Jung dans sa lettre à Bill W. (l'un des deux cofondateurs des Alcooliques anonymes), désigne autant la cause de la maladie alcoolique (l'alcool attaque l'esprit) que son traitement (l'esprit guérit l'alcoolisme).

Baudelaire critiquant le vin qui « usurpe la souveraineté » du sujet, voyait quant à lui dans le mangeur d'opium, celui qui pouvait un peu plus explorer « sans nuages » son esprit...

> « [...] quelques grands que soient les bénéfices du vin, on peut dire qu'il frise souvent la folie ou, tout au moins, l'extravagance, et qu'au-delà d'une certaine limite il volatilise, pour ainsi dire, et disperse l'énergie intellectuelle ; tandis que l'opium semble toujours apaiser ce qui a été agité et concentrer ce qui a été disséminé. En un mot, c'est la partie purement humaine,

> trop souvent même la partie brutale de l'homme, qui, par l'auxiliaire du vin, usurpe la souveraineté, au lieu que le mangeur d'opium sent pleinement que la partie épurée de son être et ses affections morales jouissent de leur maximum de souplesse, et, avant tout, que son intelligence acquiert une lucidité consolante et sans nuages » (Baudelaire, 1966, p. 100).

Ainsi, de Thomas de Quincey, comme vu précédemment, de Charles Baudelaire, d'Arthur Rimbaud, de Conan Doyle, d'Ernst Jünger, d'Aldous Huxley, de Carlos Castaneda, de Jack Kerouac, d'Alan Ginsberg, de William Burroughs, de Jean Cocteau, de Charles Bukowski, l'activité d'écriture, elle-même addictogène, a été exercée à l'aide bien souvent de divers drogues et toxiques, sans oublier la cigarette, compagne indéfectible ?

> « T'es bien roulée dans ton tabac
> Viens que j' t'aspire au bout d' mes doigts
> Comme un' frangine à la dérive [...] »

Ainsi que le chante Léo Ferré dans *La Gitane*...

L'écriture de ces auteurs se voulait créatrice qu'à ne vouloir plonger dans un « dérèglement des sens » (Rimbaud). Avec l'aide de ces toxiques, elle était censée déloger la pseudo-centralité d'un « je » qui n'est qu'illusion dont le fameux « Je est un autre » de Rimbaud est sans doute la formule la plus brillante (Pirlot, 2018).

Parfois l'initiation aux drogues de certains écrivains se fit de manière accidentelle. C'est ainsi que les médecins prescrivirent à Guy de Maupassant de l'éther après des troubles oculaires dont il devint rapidement addict. Il raconte n'avoir pas écrit une seule ligne de *Pierre et Jean* sans en respirer et fait part dans sa nouvelle *Rêves* une description de l'ivresse éthérique.

Grâce à la frénésie apportée par la cocaïne, Robert Louis Stevenson aurait quant à lui écrit en 6 jours et 6 nuits les 60 000 mots de son récit d'épouvante, *L'Étrange cas du docteur Jekyll et de M. Hyde.* Arthur Conan Doyle prête quant à lui au plus célèbre de ses personnages, Sherlock Holmes, une addiction à la cocaïne qui l'aide dans ses enquêtes.

Chez nombre d'écrivains la prise de certaines drogues fut ainsi synonyme de la quête d'un territoire spirituel, comme l'écrivait au début ces *Paradis artificiels*, Baudelaire lui-même dans le chapitre intitulé « Le goût de l'infini » :

> « Ceux qui savent s'observer eux-mêmes et qui gardent la mémoire de leurs impressions, ceux-là qui ont su, comme Hoffmann, construire leur baromètre spirituel, [et]ont eu parfois à noter, dans l'observatoire de leur pensée, de belles saisons, d'heureuses journées, de délicieuses minutes » (*idem*, p. 27).

Cet infini était pour Aragon celui retrouvé dans l'écriture mais également dans les voyages, mot que les toxicomanes répètent à l'excès dans ce qu'ils appellent leur *trip*. Écrire et voyager est, il est vrai, une manière de toujours laisser entrer en soi l'infini (Pirlot, 2024b) : « Voyageurs, vous avez le goût de l'infini sans doute. Ou n'êtes-vous que les colporteurs de vos rêves » (Aragon, 1997, p. 107)

Ce thème du voyage par l'ivresse de la drogue fut également celui du troisième chapitre du livre d'Ernst Jünger, *Approches, drogue et ivresse* (1970) intitulé « L'ivresse : origines et voyages ».

Héros de la guerre 14-18 dont il est sorti le corps meurtri de blessures, Ernst Jünger dans ce livre aux trois cents sous-chapitres construisit autour de digressions littéraires, sociologiques, anthropologiques, mythologiques, historiques, linguistiques, pharmaceutiques sur les différentes drogues, un ouvrage où il cite de multiples auteurs pour développer son propos : Baudelaire, Maupassant, Hoffmann, Poe, de Quincey, Cocteau, Novalis, Goethe, Mirbeau, Loti, Nietzsche, Michaux, Huxley, Orwell qui ont tous touché de près ou de loin les drogues. Lui-même, en Europe, en Asie, comme Henri Michaux, ou au Mexique comme Antonin Artaud, a expérimenté la plupart des produits dont il parle (haschich, cannabis, cocaïne, morphine, LSD, éther, chloroforme, peyotl, champignons hallucinogènes, etc.) notant, dans certains chapitres, heure par heure et parfois minute par minute, les impressions de ses voyages psychédéliques.

Cécile Guilbert, déjà citée, est un autre exemple. Née à la fin de 1963, elle consomme pour la première fois à l'âge de 14 ans du LSD et, à Majorque, fume ses premiers joints.

> « En 1979, lors d'une soirée à Montréal, un homme plus âgé qu'elle lui offre pour la première fois de la cocaïne. Elle inhale de l'héroïne à 19 ans. Ça lui plaît beaucoup, ce qui ne l'empêche pas d'entrer à Science Po. Toutefois, au fil des années, les drogues la rendent de plus en plus paranoïaque. Ce qui l'incite à échanger une addiction pour une autre : elle délaisse un peu les stupéfiants "classiques" pour s'adonner sans retenue à la lecture de Saint-Simon, Nabokov, Proust, Kafka… Du coup, elle rate la

décennie de l'ecstasy et de toutes les drogues synthétiques qui ont suivi, préférant lire, écrire et voyager[1]... »

L'addiction à l'écriture supplantera les précédentes car l'écriture, la musique ou la peinture, conduisent, sans drogue, sans produit stupéfiant, au décentrement de soi-même, comme la cure analytique, afin que l'« aéronaute de l'esprit[2] » qu'est l'artiste ou l'analysant, puisse apercevoir les berges d'une *autre rive en lui-même.*

Dans « Le paradis terrestre » de *La Mort d'Orion,* Gérard Manset chante cette « autre rive » avec toute « l'inquiétante étrangeté » que cela suscite :

« Hier, en traversant la rue
Je me suis reconnu
Tête nue
Méconnu
J'ai changé de trottoir avec dix ans de plus

Je me suis rattrapé
Quelques instants plus tard
C'est bizarre
Je suis passé devant moi sans me voir[3]. »

Il reste que cette dimension d'une quête psychique et spirituelle artificielle (comme les « paradis » de Baudelaire ou dans les expériences de Timothy Leary, Allan Wilson et Walter Pahnke) est souvent passée sous silence lorsque l'on aborde la question addictive, y compris de manière psychanalytique ou psychosomatique.

Peut-être que, depuis les années 1990 où est apparu ce terme d'addiction, « l'esprit du temps » (le fameux *Zeitgeist*) a changé. L'époque du modernisme qui fut celle des Trente Glorieuses n'est en effet pas celle des « trente piteuses » du

1. Cécile Guilbert : « "Écrits stupéfiants" drogues et littérature d'Homère à Despentes ». https://blogs.letemps.ch/dunia-miralles/2021/03/11/cecile-guilbert-ecrits-stupefiants-drogues-et-litterature-de-homere-a-despentes/. *Cf.* aussi : https://www.radiofrance.fr/franceculture/podcasts/les-chemins-de-la-philosophie/la-drogue-heroine-de-la-litterature-6803431.

2. Nietzsche, qui mettait l'artiste au-dessus de tout, s'identifie à celui-ci en tant qu'aéronaute de l'esprit (« Tous ces hardis oiseaux qui prennent leur essor vers le lointain, le plus extrême lointain, [...] un moment viendra où ils ne pourront plus aller plus loin et se percheront sur un mât ou un misérable récif. [...] Mais que m'importe ! D'autres oiseaux voleront plus loin », *Aurore,* 1880, paragraphe 575).

3. Gérard Manset, « Le paradis terrestre », album *La Mort d'Orion,* 1970, Pathé-Marconi 2C 064-15628.

postmodernisme caractérisée par une mondialisation décuplant une hyperconsommation « addictophile » au sein d'une désymbolisation de toutes les institutions (État, École, Justice, etc.) d'une société dont les individus sont devenus « incertains » (*cf.* Ehrenberg, *infra*) et eux-mêmes « désymbolisés » dans leurs pratiques toxicomaniaques visant une « défonce » bien loin de toute quête spirituelle.

Il me semble que ce que nous vivions dans les années 1970 était un élargissement incroyable de l'espace mental, à l'instar de celui qu'avaient connu nos parents à la sortie de la guerre. La musique pop ou folk, la conquête de l'espace, la démocratisation de la voiture, puis de l'avion, nous entraînaient de plus en plus loin de notre cité et de notre pays (*cf.* la création du *Guide du Routard* ou de l'agence Nouvelles Frontières), à quoi s'ajoutaient la radio, la télévision, les études, l'ouverture à la multiplicité des savoirs, qu'ils soient scientifiques, philosophiques, anthropologiques ou sociologiques. Une réelle liberté de parole, visible dans les débuts sulfureux de quelques émissions de télé, se conjuguait à une confiance réciproque entre sexes différents.

On pouvait, grâce à la diffusion des ondes courtes radiophoniques, avoir accès à une diversité de radios et donc d'opinions. Je me souviens, à 16 ans, avoir écouté le soir, à Valenciennes dans mon Nord natal, l'oreille collée à ma petite radio, sur ces ondes courtes ou longues, les bulletins informations de provenances différentes : d'abord ceux sur France Inter, puis ceux sur Radio Moscou en français (de 22 heures à 22 h 30), puis le bulletin info de Radio Tirana (pro-chinois) en français (de 23 heures à 23 h 30) et enfin celui sur Radio Free Europe en anglais.

Aussi, sur tel ou tel évènement, essentiellement à l'époque la guerre du Vietnam, j'avais trois ou quatre versions des informations du jour : celles russes qui étaient pour le Viêt-Minh ; celles d'Albanie qui étaient pro-Kampuchéa cambodgien ; celles américaines sur Radio Free Europe pour le gouvernement Sud Vietnam, comme celles françaises sur France Inter. Quatre radios, trois ou quatre versions d'une même guerre et, sur le plan musical, la réception de radios pirates comme Radio Caroline[1] nous permettaient de goûter bien d'autres musiques que les « standards » diffusés sur les ondes françaises.

Cet état des choses apprend dès l'adolescence à démultiplier et relativiser les points de vue et éviter ce qui deviendra ultérieurement dans notre société

1. *Cf.* le film *Good Morning England* de Richard Curtis, 2009.

d'aujourd'hui une *pensée unique* qui trouve son renforcement y compris dans les résultats d'élections, largement prédéterminées par les sondages et qui, dans nos démocraties, relèvent de ce que le philosophe Jean-Claude Michéa appelle « l'alternance unique », c'est-à-dire une forme d'« alternance confisquée » ou « alternance d'apparence », le mot alternance pouvant se trouver être remplacé par celui de démocratie[1].

Je découvrirai plus tard, lors de mes propres psychanalyses étalées sur plus d'une dizaine d'années, que l'inconscient refoulé, avec ses rêves, ses lapsus, ses passages à l'acte, sait également remettre en bonne place un moi-je, une subjectivité qui, jusque-là, pensait être à la source de ses actes, de ses choix affectifs, de ses convictions, de ses pensées, alors qu'ils sont largement prédéterminés par de multiples facteurs inconnus jusque-là. Le décentrement obtenu par la position allongée du divan analytique remet l'inconscient en bonne place dans la genèse de nos actes et pensées, au détriment du conscient puis d'un moi qui n'apparaît alors guère plus « maître en sa propre maison ».

La régression produite par la psychanalyse, les moments de dépersonnalisation, de perte de contrôle sur sa parole et sa pensée, voire la dépression que l'on peut y traverser, étoffent au bout de quelque temps ce moi qui, bien souvent, pensait plus d'une fois renoncer à ce « voyage intérieur » au point qu'au sortir de ces exceptionnels moments de connaissance de soi, on peut dire avec S. Freud, « j'ai réussi là où le paranoïaque échoue[2] » alors qu'avait eu lieu sa rupture avec Jung et qu'il analysait S. Pankeïeff, « L'Homme aux loups ».

Concernant ce *décentrement subjectif* que l'on peut trouver en dehors de la psychanalyse, et recherché évidemment dans la prise de toxique ou de nombre de comportements addictifs, citons une expérience survenue à Montaigne qui montre qu'un traumatisme lui-même peut provoquer un réel décentrement de soi, ce dont le philosophe gascon tira certains développements.

Dans le chapitre « De l'exercitation », Montaigne raconte qu'après être tombé de cheval dans un choc violent avec un autre cavalier, il fit l'expérience du coma. Puis

1. « Chaque fois que les règles de l'alternance unique conduisent à confier de nouveau à un pouvoir de gauche le soin de "gérer loyalement le capitalisme", on peut être sûr que ce dernier ne manquera pas de dissimuler cette gestion libérale sous un flux continu de réformes dites "sociétales" (mariage pour tous, vote des étrangers, dépénalisation du cannabis, lutte contre l'accent circonflexe, etc.) » (Michéa, 2017, p. 34).

2. S. Freud, « Lettre à Ferenczi le 6 octobre 1910 », Freud S.-Ferenczi S., *Correspondance*, p. 231.

revenant à lui-même au bout de deux heures, il constata, aux dires de ces coéquipiers, qu'il avait pu parler pendant cette longue syncope, par exemple recommander son cheval à sa femme. Il remarqua alors que, lorsque son estomac était rempli d'un sang vomi une fois debout, son esprit travaillait pendant que lui, Montaigne, était… inconscient.

Que sommes-nous, semble dire Montaigne, si notre corps s'agite, si nous parlons et ordonnons sans que note volonté y ait part ? Où est notre moi ? Grâce à cette chute de cheval, avant Descartes, avant Freud, Montaigne posa ainsi la question de ce qui meut notre subjectivité et notre intention alors que ce genre d'accident nous fait percevoir combien notre identité est précaire et discontinue (Compagnon, 2013, p. 28).

Pascal Quignard relève dans *Les Désarçonnés* que cet épisode chez Montaigne de « vie-syncope-renaissance » est sous-jacent à l'écriture de chaque chapitre des *Essais,* chacun d'eux étant une nouvelle naissance, une perte de connaissance suivie d'un sentiment de pure joie de survivre (*ibid.*, p. 56).

Dans la suite de cet évènement, il devint évident pour Montaigne que c'est la recherche intérieure qui constitue le plaisir.

> « Qui sera en cherche de science, si la pêche où elle se loge ; il n'est rien de quoi je face moins de profession. Ce sont ici mes fantaisies, par lesquelles je ne tâche point à donner à connaître les choses, mais moi ; elles me seront à l'aventure connues un jour, ou l'ont autrefois été, selon que la fortune m'a peu porté sur les lieux, où elles étaient éclaircies. [...] Car je fais dire aux autres, non à ma tête, mais à ma suite, ce que je ne puis si bien dire, par faiblesse de mon langage, ou par faiblesse de mon sens. Je ne compte pas mes emprunts, je les poise » (Montaigne, « Des livres », II, 10, 2002, p. 123).

C'est parce que Montaigne se voulait « réfléchisseur » des idées des autres et non point écrivain qu'il sut ainsi rendre compte de cette expérience singulière lui faisant apparaître cet « autre en lui-même » que le coma fit apparaître.

Les dialogues de Montaigne, ou ses dialogues intérieurs avec les auteurs lus ou entendus, l'avaient déjà familiarisé avec l'idée de « limer [sa] cervelle contre celle d'autrui » (Montaigne, I, 25, 2002, p. 27) – ce qui peut être une belle définition de l'exercice analytique.

7. Addictions à Internet aux jeux et au porno

L'activité de jouer est universelle chez l'être humain et appartient également au monde animal. Le jeu évoque une activité sans contrainte, s'opposant au sérieux de la vie réelle. Il a un rôle capital chez l'enfant dans l'affirmation de soi et la formation du caractère. Action libre, sentie comme fictive, le jeu développe une aire de *transitionnalité entre le réel et l'imaginaire*. C'est un espace d'illusion dont l'étymologie, *in-lusio* (qui a donné le mot « ludique »), indique bien la relation au jeu. Roger Caillois en distingue plusieurs types. Parmi ceux-ci, citons-en deux :

- le mimétisme (*mimicry*) qui permet de s'évader en se faisant autre (Caillois, 1958, 1967, p. 61 *sq.*), par le masque et par le déguisement par exemple ; c'est un comportement qui se retrouve également chez les insectes[1].
- l'*ilinx* (nom grec du tourbillon d'eau), qui repose sur la recherche d'un vertige afin de sortir du sentiment de stabilité de la perception[2]. Chez les derviches tourneurs, l'hypnose de la conscience est ainsi atteinte par des rotations frénétiques partagées, tournis qui se retrouve chez les moutons ou les gibbons.

Les chamans ou les sorciers utilisent quant à eux, à la fois le *mimicry* lorsqu'ils revêtent le masque, vrai lien social, et l'ilinx en prenant à des fins de vertige cathartique des champignons hallucinogènes pour obtenir l'extase[3].

Les jeux vidéo relèvent de ces deux types de jeu : mimétisme en se projetant, sous un pseudo, dans un personnage, et ilinx dans l'effet hypnotique obtenu par les stations prolongées devant l'écran. Ces jeux vidéo sont devenus une addiction qui a explosé depuis les années 2000, parfois conjugués aux séquences porno, aux publicités des « influenceurs » et « influenceuses », consultés sur des téléphones portables devenus ces laisses invisibles par wifi ou 4G. Enfants, préadolescents et adolescents sont particulièrement concernés.

Cette addiction prend sa source dès le plus jeune âge par une dépendance aux écrans de télévision, en particulier des chaînes pour enfants que l'on compte par

1. Parmi ces mimétismes utilisés pour s'adapter au milieu ou se camoufler de prédateurs, l'homochromie chez de nombreux serpents, poissons et de nombreux insectes, l'homomorphie lorsque la forme ressemble avec des éléments du milieu et l'homomotypie lorsque la forme et couleur ressemblent avec des éléments du milieu, tels les poissons-pierres.

2. Caillois, 1958, 1967, p. 68 *sq.*

3. *Ibid.*, p. 177 *sq.*

dizaine en France, et dont la plupart fonctionnent 24 heures sur 24 sans que les pouvoirs publics, qui en connaissent pourtant la nocivité à dose quotidienne, ne fassent quoi que ce soit pour les limiter, restant passifs devant les pouvoirs financiers et publicitaires qui ont investi dans ces chaînes.

Les études scientifiques montrent en effet depuis des années que les heures passées devant les écrans, diminuent les capacités d'attention et de concentration des enfants et des ados (Tisseron, 2018, p. 110). Ces recherches montrent ainsi combien la non-possibilité par une activité physique à s'engager soi-même comme agent actif du monde, amènent à une sensorialité amputée et à une *irritabilité* provenant d'une position de passivité continue face à des écrans hyperstimulants. Ces éléments sont autant de facteurs augmentant la tendance aux agressions, à l'isolement social et à l'hyperactivité avec trouble de l'attention (TDAH)[1].

Car à un âge, avant trois ans, où les activités interactives et l'utilisation des cinq sens pour appréhender les objets, sont importantes, la pratique des jeux de voitures ou de poupées permettent à l'enfant, au contraire des jeux vidéos et écran TV, l'alternance des points de vue des « objets ». Ceci lui permettra d'exercer des simulacres (*mimicry, supra*) d'expériences sociales essentielles pour développer ses capacités cognitives, ainsi que la symbolisation de ses émotions et l'élaboration d'un futur « je » face au « tu », aux « nous », à « eux ».

Comme le souligne Serge Tisseron, spécialiste en ce domaine :

> « De la même façon que les barres chocolatées et les sodas font perdre à nos enfants le goût d'une alimentation équilibrée en leur faisant rechercher en toutes circonstances les aliments les plus sucrés, les programmes télévisuels leur font perdre peu à peu le goût des rythmes lents, des mondes nuancés et du plaisir d'être seul avec soi-même. Les écrans commerciaux, qui constituent la majeure partie de ceux que nous consommons, sont en effet exactement l'équivalent des produits alimentaires

1. Ce syndrome est celui d'une instabilité psychomotrice, d'une turbulence continue, d'une *distraction,* d'une incapacité à supporter la frustration avec difficulté de l'attention. Comme l'étymologie nous y invite, cette « *dis*-traction » peut être considérée comme l'existence d'une fuite motrice dans un mouvement latéral (*dis-)* d'une pulsion qui devrait être « tractée » par l'intentionnalité subjective. Il s'agit d'une défense maniaque correspondant à la mobilisation de décharges sensori-motrices, comme celle trouvée dans *nombre d'addictions,* par défaut de capacité de mentalisation c'est-à-dire *défaut à négativer psychiquement les charges affectives* qui ne peuvent ni se subjectiver, ni être échangées dans le dialogue.

"trop gras, trop salés, trop sucrés". Ils sont "trop colorés, trop mouvementés, trop excitants".

Avec le risque de détourner du même coup le jeune enfant d'apprentissages cognitifs, manuels et relationnels essentiels. Les conséquences sur le développement cognitif et les compétences sociales sont considérables. Chaque heure qu'il passe devant un écran lui est volée sur ces acquisitions légitimes, et les effets s'en font sentir bien au-delà des premières années» (Tisseron, 2018, p. 11).

Cette *surexcitation précoce et répétée*, créée par les écrans, produit rapidement, particulièrement à la puberté, une *compulsion* à être reconduite par le biais des jeux vidéo. En d'autres termes, elle est «addictogène» et cela jusqu'au *binge watching*, pratique qui consiste à regarder la télévision ou tout autre écran pendant de plus longues périodes de temps que d'habitude, comme en visionnant à la suite les épisodes d'une même série télévisée.

L'un des moyens de sortir du mécanisme compulsif pourra être d'inviter le joueur à s'engager sur la voie de la construction d'une identité narrative en l'incitant à devenir, comme pour l'enfant avec ses jeux, le spectateur de ses propres actions dans le jeu (Tisseron, 2011, p. 156).

Cette *mise en narrativité* pourra aider le sujet à se représenter que ses actions dans le jeu ont vraisemblablement eu un sens au regard de son histoire, singulièrement les éléments plus ou moins traumatique de celle-ci. Car derrière l'addiction aux images peut se trouver «une *tentative de répondre à un secret familial* ou encore *se cacher des émotions inexplicables intériorisées dans le contact avec un proche*» (Tisseron, 2005).

Ces dépendances addictives succombent en revanche volontiers à d'autres narrativités: celle par exemple de la publicité et d'une société de consommation qui prétend vendre le «bonheur» lui-même. À la fin des années 1920, à la demande des industries du tabac, et alors que les femmes ne pouvaient fumer en public sous peine de paraître dévergondées, le publicitaire (et neveu de Sigmund Freud) Edward Bernay fit la publicité de la cigarette, petit symbole phallique utile à la libération des femmes et de féministes qui réclamaient le droit de vote.

De même, la dépendance aux écrans, celle au porno, se présente volontiers aux pubères et aux ados comme une «promesse de libération», alors qu'elle se fait au prix d'une possible entrée dans une addiction comme le souligne le philosophe Dany-Robert Dufour (2016, p. 107).

La pornographie s'est ainsi rapidement développée avec Internet : 7 % des Français en consomment quotidiennement selon un sondage de janvier 2014[1]. Or le sexe virtuel rend en effet dépendants quantité d'internautes. D.-R. Dufour rappelle que devant un film porno l'excitation stimule le système dopaminergique à partir du diencéphale (l'hypothalamus), comme pour les différentes drogues (*supra*) ce qui provoque des poussées pulsionnelles impérieuses, l'envie, le désir ardent – ce qu'on appelle *craving* en anglais – de se masturber.

> « Ainsi s'enclenche le cycle addictif que, d'une façon très simplifiée, on peut représenter ainsi : visionnement du film porno → excitation → hausse du niveau de dopamine → envie → masturbation → plaisir immédiat due aux endomorphines → baisse du niveau de dopamine → dépression plus ou moins longue → recherche de compensation → visionnement de film porno → excitation → hausse du niveau de dopamine → envie → masturbation → plaisir immédiat dû aux endomorphines… etc. » (Dufour, *op. cit.*, p. 109).

Vincent Estellon dans son étude sur les addicts-sexuels le dit autrement ; il parle de « masturbation assistée » chez ces sujets sex-addict :

> « L'autostimulation corporelle s'appuie non plus sur le théâtre intérieur pour soutenir l'excitation, mais sur un stimulus excitant externe (présence en personne, vision et/ou audition virtuelle d'un partenaire érotique). Le rôle de la perception est ici déterminant sur la possibilité même de "réussir sa masturbation". Les composantes voyeuristes sont au premier plan. La dépendance entretenue vis-à-vis de ces stimuli externes utilisés comme "carburant" rend plus oisive l'activité fantasmatique, de moins en moins apte à faire apparaître d'elle-même et par elle-même un scénario interne. Ces images externes consommées frénétiquement par les yeux viennent "remplir le dedans" comme pour conjurer les angoisses liées au vide. Dans cette dynamique de la décharge, le risque du désir est écarté » (Estellon, 2016, p. 33).

L'excitation sexuelle, ressentie devant des corps nus filmés dans des tenues et des positions érotiques et en action sexuelle, déclenche en effet sur le plan neurophysiologique l'activité de *neurones-miroirs* sur lesquels nous reviendrons dans notre partie 3. Le rôle de ces derniers est capital. Leur découverte dans le cerveau

1. Psycho-Ressource : https://search.freefind.com/find.html?id=9192207&n=0&pageid=r&mode=ALL&query=porno

des macaques par Rizzolatti (Rizzolatti *et al.*, 1996) a été une avancée importante dans les neurosciences contemporaines. Rappelons simplement que ces neurones-miroirs s'activent lorsque le singe *fait* une certaine action, *mais aussi lorsqu'il observe quelqu'un faire la même action*, d'où le terme « miroirs ».

Quoi qu'il en soit, qu'il suffise pour l'instant de dire ici que, dans ce contexte d'excitation sexuelle devant un écran, l'addict, pour retrouver le même niveau de jouissance, sera obligé d'augmenter les doses (ce qui relève de l'accoutumance) en trouvant des scènes de plus en plus violentes et trash pour se satisfaire.

8. Addiction aux écrans et troubles émotionnels

Le 9 avril 2024, le Centre national du livre a rendu son rapport 2024 sur la relation qu'entretiennent les jeunes de 7 à 19 ans à la lecture. Les chiffres sont alarmants. On y apprend qu'entre 7 ans (l'âge médian auquel les enfants savent lire en autonomie) et 19 ans, les enfants et adolescents passent en moyenne 3 h 11 sur divers écrans, contre 19 minutes dans un (vrai) livre. Soit pratiquement dix fois moins de temps à lire. Une tendance qui va en s'aggravant, par rapport à la même étude réalisée en 2022.

Ainsi, chez les lycéens, les filles lisent en moyenne 17 minutes par jour, contre seulement 7 minutes pour les garçons contre 5 h 10 par jour en moyenne devant les écrans (smartphone, ordinateur ou télévision). Le temps qu'ils accordent à la lecture est plus de 25 fois inférieure puisqu'ils ne consacrent que 12 minutes à la lecture. Les lycéens sont la classe d'âge chez laquelle le fossé est le plus impressionnant[1].

Concernant l'addiction aux téléphones portables, je reprendrai ici ce que rapporte à nouveau S. Tisseron (2018b, p. 403) à propos de l'étude de l'Américaine Jean M. Twenge. Celle-ci avait pour but de mettre en garde contre le danger des smartphones. La chercheuse a distingué deux catégories de population parmi les jeunes utilisateurs de portables. La première était constituée des 28-39 ans, nés entre 1984 et 1995, appelés les « Milléniaux ». « Ils ont découvert les jeux vidéo avant tout le monde et ont une conception du monde caractérisée par un

1. « Les jeunes passent beaucoup plus de temps sur leurs écrans qu'à lire, et ça ne va pas en s'arrangeant » : https://www.huffingtonpost.fr/culture/article/les-jeunes-passent-beaucoup-plus-de-temps-sur-leurs-ecrans-qu-a-lire-et-ca-ne-va-pas-en-s-arrangeant_232393.html

individualisme plus important que les générations précédentes et un moindre attachement aux règles sociales. »

La seconde catégorie de population abusivement intégrée dans les Milléniaux était, pour J.M. Twenge (2018), ceux qui sont nés entre 1995 et 2012. À la différence des Milléniaux, ils avaient eu le privilège (si on peut dire) de posséder très vite un smartphone. En France, cette génération est appelée les « iGens » ou « IGénération ». Ne pouvant lâcher leur portable, la chercheuse les décrit comme immatures plus longtemps, prolongeant ainsi leur adolescence et, hyperconnectés, ayant pris l'habitude de se parler *in absentia* (résultat d'un déclin précoce des interactions sociales physiques).

> « Mal dans leur peau, comme l'indique la forte hausse des problèmes de santé mentale, ils s'éloignent de la religion, sont moins ouverts d'esprit et souffrent d'une insécurité salariale (par conséquent, leur rapport au travail se modifie). Ils sont à la fois indécis, adoptant de nouvelles attitudes par rapport au sexe, aux relations amoureuses et aux enfants, et inclusifs, valorisant la tolérance, l'égalité et la liberté d'expression. Enfin, ils font preuve d'indépendance dans leurs opinions politiques » (Tisseron, 2018, p. 404).

Pour la sociologue américaine, ils sont influencés par les sites de pornographie, les publicités, en même de temps que présentant une grande tolérance vis-à-vis de la communauté LGBTQIA +, du genre (sur lequel nous reviendrons dans notre dernier chapitre dans ses relations avec le sexuel infantile et la bisexualité) et des origines ethniques. Pour elle, cette génération iGen était la première à comprendre dès le plus jeune âge ce que signifiait le terme *transgenre*.

Enfin, elle incriminait la responsabilité des téléphones mobiles dans trois domaines : le défaut d'autonomie de ces "iGens", leurs tendances dépressives et leur risque suicidaire. Ces caractéristiques ont été récemment décrites par une étude finlandaise d'Oskari Lahtinen : les chercheurs ont constaté une forte prévalence de l'anxiété et de la dépression chez les jeunes femmes se réclamant d'idées « progressistes[1] ».

1. Lahtinen O., « Construction and validation of a scale for assessing critical social justice attitudes », 2024, https://onlinelibrary.wiley.com/doi/10.1111/sjop.13018. Des chercheurs en psychologie de Finlande ont créé une évaluation permettant de mesurer l'engagement d'un individu envers les principes de justice sociale et ont fait des découvertes surprenantes au sein de la population finlandaise, notamment une corrélation négative entre les idéaux progressistes et les niveaux de bonheur.

Cette iGeneration, ainsi que celle des « Millenium », est aujourd'hui présente dans les universités américaines. Elle y apporte sa *fragilité émotionnelle* et son intransigeance politique qui se manifestent dans ce que les psychologues John Haidt et Greg Lukianoff appellent dans leur livre *The Coddling of the American Mind*[1] une montée de l'intolérance[2]. Les algorithmes d'Internet ne sont sans doute pas pour rien dans cette intolérance puisqu'ils enferment les sujets dans des « silos cognitifs » dont la « pensée unique » et son conformisme sont le résultat.

Étrangers les uns aux autres, leur isolation électronique accentue encore la pensée de groupe et le tribalisme – celui que prévoyait déjà il y a vingt ans Michel Mafesolli (1988, p. 159 et 219), développant les communautarismes religieux, ethniques, de genres sexuels et, évidemment, celles de fumeurs de haschisch, de sniffeurs de crack ou de toxicomanes.

À 18 ans, les sujets de cette « iGénération » sont, certes, physiquement en excellente santé mais décrits vulnérables sur le plan émotionnel, au point de présenter une *hypersensibilité*, associée à une hyper-politisation qui explique l'étrange propension à la censure, aux chasses aux sorcières, aux campagnes de diffamation sur Internet[3].

Sur le plan des affects, cette génération se caractérise selon J. Haidt par *le filtrage négatif* consistant à sélectionner les faits n'allant que dans le sens d'une perception catastrophique d'une situation, et par le *blaming*, propension à rendre une personne particulièrement responsable de leurs sentiments négatifs. Brice Couturier, à qui nous empruntons ces lignes, ajoute à ces deux caractéristiques, l'*emotional reasoning* qui est une façon de raisonner de manière émotionnelle. Ce terme a été forgé par Aaron Berck pour désigner le fait de *confondre avec la réalité les sentiments qu'un fait a produit en nous.*

1. The Coddling of the American Mind: How Good Intentions and Bad Ideas Are Setting Up a Generation for Failure (Le Dorlotement de L'esprit Américain. Comment les bonnes intentions et les mauvaises idées préparent une génération à l'échec).

2. Cette intolérance dans les discours se trouve en accointance avec ce qu'H. Pluckrose et J. Lindsay ont appelé, « les impostures intellectuelles » (théories *queer*, intersectionnelle, postcoloniale, *woke*, etc.) qui, selon eux, « gangrènent l'université » (2020), 2021.

3. Couturier B., « Campus américains et liberté d'expression, un changement de culture ? Épisode 1 : La politique des identités joue-t-elle contre l'esprit critique ? », 28/09/2020. https://www.radiofrance.fr/franceculture/podcasts/le-tour-du-monde-des-idees/la-politique-des-identites-joue-t-elle-contre-l-esprit-critique-6199571

> « Quelque chose d'étrange est en train de se passer dans les collèges et les universités américaines. Un mouvement se lève, sans direction, et conduit largement par des étudiants, pour nettoyer les campus des mots, des idées et des sujets qui pourraient causer un malaise (*discomfort*) ou offenser[1]. »

Depuis 2013, les universités américaines ont ainsi vu arriver des étudiants très attentifs à leur *sécurité émotionnelle*, exigeant des *safe spaces* ou des *trigger warnings* les protégeant d'idées en rupture avec leurs schémas de pensée.

Ces nouveaux modes de pensée s'expriment par une atteinte, *via* l'affect et l'émotion, de l'esprit critique reposant depuis plus de deux mille ans sur la méthode socratique, celle du débat contradictoire. Se sentant personnellement, ou plutôt narcissiquement *affectés*, dérangés, voire agressés, par des opinions, des idées, des livres, des faits qui ne cadrent pas avec leur vision du monde, nombre de ces sujets n'ont plus recours à une dialectique articulant des points de vue et leur conflictualisation (névrotique) nécessaire[2].

Le conflit chez eux n'est pas vécu psychiquement à l'aide de la triangulation œdipienne qui, par sa tiercéisation, permet de trouver un compromis, mais se trouve être synonyme de destructivité et de déchirure à l'instar de celui ayant conduit bien souvent à la séparation de leurs parents.

Nous sommes à l'opposé de ce que prônait, il y a cinq siècles, Montaigne : « Quand on me contrarie, on éveille mon attention, non pas ma colère : je m'avance vers celui qui me contredit, qui m'instruit » (Montaigne, III, 8, 2002, p. 233). La faillite du schème œdipien est typiquement celle retrouvée chez les patients dits « états-limites » (*infra*).

Cet état de fait, concernant ces générations serait dû, pour Claire Fox, à une éducation influencée par les théoriciens de *l'estime de soi* pour une génération ayant grandi sans bénéficier des critiques positives qui auraient pu les faire s'améliorer. On a cultivé leur narcissisme et, par le biais addictogène de la publicité,

1. *Ibid.*

2. La psychose collective apparue lors de la crise de la Covid-19 a accentué, sous l'effet de panique conjuguée au confinement et ses injonctions paradoxales, telle celle de se signer soi-même son autorisation de sortie, a accentué tous ces comportements. La Suède qui n'a pas confiné a eu une courbe de décès de même structure que celle des pays ayant confiné (Girard, Bonnamy, 2020, p. 16). La scolarisation des enfants qui n'a jamais été abandonnée pendant la Seconde Guerre mondiale (p. 32), ni même le Bac en Normandie en 1944, n'a plus été sacrée.

aiguisé leurs désirs en besoins, tout en bannissant toute frustration synonyme d'angoisses, non pas de castration, mais, plus précoces, de détresse, d'intrusion et d'annihilation.

« Les mots me tuent » entend-on sur les campus. Tout est ainsi prétexte à censure, à « annulation » (*cancel culture* [*infra*])[1] – ce qui, relevons-le, était une des caractéristiques de la novlangue dans la dictature d'Océania du livre *1984* d'Orwell : « Vers 2050, plus tôt probablement, toute connaissance de l'ancienne langue aura disparu. Toute littérature du passé aura été détruite », écrit Orwell (1949, p. 80).

En ce sens, Orwell annonçait cette *cancel culture*, traduction de « culture de l'annulation » qui est également une « culture de l'humiliation publique », « culture de la dénonciation » et « culture de la victimisation » (Braunstein, 2022, p. 86). Cette « culture » est radicale. Elle enjoint une forme de boycott dans laquelle la personne critiquée sera expulsée des cercles sociaux ou professionnels – sur les réseaux sociaux ou dans le monde physique ou les deux : elle sera donc « annulée ». C'est le fameux *ghosting* qui touche également la vie affective et amoureuse : du jour au lendemain, *j'efface*, sans prévenir celui ou celle avec qui j'avais une relation amoureuse ou amicale.

Cette « culture » peut être perçue comme une forme d'auto-justice toute narcissique, condamnant *de facto* des individus sans procédure légale et sans autre motif que l'appréciation générale d'un groupe ou que ma propre décision.

Ce phénomène de *ghosting* est de même nature que le harcèlement moral qui fait ravage chez des enfants en primaire ou au collège et dont certains, que nous avons vus dans nos consultations, vont à l'adolescence fuir leurs souffrances dans la toxicomanie ou dans les cures d'anxiolytiques et d'antidépresseurs.

Force est ainsi de constater que le socius postmoderne n'est pas sans modifier la structuration psychique des enfants, adolescents et jeunes adultes que nous traitons y compris pour des comportements addictifs. Ces sujets ont de plus en plus un profil non névrotique, que l'on peut regrouper sous le concept d'état-limite et dont la problématique est d'ordre narcissique.

1. Couturier, 02/10/2020. Les campus américains et la génération « flocons de neige »

9. Rappel sur les états-limites et personnalités narcissiques

Il y a un polymorphisme clinique de l'entité clinique dénommée « état-limite » (*borderline*), population très fréquemment touchée par les comportements addictifs. La présentation clinique d'un sujet état-limite peut ainsi poser problème et faire évoquer, successivement, une psychose, une névrose (hystérique, d'angoisse, phobique, obsessionnelle), une personnalité pathologique (histrionique, schizotypique, paranoïaque, narcissique, dyssociale, dépendante, bipolaire), une psychopathie, toutes pouvant être masquées par des conduites toxicomaniaques et addictives.

On repère pour établir le diagnostic des états-limites :
- l'angoisse et le sentiment d'insécurité ;
- la pathologie de l'intériorité ;
- les symptômes d'apparence névrotique ;
- la dépression, le sentiment d'infériorité et la désertification psychique ;
- le passage à l'acte et les conduites antisociales ;
- la relation de dépendance à la drogue, alcoolisme ;
- les conduites sexuelles déviantes ;
- les épisodes psychiatriques aigus ;
- les réactions thérapeutiques négatives.

Les hypothèses étiologiques concernant les sujets états-limites sont très diverses : elles mêlent des facteurs relevant de la famille (séparations précoces[1], maltraitance et/ou carence de soin pendant l'enfance[2], abus sexuels[3]), des facteurs socioculturels (changements des modalités de transaction et de fonctionnement

1. Pour Susan Bradley, la fréquence de séparation d'avec la mère entre 0 et 5 ans est beaucoup plus élevée chez les sujets états-limites que chez les sujets contrôles (psychotiques, non psychotiques mais suivis pour d'autres troubles psychiatriques, normaux) respectivement 64 % contre 13,8 % et 9 %. L'âge moyen de survenue de la séparation est d'environ 9 mois.

2. La maltraitance physique touche près de la moitié des adolescents états-limites. Elle est liée à une forte instabilité scolaire, des difficultés dans les relations interpersonnelles et à une grande impulsivité (Westen Drew et coll., 1990).

3. Les histoires d'abus sexuels ou de séductions traumatiques sont fréquentes chez les adolescents états-limites : plus de la moitié de ces adolescents ont subi des abus sexuels contre 26 % chez les autres adolescents présentant des troubles psychiatriques. Ces abus proviennent de multiples personnes, le père étant l'abuseur le plus fréquemment retrouvé (30 % des cas). L'abus sexuel est associé dans 70 % des cas à de la maltraitance physique. L'abus sexuel de la part du père est nettement associé à la négligence des soins de la mère (Zanarini Mary C. et coll., 2002).

au sein de la société et de la famille...), et des facteurs dus à la « constitution » du sujet (impulsivité, dépression, pathologie de caractère).

Les séparations précoces ou répétées et *la discontinuité des relations* aux objets parentaux sont parfois à l'origine d'angoisses abandonniques et d'instabilité émotionnelle que l'on ne manque pas de retrouver chez ces patients. Certains auteurs ont également mis l'accent sur des parents froids, négligents, surprotégeant ou autoritaires (Helgeland, Torgersen). « On comprend que [...] le moi du sujet borderline vive sous la menace permanente de l'abandon par ses objets et/ou leur empiétement sur son individualité subjective », comme l'écrit A. Green (2002a, p. 99).

Ces pathologies limites peuvent ainsi provenir de la présence, pendant l'enfance, de violences verbales, de sévices physiques et/ou sexuels, de spectacles de conflits domestiques.

Des sujets souffrant d'alcoolisme, selon Alain de Mijolla et Salem Shentoub, nombre de toxicomanes selon Pascal Hachet (1997) ou certains cas de somatisation (l'ostéosarcome décrit par Christophe Dejours et Claude Jasmin ; 1994) qui relèvent de ce que les cognitivistes appellent *post-traumatic stress disorders*, peuvent ainsi se représenter cliniquement comme de réels états-limites.

Précisons ici qu'il n'y a de « traumatisme » que personnel et individuel. Le traumatisme est en effet vécu dans l'intimité du sujet et, en cela et du point de vue psychanalytique, ce qui est *traumatique est variable d'un sujet l'autre.*

La prédominance des affects sert le plus souvent à combattre chez ces sujets états-limites une dépression précoce survenue à la suite de traumatismes infantiles. L'affect rencontré volontiers chez eux s'avère bien souvent être celui de la colère (Grinker et coll., 1968, p. 176). Pour Jean Bergeret, certains traumatismes affectifs précoces seraient survenus chez les patients à la seconde phase du stade anal, bloquant l'évolution libidinale œdipienne et favorisant un développement prématuré du moi (Bergeret, 1981). L'enfant se serait trop tôt engagé dans une sorte de *pseudo-latence* que les pratiques addictives ne feront ensuite qu'entretenir pour tenter de neutraliser des affects destructeurs, et trop massifs, pour leur moi.

André Green (1974) a décrit dans ces états-limites, qu'il regroupe plus largement dans les personnalités « non névrotiques », des mécanismes de « court-circuit psychique » communs à d'autres groupes d'affections (psychopathie, névrose de caractère) et qu'il retrouve dans « le mécanisme de l'exclusion somatique », décrit par Pierre Marty, Michel M'Uzan et Christian David, tel qu'il se présente chez les patients à la pensée opératoire (P.O.).

Dans *L'Enfant de ça* (1973), A. Green assimile ainsi les états-limites aux « psychoses blanches » décrivant chez ces patients une « tri-bi-angulation », qui s'illustrera dans un réel problème de la constitution de l'espace psychique (Green, Donnet, 1973). Chez ces patients, « les relations ne sont pas duelles, mais triangulaires, c'est-à-dire que le père et la mère sont représentés dans leur structuration œdipienne, mais ces deux objets *ne sont distingués ni par leur sexe, ni par leurs fonctions*[1] [...], l'absence ne [pouvant] se constituer, [restant] non symbolisable » (Green, Donnet, 1973, p. 264).

Cette description n'est pas sans rappeler celle de B. Schmitz (1992) d'un « œdipe fragile, du moins dans sa triangulation » ou celle de Bergeret d'un œdipe précoce, traumatique par « génitalisation prématurée ». Celui-ci se présente sous forme inconsciente d'une castration narcissique, ce que M. Fain, Michel Soulé et Léon Kreisler (Kreisler, Fain et Soulé, 1974, p. 98) ont décrit ailleurs comme générateur de troubles psychosomatiques. On comprend que dans cette économie psychique, les *néo-besoins* puissent ultérieurement servir à une situation d'étayage à un objet produisant une *illusion d'a-conflictualité* (comme le délire ou l'acte pervers). Les fantasmes de castration ou de séparation, n'étant pas intégrables dans un triangulation et conflictualité oedipiennes bien tempérées, ne peuvent alors être surmontés que par leur déni.

C'est, en fait, chez ces sujets, toute la transitionnalité au sens de D.W. Winnicott qui n'a pu être construite. Le *négatif* et l'*irreprésentable*, concepts forgés par A. Green (inspiré de W.R. Bion) que l'on trouve chez ces sujets « limites », sont le résultat de ce défaut de transitionnalité qui se construit dans le respect de la vie fantasmatique et celle des jeux interactifs des enfants avec leurs objets et entre eux.

Ceci rejoint les appréciations de P. Marty, M. Fain, M. de M'Uzan sur la présence de traces mnésiques irreprésentables, aussi bien chez les cas-limites que chez les sujets à fonctionnement opératoire, présence qui les amène à des décharges d'excitation à peine pulsionnalisées et représentées sous forme d'*acting out* comportemental (addict) ou d'*acting in* somatique.

1. Italiques, G.P.

Cette « clinique du négatif » (Green, 2022) dans laquelle prédominent les problématiques narcissiques de sujets « limites », est celles de destructivité et de dépression narcissique et mélancoliforme, que vont masquer les conduites addictives.

Ce négatif se perçoit également par le sentiment de vide intérieur de ces patients. Se profile volontiers chez eux une désertification psychique avec mort mentale apparente (Green, 2005). Ce vide, dont ils évoquent l'existence (*cf.* la vignette clinique de Christophe, Pirlot, 2011), n'est qu'une position de *retrait défensif.* La prise en charge de ces patients nécessite ainsi une adaptation du cadre analytique en les recevant en face-à-face, avec relance du dialogue, en veillant à ce que la contenance du contre-transfert soit plus maternelle (*holding*) que paternelle.

Mettre ces patients dans l'obligation de se soumettre aux conditions du cadre psychanalytique les plongerait par trop dans un univers anobjectal, celui à la source de leur vide interne. Cela oblige donc à un aménagement du cadre analytique avec relance associative, soutien de la pensée et tolérance de leur capacité à interrompre la prise en charge, tout en demandant, ultérieurement, sa reprise. La difficile « passivation » (Green, 1996b) de ces sujets à laquelle les soumet le cadre analytique aménagé, suppose en effet la confiance en l'objet, c'est-à-dire l'assurance que l'objet-analyste n'abusera pas du pouvoir qui lui est ainsi attribué. En deçà, la peur de l'inertie, et de la mort psychique chez eux, devient un spectre qu'il convient de débusquer étant combattu par des défenses actives et réactives où règne la projection du narcissisme et domine la relation orale cannibalique sur l'objet (besoin impératif) ainsi que la discontinuité entretenue avec lui.

Cette discontinuité dans la période de prise en charge n'est souvent que la répétition de celle vécue dans leur enfance ou leur adolescence de la part des images parentales. Elle n'est, de plus, que l'exacerbation d'une sensibilité très tôt blessée et dont nous avons vu combien elle apparaissait comme une hypersensibilité émotionnelle dans les jeunes générations (*supra*).

Ce qui est appelé « personnalité hypersensible » recouvre en partie ce type de fonctionnement et n'est pas sans lien avec les « iGénération » évoqués plus haut, habitées d'une « vulnérabilité émotionnelle » et dont le fonctionnement psychique se situe, comme chez les cas-limites, sur un axe narcissico-objectal.

Dans notre postmodernité, cette disposition est en lien avec une sentimentalité ayant de réelles difficultés à « exhiber ses émois, déclarer ardemment sa flamme, pleurer, manifester avec trop d'emphase ses élans intérieurs» (Lipovetsky, 1983, p. 110).

Comme si, chez ces sujets, cette sentimentalité, située au plus proche du narcissisme, devenait embarassante à un moment où, au fil des rencontres avec l'objet dans les réseaux sociaux, ils s'exposent pour étancher leurs demandes affectives, ceci dans un contexte social teinté de méfiance, de risque de harcèlement ou d'emprise pouvant surgir de toute relation à l'autre.

Paradoxalement, pour protéger cette *sentimentalité exacerbée* par un *narcissisme défaillant*, il n'est pas rare de rencontrer chez les sujets états-limites une pratique addictive utilisée pour diminuer les angoisses, ainsi que des conduites sexuelles déviantes (nous y reviendrons dans notre dernier chapitre), non sans ajouter que ce ne sont toutefois pas des conduites sexuelles perverses fixées – comme chez le pervers chez qui le scénario est immuable –, mais plutôt des successions de conduites aux aspects impulsifs, imprévisibles, au gré des rencontres et des circonstances.

Ces *perversions transitoires* (*cf.* dernier chapitre) peuvent en effet dans ce contexte d'instabilité psychique et de labilité émotionnelle, représenter une régression sur des points de fixation, et de fixations somatiques dans les addictions, permettant de retrouver une omnipotence (déni de castration – Ladame, 1992) comme celle trouvée dans la multiplication de conduites sexuelles addictives (chemsex).

Enfin, des épisodes psychiatriques aigus peuvent être fréquents chez ces cas-limites, amenant des hospitalisations brèves: état d'angoisse aiguë, épisode quasi confusionnel, perte de repères, sentiment d'avoir perdu tout repère interne. Tout se passe comme si la perception de la réalité extérieure était conservée, mais le patient n'en trouve plus la signification habituelle à cause du chaos interne.

10. Problématique narcissique des états-limites à haut risque addictif

Le concept freudien qui a permis d'aborder métapsychologiquement ces personnalités états-limites est le narcissisme. Le développement de ces pathologies peut en effet être conçu comme une réplique (au sens sismologique du terme) à l'introduction inachevée chez Freud du narcissisme.

L'introduction du narcissisme est concomitante d'une conception du moi comme objet d'investissement et réservoir libidinal. Elle est également chez Freud contemporaine de l'introduction d'un nouveau dualisme entre libido du moi/libido d'objet, puis d'un masochisme originaire prenant, après 1920, quasiment la place du narcissisme primaire de 1914. Ces concepts éclairent, comme le remarque Françoise Neau (2013, p. 46), les interrogations sur les pathologies « non névrotiques » (narcissiques et états-limites) dans lesquelles la recherche de frontières/limites, la problématique intériorité/extériorité (dedans/dehors), la dépendance à l'objet, les angoisses d'intrusion dans le moi et le conflit amour/haine sont au premier plan.

Dans ces organisations, que Bernard Brusset nomme « pathologie de l'intériorité et fonctionnement psychique en extériorité » (Brusset, « Névroses et états-limites », in Chabert *et al.*, 1999, p. 1-70), la projection, l'acte (addictif) ou l'*acting in* somatique se substituent au conflit intrapsychique, à l'œdipe et au refoulement. Ce sont les limites dedans/dehors qui, ici, sont fondamentalement en jeu.

André Green a donné toute sa place chez ces sujets à cette question des limites et de la « double limite » du psychisme, celle à l'intérieur du psychisme (Cs-Pcs-Ics et moi-ça-surmoi) et celle du « dedans-dehors » et du lien entre l'intersubjectif et l'intrapsychique, ainsi que du rôle de l'objet dans ses relations à la construction pulsionnelle. Chez ces patients non névrotiques la *quête de perception-sensation* prend en effet le « dessus » sur la représentation. Pour que celle-ci advienne, encore faudrait-il que le moi puisse « contrarier » la perception d'une sensation, puisque selon Emil Cioran (1973, *p.* 94), « toute pensée [dérivant] d'une sensation contrariée ».

Freud a une autre formule qui illustre ce que cherche l'addict dans sa *quête perceptive de sensation* : « La perception joue pour le moi le rôle qui, dans le ça, échoit à la pulsion[1]. » En d'autres termes, le négatif, dans l'élaboration subjective de la perception d'une sensation, laissera la perception-sensation au plus près d'un moi marqué par la défaillance de la construction pulsionnelle dans son lien aux objets et des imagos parentaux, ce que nous avons décrit précédemment dans les vicissitudes du trajet excitation/pulsion.

À noter que cette défaillance a également induit une perturbation de la mise en place des phénomènes transitionnels permettant une aire de représentation en

1. Freud S. (1923), *Le Moi et le Ça*, 1981, p. 237.

l'absence de l'objet (*supra*). Cette absence de l'objet transitionnel sera alors suppléée par le recours à l'objet « transitoire » qu'est le produit addictif.

Ces vicissitudes précoces de la relation d'objet amènent le risque de produire après-coup toute une gamme de *déliaisons* psychiques introjectées par l'enfant, dont les effets cliniques se traduiront par des angoisses impensables et inélaborables, des effondrements psychiques, un sentiment de non-existence et de vide et une indiscrimination affect-représentation.

L'artiste Brigitte Fontaine traduit bien, dans une chanson intitulée « Le genre humain », ces angoisses d'existence et de mal-être qui surgissent à la puberté, quand le corps se transforme, et peuvent durer toute la vie :

> « Je me suis trouvée là
> Dans ce corps inconnu
> Pour dieu sait quel gala
> Je ne l'ai jamais su
>
> Soudain parachutée
> Dans ce monde étranger
> Ange au supermarché
> Il m'a fallu danser [...]. »

Bernard Brusset (2005, 2006, 2013), insiste, quant à lui, sur le fait que chez ces patients dont les fonctionnements psychiques ne sont ni entièrement névrotiques, ni psychotiques, ni opératoires, ni psychopathiques, les destins des défenses de base présentent des modes d'expression particuliers liés à la destructivité où prédominent le déni, le clivage et la projection et, sur le plan clinique, la perception, le passage à l'acte, la somatisation, voire les « micro-délires », bref, toute une gamme de symptômes montrant l'importance de l'extériorité psychique.

Brusset reconnaît sa dette envers le travail de Green sur la double limite et l'hallucination négative. Bien tempérée, celle-ci est positive par l'effacement d'un excès de présence de la mère comme objet primaire interne, conjurant son potentiel d'envahissement pour constituer un cadre, une forme de pellicule, pour qu'advienne l'activité de représentation, affranchissant le sujet de l'indifférenciation originaire.

Mal tempéré, mal défini, le défaut d'hallucination négative entraînera une *instabilité de la double limite* évoquée plus haut, instabilité caractéristique des cas-limites. La substitution de la première limite à la deuxième tendra à *exclure le conflit intrapsychique, les représentations internes*, le préconscient et la symbolisation, et compromettra le travail de la pensée dans la relation de parole avec l'analyste auquel elle substituera le retrait, la répétition, l'agir et l'identification projective.

Des traumatismes affectifs précoces[1] survenus à la seconde phase du stade anal ayant bloqué l'évolution libidinale œdipienne et ayant entraîné le développement prématuré du moi, se verraient volontiers répétés pendant la phase œdipienne (4-7 ans) puis pendant la phase de latence (7-13/14 ans) empêchant alors le développement de celle-ci.

Or cette phase de latence est *indispensable* pour la mise en place des processus de sublimation et de métaphorisation des affects et des pulsions. Demeurées trop intenses (du fait, par exemple, de la fréquentation répétée de scènes « porno » sur les téléphones portables), ces pulsions rendraient difficile la différenciation moi/ça/surmoi au point de laisser demeurer un moi-idéal tout-puissant drainant des éléments surmoïques sadiques et persécuteurs[2]. Ceux-ci s'expriment chez ces patients par une rage narcissique et une colère omniprésentes, affects omniprésents chez les états-limites, en particulier futurs addicts.

La puberté mettra ces sujets face à une impossibilité d'affronter la bisexualité psychique, les laissant dans une toute-puissance phallique bisexuelle infantile retrouvée, réifiés dans certaines demandes « trans », et dans le fantasme de « corps pour deux » qu'a décrit J. McDougall dans certaines somatisations (McDougall, 1989, p. 37 et p. 112-113), ou encore dans un fantasme nostalgique

1. Les différents traumas peuvent être des séductions et traumas sexuels précoces, la vision de ces mêmes faits, des propos « crus » et incompréhensibles à un âge trop précoce, à une pseudo-éducation à la vie sexuelle pour des enfants pour qui certains termes décrivant la sexualité adulte feront effraction. Avant la puberté, les enfants n'ont pas une sexualité fonctionnelle. La « pulsion de savoir » et la curiosité chez eux leur fait, certes, se poser les questions de « la différence des sexes », ou « l'énigme de la naissance », mais cet intérêt concernant la sexualité qui se situe au début du complexe d'Œdipe vers 3 ans n'a rien à voir avec la notion de plaisir sexuel expliqué à un enfant de cinq à sept ans, ce que recommandent les Standards européens et les programmes de l'Unesco. Cela ne sert qu'à provoquer un afflux, un débordement d'excitations faisant trauma et, en même temps qu'une sorte de sidération créant les conditions d'une séduction traumatique, une excitation à connaître le plus vite possible ce plaisir inaccessible.

2. Le surmoi œdipien diffère et configure de manière tiercéisée un surmoi archaïque peu différencié de l'idéal tout-puissant – construit par identification à la perception d'une toute-puissance parentale, source de celle ultérieure prêtée à Dieu –, qu'une instance figure jusqu'à la résolution de l'œdipe, le moi-idéal.

de « non-séparation » telle celui décrit chez des sujets alcooliques, toxicomanes ou boulimiques.

10. 1 Les personnalités narcissiques

Rappelons enfin que dans les années 1960-1970, les travaux de Heinz Kohut (1913-1981) sur les désordres narcissiques ont apporté des nuances entre personnalité narcissique et personnalité état-limite. Kohut souligne la différence entre le développement du narcissisme et de l'amour objectal (Kohut, 1974, p. 229). La personnalité fragile narcissiquement qu'il décrit se rassure en s'attachant à des êtres forts et admirés, désirant ardemment être accepté par eux et ressentant le besoin de recevoir leur aide. « Inconsciemment fixées sur un objet-du-moi idéalisé qu'ils continuent de désirer ardemment, ces personnes sont constamment à la recherche de pouvoirs omnipotents externes dont l'approbation et l'aide leur donneraient de la force » (*ibid.*)

Les patients auxquels H. Kohut se réfère ont certes une sexualité, mais ils se défendent de tout engagement affectif qui aurait pu les libérer de sentiments de rage très anciens fixés sur des images parentales frustrantes. Chez ces sujets, la souffrance et les conflits internes se situent en deçà de l'œdipe, dans des zones archaïques où leur « for intérieur », leur soi le plus profond, est menacé de dissolution, d'intrusion, de destruction face à l'autre (faillite des « doubles limites », celles à l'intérieur de l'appareil psychique [moi, ça, surmoi] et celles du « dedans-dehors »).

La dimension psycho-sexuelle est chez eux certes maintenue mais *sensiblement dégagée du conflit œdipien* pour être ramenée à un conflit beaucoup plus archaïque : un « conflit d'altérité » (Pirlot, 1997), du type, moi ou l'autre.

Ce qui domine dans la rencontre avec l'autre est la peur de perdre les limites psychiques et/ou corporelles (McDougall, 1996, p. 60-67). Le conflit se situe ici entre pôle narcissique et pôle objectal.

Ce sont ces constats qui ont amené Otto Kernberg (1967 et 1975) et H. Kohut à se dégager du modèle névrotique pour imposer un modèle narcissique dans lequel le modèle du *self* se réfère à une *organisation archaïque de la vie libidinale.* Dans ce type d'organisation, H. Kohut ((1968), 2004, p. 222-223) a parlé du transfert en miroir ou de l'identification projective, et O. Kernberg a évoqué, quant à lui, l'« idéalisation primitive » et une pathologie des relations d'objets internalisées, pendant que Didier Anzieu a décrit le « transfert paradoxal[1] » et Harold Searles (1959, 1965, 1986) le transfert en fascination symétrique afin de « rendre l'autre fou ».

Ce qui domine ainsi chez ces sujets allant des cas-limites aux narcissiques est la facilité de *fuir ou de contourner la réalité du réel* qu'il soit social ou relevant de l'altérité de l'autre. Les conduites festives dans lesquels joueront jusqu'à un certain point les drogues et autres conduites addictives y participeront.

L'*Homo addictus* se trouve en effet être bien souvent un *Homo festivus.*

11. L'*Homo addictus* est volontiers un *Homo festivus*

Combien de fois entendons-nous dans nos cabinets des adolescents ou des jeunes adultes minimiser leurs prises de cannabis ou de cocaïne en en revendiquant l'aspect « festif », comme s'il s'agissait d'une « consommation comme une autre ». L'objet d'addiction y apparaît interchangeable en passant de l'alcool au cannabis et de celui-ci à la cocaïne ou autre toxique, dans un moment de festivité avec des amis, ou dans une fête quelconque ou dans une boîte de nuit. On consomme de la drogue ou de l'alcool, de façon interchangeable et « fluide », par suivisme, autant que par besoin, comme s'il s'agissait, avec ces produits, d'une habitude socialement « admise » à défaut d'être permise, comme la pratique de tout autre objet de consommation.

Dès 1968, dans l'ouvrage *Le Système des objets*, le sociologue Jean Baudrillard avait proposé une analyse critique de la société de consommation, mettant en lumière les mécanismes de domination et d'*aliénation* qui se cachent derrière notre rapport aux objets. Cette société de consommation engendrerait de fait un « habitus addictophile », formaté par les instruments d'influences que sont le « droit » tyrannique

1. À partir de son intérêt pour les travaux de l'École de Palo-Alto, D. Anzieu (1985) a développé la notion de « transfert paradoxal ». Celui-ci se rencontre chez les patients psychotiques, mais également ceux « limites » voire névrosés, dans ce style de propos : « Guéris-moi, toi qui ne sais pas me soigner et me rend malade », ou « J'ai besoin de toi et aimerais que tu sois mort. » On saisit que la destructivité à la fois sur l'objet (analyste) mais aussi sur les « liens », les « relations » (de pensée) envers l'objet, se déploie dans un transfert qui cherche à bloquer le processus psychanalytique et psychothérapeutique jusqu'à la réaction thérapeutique négative.

au « bonheur » que la publicité ou aujourd'hui la suggestion des « influenceurs » et des « influenceuses » sur les réseaux sociaux, alimentent allégrement.

Baudrillard soutenait que les objets, dans lesquels nous incluons les objets d'addiction, ne sont plus simplement des outils fonctionnels, mais qu'ils ont acquis en eux-mêmes une signification symbolique et sociale. Si les objets de consommation sont devenus des symboles de statut, de pouvoir et de réussite et créent une culture de l'accumulation et de la surconsommation, où l'acquisition de nouveaux objets devient une fin en soi, les objets d'addiction créent quant à eux une culture hédoniste autant que consumériste.

La publicité, la mode ou les jeux de hasard activent ainsi en permanence cette quête addictive d'objets de consommation, de marchandises, d'excitants, *que rien ne peut assouvir*. Dans une société néolibérale de consommation, la valeur d'échange de l'objet compte et en dirige en effet l'usage sans fin (Debord, 1967, thèse n° 46, 1996, p. 43). Ceci rejoint le point de vue de Pierre Bergougnoux selon lequel « (…) cela veut dire que toute chose tend à être rapportée à sa valeur marchande et que les seules valeurs fixées par le marché tendent à déterminer en retour, les conduites et les pensées. L'anthropologue américain Marshall Sahlin constatait, voilà une trentaine d'années, que "dans la culture occidentale l'économie est le lieu principal de la production symbolique. Des variétés d'objets manufacturés ont le pouvoir d'opérer, par la démarcation de leurs propriétaires individuels, une classification sociale" » (Bergougnoux, 2005, p. 105).

Les objets (produits) d'addiction que sont certaines drogues correspondent à cette pratique générale d'une société de consommation « addictophile », tout comme le sont les appels au corps érotisé, fétichisé, instrumentalisé, « objectalisé » en tant qu'objet d'un plaisir voyeuriste vendu par une industrie du porno très florissante, plaisir entretenu largement également par la pratique de consommation d'images porno via les sites internet. Ces pratiques élargissent évidemment le champ de l'addiction sexuelle.

L'addiction sexuelle n'est en effet pas sans présenter le visage d'un certain « taylorisme » comme le souligne Vincent Estellon :

> « Les conduites sexuelles se soumettent, elles aussi, depuis quelques décennies, aux impératifs du monde économique néolibéral : libre échange, loi de l'offre et de la demande, marketing, règle de libre concurrence, accordant à l'objet "sexe" le même statut que n'importe quelle autre marchandise.

> Nous assistons à une banalisation de la sexualité de consommation, mettant en concurrence femmes et hommes sur le marché du sexe. Dans une telle optique, le remplacement de l'objet usager est pensé avant même d'être consommé ou perdu : le *fast-sex*, ou ce qui s'approche de ce que l'on désigne familièrement par l'expression "plan cul", s'est banalisé sinon normalisé [...] Peut-on parler de taylorisme sexuel ? » (Estellon, 2016, p. 29).

Aussi, même si Baudrillard n'en parlait pas, car le concept d'addiction ne faisait pas encore parti du vocabulaire psychiatrique et sociologique de son époque, il apparaît évident qu'aujourd'hui les conduites addictives, y compris sexuelles, ne peuvent qu'être exacerbées *dans et par* une société « addictophile » érigeant au rang quasi fétichique les objets de consommation que sont le corps ou le sexe.

La quête de sensations, les sentiments d'élation, de jouissance et de toute-puissance narcissique que donne la possession de ces objets, comme les conduites addictives en particulier celle d'achats compulsifs, sont autant de stratégies pour combattre bien souvent ce vide interne évoqué plus haut. Il n'y a qu'à visiter certains appartements des « classes supérieures », garnis d'objets « design » de valeur, aussi clinquants qu'inassortis les uns aux autres, pour s'apercevoir qu'ils comblent le vide psychique de leurs propriétaires qui ne manquent pas, le soir, en rentrant chez eux après une journée de travail très rémunérateur, de déguster leur whisky...

Ce constat du vide interne, dont nous en avons décrit les manifestations cliniques (addictions, états-limites, tatouages, etc.) dans un ouvrage de 2009, *Déserts intérieurs* est le produit d'une « civilisation de la machine » dont Nietzsche disait qu'elle rendait l'Homme « actif et uniforme » (Nietzsche (1879), 1993, p. 915), addictogène ajouterions-nous, trouvant dans les rassemblements festifs et la régression hypnotique qui les accompagnent, l'adjuvant nécessaire pour combattre l'anomie existentielle d'un certains nombre de nos contemporains.

Adonnée à la distraction et à la consommation, l'*Homo festivus,* tel que le décrit Philippe Muray (Muray, 1999), est né après 1968. Il est habité par « la fin du *sentiment de l'Histoire* dont Chateaubriand fut l'accoucheur et Malraux le croque-mort » (Debray, 2013, p. 306), se trouvant persuadé de vivre dans l'univers d'une « fin de l'Histoire » (Fukuyama, 1992), dans un monde sans frontière et n'ayant plus aucune identité enracinée[1].

1. Le nouveau « guide » des élites progressistes, Yuval Noah Harari, défend cette idée : « Les travailleurs seront donc obligés de se reconvertir tous les dix ou vingt ans. [...] Il est essentiel que nos

Cette perte d'identité enferme le sujet dans une adolescence éternelle. Il peine à s'instituer adulte, ce qui a donné le mot « d'adulescent ». Michel Houellebecq, mieux que quiconque, a su d'un livre à l'autre, faire le portrait de la déshérence existentielle (Bock-Côté, 2019, p. 203) de cet « adulescent ».

Tel un enfant, *Homo festivus*, quand il veut, c'est « tout et tout de suite », ce qui ne permet pas d'installer dans le psychisme, la capacité à attendre, à *différer* et donc à « distinguer » et à *différencier* les choses entre elles, celles relevant par exemple du fantasme d'un côté, et celles de la réalité du réel de l'autre. Cette « différence » peut en effet s'entendre en français avec un « a » et l'écrire, comme Jacques Derrida nous y invite, « différ*a*nce » (Derrida, 1968, p. 24-68). Ce néologisme permet de souligner que l'action de *différer* par exemple l'obtention d'un objet permet *de différencier le fantasme de l'avoir, de la réalité de ne pouvoir se le procurer.*

Ainsi, la différ*a*nce *symbolise les conditions du désir* d'un objet : en en différant la satisfaction et en le représentant, elle introduit le principe de réalité face au principe de plaisir, ce dont le sujet « état-limite », en particulier addict, ne peut que difficilement accéder, tant les traumas précoces et répétés ont, nous l'avons dit, par découplages neuronaux, découplé principe de plaisir/déplaisir du principe de réalité.

On comprend qu'*Homo festivus* privilégie en quelque sorte le prendre sur le donner. Sa dépendance à un produit d'addiction est, de fait, celle de l'avoir sur l'être. C'est ce qu'exprime à merveille la formule de Karl Marx : « Moins tu es, moins tu manifestes ta vie, plus tu as, plus ta vie aliénée grandit, plus tu cumules ton être aliéné » (Marx, 1844, p. 172).

On n'est donc pas étonné que, même dans le travail, dont l'étymologie indique la contrainte et la souffrance, l'*Homo addictus* se veuille bien souvent rejoindre l'*Homo festivus*. L'alcool qui, en effet du XIXe siècle aux années 1980, était consommé par les ouvriers des usines (*cf.* E. Zola, *L'Assommoir*), se retrouve aujourd'hui dans les industries de process, comme dans les raffineries de pétrole au Brésil dans lesquelles les hommes, y compris les cadres, boivent, non pas par

enfants apprennent à façonner leur personnalité et leur identité de telle manière qu'ils puissent s'adapter aux changements à venir. Autrefois, l'éducation consistait à construire notre identité comme un édifice de pierre, avec des fondations profondes et des murs solides. *Aujourd'hui, il s'agit de construire notre identité comme une tente, facile à démonter et à déplacer.* » *Cf.* « Les prophéties de Yuval Noah Harari », Myriam Dennehy, *Philosophie magazine*, 23 septembre 2018, https://www.philomag.com/articles/les-propheties-de-yuval-noah-harari

plaisir, à l'inverse de l'*Homo festivus*, mais pour se défendre contre la peur (Karam, 2010, cité par Dejours et Rolo).

Christophe Dejours et Duarte Rolo (2017) notent à cet effet que « dans la pétrochimie, en France, se consomment beaucoup de psychotropes : sédatifs de l'angoisse d'un côté, psychostimulants de l'autre (pour ne pas se laisser aller à la somnolence alors qu'il faut conserver sa concentration et sa vigilance, café, voire amphétamines), somnifères pour pouvoir s'endormir malgré l'irritabilité et l'intranquillité résultant du travail ».

On peut ajouter à ces conduites celle de la surconsommation alimentaire, et la boulimie, en particulier chez les femmes, pour calmer une angoisse de situations professionnelles stressantes et/ou harassantes.

Quant aux pratiques addictives de prises de cocaïne, dans un contexte festif ou pas, elles peuvent se trouver être utilisées dans certaines professions soumises à la suractivité professionnelle et au stress – comme les *traders*. Cela touche tous les milieux, des « cols blancs », chez ceux au faîte du pouvoir – servant de mode de « décharge » d'émotions en excès, impossibles à décliner verbalement –, jusqu'aux classes les plus laborieuses, utilisant la cocaïne pour oublier l'absence de sens de leur travail ou de leurs relations affectives.

Cette drogue, comme d'autres, donne la sensation à ces sujets d'une forme d'« illimitisme » qui se trouve également être une caractéristique du néolibéralisme, dernier avatar de ce que l'on peut appeler le « progrès » (pourtant démonétisé depuis Hiroshima et Auschwitz), et dont les hyper-milliardaires sont les thuriféraires.

Visiblement, ces tenants du « progressisme » auraient dû lire ces vers de Victor Hugo :

> « Le Progrès calme et fort, et toujours innocent,
> Ne sait pas ce que c'est que de verser le sang. [...] »
> (Hugo V., in *Les Châtiments*, 1853).

Pour eux, il n'y a en effet pas de limite planétaire, pas de limite à l'existence humaine, comme le transhumanisme le prouve, pas de limite à la biologie propre à la sexuation de naissance, pas de limites de frontières pour les flux financiers comme il n'y a pas de limites et de frontières aux flux des trafics de drogues, comme il n'y a pas de limite, nous l'avons vu, chez les sujets « non-névrotiques » entre externe et interne psychique (*cf.* Green, *supra*).

Pas de limite dans le monde postmoderne néolibéral car tout se vaut. Or cette horizontalité et cette « unidimensionnalité » (Marcuse, *supra*), évoquées en quelque sorte par Gille Deleuze et Félix Guattari, dans *Mille plateaux* (Deleuze, Guattari, 1980), reniant la verticalité de l'arbre au profit de l'horizontalité du rhizome, peuvent en France trouver leurs dates de naissance : celle du « collège unique » des pédagogues « progressistes » de la réforme René Haby en 1976 (Brighelli, 2022, p. 25-32) dont l'effet se trouve, depuis des années, amplifié par les programmes de télé dans lesquels la parole de l'histrion vaut (plus que) celle du spécialiste, qu'il soit scientifique ou philosophe. Un exemple de cette horizontalité est l'affirmation de Clémentine Beauvais, professeur de pédagogie en Grande-Bretagne, défendant l'idée d'un « droit de vote dès la naissance », donc « pour les enfants ». De son point de vue, profondément « progressiste » (c'est la définition qu'elle donne d'elle-même [Beauvais, 2024, p. 6]), si en effet aucune compétence intellectuelle n'est requise chez les adultes pour voter (*idem*, p. 7-8), alors pourquoi des enfants ne peuvent-ils pas voter ?

C'est un fait que l'individualisme progressiste postmoderne et son « ego » produisent à foison des « égaux » immergés dans « l'âge de l'après-devoir », que précède celui du « crépuscule du devoir » (Lipovetsky, 1992, p. 34)[1], celui dont témoignent sans doute, en France, les écoles et collèges lorsque l'on voit les résultats des différentes évaluations de niveau parues dans les pays de l'OCDE. « En rabattant la figure du maître comme sujet supposé savoir sur celle du maître comme oppresseur, on se donnait, sous des apparences révolutionnaires, les moyens de détruire toute transmission du savoir critique » (J.-C. Michéa, 1999).

Nos démocraties néo-libérales-libertaires (où il est « interdit d'interdire ») défendent en effet une éthique faible et minimale, « sans obligation ni sanction », « postmoraliste » qui répudie « la rhétorique du devoir austère, intégral, manichéen » au profit des « droits individuels à l'autonomie, au désir, au bonheur ». Or, cette « frénésie du bonheur [qui] liquide la morale sur l'autel du narcissisme[2] » ne

1. Ce « crépuscule du devoir » n'est pas sans lien avec l'abandon des Lumières – que l'on retrouvera dans le wokisme : « La gauche progressiste s'est alignée non pas sur la Modernité, mais sur le postmodernisme, pour qui la vérité objective doit être reléguée à une lubie de penseurs des Lumières par trop naïfs, arrogants et/ou sectaires ayant sous-estimé les dommages collatéraux des progrès de la Modernité », Pluckrose H., Lindsay J. (2020), 2021, p. 23.

2. Luc Ferry, entretien avec Ronan Planchon, *Le Figaro*, 1er décembre 2023.

peut, au bout de son « culte de la performance », qu'aboutir, devant toute déception que la vie ne manque pas d'infliger, à la dépression et à un vide interne, ainsi que, via l'adage postmoderne selon lequel « il faut vivre ses passions », et donc ses pulsions, à démultiplier les addictions surtout si la performance et le bonheur ne sont pas au rendez-vous.

L'aliénation que représente la dépendance addictive, en tant que « néo-besoin », ne séparant plus les besoins réels (physiologiques, familiaux, sociaux) et le désir lui-même, des « pseudo-besoins[1] », sera ainsi inhérente à une économie néolibérale largement consumériste dont le dogme étatique sera le « besoin de croissance ». Celui-ci s'obtiendra par une croissance factice : non pas, comme en France, par la production industrielle ou par les services, mais comme pour l'addict, par le recours à une « drogue », l'emprunt, conduisant à la dette puis *in fine* à l'impôt.

L'indifférence à la manière dont sont créés les objets de consommation, comme s'ils tombaient du ciel, à l'instar de ces objets venant des avions-cargo dont les Mélanésiens avaient le culte (Baudrillard, 1970, p. 29), met le consommateur dans le même état infantile que le drogué face au dealer.

Cette « présomption maternelle et luxueuse du pays de Cocagne » (*ibid.*, p. 19) de ces objets et biens de consommation dans lesquels on peut inclure les produits d'addiction et les psychotropes, qui s'offrent au regard et au désir du sujet postmoderne depuis l'après-guerre 39-40, lui fait en effet perpétuellement vivre une promesse implicite de bonheur et de besoins rassasiés par *Big Mother Market.* Cette promesse a les atours de « l'avenir d'une illusion », celle du tonneau des Danaïdes dans lequel la liberté de consommer n'est qu'une aliénation de plus, celle faisant croire qu'il est *impossible de manquer* alors que le manque est constitutif même de la production de la pensée, du désir et de la sublimation.

Comment, pour Piera Aulagnier (1979), ce processus d'aliénation se met-il en place individuellement ? Il se construit par étapes impliquant, tout au long du parcours, le consentement du sujet. Il n'est pas question d'une contrainte opérée de manière violente, mais au contraire d'un mode *d'entrée volontaire dans la soumission.* Celle-ci peut s'obtenir par la régression de la puissance hypnotique qui apparaît, comme Freud (1921) l'a montré[2], à l'intérieur d'un groupe.

1. Debord G. (1967), thèse 51, 1996, p. 46.
2. Freud S., *Psychologie des foules et analyse du moi*, 1921.

« La régression à des modalités inconscientes se met en place dans les relations horizontales avec les membres du groupe et parallèlement dans les relations verticales avec le chef. Au bout du compte, l'emprise aliénante s'est établie, sans que le sujet en ait pris conscience. Il persiste à croire que c'est de son plein gré qu'il s'est mis au service de la nouvelle Cause à laquelle il adhère (Kaës, 2007) », écrit Bernard Chouvier (2023, p. 143-144).

En fait, la désubjectivation d'un membre d'un groupe, ici l'addict, produit un « individu groupal », sans souveraineté et autonomie. Le processus de sujétion à la drogue, à son groupe, à son *dealer*, fait ainsi du toxicomane un automate qui ne maîtrise plus son destin alors qu'il se dit consentant à vivre celui-ci.

« C'est ce mouvement paradoxal qui constitue le propre de l'aliénation. L'illusion de liberté va de pair avec une complète soumission » (*ibid.*, p. 144) ce qui n'est pas sans faire penser à la formule d'Orwell, « la liberté c'est l'esclavage », esclavage qui touche également, par l'emprunt, les États eux-mêmes, ce qui ne peut que les emmener à une aliénation aux diktats des puissances financières.

L'espace géographique et urbain, de plus en plus ramassé sur lui-même, des stations touristiques jusqu'aux grands ensembles et *supermarchets* géants[1], laisse ainsi apparaître une population faite d'individus consommateurs, dont l'espace psychique de plus en plus fermé sur lui-même ou sur leurs groupes identitaires, favorise un *narcissisme de soi* qui exacerbe le « narcissisme des petites différences » décrit par Freud.

Ce narcissisme des petites différences apparaît dans *Malaise dans la civilisation* (Freud, 1927, p. 68) quand Freud évoque la difficile maîtrise de la destructivité, violence et agressivité des groupes humains. Ainsi plus le groupe est petit, plus il réussit à projeter sur l'autre, les autres, son agressivité : les Allemands du nord se perçoivent bien différents de ceux du sud, les Espagnols des Portugais, des différences leur permettant de rejeter ce qui pourrait être à l'évidence trop proche au point de craindre une « indifférenciation » dans laquelle ils ne pourraient se distinguer, s'individualiser, se « narcissiser ».

Ce narcissisme des petites différences peut être compris, d'une part, sur le plan sociétal, comme participant de la nécessité de guerres avec le proche-étranger (et son

1. Debord G. (1967), thèse 172, 1996, p. 166.

« inquiétante étrangeté »), guerres qui ne sont qu'une cruelle prophylaxie contre la menace redoutable de la guerre civile (Green, 1923, p. 26) et, d'autre part, sur le plan individuel, comme un mouvement affectif primitif pouvant participer originellement de la peur de l'étranger du huitième mois : la perception de *l'autre différent* y est éprouvé par un affect que le moi ne peut tolérer en lui et qu'il rejette : angoisse, haine, agressivité, peur, projetés sur l'autre. La partition de la libido qu'entraîne la rencontre avec cet autre, amène le mouvement inverse, à savoir le rejet de cet autre pour mieux affermir « l'indivis-indivision » d'un moi que cette partition ne manque pas de susciter jusqu'à s'exacerber dans une « paranoïa identitaire » (Guilluy, 2018, p. 169).

Dans celle-ci, une libido narcissique « purifiée » reflue sur le moi, la libido d'objet restant dans une accointance négative avec ce narcissisme du moi. Celui-ci renforcera un surmoi qui devra sa construction à la répression de ladite agressivité envers cet autre qu'il projettera ensuite dans une exacerbation paranoïaque de cette agressivité, *via* l'homosexualité refoulée, vers cet autre.

Or toute paranoïa a ses convictions et ses certitudes. Car « ce n'est pas le doute, c'est la certitude qui rend fou » (Nietzsche, 1889, 1971, p. 50-51), certitude que défend une « pensée unique » pour qui toute pensée critique est taxée de « complotiste » et qui, dans une société multiculturelle, peut dériver vers une paranoïa perceptible dans l'hystérisation des débats ou dans l'infinité des revendications identitaires (Guilluy, 2018, p. 169-170). À propos de cette pensée unique, remarquons qu'elle a, de par le monde, singulièrement en France, une langue, l'anglais, qui est devenue, depuis la Deuxième Guerre mondiale et la mondialisation le mode de communication privilégié dans la culture, l'université, les sciences, le monde publicitaire, etc. (Hagège C., 2012, p. 7).

Dans « sa fuite en avant économique » (*ibid.*) paupérisée, consumériste, communautarisée, parcellisée (J. Fourquet), notre société néolibérale, particulièrement en France, se présente ainsi de plus en plus comme une « a-société » (*ibid.*, p. 145) dans laquelle le crépuscule de la critique ne peut que, dans un contexte de pensée unique, s'accentuer avec la prise de psychotropes, d'alcool ou de drogues[1].

La critique, lorsqu'il s'agit du substantif, est en effet l'activité intellectuelle qui *met à l'épreuve la réalité ou une idée*, afin d'en éprouver les limites et la validité.

1. Si le XVIIIe siècle a été pour Kant le siècle de la critique à laquelle il faut que tout se soumette, « le temps où nous vivons signe le triomphe de la confusion à laquelle rien n'échappe » comme l'écrit Myriam Revault d'Allones (2022, p. 1).

Or, en ces temps d'« illimitisme » qu'est la toute-puissance de l'ego post-moderne narcissique, ivre de sa toute-puissance technologique (ivresse décuplée dans la conduite addictive), la critique, en tant que faculté discriminative – comme l'étymologie grecque du mot *krinein* le commande puisqu'il signifie « trier » – s'estompe derrière une *morale binaire* (appelée « moraline » [*das Moralin*] par Friedrich Nietzsche ((1888), 1967, p. 10 et 12; (1909), 1971, p. 38)) entre le « Bien » et le « Mal ». Ce manichéisme est le fruit d'un fonctionnement psychique relevant d'un clivage rencontré chez les cas-limites, les psychotiques ou les pervers, témoignant de la faillite des phénomènes de transitionnalité et l'absence de mécanismes de défenses névrotiques.

« Nous sommes là, en fait, proches d'une pensée "délirante" qui ne veut entendre que ce qu'elle affirme. C'est d'ailleurs ce qui s'expérimente chez « nombre de patients qui ne supportent pas l'interprétation et ne veulent entendre de la bouche de l'analyste qu'une paraphrase reconnaissant leur bon droit, authentifiant leurs pensées conscientes comme seules valables et qui ne souffrent aucun écart par rapport à la version que leurs défenses du moi ont élaborée. Il n'y a qu'*une* version *vraie* de l'histoire qu'ils racontent, c'est celle qu'ils viennent d'énoncer et qui a valeur de réalité incontestable, donc ininterprétable », écrit A. Green (2002a, p. 109).

À bien des égards, ces modes de défense sont l'expression, sur le plan individuel, de celle d'une « a-société » devenue au fil du temps *une culture de regard sans sujet ou, si celui existe c'est virtuellement dans le métaverse.* Ce « métaverse », mot-valise composé de la racine grecque *meta* et du mot anglais *universe*, promu par Facebook, est ce monde virtuel du « Web3 » qui fascine les adolescents par sa plongée dans un service en ligne donnant accès à des simulations d'espaces 3D en temps réel, permettant de vivre à plusieurs des « expériences immersives ».

Ce métaverse est ce lieu virtuel où l'on peut, et on pourra à l'avenir, développer une ou plusieurs identités virtuelles en s'immergeant dans un espace imaginaire qui imite le monde réel (*cf.* le *mimicry, supra*) avec des lunettes 3D et des gants haptiques, amplifiant l'illusion narcissique d'un monde irréel plus réel qu'un réel déplaisant, limité, castrateur.

Ce *narcissisme technologique* va de pair avec un autre narcissisme, celui promut par une idéologie néo-libérale qui, comme toute idéologie développe des objets « abstraits » dépendants de l'Idéal. Cette idéologie est celle du progressisme ».

René Kaës dans son étude sur l'idéologie a en effet montré le lien de celle-ci avec le narcissisme, l'idéal et les « objets abstraits ». « L'idéologie, dans sa structure comme dans les rapports que les sujets entretiennent avec elle, repose sur le narcissisme. De la même manière que Narcisse ne répond à rien d'autre qu'à sa propre image, et qu'Écho fait écho à elle-même, l'idéologie renvoie sans cesse du même au même, se dédouble en ses éléments, reprend sans cesse l'encerclement de son objet et y enferme ses sujets.

Pour eux, telle qu'ils la vivent, l'idéologie ne s'origine qu'en elle-même. C'est pourquoi et par quoi elle est hors de l'ordre symbolique. Ainsi rien n'est soumis à l'ordre de l'histoire, de la différence et du partiel. L'idéologie, savoir sans faille, idéalisé, est une protection mégalomaniaque contre l'angoisse de la castration, le fantasme d'immortalité qui la soutient n'évacue pas la mort, même s'il la porte à l'extérieur ou l'exige de ses sujets. » (Kaës, 2016, p. 107). « La substitution de l'[objet] abstrait [à celui] concret offre un grand intérêt : d'une part, l'abstrait se manie avec une bien plus grande facilité et se prête mieux à des modifications de caractère magique ; d'autre part, il constitue à la fois un système de protection contre les menaces de la réalité et une forme de contact avec elle. Le monde restauré dans l'abstraction est un monde maîtrisé qui a perdu ses aspects frustrants ou menaçants et qui obéit à la pensée, il n'est plus hétérogène, et la pensée elle-même est source de plaisir » (Kaës, 2016, p. 161-162).

Dans ce contexte d'une idéologie néolibérale, individualiste, progressiste et libertaire, le narcissisme technologique entretient quant à lui un repli de la « communication » sur son nombril (Debray, 1992, p. 324), comme il permet la production de pseudo-évènements vite « consommables » parce que morcelés, filtrés, décontextualisés et diffusés par des mass media produisant des flux de néo-réalités (Baudrillard, 1970, p. 194) construits à partir de bouts de réalité dans des codes servant implicitement des idéologies dominantes.

Enfin, ce narcissisme technologique sert également à valoriser un néo-narcissisme du corps décrit par Le Breton (1990) d'un « individu libre et origine de lui-même » inscrit ainsi dans une « société Narcisse » décrite par Christopher Lash et Gilles Lipovetsky, ou encore celle « égocentrique » dépeinte par Sylviane Agacinski (Lipovetsky, 1983, p. 118 ; *cf.* aussi Agacinski, 1987 et Lasch, (1988), 2000).

Ce monde est celui d'une pseudo « fin de l'Histoire » et d'une pseudo-« mondialisation heureuse », mondes d'illusion dans lequel vit notre *Homo festivus addictus.*

Pourtant, ce dernier, commence à perdre de sa superbe: les guerres militaires et celles économiques, les affrontements entre civilisations (Huntington, 1996) ou enfin le fléau de politiques monétaristes produisant une inflation immaîtrisable conduisant à un appauvrissement de sa population, font que le « réel » frappe fort sur la bulle d'illusion dans laquelle il s'est enfermé, y compris de manière addictive (écrans, drogues, psychotropes, etc.).

Le retour du « tragique de l'Histoire » qui frappe aujourd'hui à la porte de ce monde d'illusion, proche en cela de celui de l'addict dans sa croyance d'un mieux-être par le recours à son produit ou à son comportement, est également celui du *cash money* des Bourses[1], elles-mêmes également « addicts » à des produits tout autant *dérivés* que les nouvelles drogues évoquées plus haut[2] et fait pour démultiplier les gains et plus-values.

Cette addiction financière mérite ici d'être réexaminée en fonction de l'évolution qui alla de la société capitaliste moderne jusqu'à celle postmoderne néolibérale, à partir des années 1970-1980.

12. L'*addiction* financière du capitalisme néolibéral

« L'esprit du temps » (*Zeitgeist*) régnant au sein de l'économie du capitalisme du XIXe au début du XXe siècle, a surgi dans une société occidentale patriarcale avec un noyau familial de type bourgeois et son « pater familias », dont les flux économico-financiers étaient largement soumis à des règles de change étatique[3] et pour qui existait une convertibilité en or des monnaies, en particulier du dollar à partir de 1945 (Bretton Woods[4]), ceci dans un monde du travail dominé par la lutte des classes mais également par les solidarités ouvrières. Ce monde, marqué par des figures symboliques d'autorité, et en grande parti régulé dans ses forces économiques par l'État, avait, outre les morales religieuses et bourgeoises

1. CAC 40, Euronext, New York Stock Exchange [Wall Street] et autre Nasdaq 100.

2. Produits dérivés du type des Stablecoins.

3. Le contrôle des changes permet de lutter contre la fuite des capitaux et la spéculation. Depuis 1990, la liberté du commerce et la mondialisation ont fait du contrôle des changes des exceptions.

4. Conférence monétaire (juillet 1944) qui a posé les règles de fonctionnement du système monétaire financier de l'après seconde guerre mondiale. Chaque monnaie reçoit une définition par rapport au dollar, qui est lui-même convertible en or (étalon de change-or).

réprimant la sexualité, « produit » de la névrose et du conflit névrotique (Freud, 1908).

Or, depuis près de cinquante ans, une autre économie, singulièrement financiarisée, donc sans frontières, sans « limites » car mondialisée, a émergé concomitamment à l'advenue d'une société que Z. Bauman, nous l'avons dit, a appelé « liquide » à l'opposé de celle « solide » de la modernité technologique et industrielle de la fin du XIXe siècle jusqu'aux années 1975. Les problématiques psychiques émergeant de ce modèle néolibéral économico-social y sont d'ordre plus narcissique (état-limites, addicts, pervers sociaux ou à fonctionnement opératoire), plutôt qu'œdipien et donc névrotique. Les chantres politiques de ce changement furent sur le D. Reagan et M. Thatcher dont on se souvient de la formule « Mais la société, c'est qui ? Ça n'existe pas ! Il y a des hommes et des femmes, il y a des familles, et aucun gouvernement ne peut faire quoi que ce soit (...) »[1].

On est passé ainsi d'une société patriarcale (« patro-centrée ») à l'économie contrôlée, à la monnaie convertible – comme la libido – et aux frontières (« topiques ») définies, à une société liquide (« pas-trop-centrée ») dont l'économie néolibérale financiarisée et mondialisée efface les frontières et dont le sujet s'estime en droit à l'effacement de toute limite concernant ses besoins, ses désirs, ses plaisirs, ses identités.

L'*Homo addictus*, adonné au jeu (*ludens*), au plaisir (*festivus*), est le fils à la fois, depuis 1968, d'une époque « libertaire » (« il est interdit d'interdire » selon le slogan de 68) et de ce contexte économique néolibéral qu'il y a quelques années, Viviane Forrester avait taxé d'« horreur économique» (Forrester, 1996). Dans cet ouvrage, elle dénonçait le fait que les grands groupes industriels sont eux aussi, à leur manière, addictés à la croissance continuelle des gains des actionnaires, quitte à passer par une stagnation des salaires des producteurs et des délocalisations vers des pays à moindre coût salarial, voire même des plans de licenciement.

S'inspirant des analyses de H. Arendt ([1973], 2002, p. 251-307), qui annonçait déjà les dangers liés au dépérissement du politique (c'est-à-dire du symbolique), devenu l'instrument privilégié de l'ordre économique existant, V. Forrester a ainsi montré que, depuis les années 80, la puissance de l'économie privée se trouve

1. Entretien le 31 octobre 1987 au magazine britannique *Woman's Own:* https://www.monde-diplomatique.fr/mav/153/A/57545.

au-dessus des institutions étatiques auxquelles elle laisse un certain pouvoir, celui qu'elle leur octroie pour mieux les gérer (Forrester, p. 55).

> « Ces réseaux économiques [financiers], transnationaux, dominent donc de plus en plus les pouvoirs étatiques ; loin d'être contrôlés par eux, ils les contrôlent et forment, en somme, une sorte de nation qui, hors de tout sol, de toute institution gouvernementale, commande sans cesse davantage les institutions des divers pays, leurs politiques, souvent par le biais d'organisations considérables, comme la banque mondiale, le FMI[1], ou l'OCDE[2] » (idem, p. 37-38)[3].

Ces névroses traumatiques de guerre économique peuvent s'installer moins sournoisement mais à la manière d'un électrochoc. Dans « La stratégie du choc : la montée d'un capitalisme du désastre », N. Klein a dénoncé quant à elle avec beaucoup de brio la manière dont l'ultralibéralisme inspiré par Milton Friedman s'est installé dans la plupart des régions du globe.

Le « traitement de choc » préconisé par Friedman, conseiller du président Nixon et prix Nobel d'économie en 1976, répondait à sa vision radicale d'une société dans laquelle *le marché doit absolument régir tous les aspects de la vie, de l'école à la santé, jusqu'à l'armée.* Son enseignement à l'université de Chicago prônait l'abolition de toute protection en matière de commerce, la dérégulation de tous les prix et le démantèlement du service public (Klein, p. 41-78).

Là où une forme de démesure et de perversion narcissique s'exprimait chez ces élites économico-financièro-politique, l'application de ces politiques économiques néolibérales drastiques et leurs grandes réformes sociales avait d'autant plus de chance d'être « acceptée » par les citoyens qu'elle se trouvait plaquée et appliquée suite à des traumatismes collectifs[4].

1. Fonds monétaire international.

2. Organisation de coopération et de développement économique.

3. Institutions auxquelles on peut ajouter la BCE (Banque Centrale Européenne) et les GOPE (grandes orientations des politiques économiques) : orientations sur les politiques macroéconomiques et structurelles qui visent à coordonner les politiques économiques des pays de l'Union européenne de manière à atteindre des objectifs communs. *Cf.* https://eur-lex.europa.eu/FR/legal-content/glossary/broad-economic-policy-guidelines-bepgs.html.

4. *Cf.* le coup d'État au Chili en 1973, suivi de strictes réformes économiques (Klein, p. 117-152) ; la guerre des Malouines en 1982, suivie de la rigueur thatchérienne (*idem*, p. 203-219) ; en 1985, en Bolivie, sous la directive de l'économiste Sachs ayant suivi les recommandations de l'Ecole de Chicago, furent mises en place des réformes drastiques (suppression réglementation des prix,

La révolution néolibérale, qui n'est que la simple libération d'un instinct d'acquisition (avidité classée chez les Grecs anciens en tant qu'*épithumia; cf. infra*) dissocié de toute morale (typique d'une perversion sociale), se trouvait ainsi masquée par la sidération des peuples qui la subissaient. « Le mot qui vient à l'esprit, c'est "cupidité". On peut faire de l'argent en bradant les biens d'État, en rançonnant les citoyens par l'externalisation », écrit E. Todd (p. 210-211). Cupidité ici plutôt que culpabilité, dirai-je. Les fortunes accumulées par les banques et leurs traders (et leur bonus faramineux) n'ont en effet plus rien à voir avec l'économie réelle. Elles se trouvent déconnectées de celles issues du capitalisme industriel qui demandaient autrefois parfois la vie entière du fondateur, puis deux ou trois générations, pour fleurir. Force est ainsi de constater que *le flux financier, comme le flux énergétique économique (pulsionnel du sujet addict), se trouve « délié » de toute représentance qu'elle soit institutionnelle pour les États ou subjective pour les individus,* en particulier ceux addicts.

Ce « capitalisme du désastre », qui est celui du néolibéral, a ainsi remplacé le noyau rationnel de régulations économiques (en lien avec l'État et les forces sociales) construites dans des dimensions de nature *intrasystémique* de la tendance au conflit (*Konfliktneigung*) (chez Hegel, lutte du maître et de l'esclave, chez Marx lutte des classes, chez Freud lutte force pulsionnelle/défenses) pour le remplacer par un noyau sans rationalité (sensible aux rumeurs et émotions), hyper-réactif à la milliseconde près, d'un capitalisme financier néolibéral, essentiellement anglo-américain, pour qui le *facteur de conflictualité agit du dehors* : l'équilibre sera trouvé par le seul marché. Il est évident que dans ce type de système économique, tout État, y compris pseudo-transformé en « start-up nation », ne peut qu'insuffisamment mettre en œuvre les outils financiers de sa souveraineté économique et donc sociale.

Concernant la problématique addictive, relevons donc que dans ce contexte néolibéral, les États eux-mêmes sont addictés à une croissance qui est celle reposant sur une consommation à continuellement et artificiellement soutenir par une autre *addiction, celle au crédit, à l'emprunt sur les marchés financiers et donc à la dette.* Dans cette dérégulation, les États gonflent en effet le chiffre de leurs PIB (produit intérieur brut) jusqu'à y inclure parfois le trafic de drogue ou des jeux (!).

À titre d'exemple, la Belgique et l'Italie annonçaient qu'afin de se plier aux nouvelles règles d'Eurostat, elles comptabiliseraient désormais dans le calcul du

augmentation de 300 % du prix du pétrole) qui ont conduit à l'arrestation et à la déportation des principaux responsables de gauche (*idem*, p. 221-240).

produit intérieur (PIB) l'activité de secteurs criminels et illégaux : *trafic de drogues*[1], prostitution, soit l'activité de la mafia. De même, le Premier ministre japonais Shinzo Abé déclarait cette année-là son intention de légaliser les *jeux d'argent* au Japon. « Qu'arrive-t-il donc aux gouvernements de ces pays pour malmener ainsi les limites éthiques de leurs sociétés au nom de l'augmentation du PIB ? N'est-ce pas là un symptôme aigu d'une obsession pour la croissance, d'une *addiction*[2] immaîtrisée ? » demandaient déjà les économistes Jérôme Batout, Emmanuel Constantin en 2014 (Batout, Constantin, 2014, p. 145).

Récemment, en France, le ministre des Finances français, ayant lui-même augmenté considérablement la dette, a déclaré : « La France est accro à la dépense publique et puise dans ses réserves vitales pour financer cette addiction[3] » (ce qui mène à l'augmentation des impôts et les taxes) et alors même que l'augmentation continuelle des déficits commerciaux accentue le recours à la dette[4].

Cette *dépendance* à l'emprunt, et donc à la dette, n'est évidemment pas sans amoindrir, mois après mois, la souveraineté du pays[5]. Ce constat a été affirmé par l'ancien directeur du Trésor, du FMI et de la Banque de France, Jacques de La Rosière qui, dans le chapitre IV de son ouvrage *40 ans d'égarements économiques*, écrit : « La dette publique française s'accroît inexorablement et notre insidieuse *addiction*[6] à la dépense publique nous éloigne de la compétitivité » (De la Rosière, 2021, p. 47-81)[7].

Ainsi, en plus d'être transnosographique, il n'est donc pas inutile de constater que les termes d'addiction et d'« addictophilie » sont transdisciplinaires, synonymes d'excès, de démesure, d'*hubris*, jusqu'à être impliqué, au-delà de l'économie

1. Italiques, G.P.

2. Italiques, G.P.

3. Entretien au *Figaro* le 3 décembre 2023 : https://www.lefigaro.fr/conjoncture/bruno-le-maire-pret-a-accelerer-sur-le-desendettement-20231203.

4. « France : le déficit commercial a atteint un montant colossal en 2023 : L'ampleur du déficit commercial français sur les biens pour 2023, dévoilé ce mercredi par les Douanes, s'est affichée à 99,6 milliards d'euros, le deuxième le plus élevé de l'histoire », *La Tribune*, 7 février 2024 : https://www.latribune.fr/economie/france/france-le-deficit-commercial-a-atteint-un-montant-colossal-en-2023-989899.html.

5. Pour peut-être, en favorisant sa moindre puissance, mieux l'intégrer dans un projet fédéral d'une UE qui signe toutes sortes d'accords commerciaux qui limitent le plus possible les interventions des États membres.

6. Italiques, G.P.

7. *Cf.* également https://www.bvoltaire.fr/macron-vend-la-france-par-la-dette/

psychosomatique, dans l'économie institutionnelle de nos États voués à continuellement avoir recours à l'emprunt jusqu'à une dette non remboursable. En France, cela a été institutionnalisé par la loi n° 73-7 du 3 janvier 1973 qui a interdit à la Banque de France de financer directement le Trésor public, obligeant ainsi l'État à emprunter sur les marchés financiers. Ce faisant l'État a dû payer des taux d'intérêt plus élevés que ceux qu'il aurait pu obtenir de la Banque de France.

Dans ce contexte, « les gouvernements nationaux ont vu leur sphère d'initiative diminuer. L'État souffre d'une diminution de son pouvoir, car l'expansion des forces transnationales réduit le contrôle des gouvernements individuels sur les activités des citoyens et des autres peuples. La mobilité croissante des capitaux induite par le développement des marchés financiers globaux transforme l'équilibre des pouvoirs entre État et marché et génère des pressions sur l'État pour développer des politiques favorables au marché, en limitant les déficits publics et la dépense sociale, la baisse de l'impôt, la privatisation et la dérégulation du marché du travail » (Abélès M., 2000, p. 117).

Cette addiction financière est en outre entretenue dans ce que l'on appelle la « planche à billets » (recouvert par l'euphémisme technique, le *quantitative easing*), créé par les banques centrales des États, visant à compenser partiellement les déficits vertigineux et une croissance économique atone largement dus à des choix politiques inappropriés. Outre que cette création artificielle de monnaie sert également à soutenir des marchés financiers qui en multiplient la valeur par 10 grâce aux « produits dérivés » (« dérivé » comme le crack *dérivé* de cocaïne, la morphine ou le Fentanyl *dérivés* de l'opium, les cathinones *dérivés* du khat, le MDMA *dérivé* d'amphétamines, etc.) et aux algorithmes, elle *accélère une inflation* provenant d'une monnaie « découplée » de celle issue des recettes d'une production industrielle déclinante, particulièrement dans la France d'une Union européenne favorisant, depuis l'euro et Maastricht, la délocalisation d'entreprises.

Les « "produits dérivés" [sont ceux] qui envahissent aujourd'hui l'économie, la réduisent à des jeux de casino, à des pratiques de bookmakers ». Les marchés des produits dérivés sont aujourd'hui plus importants que les marchés classiques. Or cette nouvelle forme d'économie n'investit plus, elle mise. Elle tient de l'ordre du pari, mais de paris sans enjeux réels, où l'on ne mise plus tant sur des valeurs matérielles ou même sur des échanges financiers plus symboliques (mais encore indexés à la source, fût-elle lointaine, sur des actifs réels) que sur des valeurs virtuelles inventées à seule fin de nourrir ses propres jeux.

Elle consiste en paris engagés sur les avatars d'affaires qui n'existent pas encore, qui n'existeront peut-être pas. Et, à partir de là, relativement à elles, sur des jeux autour de titres, de dettes, de taux d'intérêt et de change, dès lors détournés de tout sens, relatifs à des projections purement arbitraires, proches de la fantaisie la plus débridée et de prophéties d'ordre parapsychique », comme l'écrivait déjà il y a près de trente ans Viviane Forrester (1996, p. 123).

Ces gains faciles, cet « illimitisme » et cet *hubris* dans la croissance financière, y compris encore une fois par les produits dérivés, développe ainsi depuis les années 1980 une économie *déconnectée du réel industriel et productif*, ceci jusqu'à une castration inconsciemment recherchée… dans le prochain krach boursier. L'analité pulsionnelle du ça (financier) déborde ici, économiquement, le moi (que Freud compare d'ailleurs à un « homme d'État » en 1923 [1991, p. 299] et le surmoi dont il attend la sanction.

On pourrait avancer que l'économie financière néolibérale fonctionne sur le mode d'une deuxième topique, si importante chez les sujets « non-névrotiques » (états-limites, à névroses de comportement ou psychosomatiques, Green, 2002a, p. 133-152), chez qui, pour reprendre la formule de Marty et M'Uzan (1963), *l'économie échappe à l'appareil mental*[1]. En effet, le néolibéralisme financier qui subvertit et met à bas toute puissance publique par ses flux financiers promus par la mondialisation participe du développement d'une société « liquide » bien loin de celle « solide » d'un monde capitalistique industriel qui, par ses garde-fous, ces « barrières » douanières et de change, sa convertibilité du dollar en or[2], avait quant à lui tous les apparats névrotiques de la première topique et ses barrières entre Ics/Pcs et Pcs/Cs.

Concernant les États, en particulier la France, on pourrait, dans ce contexte d'un néolibéralisme mondialisé, appliquer la formule de Bossuet[3] : « Dieu se rit

1. Dans « La pensée opératoire » publiée en 1963, Marty et de M'Uzan avaient relevé que « ce qui caractérise nos malades les plus typiques : chez eux, *les fonctions somatiques constituent la voie économique essentielle et deviennent le lieu des enchaînements morbides,* pour l'essentiel *l'économie échappe à l'appareil mental,* et le psychanalyste, qui sent de part et d'autre des obstacles à l'identification, peut être dérouté par le tableau clinique et perplexe quant aux possibilités de la psychothérapie »(Marty, M'Uzan, [1963], 1994, p. 206).

2. Le 15 août 1971, le Président R. Nixon annonçait, sans consulter ses alliés, la sortie des accords de Bretton Woods et la convertibilité en or du dollar, celui-ci ne pouvant restituer son équivalent or depuis l'hémorragie financière et l'endettement dus à la guerre du Viet-Nam (111 milliards de dollars) : *Cost of major US Wars*, Stephen Daggett, Defency Policy and Budgets, June 29, 2010, Congressional Research Service. https://www.congressionalresearch.com/RS22926/document.php.

3. En fait, la formule exacte de Bossuet est : « Mais Dieu se rit des prières qu'on lui fait pour détourner les malheurs publics, quand on ne s'oppose pas à ce qui se fait pour les attirer. Que

de ceux qui déplorent les effets dont ils chérissent les causes», à savoir ceux qui précisément ont fait le choix d'une dépendance financière pour masquer une désindustrialisation qui, avec son cortège de délocalisations, ne peut plus répondre à la demande de consommation.

Bref, *l'illusion* d'un *turn over* satisfaisant de l'économie et d'une quantité monétaire suffisante à disposition pour faire vivre l'État dans ses dépenses de fonctionnement, est ainsi totale. Ceci ira jusqu'au moment où l'emprunt qui faisait artificiellement maintenir cette croissance, se confronte au mur de la dette.

Ce leurre est, de fait, celui *que pratique le sujet addict* dans son propre comportement se trouvant obligé d'avoir recours à sa dose de produit chimique « dérivé », ou à son comportement, pour continuer à faire « fonctionner » son « économie » psychique et corporelle.

Dit autrement, avoir ainsi recours à cette planche à billets, comme le firent ainsi la Réserve fédérale des États-Unis (FED) et la Banque centrale européenne (BCE) de Mario Draghi en 2019, pour créer de la monnaie afin de rendre possible une circulation de capitaux que ne dégageait pas suffisamment de croissance industrielle, ne sert encore une fois qu'à *masquer le déficit des productions industrielles* ou *agricoles* (déficit compensé par des accords de « libre-échanges »*)*, et dont le résultat est toujours, selon les lois économiques, d'amener de l'inflation.

Encore une fois, *nous sommes,* au niveau de certains États, *dans la même « économie » que celle du toxicomane* qui, pour avoir les mêmes effets de son produit, est obligé, par *accoutumance,* d'en augmenter la dose jusqu'à une dette financière abyssale.

Bref, le recours à la dette est une « drogue dure » qui ne sert qu'à masquer un mal plus profond, celui d'une croissance molle, fruit d'une désindustrialisation et d'un appauvrissement du pouvoir d'achat, sauf à vouloir maintenir celui-ci par des avantages sociaux qui seront payés… par la dette.

« De la même façon, après avoir tué la croissance forte dans les années 2000, la BCE n'a cessé de déverser pléthore de liquidités, mais pour de bien piètres résultats, en l'occurrence une croissance durablement molle. Et ce, au prix d'une "planche à

dis-je ? Quand on l'approuve et qu'on y souscrit, quoique ce soit avec répugnance », in « Histoire des variations des églises protestantes », *Œuvres complètes,* vol. XIV, p. 145.

billets" extrêmement coûteuse et dont on ne mesure pas encore les conséquences négatives de long terme », prédisait en 2019 l'économiste Marc Touati[1].

C'est ainsi que dès 2021, du fait de la « planche à billets » (*quantitative easing*) de la BCE, l'inflation montrait une courbe ascendante. Le « narratif » politico-journalistique fut alors de mettre sur le dos de la guerre en Ukraine cet état des choses, alors que ce conflit, en fait, n'aggrava qu'une courbe déjà ascendante.

Cette attitude ressemble bien au *déni actif* qu'est le mensonge à soi-même comme aux autres, que profère le sujet addict, se voulant ignorer les conséquences néfastes auquel le mène son comportement.

Ce déni ne vit que de mensonge : « Prisonnière de mes mensonges, je désire l'absolution [...] Dire la vérité serait donner la mort, et je préfère les contes de fée », comme l'a écrit Anaïs Nin (1964, p. 69)...

Aussi, cette course addictive à la drogue comme celle à un endettement financier masqué par la démultiplication monétaire du *quantitative easing* ne mène qu'à une *faillite de souveraineté* : subjective d'un côté, pour le toxicomane, étatique de l'autre pour les nations.

À l'intérieur de ce néolibéralisme financier mondialisé que Naomie Klein (2008) nomme « capitalisme du désastre », les *traders* et autres professionnels de la finance ne sont pas sans vivre eux-mêmes leur pratique de *trading* de plateformes au service d'investisseurs achetant ou vendant des actifs, comme une véritable *addiction*. Celle-ci réside, dès qu'ils s'installent devant leurs écrans d'ordinateurs, dans un sentiment de risque vital pour leur survie financière, risque vécu avec *l'excitation d'un jeu* où les « positions » du joueur portent sur des millions. En ce sens ils se situent « entre addiction et ordalie », comme l'indique Bertrand Choplin qui en a suivi quelques-uns.

Ces sujets, souvent aux ongles rongés, signant une angoisse sous-jacente, parlent peu et font leur métier comme s'il s'agissait d'un « jeu continuel », comme me le dit un jour à Tokyo l'un d'entre eux, Marc, citoyen français travaillant pour une

1. Touati M., « Faire tourner la planche à billets ne sert à rien et c'est un danger pour l'inflation et la Bourse », 21 juin 2019, modifié le 26 mai 2021 : https://www.capital.fr/entreprises-marches/faire-tourner-la-planche-a-billets-ne-sert-a-rien-et-cest-un-danger-pour-linflation-et-la-bourse-1342640.

banque américaine. Ses prises de risques, les sensations fortes génératrices de stress, le mettaient dans une position héroïque. Les gains faramineux obtenus ne lui servaient qu'à acheter des appartements à New York et à Londres, ou à acheter une maison bourgeoise au centre d'une grande ville universitaire, afin de placer son argent, tout en passant ses vacances aux Seychelles ou aux Maldives pour « décompresser ».

En dehors de son activité financière, Marc ne lisait jamais hormis quelques BD et allait volontiers, après son travail, dans l'une de ces salles de jeux vidéo qui peuplent les rues de la capitale japonaise, endroits où se retrouvaient après les heures de travail des centaines de jeunes actifs que je voyais se défouler arc-boutés frénétiquement sur des machines de jeux vidéo dont ils étaient littéralement addictés et sous hypnose...

Marc était le produit du nouveau régime de fiction (conte de fées) qui s'est instauré dans notre monde postmoderne. Ce nouveau régime est celui qui affecte tout un pan de la vie sociale se déroulant en dehors de la réalité. « Les reportages télévisés prennent l'allure de fictions et celles-ci miment le réel. Des idylles se nouent sur internet où l'on dialogue avec des interlocuteurs sans visage. Insensiblement, nous passons au “tout fictionnel” » (Augé, 1997, 4e de couverture)...

Nous l'avons vu, l'Homme occidental vit effectivement dans le monde virtuel des écrans, à l'instar de Marc dans son espace professionnel de *trader* puis, le soir ou le week-end, devant ses jeux vidéo. *Ces écrans font écran à la réalité du réel,* jusqu'y compris celui aujourd'hui biologique... Le dernier avatar de ce « tout fictionnel » est celui portant sur la négation du sexe anatomique et biologique.

Enfin, dans cette société, devenue « société du spectacle », le monde politique, en plus de n'exister que par des « éléments de langage » et de « la Com », succombe lui aussi à deux autres « drogues dures » : celle de *l'addiction à l'image* et *celle au pouvoir.* « La télévision est en effet pour eux [les Hommes politiques] ce qu'est devenu le téléphone portable pour une majorité d'entre nous : un objet transitionnel, ou plutôt transitoire (*infra*), qui rassure par un trop-plein de mots ou d'images sur le vide de pensée et l'inanité de nos actes », comme le remarque Michel Schneider dans son essai sur le narcissisme et la politique (Schneider, 2013, p. 52-53).

13. Fuir la réalité par son déni

L'essentiel n'est-il pas en effet, de *fuir toute limite et castration provenant du présent, du réel*? Le dénier? Réel si désespérant pour une certaine jeunesse qui peut, souvent, basculer dans la drogue ou toute autre addiction, ou pire, s'adonner au trafic, au « deal » pour gagner en un jour ce que leurs parents gagnent en six mois...

> « Dans ces lieux mis au ban et qui, dans leur ensemble, manifestent le vide, l'absence de ce qu'on trouve ailleurs, de ce qui n'est pas là, mais dont on devient ici d'autant plus conscient. Décor de ce qui manque. Lieux de soustraction (mais qui peuvent être, qui se doivent d'être aussi ceux de l'habitude, ceux de l'intimité, ceux de la mémoire). Lieux de dépouillement qui, étrangement, conviendraient à des anachorètes, à l'ascèse. Cadres dénudés, découragés, décourageants. Emblèmes transparents d'une distanciation, d'une mélancolie qu'à la fois ils exposent et provoquent, traduisent et constituent.
> C'est là, dans ce vide, dans cette vacance sans fin que s'encagent, se délitent des destins, que se noient des énergies, que s'annulent des trajectoires. Ceux dont la jeunesse est piégée là, impuissante, en sont conscients et préfèrent ne pas s'attarder à envisager la suite de leurs vies. À la question: "Comment te vois-tu dans dix ans?", l'un d'eux répondait: "Je ne me vois même pas à la fin de la semaine" » (Forrester, 1996, p. 85).

Cette fuite du réel, le philosophe Clément Rosset l'a décrit autrement:

> « Le présent est [...] ce qui est non perçu, invisible, insupportable et c'est de très bonne foi que le meurtrier assure à la police qu'il n'a pas tué: car le crime a eu lieu au présent – je n'y étais pas. Le passé ou le futur seront toujours là pour gommer l'imperceptible et insupportable éclat du présent. C'est d'ailleurs aussi en ce sens qu'une certaine philosophie peut aider à vivre: elle gomme le réel au profit de la représentation. Et c'est toujours en ce sens que Montaigne décrit le caractère à jamais indigeste du réel, qui fait le bénéfice des souvenirs comme des prévisions: "Notable exemple de la forcenée curiosité de notre nature, s'amusant à préoccuper les choses futures, comme si elle n'avait pas assez à faire à digérer les présentes[1]" » (Rosset, 1976, p. 68).

1. Montaigne, *Essais I*, chap. XI, « Des prognostications ».

Cette *quête et recherche de l'illusion sert à fuir la réalité* d'un présent et d'un quotidien insensé, voire absurde, y compris dans une organisation du monde du travail dominé par un *new public management* faisant bien souvent fait perdre le sens de leur travail aux employés ou agents, poussant ceux-ci dans des comportements addictifs. L'illusion qui, pour Freud résidait dans la religion (Freud, 1927), est aujourd'hui celle promue par le « divin marché »(D.-R. Dufour, 2007) et son consummérisme sans limite comme promesse du bonheur sur terre.

Déjà en 1930, É. Durkheim avait souligné la *valeur anomique du travail de plus en plus divisé* et d'une société industrielle dont les suicides étaient le symptôme : « [...] le rôle de la conscience collective diminue à mesure de la division du travail » (Durkheim, 1930, p. 356). Bref, ce sont la perte des solidarités, ajoute-t-il comme nous dirions aujourd'hui des liens sociaux et familiaux, qui distillent dans la psyché de chaque sujet postmoderne un « cancer pernicieux », celui de la « déliaison » propre à ce que S. Freud appelait la pulsion de mort.

À la perte définitive de la dimension utilitaire du travail correspond une tendance majeure « à l'abstraction, à la dématérialisation » (Bergounioux, 2006, p. 31-32). On comprend dans ce contexte que « toute la vie quotidienne, nos actes, nos pensées, jusqu'à nos rêves sont la proie d'une force économique extérieure qui les conditionne et les façonne entièrement, au-delà de notre volonté », comme le relève Paolo Tamassia (p. 196).

Les sociologues M. Pages, M. Bonetti, V. de Gauléjac, M. Descendre, dans *L'Emprise de l'organisation,* ont quant à eux souligné comment les employés peuvent « introjecter » (ce sont leur terme) les conflits, l'anonymat, les contraintes, la « normalisation » de l'organisation d'entreprise dans laquelle ils travaillaient au risque de développer une personnalité en faux-self qui somatise, voire passe à l'acte dans le suicide ou l'addiction (Pages, Bonetti, de Gauléjac, Descendre, 1979, p. 184-85 sq.).

Dans l'organisation des multinationales que ces sociologues avaient étudiée, la pression du travail et la rivalité liée à la non-expression ouverte des conflits se conjuguaient, chez les employés, à des effets de perte d'identité dans des entreprises dont le caractère hyper complexe, n'avait comme discours référentiel que celui de l'excellence.

L'autorité s'y trouvait remplacée par une multitude d'individus cloisonnés aux responsabilités sériées et circonscrites, dont la place dans l'organigramme de l'entreprise ne s'apparentait plus à des métiers issus de formations bien établies mais plutôt à des fonctions interchangeables. Ceci augmentait pour certains la perte d'identité et de repères, et à d'autres leurs capacités d'adaptation (Pirlot, 2009, p. 98 sq.).

Autre exemple, « la barbarie douce » de l'auto-évaluation, selon J. Le Goff (1999), qui accentue le poids du surmoi-idéal du moi – que l'on sait pourvoyeur de somatisation, d'addictions ou du suicide (*Cf.* Orange, ex France Télécom en 2019) car faisant peser sur l'employé ou le cadre lui-même toute faute ou négligence, éludant les dysfonctionnements organisationnels et managériaux de l'entreprise.

On ne peut ici que rappeler le titre du livre de l'historien J. Chaputot *Libre d'obéir*, oxymore pointant une paradoxalité et une situation d'impasse hautement pathogènes du point de vue psychosomatique puisque menant à une sidération psychique (Sami-Ali, 1987, p. 16). Chaputot y montre combien les techniques de management furent mises en place et enseignées dans l'Europe d'après-guerre par Reinhard Höhn, juriste de formation, ancien officier SS pendant la guerre. Celui-ci créa en 1956 l'Académie des cadres de Bad Harzburg, formant des DRH, qu'il dirigea pendant onze ans accueillant en l'an 2000, quelque 600 000 cadres issus des principales sociétés allemandes, sans compter les 100 000 inscrits en formation à distance (Chaputot, p. 87). La méthode de Bad Harzburg était *liberté d'obéir et obligation de réussir* (*idem*, p. 104).

Ce qui avait été le sens même des directives SS furent ainsi mises en œuvre par Höhn à savoir, entre autres instructions, que les tutelles doivent fixer un « objectif » (*Endziel*), que les agents doivent atteindre sans perdre de temps, sans demander de moyens supplémentaires, sans gémir ni fléchir face à la difficulté de la tâche qu'il fallait instaurer. S'ajoutait à cela « la plus grande élasticité dans les méthodes » employées (Chaputot, p. 14) qu'aujourd'hui on appelle dans le monde néolibéral et sociétal « liquide », la « flexibilité ».

Ainsi, de même qu'il n'y a pas de texte sans contexte, il n'y a pas de symptômes cliniques sans lien avec quelques facteurs environnementaux et sociétaux. J'avais déjà évoqué dans *Psychanalyse des addictions*, la diminution de l'implication des parents, voire de l'autorité parentale (Brook et coll., 1992, p. 359-388), le manque de structure parentale (Jenkins et coll., 1998), de stabilité et de cohésion de celle-ci, l'influence des « copains » (Hoffmann et coll., 1995 ; Varga, 1996) au moment où nombre d'adolescents se trouvent en présence des dealers aux sorties des collèges et lycées.

Je citais l'étude de P. Binder auprès de 3735 collégiens (de 3e) et lycéens (de Seconde) : « L'importance des cumuls des consommations et les liens entre facteurs familiaux ou d'ambiance relationnelle et l'importance de consommations délétères : un vécu péjoratif familial, les séparations, les passages à l'acte, y étaient proportionnels aux quantités et cumuls des consommations des produits fumés (cannabis, tabac) » (Binder, 2004).

On retrouve d'ailleurs fréquemment dans les récits des toxicomanes un père absent (réellement ou dans le psychisme de la mère) n'ayant pu servir de contenant limitant, par les interdits et son autorité, les pulsions[1] et les impulsions.

L'envers du vide interne de ces sujets, vide provoqué par des « discontinuités relationnelles » précoces, se trouve alors être contre-investi par une passion addictive substituant à la quête du sens, une *quête de l'excitation* faute de limites psychiques internes.

Concernant la discontinuité relationnelle, il est à noter que plus l'enfant est jeune, moins il est capable de rester organisé dans une situation de discontinuité et plus il sera vulnérable. « [Cette discontinuité relationnelle déniée par l'élation des retrouvailles avec le produit] a un effet destructeur sur le fonctionnement mental, répétant les pertes d'objet et les expériences de désorganisation – qui s'ensuivent » (Denis, 2014, p. 35).

L'enfant, devenu adolescent, pourra ultérieurement limiter son investissement de nouvelles personnes, entrant dans ce que les cas-limites décrivent, à savoir une relation « porc-épic » : trop loin tu m'abandonnes, trop près tu m'étouffes.

L'identification à un objet discontinu, qui a empêché l'enfant d'investir l'adulte de façon cohérente, se trouvera « compenser » une fois l'adolescence, par l'illusion de maîtrise d'une continuité, celle de la prise de drogue ou de son comportement addictif.

1. Je n'ignore pas qu'à parler de la fonction « séparatrice » du père, et celle de la « tiercéisation » qu'elle implique dans le triangle mère-enfant-père, je demeure dans une description psychanalytique de sa fonction. Or cette fonction, confondue à un « dogme » imprégné de religion, voire d'idéologie, est abandonnée. Michel Tort dans *La Fin du dogme paternel* (2005) avance que la psychanalyse ayant insisté sur ce « déclin du père » et de sa fonction, reste prisonnière d'une vision freudienne et lacanienne toute patriarcale. Insistant sur l'invention de nouveaux modes de paternité, liés à l'évolution des rapports entre les sexes, M. Tort, rappelle combien « l'impersonnalisation du surmoi » a été souligné par J.-L. Donnet (2010), relevant que Freud ne privilégie d'aucune façon la fonction paternelle dans la structuration du surmoi. Certes, mais selon moi cela ne veut pas dire que la parentalité n'ai pas besoin d'un ancrage dans une filiation généalogique, ni que les identifications au père, ou au tiers permettant d'échapper à la relation mère-enfant, ne soient parfaitement nécessaires pour la construction du surmoi, et donc de la construction psychique de l'enfant.

Catherine Chabert (2006), s'appuyant sur les épreuves projectives (Rorschach, TAT), retrouve cette discontinuité, en même temps que l'hétérogénéité, dans le fonctionnement psychique de sujets-limites dont relèvent nombre de ceux ayant des pratiques addictives.

Ainsi, ces sujets soumis aux variations excessives de leur humeur, de leurs affects, de leurs sentiments, de leurs actes, de leurs besoins, connaissent les « montagnes russes » faites *du trop ou du trop peu*. Derrière leurs comportements, ils présentent un mal-être, une « ontalgie » indicible exprimant une angoisse sans nom, un vide interne manifeste comme si, chez eux, l'enjeu était, à chaque conflit, celui de leur existence, de leur vie, de leur « dette de vie ».

Ceci va dans le sens des hypothèses de Michel de M'Uzan pour qui l'addict, en particulier le toxicomane, comme l'artiste, ont des destins engagés très tôt dans l'existence, en deçà de toute problématique pulsionnelle objectale, et relevant de la *défaillance d'être* (souligné par lui).

> « Il s'agit d'une carence existentielle fondamentale chez l'un, le toxicomane, dont la chute du tonus identitaire de base est extrême et seulement réparée par la drogue », alors que du côté de l'artiste on trouvera un « démantèlement des frontières identitaires recherché en tant que condition à l'engagement du processus créatif » (M'Uzan, 2010, p. 120).

M'Uzan souligne que la problématique narcissique est sous-jacente à l'emprise d'un objet d'addiction pour le toxicomane ou celle de l'objet de création. L'objet d'addiction ou de création a pour but de soutenir narcissiquement, existentiellement, le sujet. L'œuvre peut ainsi être un alter ego fétichisé, comme l'objet d'addiction. Le drame de l'addict, comme celui du créateur, est ainsi d'avoir éprouvé, et d'éprouver encore et toujours, la *sensation d'être peu en vie*, de peu exister sans la création ou la drogue qui, seules, lui donnent une « plus-value » existentielle.

Les questions de mal-être que ces sujets soulèvent sont de ce fait celles parfois d'un mode impersonnel d'être, mode décrit dans la phénoménologie d'Heidegger (*Être et Temps*, 1927) et, depuis plus de deux mille ans, par le bouddhisme ou la pensée de Lao-Tseu[1].

1. Certains concepts du bouddhisme comme la vacuité, le vide (*shûnyatâ*), l'aspect impersonnel ou l'absence de substance (*anâtman*), une manière d'être l'objet regardé ou senti (*tathatâ*) proche de l'expérience phénoménologique, peuvent trouver racine dans le désir de *fuir toute*

Heidegger a en effet décrit cette expérience subjective d'être singulière que nous retrouvons chez nombre de sujets opératoires, addictés ou non, souffrants d'un sentiment de solitude, de vide interne, mêlé parfois d'une hyper-lucidité due à une intrusion traumatique précoce du réel (abandon, deuil, manque d'investissement narcissique, trauma sexuel, harcèlement, etc.).

« Pourquoi y a-t-il quelque chose plutôt que rien ? » écrit Heidegger, question qui fonde sa réflexion commencée dans un moment de dépression que l'écriture de *Sein und Zeit* (Heidegger, (1927) 1986) a permis de surmonter. Cette question est aussi celle de *l'effroi du vide* de l'état-limite ou du déprimé loin de toute vie fantasmatique pour médiatiser et symboliser ses angoisses et ses conflits, errant dans un « désêtre » que seule l'addiction à un produit, pour peu qu'il le rencontre, lui permettra.

Cette clinique addictive rejoint, notons-le, un des constats psycho-sociologiques d'A. Ehrenberg. Dans *La Fatigue d'être soi*, le sociologue cherchant à savoir pourquoi la dépression est devenue le mal de notre époque, montre qu'elle est révélatrice des mutations de l'individualité : elle est « *une maladie de la responsabilité* dans laquelle domine le sentiment d'insuffisance » (Ehrenberg, 1998, p. 11). De fait, « la dépression amorce sa réussite au moment où le modèle disciplinaire de gestion des conduites, les règles d'autorité et de conformité aux interdits, qui assignaient aux classes sociales comme aux deux sexes un destin, ont cédé devant des normes qui incitent chacun à l'initiative individuelle en l'enjoignant à devenir lui-même » (*ibid.*, p. 10-11).

Le partage permis-défendu, qui normait l'individualité jusqu'aux années 1950-1960, a perdu de son efficacité. La norme n'est plus fondée sur la culpabilité et la discipline, mais aujourd'hui, dans ce monde individualiste, sur la responsabilité et l'initiative. C'est donc la perte de cette « dynamo » psychique qu'est le *conflit, en premier lieu celui œdipien*, sur lequel se construit la notion de sujet, qui disparaît chez un individu « incertain » susceptible alors de s'adonner à la toxicomanie ou à d'autres addictions lorsque le « progressisme » ambiant qui a flatté son ego depuis son enfance ne lui permet plus de combler les failles narcissiques de celui-ci.

souffrance psychique, fuite et maîtrise de la souffrance se trouvant être liée à la vie de Bouddha puisque *sa mère mourut peu après sa naissance*. Ainsi, comme l'« invention » du *cogito* pour Descartes devenu *trop tôt orphelin de mère*, comme la démonstration de l'impossibilité du vide dans la nature pour Pascal, lui aussi orphelin de mère, la doctrine bouddhiste se veut une défense contre la douleur de la séparation première mettant en jeu l'« autoconservation » du psychisme.

Cet ego et son incertitude d'être est ancrée dans son statut d'« indivis-individu[1] » comme l'a dit Baudrillard (Baudrillard, 1989, p. 20). « L'homme civilisé n'est plus un sujet[2] mais un individu, c'est-à-dire quelque chose qui n'est plus divisé et, en ce sens, qui prend son vrai sens "d'individu" car "le sujet, lui, était divisé" » (*ibid.*, p. 19), c'est-à-dire habité de conflits névrotiques entre désir et interdit.

Ce point de vue rejoint ce que, à partir de sa clinique des états-limites, A. Green a avancé, à savoir, l'observation chez les sujets non névrotiques et états-limites, d'un « dégagement subjectal du moi » (Green, 2002, p. 287).

Ce dégagement pourrait provenir du fait que, dans le socius, *il n'y a plus de négation en tant que telle*, comme l'indique Jean Baudrillard : « L'individu n'est plus le sujet affronté à l'autre, ou même au groupe, donc divisé en lui-même. Il n'y a qu'un individu, c'est-à-dire une bulle, un truc homogène, indivis, une sorte de monade [...]. C'est le rapport du même au même [...][3]. »

Il n'y a pas plus claire définition du narcissisme contemporain.

« Aujourd'hui il y a une espèce d'individualité qui est plutôt de type clonesque, clonique ou clonale, qui n'est donc pas le sujet » (Baudrillard, 1989, p. 19), ce qui n'est pas, ajouterais-je, sans faire penser aux fantasmes d'auto-engendrement dont on voit l'effectuation dans les discours transgenres. « Ce qui disparaît, ajoute Baudrillard, c'est aussi l'histoire, la généalogie, un passé contradictoire », bref ce qui crée la névrose. « On se refait un passé très consensuel, on évite les conflits »

1. Ce mot latin « individu » traduit d'ailleurs, notons-le, le mot grec atome. Cf. Quignard, 1994, p. 163.

2. Le mot su-jet, du latin *subjectum, subjicere,* signifie « qui s'étend sous », « le sous-jacent ». *Subjectus* veut littéralement dire « soumis », c'est-à-dire « mis sous », « assujetti ». Il suppose, à la différence des mots « individu », la reconnaissance d'une séparation : celle entre moi et un autre, celle d'un rang supérieur et d'un autre inférieur qui lorsqu'il s'agit de la séparation entre deux générations et celle entre deux sexes ne peut que renvoyer à l'Œdipe là où l' « indivis-indivdu » renvoie à Narcisse. Dans la langue française, le mot sujet apparaît au XIIIe siècle avec la féodalité (le seigneur et ses "sujets", *sub-jugués* : sous le joug).

3. Relevant à la fois d'une métaphore végétale et du mythe du dieu grec Protée, le fantasme d'auto-engendrement (cf. Bizouard, 1995) est celui d'une illusion du moi *in-divis* et sans miroir comblant l'absence de reflet (absence de soi-même, de narcissisme) et sa peur de l'altérité de l'autre par le recours à l'excès auto-érotisé et nostalgique de la sensation ou de l'autre moitié : « Mon amant est parti pour un pays lointain [...]/Mon cœur me fait si mal il faut bien que je meure/Si je me regarde il faudrait que j'en meure », dit la Loreley d'Apollinaire.

(*ibid.*, p. 21), ce qui est le propre de personnalité faux-self et normopathe[1] selon J. McDougall et, sur le plan sociétal, au *political correct* et de la pensée unique.

Cette hyper-adaptation relevant d'un *conformisme de pensée*, est celle décrite par Mahmoud Sami-Ali dans *Le Banal* (Sami-Ali, 1980, p. 77 *sq.*), par où cette pathologie de l'adaptation n'est que la pointe extrême atteint par ce qu'il appelle « le refoulement de l'imaginaire » pourvoyeur de somatisation dont se chargera un « surmoi corporel » (antérieur à celui œdipien),

14. Addiction et dépression, de l'état-limite à l'anorexie-boulimie

En d'autres termes, ceux d'A. Ehrenberg, si « la névrose guettait l'individu divisé par ses conflits, déchiré par un partage entre ce qui est permis et ce qui est défendu, la dépression menace un individu apparemment émancipé des interdits, mais certainement déchiré par un partage entre le possible et l'impossible. Si la névrose est un drame de la culpabilité, la dépression est une tragédie de l'insuffisance » (Ehrenberg, 1998, p. 13).

Car si « rien n'est vraiment interdit, rien n'est vraiment possible » (*ibid.*, p. 14).

C'est en effet, moins le sentiment d'avoir commis une faute vis-à-vis de ce qui est interdit (culpabilité héritée de celle œdipienne donc névrotique) que celle d'être « en faute » pour *n'être pas à la hauteur de son moi-idéal*, de son image de soi et d'un certain état de complétude, qui caractérise le sujet limite et, plus largement, l'individu-indivis postmoderne. Leur problématique est profondément narcissique et leur dépression est l'expression de celle-ci. C'est une dépression narcissique.

Ce type de fonctionnement ne peut être décorrélé du « *fun system*, ou de la contrainte de jouissance » (Baudrillard, 1970, p. 112) à laquelle soumet l'individu la société de consommation. Il ne peut être séparé d'une société où le mot d'ordre est *to be or not to*

1. Le terme de « normopathie » a été proposé par McDougall pour désigner des personnalités caractérisées par un conformisme extrême aux normes du comportement social et professionnel. Peu imaginatives, peu créatives, ces personnalités sont bien adaptées à une société, un parti, une institution où elles se meuvent avec aisance sans être perturbées par la moindre culpabilité, ou par une quelconque compassion ou empathie envers l'autre.

be myself, un environnement envahi par les « influenceurs/influenceuses youtubeur » ou les spots publicitaires distillant l'idée selon laquelle il faut « avoir trouvé sa personnalité, savoir s'affirmer, découvrir le plaisir d'être vraiment soi-même » (*ibid.*, p. 123) ...

C'est donc un moi idéal grandiose, reflet factice de celui non moins factice de l'image des autres, qui persécute le cas-limite immergé dans le consumérisme, là où chez le dépressif neurasthénique (obsessionnel), c'est le surmoi œdipien intransigeant face à toute transgression, et chez le mélancolique, un surmoi prégénital sadique, féroce, intraitable qui tombe « comme une ombre » sur le moi, qui pourra annihiler celui-ci.

Ne s'estimant pas à la hauteur de ses aspirations narcissiques, le déprimé postmoderne, *en risque addictif*, l'est ainsi d'être fatigué d'avoir à devenir lui-même, luttant pour ne pas décevoir ses désirs d'enfant et adolescent. On comprend que les psychotropes ou les produits d'addiction adviennent pour lui comme une « solution » (*pharmakon*) à ce qui peut, à son propre regard, lui apparaître comme une aporie ontologique, une impasse (celle-ci étant volontiers génératrice de somatisation[1]), voire une défaite annoncée de son existence.

« Si la dépression est l'histoire d'un introuvable sujet, l'addiction est la nostalgie d'un sujet perdu », écrit A. Ehrenberg (1998, p. 19) qui, plus loin, précise : « La dépression et la dépendance sont comme l'endroit et l'envers d'une même pathologie de l'insuffisance » (*ibid.*, p. 280).

Les angoisses du cas-limite, addicté ou pas, sont en effet, nous l'avons dit, celles *continuelles d'abandon ou d'intrusion d'un objet*, trop insécure depuis l'enfance et mal introjecté. Contrôler, obsessionnellement, l'objet d'addiction revient, pour ce type de fonctionnement psychique, à s'assurer compulsionnellement de sa permanence dans l'illusion même de sa maîtrise.

Si chez l'hystérique le conflit ainsi principalement celui entre le surmoi et les pulsions sexuelles, chez l'état limite, le conflit se présentera comme étant celui

1. Une situation d'impasse au sens de Sami-Ali (1987, p. 130) aboutit au fait que le sujet, devant certains problèmes (hiérarchiques de travail, de couple, etc.), ne peut conflictualiser subjectivement sa relation à l'autre du fait d'une absence d'efficacité du « schème » œdipien. La difficulté à dire « non » à l'autre chez ce type de patients, illustre l'absence du négatif de la pensée. « Je n'ai jamais eu d'opinion personnelle » a écrit F. Zorn écrivain mort du lymphome malin, se décrivant élevé par des parents ayant créé l'illusion d'un *monde sans conflit* : « Je doute d'avoir appris de mes parents le mot non » écrit F. Zorn (p. 31).

entre le moi et l'objet – ce qui s'observe, dans les prises en charge, lors des périodes de séparation avec l'impossibilité pour l'analysant d'avoir une représentation de l'analyste pendant son absence.

Chez l'hystérique, dominent l'inconscient et son refoulé, alors que chez le patient-limite, c'est la pulsionnalité du ça[1] qui est au premier plan, ce qui provoque, du fait d'une limite dedans/dehors défaillante, une angoisse continuelle d'intrusion de l'objet (y compris fantasmatique) et de l'affect qui y est associé.

On comprend enfin que si le névrosé interroge sur le sens de ses symptômes au regard de l'historicité du sujet ou bien avec ses complexes infantiles et fantasmes sexuels, l'addicté cas-limite interroge avec sa problématique narcissique, sur la question de son « être-au-monde », de son « Être-là », son *Dasein* dit Heidegger qui, pour Vezin, le traducteur du *Sein un Zeit*, est le lieu de percée de l'être, « un peu au sens où l'on dit qu'un abcès crève ».

Pour ces sujets prisonniers de leur narcissisme, « ce qui angoisse, c'est le monde en tant que tel », celle de « l'être-jeté » dans ce monde (Heidegger, 1927, p. 87) *quasiment sans défense* puisque l'intériorité psychique se *retrouve à l'extérieur*, dans un moi-peau hypersensible aux relations et frustrations aux objets. L'angoisse est celle d'un abandon de l'être à son propre néant, et donc à sa mort.

Placé dans « l'échéance du On », le *Dasein* de ces sujets se trouve ainsi dans un monde anhistorique (celui de la « fin de l'Histoire » de Fukuyama et du fameux « no future » du mouvement punk), atemporel – comme celui prôné par un monde postmoderne où s'effacent temps, frontières, limites. Ce sujet se trouve dans un « il y a[2] », un « nous/je », un « on » social indifférencié qui est celui, en fait, du pre-

1. W.G. Groddeck est connu pour avoir inventé le concept majeur de la deuxième topique freudienne, le ça (qu'il emprunte à Nietzsche). Si le concept de ça désigne pour Freud le réservoir premier d'énergie psychique et de libido narcissique (entrant en conflit avec le moi et le surmoi), chez Groddeck, le ça est destiné à gommer l'opposition entre psychisme et somatique : il est « éternel et infini, immuable et indivisible », apersonnel et atemporel (Freud, lettre à Groddeck, 5 juin 1917) ; surmoi corporel/maternel chez le somatisant que mettront en avant également Garma ou Sami-Ali). Chez Groddeck le corps symbolise parce qu'il est vécu par le symbole et parce qu'en lui, « le symbole se fait corps ». Ainsi, pour lui, le symptôme somatique est l'expression directe du ça qui court-circuite l'appareil mental empruntant en quelque sorte la voie courte. « Dans la théorie groddeckienne est explicitement repéré que le symptôme somatique résulte d'une psychodynamique ne passant pas par l'appareil mental. Point de vue essentiel qui place sa théorie dans le champ de la psychosomatique » écrit C. Dejours (1980).

2. Pour ce qui est d'une distinction entre l'« être » et la subjectivité, en quittant un instant la métapsychologie, citons E. Levinas pour qui la subjectivité est « maîtrise du moi sur l'*il y a*

mier contexte pour le nouveau-né, *celui du plan dans lequel se trouve l'objet, ne se distinguant pas de celui-ci.*

Cette *indistinction avec l'environnement végétal ou minéral* (le contexte) existe dans le monde animal pour se défendre de l'agressivité du prédateur. Cette indistinction est, chez l'Homme, celle de la personnalité en faux-self, ou celle *as if*[1], mais également celle qui, dans le monde animal, prend l'aspect d'un mécanisme de « téléplastie[2] » rencontré dans les mimétismes homomorphes ou homochromiques qu'a décrit Roger Caillois (1938).

Ces téléplasties et homochromies ne seraient-elles pas en quelque sorte retrouvées dans la « préforme » (biologique) des pulsions, inscrite dans la phylogenèse, lorsque la psyché perçoit que son moi craint pour sa survie et son autoconservation ? Ce *plan de l'objet* ne relèverait-il pas d'un espace à *deux dimensions* (2D) propre à une position autistique de la psyché (Marcelli, 1986) ?

Véritable « collapse topique », ce plan de l'objet serait semblable aux « souvenirs illuminés » dont a parlé Racamier chez les psychotiques[3]. Ce *plan* (surface) de l'*objet* (le contexte, la sensation) ne serait-il pas, dès lors, utilisé comme une forme mnésique-sensorielle d'affects précoces qui aurait eu une telle *intensité* qu'ils

anonyme de l'"être"), aussitôt retournement du soi sur moi, encombrement du moi par le soi-même » ([1979], 1983, p. 13).

1. H. Deutsch (1934, 1965) a défendu le concept de personnalité *as if* comme type de « pseudo-affectivité », chez des patients présentant un *manque d'authenticité* dans leurs relations à autrui mais qui donnent superficiellement *l'illusion de la normalité*. Ce qui frappe chez les *as if* est une sorte d'identification non à l'objet mais à l'environnement, une sorte de collage « adhésif » mais sans véritable chaleur affective. L'identification au désir de l'autre se fait moins sur le mode érotique comme chez l'hystérique que sur un mode *altruiste*, un mode *de dévouement*, de besoin de l'autre sur lequel le *as if* s'appuie de manière anaclitique. Deutsch évoque le vide de ces sujets qui vivent dans une identification mimétique à l'autre, réprimant, dans la passivité, toute agressivité et toute violence. Elle rapporte ce *vide interne* à un défaut de ressenti des émotions (alexithymie ?) et fait l'hypothèse d'un noyau psychotique sous-jacent.

2. Ce complexe de « télé-*plastie* » du moi apparemment éloigné de la vie psychique le devient moins lorsqu'on le met en rapport avec une des propriétés de la libido qui est sa *plasticité*, ce que Ferenczi (1924, p. 146) appela autoplastie pour expliquer justement ce « saut » du psychique au somatique lors du « phénomène de matérialisation hystérique ».

3. Racamier a décrit comme « souvenirs illuminés » un phénomène qui s'observe électivement chez les sujets habituellement adonnés au déni. « Ce sont des souvenirs d'une précision photographique, déconnectés de tout voisinage, découpés (pour ne pas dire clivés) et se découpant sous un éclairage de projecteur sur un fond quasiment vide. Ces souvenirs-là ne resurgissent pas du fond du refoulement, mais témoignent d'une vie psychique organisée sur le double mode du découpage et du déni » (P.-C. Racamier, 1986).

n'auraient permis *aucune représentation objectale*, comme la photo surexposée du fait d'un « flash » trop fort.

Ce flash serait traumatiquement recherché (par découplage, *supra*) dans celui procuré par l'héroïne, celui de la brûlure de l'alcool dans l'estomac, déplacement de celui que la mythologie populaire appelle « le coup de foudre » dans laquelle l'identification est fusionnelle. Force est de constater qu'il y a ainsi peu de différence entre « *l'amour du trauma* » (addiction) et le « *trauma de l'amour* » (passion) (Pirlot, 1997) – ce que nous évoquions avec le découplage neuronal et le brouillage du principe de plaisir/déplaisir.

C'est sans doute pour cela que la parole de l'addict se trouve bien souvent « désaffectiver » (*infra*) : pour fuir précisément, par clivage, ces « flashs » toxiques d'émotions infantiles trop intenses (en trop ou en moins), ceci dans une temporalité stagnante que Vincent Estellon a repéré cliniquement dans « l'utilisation fréquente des adverbes "jamais" ou "toujours" qui *figent le temps* et ses modifications. Ces "jamais" ou ces "toujours" enferment le temps dans la mélancolie immortelle du présent pur » (Estellon, 2016, p. 27).

À ce passé sans relief, à la mémoire amnésique (*infra*), les sujets addicts opposeront l'anesthésie et la « défonce », y compris chez l'anorexique-boulimique quand elle se gave d'aliments jusqu'à un état second de syncope psychique, comblant ainsi, dans une absence subjective, les « trous de mémoire », les absences de refoulement et le vide interne.

> « La boulimie répond directement aux critères de définition de l'addiction en référence à la contrainte, à la répétition, à l'esclavage en excluant les effets particuliers du produit : elle permet de décrire la dépendance sans la pharmacodépendance des toxicomanies, alors qu'elle comporte aussi bien la mise en acte, la recherche de sensations – dont des sensations corporelles, le rapport à la jouissance et à la souffrance, le traitement des affects, l'implication biologique, les effets de restriction du champ des intérêts et à la limite d'isolement et d'aliénation » (Brusset, 2009, p. 161-162).

Concernant l'anorexie mentale de type restrictif, les éléments que sont la conduite de risque, le défi, le déni, ou celui de la quête d'identité, montrent que certaines boulimies et les anorexies mentales ont en effet une dimension addictive indéniable. Comme dans nombre de toxicomanies, le plaisir sexuel/sensuel est chez ces patientes peu investi, voire nié, alors que ce plaisir est recherché dans la prise de toxique ou dans l'acte de manger jusqu'au sentiment d'élation, de honte et de défaite. Le plaisir est pris, quant à lui, dans la capacité à nier les besoins vitaux du corps.

À la différence du toxicomane, ce qui frappe chez l'anorexique est une cachexie jouxtant l'hyperactivité intellectuelle et, dans un monisme phallique évident, un esprit qui écrase le corps asexué. Ainsi, comme le remarque encore Brusset, « la dépendance et l'assuétude aux anorexigènes et aux laxatifs sont deux formes de toxicomanie au sens strict qui peuvent être en rapport avec l'anorexie et poser des problèmes thérapeutiques spécifiques » (*ibid.*, p. 164) ; « l'aspect commun à toutes ces conduites, c'est celui d'un comportement qui tend à s'automatiser » (*ibid.*, p. 166).

Enfin, pour ne rester que sur ce versant addictif et toxicomaniaque, il faut souligner que chez l'anorexique, le sentiment d'élation et de jouissance trouvé dans le renoncement et le refus d'aliment valorisent la quête d'une toute-puissance et d'un défi aux lois biologiques, comme à toute autorité parentale ou médicale. Ce jeûne active, ne l'oublions pas, une *production intracérébrale d'endorphines*, qui permet de considérer l'anorexie comme une *toxicomanie endogène*, le refus de toute dépendance entraînant chez la patiente une addiction en circuit fermé (*ibid.*, p. 162).

Derrière cette alternance de satiété, vomissement et boulimie, s'expriment de fait des fantasmes inconscients d'un corps sexué devenu mauvais objet, susceptible sous les fantasmes de pénétration sexuelle de susciter des fantasmes plus archaïques d'intrusion et de perte de limite, ce qui a mené Maria Selvini à parler de paranoïa vis-à-vis du corps.

Rappelons enfin que l'anorexie mentale fut appelée à la fin du XIXe siècle par William Gull (1868) et par Charles Lasègue (1873), « anorexie hystérique ». En tout point, sur le plan clinique, elle est en effet similaire à l'anorexie mystique favorisée par des pratiques de jeûne, en particulier dans la gnose chrétienne ou l'hindouisme[1], pratiques d'abstinence alimentaire et de jeûne étaient censées « purifier » le corps, c'est-à-dire le « libérer » de toute biologie sexuelle – fantasme retrouvé dans l'idéologie *woke*.

1. Rudolph Bell a publié un ouvrage précieux sur l'anorexie mystique, reprenant l'histoire de 261 cas de jeûnes observés chez des femmes entre les années 1200 à 1600, dont l'observation la plus remarquable est celle de Catherine de Sienne morte à 32 ans (Bell, 1985).

15. L'addiction lie (*philia*) ce que délie l'amour : délinquance et société de l'indivis-individu

L'adolescence, nous y reviendrons dans un chapitre ultérieur, est le temps de l'éclosion de la pulsion sexuelle dans et par la génitalité, ainsi que le temps des rencontres et de l'éloignement de la *domus* familiale et de la désidéalisation des parents qui, bien souvent, précède cette séparation.

C'est le temps d'Éros, de l'amour qui « délie » l'adolescent de ses anciens liens. Cette déliaison porte en elle-même une certaine violence interne et un certain chaos qui peuvent amener le pubertaire ou l'adolescent à chercher un lien (*philia*) d'emprise qui le « ligature » de nouveau : la drogue et le groupe d'addict peuvent jouer ce rôle.

« De même que le désir désordonne l'état du corps – de même qu'il transforme son apparence, qu'il chaotise ses volumes, sa chaleur, ses odeurs, ses couleurs – de même l'amour désintègre l'âme », écrit Pascal Quignard (2024, p. 163). L'amour est une fin du monde (*Weltuntergang*) dit Freud dans une lettre de 1913 à Ferenczi (cité par Quignard, 2024, p. 160).

C'est ainsi que « le dieu Éros est dit *lusimélès* dans Hésiode. De même dans Homère. C'est son surnom rituel. Il est le dieu qui délie les membres.

Dans le plaisir comme dans la mort.

Le mot *lusis* qui figure dans l'épithète *lusi-mélès* figure dans *ana-lusis* – qui fut le mot de Freud. Le jeune dieu [Éros] déficelle les articulations comme le font Eurylokhos et Périmédès quand ils déficellent le corps d'Ulysse après l'avoir ficelé au mât du vaisseau pour passer sans mourir l'île des Sirènes qui chantent un chant plus ancien que la langue, lequel délie les âmes dans la mort », écrit P. Quignard (2024, p. 200).

Chaque nuit, c'est l'amour que porte Pénélope à Ulysse, qui lui fait « dénouer » ou « délier » la tapisserie du jour.

Et, de fait, le mot grec *psycho-ana-lysis*, signifie « dé-ficeler-l'âme-de-bas-en-haut » comme le remarque encore P. Quignard (*idem*).

À lire ces lignes on comprend que devant l'angoisse de perdre ou d'être abandonné par un possible objet d'amour dont l'investissement, du fait de clivages, fait craindre la reviviscence de pertes des *liens* (*philia, supra*) avec les objets parentaux, l'adolescent va préférer d'autres liens qu'il pensera mieux maîtriser. À cet égard, le dieu Apollon, éternel adolescent, représente cette figure exemplaire des liens qui peuvent se créer après la violence de la déliaison et avant la création de liens dans l'ordre civil (Détienne, 1998).

Or, ce qui a bien souvent fait défaut chez les sujets addicts, en particulier masculins, ce sont les rites de passages institués, répétant ou mimant le lien sacrificiel entre le père et le fils. Le rite apprend en effet au fils à se séparer de la mère : c'est la loi de l'espèce humaine. Les juifs l'appellent « ligature » – l'*aqedah* – et la célèbrent de génération en génération. Faut-il oublier qu'Abraham ligota son fils Isaac[1] mais ne le tua point ?

Ce type de rite n'a pas existé dans l'histoire de nombre de jeunes violents et/ou addicts : leurs rixes ou leurs prises de drogues sont autant de formes « horizontales » (unidimensionnelle), par le biais du groupe ou de la bande, visant à recréer des formes de rites de passage. Manquant de liens, de « ligature », certains adolescents violents et addictés télescopent les fantasmes archaïques de destruction derrière ceux de quête d'une jouissance et de toute-puissance, ne pouvant comme ceux rencontrés dans les mythes précités, *intégrer* une *violence de maintien encodée* encadrée et sublimée socialement (Pirlot, 2001).

Ces jeunes addicts, violents ou pas, ont ainsi fréquemment été confrontés dès le plus jeune âge à la séparation, à l'absence d'un être cher, le plus souvent le père, à la peur, à la détresse et donc à des stratégies de survie psychique. Ces adolescents ne sont pas sans faire penser à Icare[2]. Pendant son enfance celui-ci fut enfermé par Minos avec son père Dédale dans le labyrinthe pour punir ce dernier d'avoir donné le fil d'Ariane à Thésée.

Le père construisit alors des ailes à son fils afin de pouvoir s'échapper et, malgré les recommandations, Icare, rempli d'orgueil, brûla d'avoir voulu voler jusqu'au

1. *Genèse*, XXII, 9.

2. Belmessous H., « Drogue, le nouveau supplice des cités », annonce *Le Monde diplomatique*, juin 1993, p. 25. Après le chômage, le désespoir et la déshumanisation la drogue, apparaissait déjà en 1993, le nouveau supplice des cités. L'article décrit le fait que les drogues dures se sont emparées des banlieues. Elles enrichissent les chefs de réseaux, emportent les jeunes victimes d'overdose. Les communes de l'Est lyonnais comptent parmi les hauts lieux de ce trafic comme dans les quartiers du Nord de Marseille. Depuis cet article, les choses se sont aggravées…

soleil. Or, comme Icare, nombre d'adolescents addicts, « grillent » leurs neurones à chercher le flash d'un soleil qui n'est que le revers du « soleil noir » mélancolique qui les hante. Ce soleil noir n'est pas sans évoquer celui décrit par Gérard de Nerval dans « El Desdichado »[1].

Il peut, chez ces adolescents, être le résultat d'éclatements familiaux précoces, d'absence physique ou affective parentale, d'absence d'une imago paternelle œdipienne qui aime tout en sachant interdire, d'absence de la métaphore paternelle et de sa fonction tiercéisante entre la mère et l'enfant, ceci sans oublier chez eux la présence parfois de traumas sexuels, exclusion et « délocation ».

Car, sous-jacent aux passages à l'acte de ces adolescents, se cache, derrière le processus de séparation et de deuil de l'idéalisation des parents, un noyau mélancolique. Le texte « Deuil et mélancolie » de la *Métapsychologie* de Freud nous fait saisir cette différence entre la pathologie du deuil et la mélancolie. Cette différence tient entre les *représentations d'objet* et les *investissements d'objet*. Ce ne sont ainsi pas les *représentations* d'objet qui manquent dans la mélancolie, mais les *investissements* d'objet. C'est ainsi la perte d'objet, en particulier d'un objet investi narcissiquement, qui provoque, dans la mélancolie, le sacrifice de cette partie du moi que le produit addictif, chez l'adolescent, sera censé combler ou que le comportement violent et délinquant exprimera.

Si les sociologues et criminologues ont depuis longtemps souligné les problèmes de délinquance que posent l'alcoolisme et la toxicomanie, Daniel Sanfaçon a, quant à lui, dressé en 2005 une liste des dommages et problèmes sociaux associés à l'usage de drogues : on y trouve la délinquance et criminalité (p. 27-188), l'insécurité (p. 189-203), la corruption (p. 203-221), l'économie souterraine et le petit trafic, l'exclusion sociale, la précarité et la prostitution (p. 221-261), l'échec scolaire (p. 261-285), les difficultés familiales, les problèmes d'insertion professionnelle, les accidents du travail et les accidents récréatifs.

L'étude de Sanfaçon montre que les jeunes présentant des difficultés sociales, comme les conduites déviantes ou l'absentéisme scolaire, ont une consommation plus importante de substances illicites que la moyenne des jeunes de leur classe d'âge, comme c'est également le cas pour ceux qui mènent des activités

1. « Je suis le Ténébreux, – le Veuf, – l'Inconsolé,/Le Prince d'Aquitaine à la Tour abolie :/Ma seule Étoile est morte, – et mon luth constellé/Porte le Soleil noir de la Mélancolie. »

délinquantes. Pareillement, pour les jeunes adultes, ceux qui sont délinquants avérés consomment plus de drogues que les autres.

> « La synthèse des résultats de ces recherches, écrit Henri Bergeron, établit que les dommages liés à l'usage sont majorés si : 1) l'âge des premières prises se situe en dessous de l'âge moyen d'initiation ; 2) les usagers précoces se portent sur une plus grande variété de substances que la moyenne ; 3) celui qui consomme présente des difficultés personnelles et sociales (personnalité agressive, pauvreté, etc.) ; 4) les consommateurs sont l'objet de procédures de justice pénale et, en particulier, s'ils connaissent des épisodes de privation de liberté » (Bergeron, 2009, p. 59).

Bergeron rapporte que Lagrange et Mougotov (1997, p. 295), dans une enquête multicentrique réalisée en 1995 auprès de 1703 usagers de drogues injectables, répartis entre des sujets ayant commencé leur usage avant 1988 et d'autres qui l'on fait après, constatent l'existence d'un « retard » du passage du cannabis à l'héroïne et d'un vieillissement de l'âge de la première injection.

Ces faits manifestent un décalage dans l'entrée dans la toxicomanie. Il y aurait deux formes de consommation distinctes et deux types de populations différentes. Les sujets des milieux aisés grossiraient moins les rangs des toxicomanes que ceux défavorisés et en marge de la vie professionnelle. Ainsi, la toxicomanie ne correspond plus à une tentative d'exploration de soi – « étape liminaire entre l'adolescence et l'âge adulte » propres aux adolescents et jeunes adultes « hippies » et autres « junkies » *(supra)*, mais plutôt de sujets issus de groupes sociaux les plus pauvres.

Enfin, « un nombre considérable d'études aboutit à la conclusion que le lien entre drogue et délinquance est solidement établi d'un point de vue statistique : beaucoup de délinquants seraient également des usagers (réguliers ou toxicomanes) de substances illicites » relève Bergeron (2009, p. 69).

Ces constats statistiques et sociologiques s'avèrent être en lien avec une « anomisation » de nos sociétés occidentales, en particulier celle française, de plus en plus « archipellisée » (J. Fourquet), dans laquelle le sentiment de cohésion familiale et nationale n'existe plus.

Dès les années 1980, le sociologue Michel Maffesoli avait déjà décrit les « nébuleuses affectuelles » (Maffesoli, 1988, p. 116) à tendance dionysiaque, vivant de rassemblements éphémères et effervescents, qui contribuent à accentuer une force centrifuge[1] en jeu dans le « déclin des structures institutionnelles » (*ibid.*, p. 58) faisant tenir debout une nation.

Cette érosion se constate par les effets dans l'affaiblissement des missions régaliennes d'un État (sécurité, éducation, soin), qui dépendent, dans ses directives, de la superstructure européenne et des puissances financières, transformant nos démocraties nationales en « xénocraties » (gouvernées par l'extérieur) régies par une « idéocratie » (idéologie d'une élite technocratique au-dessus des particularismes propres de chaque État et de son histoire) aboutissant, *in fine*, *via* une certaine « médiacratie » à une « post-démocratie ».

Cette post-démocratie se caractérise selon Colin Crouch (2005) par la propension des gouvernements à s'éloigner des peuples jugés inaptes à décider, réduisant *de facto* le pouvoir des élus par celui, non élu, des cours constitutionnelles, des multinationales, des accords internationaux d'une commission supra-nationale, des juges et « commissaires » non élus et des médias sans contre-pouvoir[2].

Cette post-démocratie est sans doute le stade ultime de ce que Karl Popper appelait *La Société ouverte* (1945) qui, « même libre, [est] une société où l'on ne départage par le vrai du faux, et où le recours délibéré à la propagande et à la manipulation de l'opinion publique sont monnaie courante [...] » (Lee, 2014, p. 51). Car dans cette société ouverte, le danger vient de médias sans contre-pouvoir, l'information devenant propagande et manipulation, instrumentalisant le réel du monde.

On comprend ainsi que « les chantres de la "mondialisation heureuse" du libre-échange et des "entreprises sans usines", souvent des Français ayant fait de brillantes carrières dans les institutions internationales, sont aujourd'hui en train de perdre pied », comme l'écrit le journaliste Marc Endeweld (2022, p. 10) sous les coups de boutoirs, entre autres bouleversements socio-culturels, de l'extension

1. La force centrifuge éloigne du centre du cercle tout corps (ou celui) qui est à l'intérieur d'un système en rotation.

2. En post-démocratie la citoyenneté est passive, fruit d'une fragmentation de la population. La citoyenneté ne se définit plus comme participation à la direction de la vie de la cité (conception active de la citoyenneté) : elle se limite à l'énoncé de droits protégeant l'individu contre autrui et surtout contre l'État (conception passive de la citoyenneté) alors que les groupes financiers et ceux d'intérêts économiques dominent des États, faisant revenir ceux-ci à une ère pré-démocratique.

des fléaux comme la violence[1] dans ses liens aux problèmes de toxicomanie et d'addictions.

16. L'addiction : perte de souveraineté du sujet à l'instar de celle de l'État

Force ici est en effet de constater que « l'intérêt général[2] », « l'intérêt public » que défendait le CNR (Conseil national de la Résistance) au sortir de la guerre de 39-45, s'est progressivement dissous dans un néolibéralisme pour lequel seul compte le libre-échange des capitaux pour le plus grand bien des paradis fiscaux anglo-saxons leur servant de coffres-forts très discrets.

Les élites mondialisées ont elle-même fait sécession, d'après le grand sociologue Christopher Lasch (1995)[3], au point de moins défendre « l'intérêt national » que celui de groupes financiers internationaux ou entités supra-nationales qui, les repérant bien souvent en tant que *young leader*[4], les propulsent ensuite au plus haut du pouvoir. La crise des agriculteurs dans l'Union européenne de fin 2023-2024 a amplement démontré cette « déconnexion » des élites avec un peuple dont une partie se veut souveraine mais dont la majorité, individualiste et narcissique, s'identifie par le miroir de la télévision, aux élites elle-même, au point de voter pour elles.

1. Pour l'anthropologue Marc Abélès, « les effets déstructurants de la globalisation » s'observent dans le développement de la violence, la baisse de capacité homogénéisante d'États-nation en perte de pouvoir face aux puissances économiques qui « ont pour contrepartie une exacerbation des processus d'ethnification et des manifestations identitaires de toute nature », p. 198.

2. « [...] l'idéologie de l'intérêt général se présente comme un système cohérent et articulé à des représentations, destiner à inculquer la croyance dans le bien-fondé de l'ordre social et politique ; elle produit l'image d'une société – ou institution – une, dans laquelle les diversités et les particularismes sont dépassés, transcendés, intégrés, par un pouvoir qui est au service de la collectivité tout entière » (Chevallier J., 1978, p. 13).

3. Lasch C., 1995. « Les nouvelles élites sociales, où ne figurent pas seulement les dirigeants des entreprises mais toutes les professions qui produisent et manipulent l'information. [...] Les ambitieux comprennent donc que le prix à payer pour l'ascension sociale est un mode de vie itinérant » (p. 18). Ce point de vue, rejoint ceux de L. Mauduit dans *La Caste* (2018) et de V. Jauvert dans *Les Voraces* (2020) décrivant en France le « pantouflage », aller-retour des énarques entre haute fonction publique et organismes privés et/ou financiers illustrant cette sécession des élites (Mauduit, p. 69 ; Jauvert. p. 105-129).

4. Les Young Leaders sont sélectionnés par la French American Foundation créée en 1976 pour encourager les échanges entre élites françaises et américaines. Je laisse le lecteur, s'il est curieux, aller visiter les sites, Observatoire du journalisme : https://www.ojim.fr/liste-des-young-leaders-de-la-french-american-foundation/ ; https://fr.wikipedia.org/wiki/Groupe_Bilderberg

« Il n'y a, [donc], aucune raison qu'un peuple de narcisses ne porte pas un Narcisse au pouvoir. Ni que les politiques ne deviennent les miroirs de leurs miroirs », ironise M. Schneider (2013, p. 120), ce miroir d'un narcissisme « décomplexé » n'étant que le reflet d'un *Homo addictus festivus* gavé de publicités, de loisirs et d'illusions autant cybernétiques qu'idéologiques.

Ces mutations de la société occidentale produisent en effet des « individus [de plus en plus] incertains », comme l'a souligné A. Ehrenberg (1995), cette « incertitude » relevant de ce qu'a souligné A. Green à propos des cas-limites, à savoir une faiblesse des fixations prégénitales ayant pour résultat une forme de fonctionnement psychique peu structuré et flottant au gré des intensités affectives (Green, 1990a, p. 405-406). Cette « incertitude » s'observe dans leur sexe, leur genre, leur identité, leur filiation ou leur investissement au travail[1].

Cet état de choses survient au sein d'une société ayant consacré la chute des religions dont l'étymologie elle-même souligne la capacité de « reliure » (*re-ligere*) et de contenance. Cette chute est aussi contemporaine du déclin des apprentissages, des résultats scolaires et d'une réécriture de l'Histoire dans laquelle la chronologie et les récits mettant en scène les heures glorieuses de la nation sont remplacés par une culpabilisation et un éclatement des repères.

Ces chutes n'offrant plus, dès lors, la « ligature » surmoïque canalisant la pulsion et l'excitation, comment s'étonner qu'un président de la République, commentateur de sa propre politique, puisse parler de la « décivilisation de la société[2] » ? Le vide symbolique, propre à cette « décivilisation », provient du reflux, singulièrement en Europe, du christianisme qui s'est vu remplacé par la fonction pourvoyeuse de besoins, non spirituels mais matériels, du Marché, mais également par le radicalisme d'autres religions abrahamiques.

Ainsi, une société protestante ou catholique devenue « zombie » d'après E. Todd, dans une société parcellisée selon J. Fourquet (2019)[3], « peuplée de citoyens apathiques (*cf.* les taux d'abstention aux élections) et d'élites irresponsables » (Todd, 2024, p. 216)

1. Le brown-out naît du manque d'intérêt que ressent le salarié face à des tâches peu valorisantes, qui ne correspondent pas à son niveau de compétence, ou qui se révèlent contraires à ses attentes.
2. *Libération* et AFP, 24 mai 2023: https://www.liberation.fr/politique/violences-emmanuel-macron-deplore-le-processus-de-decivilisation-de-la-societe-francaise-20230524_VAIISX37IFGRHCTPCZVCTWZRLE/
3. *Cf. Les catholiques: une île désormais minoritaire dans l'archipel français*, p. 67-72.

coupées des réalités du réel, ne peut qu'être habitée par un nihilisme, un vide psychique et culturel[1] qui, dans une société addictée de consommation soutenue par la dette publique et les déficits commerciaux, ne peut qu'entretenir un climat « addictophile ».

La souveraineté subjective, érodée par l'addiction, n'est ainsi pas sans faire penser à l'érosion de la souveraineté des États au sein de l'Union européenne (Jennar, 2004, p. 13). En effet, selon son étymologie, l'État est un *statut.* C'est « une institution stable et statique ». L'État est une création du droit Romain et aucunement d'origine germanique (Chapoutot, 2020, p. 33). L'historien spécialiste du nazisme qu'est Johann Chapoutot rappelle que le recul de l'État a un antécédent historique, celui du IIIe Reich dont le slogan nazi « *Ein Volk, ein Reich, ein Führer* » (un peuple, un empire, un guide/chef) avait éliminé « *ein Staat* », un État (*ibid.*, p. 35).

Avec le nazisme, le recul de l'État[2] fut ainsi sidérant. Celui-ci n'était plus à partir de 1933 qu'un outil parmi différentes « agences » gouvernementales, ayant comme autorité supérieure, le *Führung*, le « pouvoir », instance politique qui instaure le commandement de direction et de management (p. 45).

Aujourd'hui, cette perte de pouvoir de l'État au profit d'entités supranationales et financières internationales (hormis des États comme la Chine et ceux du golfe Persique et leurs « fonds souverains » ; *cf. supra*) est, encore une fois, *similaire* à celle de l'addict face à son produit ou comportement addictif. Cette perte est également semblable à celle de l'élève « dépossédé » de toute compréhension de l'Histoire de son propre pays par des programmes scolaires ayant radié toute chronologie des évènements historiques et tout « roman national » (promulgué par Ernest Lavisse sous la IIIe République), ce qui rejoint la notion de « faillite des grands récits » dans le postmoderniste qu'a évoqué J.-F. Lyotard (J.-P. Brighelli, 2022, p. 124-125).

L'ère du vide propre à l'individualisme contemporain décrit par G. Lipovetsky est ainsi devenue celle de « l'anonymat le plus total »[3] que la *fuite dans l'excitation,*

1. « Il n'y a pas de culture française », E. Macron, 4 février 2017 à Lyon. « Le terme d'identité ne peut être accolé à celui de culture française », E. Macron, le 17 mars 2017, *Le Figaro.*

2. Pour Spinoza, les tâches de l'État sont de préserver la paix, la vie des citoyens et de leur donner une éducation politique. *Cf.* Spinoza, B., *Traité de l'Autorité politique,* chapitre V, « De la meilleure condition possible pour un état ».

3. C'est en ces termes qu'Orwell décrit le pouvoir, très maastrichien, d'Océania dans *1984* : « Quelque part, dans l'anonymat le plus total, il y a des cerveaux directeurs qui orchestrent le tout et définissent les grandes lignes de la politique » (Orwell, 1949, p. 63).

le jeu ou la dissolution de l'esprit, offerts par chaque drogue et/ou addiction, permettent de combler et de fuir.

Ce vide n'est après tout que le reflet, dans l'Union européenne, d'un projet pour les citoyens de n'être qu'un *Homo œconomicus* à l'intérieur d'un espace dans un vaste marché devenu, à lui seul, une nouvelle eschatologie, un « mantra » (Debray, 2019, p. 33) auquel tout Européen doit « croire ». Or cette entité idéologique, « à l'instar de l'Oumma islamique ou celle de l'URSS [n'a que des] bords laissés flous, en pointillés », cette « élasticité a un prix : l'amorphe », écrit Régis Debray (*ibid.*, p. 20).

Cet amorphisme est celui d'une *paralysie dans l'action* du fait d'intérêts contradictoires de chacun de ses membres, ce qui aboutit à une somme nulle d'actions économiques, politiques, diplomatiques, alors qu'il les faudrait conquérantes envers le monde.

Cet environnement social d'une « Europe fantôme », « non-personne » en elle-même écrit R. Debray, dirigée par des technocrates et politiques non élus loin du réel, qui « pèse de l'extérieur, sans habiter notre intérieur » (*ibid.*, p. 34), n'est pas sans produire chez le citoyen un sentiment apathique dont témoignent aussi bien le désintérêt (surtout chez les jeunes) pour les élections que le vide interne dont souffrent nombre de nos patients addicts, opératoires ou états-limites. Leurs symptômes, outre les conditions intra-psychiques qui les ont générés, sont autant d'effets « collatéraux » (comme il y a dans les guerres des « dégâts collatéraux ») de ces conditions sociétales, économiques et civilisationnelles.

17. Vide psychique d'un Narcisse replié sur lui-même

Ce vide spirituel de l'Occident contemporain, qu'avait en son temps dénoncé Alexandre Soljenitsyne[1], est en effet, nous l'avons dit, souvent rencontré chez nos patients addicts. « L'Occident : une pourriture qui sent bon, un cadavre parfumé », écrivait déjà en 1973 Cioran (1973, p. 152)…

1. Le 8 juin 1978 Alexandre Soljénitsyne, prix Nobel de littérature (1970) a fait un discours à Harvard dans lequel il condamnait les deux systèmes économiques que sont le communisme et le capitalisme mais surtout il dénonçait la chute spirituelle de la civilisation occidentale. *Cf.* https://lesobservateurs.ch/2017/06/03/soljenitsyne-le-declin-du-courage-en-occident/.

Ce vide spirituel qui se trouve être marqué par le culte de l'individualisme et d'un consumérisme insatiable, d'un écologisme devenu une véritable gnose, d'une réécriture de l'Histoire dans la *cancel culture*[1], est ainsi celui d'une post-modernité qui ne cesse de mettre en scène sa propre célébration, celle de mettre à bas, dans un mouvement « contre-œdipien » (Deleuze, Guattari, 1972) la figure paternelle, ceci dans une fête faisant la « guerre contre le passé [...] » (Bock-Côté, 2019, p. 35).

Ce monde est celui des flux de désir (plein, sans manque), célébré par Deleuze et Guattari dans leur livre *L'Anti-Œdipe* (1972), ouvrage dans lequel A. Green remarquait déjà que l'anti-oedipe qu'ils décrivaient était la négation de la double différence (des sexes et des générations). Confusion des sexes : je ne suis ni homme ni femme, mais les deux : la fleur hermaphrodite de Proust et, au-delà de la bisexualité, la pansexualité qui fait jouir par tout et de partout. Confusion des générations : « Je suis le fils et aussi le frère de ma mère et l'époux de ma sœur et mon propre père... Qui, j'ai été ma mère et j'ai été mon fils. Je suis indécodable, auto-engendré et parthénogénétique ; "fascination de l'illimité" comme dit Christian David (1970), revendication d'immortalité » (Green (1972), 2022, p. 127) – ce qui est le propre du projet transsexuel et transhumaniste d'aujourd'hui, donc porteur de cet Antœdipe décrit par P.-C. Racamier.

Cet Antœdipe se trouve doué d'une double nature et d'un double potentiel : *anté*, car il remonte à la génération même ; et *anti*, dans la mesure où il se pose soit à l'encontre, soit en face de l'œdipe » (Racamier, (1992), p. 194). Sa première est qu'il relève de « l'antiroman familial », « il est le « négatif du roman familial (des névrosés) : alors que l'enfant œdipien se raconte une parenté avantageuse, le sujet antéœdipien, au lieu de remplacer les parents, les exclut » *(idem)*. Sa seconde caractéristique est qu'il désigne l'organisation du conflit des origines en tant qu'elle prélude à l'œdipe : elle se situe en son contrepoint (quasi-musical) ou même en opposition radicale (et alors forcément pathologique) à son encontre. Organisation, donc, foncièrement *ambiguë*, dotée d'un potentiel « d'assiette narcissique » ou au contraire de folie mégalomaniaque ; au demeurant centrée sur un fantasme *d'auto-engendrement* »(Racamier (1993), p. 24). La version dénégatrice de l'Antœdipe est ainsi liée au registre incestuel (*idem*, p. 47) et du narcissisme.

Dans cet environnement socio-culturel antœdipien (contre le « patriarcat » où l'homme se doit d'être « déconstruit »), la logique hédoniste de *self-examination* et

1. Legutko, *Le Diable dans la démocratie*, 2019, cité par Taguieff, 2022, p. 188.

de « souci de soi » (jogging, gestalt-thérapie, massage, méditation, etc.) valorisant un « néo-narcissisme » du corps et du moi, s'est ainsi développée à côté d'archipels communautaristes, fruit d'une fragmentation sociale et d'une diversité ethnoculturelle (Fourquet, 2019, p. 377).

Or, dans ce monde *sans repères*, le moi des sujets addicts et états-limites que j'ai rencontré en quarante ans de clinique, paraît s'être précipité à l'adolescence dans ces miroirs « sans tain réflexif » (Pirlot, 2022) que sont devenues les enveloppes familiales et sociales. Ce miroir vide est celui renvoyé dès le plus jeune âge par des ordinateurs et autres portables, chez des enfants laissés seuls devant leurs écrans. jusqu'au *binge watching*.

Ce moi sans repère fixe, aux défaillances identitaires et narcissiques prégnantes, poursuit une « conscience de soi » favorisée par les ouvrages de « développement personnel » qui pullulent sur les étals des librairies.

Cette conscience de soi, enfermée de plus en plus dans des stratégies identitaires et communautaires, s'est progressivement substituée à la conscience de classe, au plus grand bénéfice des 0,01 % hyper-riches de la planète : comme le disait en 2006 le milliardaire Waren Buffet, « la lutte des classes existe et ce sont les riches qui sont en train de la gagner ». Le narcissisme contemporain postmoderne a ainsi permis, outre la guerre des sexes entre eux[1], une radicalisation de la désaffection de la sphère publique, et par là même une adaptation sociale originale faite de repli sur soi et d'un isolement dans lesquels l'addiction aux drogues ou celle au travail ont leurs places.

Ce repli individuel narcissique rejoint ce que j'avais décrit en 2009, concernant des sujets dont le « désert intérieur » n'était pas tant celui d'un sentiment de solitude riche de promesses d'une « vie intérieure », voire « d'expériences intérieures », pouvant aller jusqu'à l'oubli de tout dans une réelle descente dans la nuit de l'existence (Bataille, (1943), 1986, p. 49), que plutôt celui d'un sentiment, propre à un individu fragilisé par la société de consommation, de « solitude dans la multitude » décrit le sociologue américain David Riesman (1950).

1. Les intitulés des sous-chapitres du chapitre « Toute-puissance du patriarcat ? » du livre de Pascal Bruckner *Un coupable presque parfait* (2020), sont riches des thèmes relevant de la guerre des sexes : « L'hétérorisme », « La femme sainte ou martyre ? », « Rééduquer le mâle blanc », « Panique dans l'émancipation », « Vers une paix armée ? ».

Dans ce monde, chacun soliloque en boucle de façon obsessionnelle, comme l'annonçaient les pièces de Samuel Beckett *En attendant Godot* ou *La Comédie de la dernière bande*, théâtre dominé par un langage vidé de son sens qui finalement « rend l'âme ».

Dans les mégavilles anonymes, le moi de ces « individus incertains » apparaît ainsi volontiers fondu dans une in-différence de genres devenus fluides et interchangeables, dans un « un espace flottant, sans fixation, ni repère, ayant une disponibilité pure, adaptée à la fluidité d'un système » (Lipovetsky, 1983, p. 65). Le moi de ces sujets n'est qu'un « miroir vide à force d'informations, une question sans réponse à force d'associations et d'analyses, une structure ouverte et indéterminée » (*ibid.*, p. 79), qu'un tonneau des Danaïdes consumériste comble en le perfusant de stimulations publicitaires et d'excitations, volontiers addictives, *via* leurs téléphones portables.

Car le projet de la publicité est ambitieux : il relève de l'art, comme la politique, de conduire l'esprit des individus : « Ce à quoi nous travaillons, affirme Ernst Dichter, l'un des plus grands théoriciens de la publicité, c'est à fabriquer les esprits[1]. » Sentence confirmée par l'écrivain et ancien publicitaire Frédéric Beigbeder : « Pour réduire l'humanité en esclavage, la publicité a choisi le profil bas, la souplesse, la persuasion [...]. Le système a atteint son but : même la désobéissance est devenue une forme d'obéissance » (Beigbeder, 2000, p. 21) – formule que l'on pourrait associer à l'addict, en particulier le toxicomane.

Cet espace donc à la fois flottant, indifférencié et uniforme (les mêmes *fast-foods*, les mêmes signalisations routières, la même langue partagée, à savoir le fameux *pingin english*, etc.), est devenu, singulièrement dans la mondialisation et l'Europe de Maastricht, un monde sans frontière, sans racine, sans généalogie, sans nation, les différences entre celles-ci devant s'estomper.

Notre monde postmoderne est ainsi devenu, selon David Goodhart, celui des *anywhere* qui, cosmopolites, s'opposent aux *somewhere* attachés à leur terre et coutumes, se voulant volontiers éradiquer toute différence et toute limite pouvant altérer un narcissisme *qui ne sait plus attendre, ni s'ennuyer...* Le narcissisme de cet *Homo œconomicus* postmoderne vit cette attente comme une « stigmatisation » enclenchant une frustration le mettant en conflit avec un moi-idéal tout puissant

1. Dichter E., *La Stratégie du désir*, Fayard, 1961, cité par Ignacio Ramonet, 2000, p. 51.

alors que, lui, ne veut vivre que dans une *non-conflictualité narcissique.* Cette non-conflictualité « exigée » par le Narcisse postmoderne est, notons-le, entre autres déterminants, engendrée par une tolérance au non savoir[1].

Car ce moi dans nos sociétés, « pris et piégé dans une texture de relations plus complexe et plus mobile que jamais » (Lyotard, 1979, p. 31) va ainsi jusqu'à récuser le « savoir attendre », *jusqu'au savoir lui-même, de plus en plus déligitimé* (*ibid.*, p. 63 *sq.*).

> « La hiérarchie spéculative des connaissances fait place à un réseau immanent et pour ainsi dire "plat" d'investigations dont les frontières respectives ne cessent de se déplacer [...]. Les universités perdent ainsi "leur fonction de légitimation spéculative" » (*ibid.*, p. 65).

On ne peut que constater que « la perte de sens » dans la postmodernité relèverait sans doute du fait que le « savoir n'y soit plus narratif » (*ibid.*, p. 47).

Le nihilisme qui ressort de cette analyse philosophique est celui d'un « désenchantement du monde », issu d'une surface plane, horizontale (unidimensionnelle) ou certains, en haut de la hiérarchie sociale, n'hésitent pas, cyniquement, à incarner un *vide moral.*

18. Une quête spirituelle introuvable ?

Cet individualisme du sujet postmoderne y compris addict n'est sans doute également pas sans être le produit de ce dont, en 2003, George Steiner faisait le constat, à savoir le vide moral et affectif laissé par le déclin des systèmes religieux institutionnalisés – discours qui rejoint celui récent d'E. Todd.

Après la décomposition du christianisme et de sa théologie, Steiner examinait en effet les mythologies de substitution offertes par le programme

1. *Le Figaro* (21 mars 2024) nous apprend que les taux de réussite au brevet ont été gonflés de presque 6 points dans l'académie de Créteil, de 5 points à Nice et Versailles, de plus de 4 points à Limoges et Aix-Marseille ou encore de plus de 3 points à Lille, Nancy-Metz, Rouen, Caen... En outre si, en 1990, 75 % des élèves avaient le bac, en 2023 ils étaient 98 % alors que les enquêtes PISA montraient l'effondrement des acquisitions des élèves français... *Cf.* https://www.lefigaro.fr/actualite-france/les-vrais-taux-de-reussite-au-brevet-ou-le-grand-bidouillage-des-rectorats-20240321.

philosophico-politique de Marx, la psychanalyse freudienne et l'anthropologie structurale de Lévi-Strauss dont la dimension rédemptrice n'avait pu apporter, selon lui, de solutions intellectuelles à la « crise du sens » qui frappe l'homme postmoderne.

Les grandes idéologies que fut ainsi le marxisme ou le freudisme élaborées en Occident depuis l'aube du XIXe siècle ne furent pas simplement des efforts pour combler le vide laissé par la décomposition de la théologie et du dogme chrétiens, mais furent elles-mêmes, des sortes de « théologies de substitution » (Steiner, 2003, p. 11).

Or, nous avons vu plus haut qu'à leur tour, ces idéologies modernes de la fin du XIXe siècle et début du XXe, se sont éclipsées pour laisser leur place à d'autres idéologies propres au postmodernisme : celles du mondialisme, de l'européisme, de l'écologisme ou d'un wokisme que le philosophe Jean-François Braunstein a qualifié de religion ouvrant sur le transhumanisme.

Dans le wokisme, la *déhiérarchisation* a en effet pris le visage de la *déconstruction* : celle de « l'homme blanc hétérosexuel » souligné par Pascal Bruckner (2020), celle du corps sexuellement genré, celle de l'Histoire des peuples et des nations, celle de la science et des « savoirs constitués » (Braunstein, 2022, p. 213-254)...

Pourtant, malgré cet environnement idéologique « progressiste », l'être humain reste l'être humain. Se trouve en creux, chez lui, particulièrement chez les *futurs toxicomanes ou addicts*, une forme de « nostalgie de l'absolu » comme l'écrit G. Steiner qui n'est pas sans lien avec celle rencontrée chez les jeunes « routards » perdus dans la drogue en Asie ou Afrique et évoqués au début de cet ouvrage.

Viktor Frankl, psychanalyste contemporain de Freud, déporté à Auschwitz, a été celui qui, le premier, avait fait ce constat du vide existentiel de nombre de patients depuis l'après-Seconde Guerre mondiale. Le psychiatre suisse Jacques Besson rappelle que pour Frankl, ce vide existentiel se trouvait être le résultat du refoulement de l'inconscient spirituel et de la volonté de sens des humains.

Frankl ne voulait pas contredire Freud, ni son inconscient sexuel et ses névroses individuelles, mais proposait l'existence de besoins spirituels qui, lorsqu'ils se trouvent refoulés, sont à l'origine de névroses de civilisation qui, pour lui, pouvaient se caractériser par l'addiction, la dépression et la violence. Dans *Le Dieu inconscient*, paru en 1947, Frankl postulait ainsi une psychologie des hauteurs, complémentaire à la psychologie des profondeurs, cherchant à redonner au sujet souffrant le sens de la transcendance et du dépassement de soi.

À titre d'exemple, nombre de romans d'Emmanuelle Bernheim mettent ainsi en scène ce « vide intérieur » des personnages dont les sentiments et émotions sont rivés aux multiples faits de la vie quotidienne sans que jamais ils semblent prendre du recul par rapport à eux.

Le goût des autres y est aussi compliqué chez ses personnages que le désir de manger ; tout respire l'anorexie, un univers fortement cérébral en même temps qu'explosif sur le plan des fantasmes (Bernheim, 1991). Les personnages féminins sont hantés par une quête inassouvie de l'objet d'une passion amoureuse envahissante alors qu'ils paraissent fonctionner sur le mode d'une pensée opératoire ayant peu de fantasmes.

La froideur des descriptions tient à l'absence de commentaires et d'associations psychiques que peuvent susciter les sentiments, les situations ou les émotions. Les dialogues sont brefs, rares, presque contingents ; les mots collent aux faits, à l'actuel des situations. Il en résulte un style, dépouillé et sec, une espèce d'ascèse sans mystique qui concrétise et illustre à merveille ce que l'on trouve dans nombre de textes relevant des sciences humaines, particulièrement dans les sciences cognitives.

Comme le dit l'héroïne d'un roman d'un autre auteur contemporain, « son intérieur est aussi son extérieur ; continuité : suivre le ruban de soi comme celui de Moebius » (Darieussecq, 2001, p. 56)[1]. Personnages hypersensibles, réagissant facilement « à fleur de peau », ils semblent n'exister que dans un relatif état de désymbolisation (Mesnil, 1990, p. 79-105), ne vivant leurs fêtes que dans la liturgie de marchandises dans des hypermarchés maternants pratiquant « l'amalgame des signes » de toutes les catégories de biens (Baudrillard, 1972, p. 90).

La course à la consommation dans ce monde postmoderne est ainsi devenue synonyme d'une « consumation » par où le contenu des messages, le signifié des

1. Tant par la stylistique qu'elle emploie (ponctuation singulière, syntaxe banale) que par l'effet d'économie sur la reconstitution de sentiments, préférant « l'état brut » de ceux-ci, Marie Darrieussecq construit, comme Emmanuelle Bernheim, une œuvre qui est un parfait fidèle reflet des mouvements psychiques de nos contemporains. *Cf.* aussi *Naissance des fantômes*, Paris, POL, 1998 ; *Truisme*, Paris, POL, 1996.

signes, paraît de plus en plus indifférent. La consommation, y compris de psychotropes et de drogues est le nouveau tonneau des Danaïdes appelé à combler un vide psychique crée par la désymbolisation, la désacralisation, l'individualisme narcissique addictophile.

19. Pour conclure

Le surplus d'âme trouvé laïquement dans la négation des besoins du corps chez l'anorexique, celui que cherche artificiellement l'artiste s'adonnant à sa drogue, celui que pense trouver l'alcoolique pour soulager son chagrin, et enfin celui trouvé compulsivement, par toute addiction dans l'activation des circuits de plaisir, n'est-il pas celui cherché par le biais des « portes de la perception », singulièrement comme nous allons le voir à l'adolescence, perception d'un espace psychique inabordable autrement c'est-à-dire, par les mots, par l'imagination et la symbolisation ?

Chapitre 3

Emprise addictive à l'adolescence

Sommaire

Ceux-là qui, ayant absorbé d'une poudre aux effets quasi magiques, se croyaient désentravés de tout, en plein gratuit, sortis de ce monde peut-être, ils sont encore sur les rails. Ils subissent [...] Ces libérés sont des prisonniers.

Henri MICHAUX, « Conscience de soi ravagée », in *Les Grandes Épreuves de l'esprit.*

La question d'un corps « sous emprise » est, nous l'avons vu, incluse dans l'étymologie du mot « addiction ». Les pratiques addictives illustrent une emprise, en particulier celle d'un « sentiment inconscient de culpabilité » provenant d'un surmoi plus prégénital qu'œdipien, totémique, sadique et castrateur, dévaluant la culpabilité en « dette de vie », de même qu'elle dévalue tout objet de désir, en objet (passionnel) du besoin.

Ce surmoi des addicts n'est pas sans similitude avec le « surmoi psychosomatique » que postule Claude Smadja, dont le corps devenu corps malade se trouve détaché de l'ensemble du moi par clivage. Ce morceau organique arraché au moi inconscient emporte avec lui une part du surmoi dans sa forme régressive (Smadja, 2018, p. 178).

L'addiction fait, nous l'avons souligné, régresser tout désir en besoin. Ce que fuit l'addict est en effet la *négativité du désir* qu'avait souligné Hegel[1] : l'objet de désir est et n'est pas ; il est et bientôt ne sera plus ; de là, le caractère ambigu de l'objet du désir, ou mieux de sa dualité.

Jean-Paul Sartre ira plus loin, précisant que le désir doit être un manque, mais « non pas un manque-objet, un manque subi, crée par le dépassement qu'il n'est pas : il faut qu'il soit son propre manque de... Le désir est manque d'être, il est hanté en son être le plus intime par l'être dont il est le désir. Ainsi témoigne-t-il de l'existence du manque dans l'être de la réalité humaine » (Sartre, 1943, p. 124).

1. Pour Hegel, le désir ne s'intéresse qu'à ce qui est vivant et donc l'altérité de l'autre. L'objet que vise le désir ne doit pas seulement être reconnu comme vivant, mais comme une autre conscience de soi, c'est-à-dire comme un autre soi-même. Par son travail, cette conscience de soi inaugure une *relation négative* à l'objet qui n'en est cependant pas la négation pure et simple : l'objet, au lieu d'être consommé, est façonné par le travail qui est « désir réfréné, évanescence contenue » (Hegel, *Philosophie de l'esprit*, p. 157).

À l'inverse, l'addict est celui qui recrée les conditions des affres de ce que sa réalité humaine et psychique, l'amène à vivre : le *manque* y est toutefois chez lui moins celui d'un désir que celui d'un besoin que le produit ou son comportement pourvoira.

Là encore, comme ailleurs, l'étymologie du mot « désir » peut nous servir de repère métapsychologique : désir vient de *de-siderare*, « constater ou regretter l'absence de ». *De-siderare*, c'est perdre de vue les astres (*sidus* = astre), le contraire de « considérer ».

Le désir (de l'objet), chez nombre de sujets addicts serait, comme l'écrit Maurice Blanchot, en quelque sorte assimilable à un *dés-astre* : celui de déboucher sur le vide, faute de pouvoir penser/désirer l'absence : « Le désir est l'appétit de voir absent » (Quignard, 2007, p. 162).

L'objet du besoin qu'est l'objet ou le comportement addictif va dès lors pallier ce risque en détournant certaines fonctions biologiques et physiologiques de leur finalité naturelle (faim, soif, sexualité), là où les perversions sexuelles détournent les relations à l'objet sexuel, ceci assurant l'illusion d'une maîtrise et d'une permanence de l'objet (ou de la zone érogène dans les perversions) ainsi inféodées (*cf.* dernier chapitre).

Quête active de sensations, *via* un objet ou un comportement (sécrétion d'endorphine et d'enképhaline), l'addiction va ainsi relever en quelque sorte d'un « ordinaire de la passion » (Cournut, 2002), ce mot « passion » dérivant de celui grec *pathein*. Une passion malheureuse dont le fond mélancolique de souffrance émerge lors des sevrages.

Chez les Grecs, la passion avait un sens à la fois positif et négatif, de même que la pulsion en psychanalyse. L'âme, *psuchè*, était pour eux composée de trois *topoï*, trois lieux. Dans *Phèdre* (253 sq.), Platon la présente de façon tripartite. L'âme d'en bas est l'*épithumia* qui se situe dans le ventre et le bas-ventre. Elle est le siège des passions concupiscentes, des appétits de la chair, de l'égoïsme, de l'orgueil, de l'avidité.

Cette partie devait être contrôlée par la partie haute de l'âme, le noûs, l'esprit, l'intellligence, faute de quoi elle s'émancipait pour imposer ses passions, envies, caprices. L'intelligible n'est pas tant le cognitif que le psychique car par exemple le Daimôn (démon ou génie) qui parlait à Socrate pouvait le mener à la vérité. « Bref, on dirait aujourd'hui que l'intelligible englobe à coup sûr le conscient, mais aussi, peut-être l'inconscient » (D.-R. Dufour, 2011, p. 93).

Entre ces deux lieux de l'âme se situe celle intermédiaire, le thumos, l'élément irascible mais aussi de courage qui se situe dans le cœur. Il peut donner la colère quand il est soumis à l'épithumia mais également le courage quand il sert le noûs. « (…) le thumos est un élément baladeur qui peut aussi bien verser du côté de l'épithumia, que celui du noûs, c'est-à-dire du côté de la pulsionnalité ou de l'intelligibilité » (idem).

Notons que cette tripartition de l'âme correspond à celle trouvée dans la théologie chrétienne puis dans les deux topiques freudiennes (la première, Cs/Pcs/Ics, puis la seconde, moi, ça, surmoi) et qu'elle renvoie, sur le plan ethno-politico-social aux découvertes des spécialistes des mythes et de l'histoire que sont Georges Dumézil et Georges Duby[1].

Pour les Grecs de cette période, l'enjeu est donc de ne pas être la proie de ses passions mais de les domestiquer. L'école, la *scholè,* servira à cela de l'enfance à l'adolescence : ne plus pâtir de ses passions. Le but y est l'élévation par passage de l'âme d'en bas vers celle d'en haut. Cette élévation s'appelle *ariston* en grec et est dit *aristos* celui qui y excelle en devenant maître de lui-même accédant à la vérité dans le cadre du *Logos.* La vertu aristonienne est ainsi synonyme d'une longue et pénible discipline mettant en œuvre un contrôle vigilant de soi par l'effort (J.-P. Vernant, 1962, p. 80, cité par D.-R. Dufour, 2011, p. 98).

La passion quant à elle, comme son étymologie latine l'indique, celle qui mène l'Homme, le rend passif : il en pâtit, la subit, et s'il s'agite, c'est moins en tant qu'agent de la pulsion/passion que « patient », c'est-à-dire sujet passif la subissant.

En ce sens, on peut dire que l'addict est le prototype du sujet qui *pâtit passivement de ses passions (pulsions) jusque dans le pathos* de la maladie elle-même.

1. Les travaux de Georges Dumézil ont établi l'importance chez les peuples indo-européens et leurs descendants, d'une idéologie tripartie dans sa forme et dans son contenu. Suivant cette idéologie, la société, mais aussi le monde et, dans le monde, beaucoup de mécanismes particuliers ne peuvent vivre ou faire leur office, durer, que par la collaboration harmonieuse de trois forces, trois « fonctions » hiérarchisées : la puissance magique et juridique (généralement en rapport avec des prêtres ou des sages, ou avec les chefs), la force physique (principalement utilisée dans le combat), la fécondité (entraînant avec elle toutes sortes de conditions et de conséquences : abondance de biens et d'hommes, prospérité pacifique, et aussi plaisir, volupté et bien d'autres notes). Cette idéologie commanda les théologies, les mythologies, les épopées de peuples Iraniens, Romains, Scandinaves des derniers temps du paganisme (Dumezil G.(1968), 1986, p. 293-307). De même, Georges Duby a montré que du Moyen-âge à l'« Ancien Régime » l'image fut celle d'une société où les hommes se répartiraient en trois ordres hiérarchisés, ceux qui prient, ceux qui combattent, ceux qui travaillent (Duby, 2013).

Plus de mille ans plus tard, Descartes pourra dire dans son *Traité des passions* qu'« il n'y a pas de passion sans action », en y ajoutant dans son article 41 que le pouvoir de l'âme (psyché) sur le corps se réalise *via* la glande pinéale[1]. Descartes offrait en quelque sorte une première formulation psychosomatique et neurophysiologique de ce qui anime passionnellement l'âme jusque dans ses actions ou ses comportements, par exemple dans ce qu'il appelle, vers 1640, dans une lettre au P. Mersenne les « envies », aspects du lien d'emprise de la mère à l'enfant, faisant de l'enfant la chose de la mère[2].

De fait, l'addicté se présente au clinicien comme l'amoureux passionné(e) pour qui le produit toxique, l'aliment, le médicament, etc., est une façon, pour le moi, de se réapproprier une part qu'il perçoit perdue de lui-même. Combler une dépression anaclitique ou un deuil précoce ayant amputé la vie psychique, ou celle de sa mère comme dans le cas d'une « mère morte » selon A. Green, voilà ce que cherchera à colmater, chez le futur addict, le produit comme le fait l'aimé(e) dans la passion amoureuse.

L'addict peut en effet être dans certains cas l'enfant d'une « mère morte » psychiquement et dont le regard sur son enfant a été absent, ou distrait. Cela créé en lui une sourde souffrance (*pathein* = passion), le mettant dans une situation ou, plus tard, il risquera de se retrouver comme Antiochus, amoureux éconduit de Bérénice à qui il prononce ces admirables mots :

> « [...] Je fuis des yeux distraits
> Qui me voyant toujours ne me voyaient jamais[3]. »

Vers qui renvoient au « miroir sans tain », et sans reflet chez les cas-limites, et sur lequel nous reviendrons à la fin de cet ouvrage.

Derrière la passion, y compris addictive, sont silencieusement, trop silencieusement, tapis le deuil, la perte, la blessure... Souvenons-nous du conte médiéval

1. Descartes, art. 41 : « Et toute l'action de l'âme consiste en ce que, par cela seul qu'elle veut quelque chose, elle fait que la petite glande à qui elle est étroitement jointe se meut en la façon qui est requise pour produire l'effet qui se rapporte à cette volonté. »

2. « Pour les marques d'envie, puisqu'elles ne s'impriment point sur l'enfant, lorsque la mère mange du fruit dont elle a envie, il est bien vraisemblable qu'elles peuvent aussi quelquefois être guéries, lorsque l'enfant mange de ce fruit [...] » (Descartes, *Œuvres complètes*, cité par Pirlot G., 2023, p. 37).

3. Racine, *Bérénice*, 1670, scène 4, acte I.

celtique *Tristan et Iseut*; Tristan avait été baptisé de ce prénom par sa mère car celle-ci était triste d'avoir perdu son mari. C'est en ce sens que l'on peut comprendre la remarque de Jean Cocteau qui, racontant dans son livre *Opium* les affres de ses cures de sevrage, écrit: « Moraliser l'opiomane, c'est dire à Tristan: "Tuez Yseult. Vous irez beaucoup mieux après" » (*Opium*, 1930).

Cette « ombre de l'objet » très tôt tombée sur le moi du futur addict n'est pas sans formater son surmoi.

Le défaut dans l'organisation psychique narcissique du moi de nombre de sujets addicts ou états-limites, est, de fait, particulier. La faute chez eux, n'est en effet pas tant celle d'une culpabilité et un sentiment de « faute » pour avoir transgressé un interdit (ce qui renvoie au conflit œdipien), que plutôt une faute au sens d'une formule en usage en français, celle de « faute de », c'est-à-dire une faillite, une *défaillance* (faillir et falloir sont le même selon Littré) et ceci, *au sein même de la construction narcissique* de l'image de soi ou de soi-même.

Aussi, tout ce qui n'a pas été organisé par les refoulements primaire et secondaire risque de laisser se mettre en place, au sein du moi, un défaut, un manque, ce que pourrait illustrer dans un autre domaine, Heidegger (1927) dans sa formule « faute de grive ». Celle-ci désigne « l'être-en-faute du *Dasein* » dans un sens différent de la culpabilité. C'est celui d'un manque à combler, d'un manque à être d'un défaut d'ordre narcissique perçu dans une forme d'« anémie de sens », d'anomie, de ce que peut être la vie elle-même sans la drogue, l'alcool, l'addiction, servant à oublier, dénier, surmonter ce manque.

Et c'est à l'adolescence que ces problématiques exploseront.

1. Variation de l'activité représentative et de la décharge pulsionnelle de l'enfance à l'adolescence

La structure de l'adolescence est celle de l'hystérie: des situations actuelles (dite A), vécues habituellement comme neutres, se chargent « après-coup » d'une signification nouvelle sexuelle empruntée à des situations antérieures et infantiles (B) dont le contenu sexuel n'apparaît qu'après-coup. Relevons que le concept d'*après-coup* appartient en propre à la psychanalyse et témoigne d'une conception singulière de la temporalité. En 1967, dans un article « La diachronie dans le freudisme »[1], A. Green a fait deux propositions directement en rapport avec l'« après-coup » :

- le moment où ça se passe n'est pas le moment où ça se signifie ;
- le moment où ça se signifie ne s'appréhende pas comme moment actuel mais comme rétrospection à travers l'identité et la différence.

Ainsi, le trauma est autant dans ce qui s'est passé à l'âge prépubertaire que dans sa remémoration dans un corps pubertaire.

Dès lors, étant donné l'ampleur des modifications corporelles et psychiques qu'elle impose à l'enfant, la puberté puis l'adolescence ne sont pas sans potentiellement à la fois faire revivre et « dérefouler » des traumas anciens et, en elles-mêmes, être traumatiques au sens freudien du terme. En mobilisant une économie pulsionnelle qui déborde les capacités dynamiques et topiques de l'appareil psychique, ceci dans un moment, peu étalé dans le temps, où l'adolescent est censé « reconstruire son passé ». Dans un article de 1989, Piera Aulagnier a en effet montré que l'insertion de l'adolescent dans le socius, son accession à la position de sujet social, passe par un *travail de subjectivation spécifique*, celui de construire son passé (Aulagnier, 1989) et, ainsi, donner un sens à celui-ci, ceci jusqu'à l'origine.

La forme explosive que prennent la puberté et l'adolescence se révéleront à grand risque toxiques pour l'« ado » qui rencontrera l'onde de choc et la trace vivante d'anciens traumas infantiles : la psychopathisation, de même que les addictions, seront alors à craindre. Le séisme qui attaque le corps de l'enfant, la puberté, va dans l'*après-coup* réactiver en effet le « proton pseudos » que sont les fantasmes liant demande de tendresse et séduction sexuelle alors qu'ils se doivent d'être séparés entre adultes et enfants[2] : *la confusion des langues entre tendresse et sexualité* (Ferenczi) devient potentiellement possible lorsque les fantasmes infantiles semblent à portée de main avec toute la charge de culpabilité et de passage à l'acte que cela engendre.

On ne peut ainsi comprendre la puberté et l'adolescence sans se référer au *biphasisme*, aux deux temps de la sexualité humaine. L'enfant en latence connaît des émois sensuels mais ne peut sexuellement réaliser ceux-ci. Il y a ainsi, après le

1. « La diachronie dans le freudisme », *Critique*, n° 238, 1967, p. 359-385.
2. Freud S., *Trois essais...*, 1905.

complexe d'Œdipe, une *période de latence* où l'enfant va pouvoir construire une organisation pulsionnelle en ayant la possibilité de sublimer celle-ci si, *et seulement si*, elle laisse de côté les excitations sexuelles qui pourraient la perturber.

Les perturbations de la latence, favorisées par des traumas sexuels ou de simples excitations sexuelles répétées (scènes de pornographie sur les portables, pseudo-éducation sexuelle précoce, etc.), ne seront ainsi pas sans dérégler l'après-coup de toute construction œdipienne fragile et défaillante comme en témoigne celle des sujets futurs états-limites.

Or c'est pendant l'enfance et la période de latence que le « cocon familial » et le cocon éducatif se doivent d'être le *pare-excitation* des pulsions. C'est grâce à cette homéostasie familiale, que la « mise en constance » de ses pulsions par la famille, que l'enfant pourra paisiblement symboliser ce qui lui manque. La découverte, à la puberté, puis à l'adolescence, de la potentialité de la décharge orgastique de la pulsion, agira ensuite comme un micro-trauma chargé de curiosité mêlée d'interdit. Ce que la sexualité infantile avait laissé de côté par impossibilité de réalisation, à savoir la décharge orgastique, s'avérera maintenant possible. C'est là que l'adolescent trouvera, sur ce chemin de la jouissance génitale, le surmoi : celui-ci tentera de réfréner la tendance psychique à la décharge génitale de la pulsion, *obligeant cette dernière à s'habituer à la décharge restreinte et qualifiée.*

François Ladame a rapporté le cas d'Alexandre, un lycéen ayant décompensé après sa première expérience orgastique au début de son adolescence : il se sentait devenir depuis la puberté une machine et n'éprouvait aucun plaisir malgré un besoin compulsionnel à faire l'amour ou à se masturber (Ladame, 1992, p. 827-835). Bref la jouissance sexuelle était venue comme une « petite mort » en même temps qu'elle se trouvait chargée de la révélation de l'énigme du secret des parents.

Ce secret-là connu, l'adolescent le déplacera volontiers ailleurs : secret du monde invisible, occultisme et mysticisme, secret de la puissance révélatrice d'une exploration de soi par les drogues, qui ne seront que la projection et le déplacement des forces occultes des pulsions (sexuelles) qui envahissent sa psyché.

Dans ce charivari intime et intérieur où l'identité est particulièrement fluctuante et mal établie, on saisit en quoi les œuvres de B. Vian et F. Kafka proposent à l'adolescent des contenus de pensée, des personnages de référence. Le personnage de Grégoire dans la *Métamorphose* de Kafka illustre bien l'angoisse de la transformation : « Grégoire meurt de n'avoir pas le savoir sur ses transformations physiques et peut-être de ne pas l'avoir. Il meurt de ne pas avoir le code qui lui permettrait de retrouver ses liens avec sa sœur, figure maternelle érotisée qui le délaissera finalement » (Birraux, 1998, p. 61).

Ce phénomène de possession/dépossession du corps lors de la transformation de celui-ci se trouve également dans les diverses métaphores d'*un corps parasité de l'intérieur*, d'un *sujet parasité de l'extérieur* ou encore *parasite des autres* comme le montrent les romans de B. Vian.

Chloé dans *L'Écume des jours* (parasitée par un nénuphar qui finira par la faire mourir), l'assistant du Prof. Malebranche dans *L'Automne à Pékin*, le soldat des *Fourmis* ou encore J. Théjardin dans *L'Écrevisse* représentent autant de personnages « parasités » par des idées, l'amour, ainsi que la haine des autres. Au-delà des personnages de fiction, c'est toute l'œuvre pataphysique de B. Vian qui se trouve être un parasitage de la Littérature (avec un grand L) par la dérision, l'irrespect, le cynisme violent propre aux adolescents (Costes, 1993, p. 552-560).

En ce sens l'œuvre littéraire comme les découvertes propres aux adolescents sont autant de traductions et le contre-investissement des transformations pubertaires du corps. Celui-ci implique un travail psychique qui, pour se faire correctement, ne peut se passer de la question de la filiation et de celle de la construction identitaire : « On transmet ce qu'on ignore avec ce que l'on croit savoir » (Quignard, 1998, p. 389).

C'est ainsi que l'adolescence se présente comme la période des excès. C'est l'âge des transgressions nécessaires pour trouver la loi : « Nous respirons la violation du devoir par les pores », disait le jeune Isidore Ducasse alias comte de Lautréamont (Lautréamont, (1870), 1973).

Si certaines expériences ne sont pas faites à cet âge, il est fort à craindre que la composante « diabolique »[1] que nous avons tous en nous (expériences sexuelles, de départ intempestif, de contestation de l'autorité, de transgresser) et qui témoigne de la force que la subversion libidinale exerce sur nos besoins, s'exprime plus tard avec des conséquences autrement plus graves (agression, violence, divorce, licenciement).

1. Etymologiquement le *dia*-bolique sépare, là ou le *sym*-bolique réunit.

L'adolescent se doit donc de découvrir *qui* il/elle est, et cela en traversant une époque chargée de menaces anxieuses, dépressives, addictives. L'adolescence est l'âge des expérimentations de certaines de nos potentialités (amoureuses, sexuelles, réflexives, d'endurance, de travail, trangressives), faute de quoi elles risquent d'entraîner l'individu dans une attitude de faux-self délétère pour son équilibre psychique : le conformisme psychique et mental rencontré chez nombre d'adultes du fait de la répression et du refoulement de l'agressivité et de la vie sexuelle, et entraînant nombre de névroses ou de maladies dites « somatiques », provient chez certains d'entre eux de la non-utilisation de cette période d'adolescence (*cf.* la biographie de l'auteur de *Mars,* Fritz Zorn).

Le seul remède à l'adolescence est ainsi le temps qui passe (Winnicott, 1962, p. 174). Mais ce temps de passage, bruyant, est moins un moment qu'un *processus* qui transforme progressivement les enfants en adultes ayant un genre sexuel et une inscription dans le champ social. Période psychique faite de processus multiples, complexes et variés aussi bien psychiques que physiologiques, faite de crises répétées, l'adolescence peut être comprise comme l'effet psychologique de la crise biologique qu'est la puberté. Ce processus « d'adolescens » (Gutton, 1996) est ainsi un « organisateur psychique » comme le sont, pour le nourrisson, le sourire, l'angoisse du huitième mois, la capacité de dire « non » (2e année) et le complexe d'Œdipe (Ternier, 1980, p. 581-590).

Une fois commencée, « l'*adolescens* », en tant que processus, n'a pas de fin et se prolonge indéfiniment dans des post-adolescences de plus en plus fréquentes (Huerre, Pagen, Reymond, 1998). Au cœur de ce processus règne ainsi un réel potentiel de *violence à être,* à exister. Comme le remarque Claude Balier, c'est déjà « la force de la pulsion de vie » qui, à l'adolescence, revêt un caractère particulièrement violent, y compris pour le sujet lui-même envahi par la puissance de la libido sexuelle qui le pousse à la rage de vivre (Balier, 1988, p. 25).

Dans ses travaux portant à la fois sur le processus de subjectivité et sur l'adolescence, le psychanalyste Raymond Cahn a montré que l'adolescence était, dans un moment de crise, le temps de l'aboutissement du processus de subjectivation. Les psychoses (schizophréniques ou pas), qui débutent le plus souvent à cet âge, témoignent de la faillite chez certains adolescents de ce processus de subjectivation, d'être sujet de son destin, de son désir, de sa sexualité, de son être social. La personne du psychotique, comme l'adolescent, l'état-limite présentent des mouvements de désorganisation et du refus du conflit inhérent à toute subjectivité – conflit interne que combattra, par son addiction, le toxicomane, l'alcoolique, le faux-self comme nous l'avons montré ailleurs (Pirlot, 1997, p. 214 et 220).

Le travail de l'adolescence se trouve ainsi être essentiellement un travail de symbolisation de liaison-déliaison-reliaison des affects, des pensées, des mouvements émotionnels, des identifications, de la projection qui implique une réelle élaboration sur le plan subjectif. Dans ce contexte, la subjectivité est l'émergence du fait du langage d'un moi dont le Je se constitue dans des mouvements contradictoires, créateurs et destructeurs.

Avant d'aborder la question du traumatique sexuel à l'adolescence et son lien à l'addiction et au *craving*, faisons le détour préalable sur la question du traumatisme chez Freud.

2. La question du traumatisme et de la perception chez Freud

La notion de traumatisme se trouve aujourd'hui peu aisée à utiliser quoiqu'omniprésente dans le discours « psy » et ailleurs. On la retrouve dans les médias, les journaux, les informations : pour la presse, un traumatisme, se voit, se montre, voire s'exploite. Les scientifiques, eux, ne connaissent que le stress : simple, évident, mesurable. Mais, comme le remarque F. Duparc (2004), pour le psychanalyste le traumatisme est une chose des plus mystérieuses qui soient. Le traumatisme, c'est un peu comme la réalité qui ne se laisse pas saisir si aisément.

Venons-en aux définitions freudiennes du traumatisme, possible « marqueur » de dysfonctionnements psychiques (Balier, 1988, p. 25), voire psychosomatiques et addictifs ultérieurs.

2.1 Premier temps du trauma chez Freud

Freud, après son séjour parisien dans le service de Charcot – et, auparavant celui de P. Brouardel[1] –, a eu l'occasion de traiter par l'hypnose certaines patientes

1. Paul Brouardel (1837-1906).

hystériques ayant souffert de violences sexuelles ou d'une intimité très culpabilisée avec leur père ou un personnage analogue. Les patientes recouvraient des souvenirs de perversions extrêmes, avec viol anal et oral de nature incestueuse.

En 1896, dans « L'hérédité et étiologie des névroses »[1], Freud confirma sa théorie en écrivant qu'« une expérience précoce de relations sexuelles [...] résultant d'un abus sexuel commis par une autre personne [...] est la cause spécifique de l'hystérie et pas seulement un facteur déclenchant (comme Charcot le soutient) ». Pour Freud, une stimulation sexuelle à un âge « pré-sexuel » était une source de trauma[2], de défense et de névrose précisément parce que cette stimulation était survenue à un moment où il y a une incapacité à l'éprouver et donc à l'assimiler, dans le sens métabolique du terme.

Dans *Les Études sur l'hystérie* (1895) sont évoquées les attitudes passionnelles de l'hystérique reproduisant de façon « hallucinatoire » le traumatisme initial du fait de la non-évacuation d'un « affect étranglé » : la théorie de l'abréaction et de son effet curateur proviendra de cette observation-interprétation.

Dans la lettre à Fliess du 6 novembre 1896, Freud signale que les mécanismes psychiques s'établissent dans un parcours de stratifications, avec remaniements des traces mnémoniques suivant les circonstances nouvelles ; si aucun enregistrement nouveau ne se produit, l'excitation s'écoulera suivant les lois psychologiques gouvernant l'époque psychique précédente et par les voies alors accessibles (futurs processus primaires). Existent ainsi des *fueros*, des traces anachroniques du passé, fixées et qui peuvent resurgir, dévoilant le passé traumatique.

Un mois plus tard, dans sa lettre à Fliess du 6 décembre 1896, Freud évoque les « perceptions-signes » qui posent des questions sur la perception inconsciente – fréquente dans les analyses de cas difficiles (Aisenstein, 2020, p. 66) comme *le sont nombre de sujets addicts états-limites*.

Mais ce qui est important est la proposition de Freud sur les différentes formes de mémoires ; « Ce qu'il y a d'essentiellement neuf dans ma théorie, écrit Freud, c'est l'idée que la mémoire est présente non pas une seule mais plusieurs fois et qu'elle se compose de diverses sortes de "signes". J'ignore le nombre d'enregistrements. »

1. Freud S., « L'hérédité et étiologie des névroses » (1896), *Résultats, idées, problèmes*, T. I, 1984, p. 97.
2. Freud S. « Lettre à W. Fliess du 20/05/1896 », 1956, p. 145-147.

Il les nomme : perception-signe, inconscient-signe, préconscient-signe. Leur séparation n'est pas « nécessairement topique » même si les « perceptions-signes » sont placées, dans le schéma de Freud ((1896), 2009a, p. 264), entre le préconscient et l'inconscient.

Ce sont des « signes » perçus inconsciemment qui, faute de traduction, se manifesteraient sous forme d'un *affect économiquement intolérable pour le moi* du fait d'une violence ayant effracté précocément tous les pare-excitations et capacités de représentation. « Sans topiques et sans succession temporelle, en simultané, une telle description du psychisme représente le premier schéma freudien qui *inclut le perceptif dans l'ordre des constituants psychiques* », relèvent Sarah et César Botella (1997, p. 180) – perceptif dont nous avons vu l'importance dans les toxicomanies et nombre d'addictions dès le début de cet ouvrage (*cf. Les portes de la perception* d'Huxley).

Ainsi la précision par Freud de signes incapables de conscience « ouvre un champ théorique radicalement différent de celui de l'Ics refoulé des représentations qui, lui, est ordonné selon d'autres relations (sous-entendu autres que celle de la simultanéité causale et articulée au Pcs) », précise ailleurs S. Botella (2020, p. 765), ce dont les « portes de la perception » d'Huxley évoquées plus haut tentaient de débusquer artificiellement par des produits hallucinogènes.

« Sans mot pour le dire » du fait d'inscriptions défaillantes des rapports de causalité entre le perceptif-inconscient-signe et la représentation de mot-préconscient-signe, le processus de « perceptivation » (Botella S. et C., 2002, p. 1978), bordé d'excitations, se traduit alors de manière économique par différentes perceptions comme la douleur mêlée de plaisir comme chez l'addict sportif, le « rameur solitaire » (G. Szwec), ou dans les scarifications, les sensations de faim chez l'anorexique ou de réplétion chez la boulimique, faute de *mise en forme* temporo-spatiale préconsciente et consciente des affects. Mouvement en attente de forme de l'affect qui, en ce sens, relève de la définition qu'en a donné Green, c'est-à-dire, « un événement psychique lié, à un mouvement en attente d'une forme » (Green, (1985) 1995, p. 100).

Revenons à Freud pour dire qu'à cette époque (1896-1897) le trauma est également référé chez lui à « ce qui intoxique » : le trauma initial, équivalent d'un excès de quantité d'excitations « indigérables psychiquement », peut être synonyme non du sens et de la névrose mais, dirait-on aujourd'hui, d'une carence de sens et des entités morbides non névrotiques.

Ceci va donner le modèle de la névrose traumatique et/ou actuelle dont les symptômes évoquent les pathologies somatiques, *ainsi que le modèle des addictions* – et du philtre d'amour – : dans sa lettre à K. Abraham du 7 juin 1908, Freud n'écrit-il pas : « [...] de plus le philtre de Soma contient certainement l'intuition la plus importante, à savoir que tous nos breuvages enivrants et nos alcaloïdes excitants ne sont que le substitut de la toxine unique, encore à rechercher, la libido » (Freud, Abraham, 1969, p. 47).

2.2 Deuxième temps du trauma

C'est l'abandon pour Freud de la « neurotica » (sa théorie du trauma sexuel réel) qui l'amènera à la découverte du fantasme sexuel inconscient (de séduction), puis de celui de la scène primitive et du complexe d'Œdipe. Le 21 septembre 1897, Freud annonce ainsi l'abandon de sa théorie (« je ne crois plus en ma neurotica »). Dans cette déchirante révision qui annonçait le début de son auto-analyse, il reconnaissait que les discours de ses patientes évoquaient tous une narration traumatique identique qui correspond justement à celle qu'il s'attendait à entendre étant donné sa théorie. Freud pensait que les patientes, afin de le séduire, lui révèlaient ce que sa théorie lui fait suggérer, à savoir des traumatismes sexuels dans leur enfance.

L'abandon de cette théorie va toutefois permettre de donner accès aux notions de *fantasme inconscient*, de *réalité psychique* et de *(psycho)sexualité infantile* dans la constitution des névroses et la théorie psychanalytique. C'est le « fantasme » (de séduction) et non plus la scène réelle de séduction qui devient le facteur traumatique même si S. Freud n'abandonnera tout à fait jamais sa première théorie de la séduction « réelle », signalant, en 1906, qu'il « est incapable de distinguer avec certitude dans les souvenirs d'enfance des hystériques les falsifications des faits réels » et que, s'il faut se méfier des « aveux » des patientes hystériques sous hypnose, il n'a jamais nié leur possible existence et leur valeur traumatique.

Dans cette période Freud établit que le modèle princeps de l'action du traumatisme lié à une séduction est celui du modèle en deux temps (« après-coup » ; *L'Esquisse* et des *Études sur l'hystérie*).

2.3 Troisième temps du trauma

Le troisième moment (de 1905 à 1920) est celui où S. Freud retrace le « développement sexuel infantile » et élabore la métapsychologie ; en termes de développement sexuel infantile et de théorie de la libido, les situations traumatiques sont liées aux « fantasmes originaires » et aux angoisses qu'ils mobilisent [angoisse de séduction, castration, scène primitive, complexe d'Œdipe] ; ce qui apparaît traumatique ou traumatogène est la *force* des pulsions sexuelles liée aux fantasmes inconscients sur le moi et le combat/conflit que livre celui-ci pour s'en prémunir.

C'est en fait « l'après-coup » de la puberté qui donne sens alors à un vécu traumatique plus ancien situé dans l'enfance. C'est la sexualisation secondaire de l'événement traumatique qui le rend pathogène.

2.4 Quatrième temps du trauma

Ce quatrième temps *nous rapproche des problématiques addictives et somatiques.* À partir de 1919, c'est la découverte du trauma comme lié à l'effraction du « pare-excitation », la perte d'objet, les traumas précoces et à la résistance. Lors de la Seconde Guerre mondiale, Freud réfléchit avec Ferenczi sur les névroses de guerre. Il développe alors sa théorie du trauma comme débordement du moi par l'excitation. L'absence de préparation, de représentation du moi concernant la situation traumatique, confronte le sujet à une perte de son emprise narcissique sur le monde extérieur, sur le monde des objets.

À partir de 1920, le terme de « traumatique » s'ajoute au terme de traumatisme avec la « compulsion de répétition » qui est appréhendée comme une façon de tenter, comme dans le jeu répétitif de l'enfant à la bobine (« Au-delà du principe de plaisir », 1920), de rétablir pour le moi une emprise par la mise en scène, répétitive donc, du trauma. Les rêves répétitifs des névroses traumatiques en sont aussi une illustration.

En 1923, dans « Le moi et le ça », Freud suggère que le conflit entre les instances psychiques (moi, ça, surmoi) produit des états d'autant plus traumatiques que le moi est fragile ou fragilisé par des traumas antérieurs. En fait de cette théorisation ressort que le traumatisme se voit provenir d'une « effraction du pare-excitation[1] » :

1. Freud S. (1920), « Au-delà du principe de plaisir », *O.C.F.*, XV, p. 273-338.

aussi l'*Hilflosigkeit* – la détresse du nourrisson – devient le paradigme de l'angoisse par débordement lorsque le signal d'angoisse (« normal ») ne permet plus au moi de se préparer et se protéger d'une effraction d'origine externe ou interne quantitativement excessive pour lui.

Enfin dans *Inhibition, symptôme et angoisse*[1], Freud met l'accent sur le lien entre le traumatisme, la perte d'objet (introduisant en quelque sorte la question des liens à l'objet, registre important dans les problématiques tant addictives que somatosiques)[2] et, ce qui nous intéresse également ici, *le registre « passionnel » de l'affect.* À côté de l'angoisse-signal post-œdipienne relevant du registre névrotique et qui « anticipe » la castration, il y a la détresse/angoisse traumatique, l'*Hilflösigkeit* qui, elle, relève de l'impuissance originelle de l'enfant privé de toute maîtrise sur le monde en l'absence d'un objet secourable.

Aussi, chaque fois que le sujet, même adulte, se verra ultérieurement confronté aux limites de sa capacité de défense face à une situation qui le déborde, il revivra ce traumatisme originaire et mettra en jeu des défenses primitives, plus archaïques que le refoulement et plus coûteuses en énergie. Ceci ouvre sur une déchirure, une souffrance (*pathein*) précoce narcissique, potentiellement passionnelle, que des clivages précoces tenteront « d'écarter » du moi/*self* naissant.

Évoquées dès 1895, à propos du traumatisme et de la mélancolie, Freud reviendra plus tardivement sur ces *défenses primaires à propos du clivage du moi et du déni,* face à la perception traumatique de la différence des sexes ou du deuil. La défense primaire est alors un mécanisme qui date des débuts de la vie et continu d'exister dans la vie adulte lorsque le psychisme doit faire face à de grandes quantités d'excitations – comme à l'adolescence.

Dans *Construction en analyse* (1937), Freud évoque une nouvelle fois les traumas précoces. Ceux-ci sont enfouis dans les couches profondes de la psyché. Même s'ils sont conservés, ils restent ensevelis et inaccessibles à l'individu. Ce sont bien souvent des réactions contre-transférentielles surprenantes pour le psychanalyste lui-même (pensée, affects, comportements, *acting*) qui seront la seule source de

1. Freud S. (1926), *O.C.F.*, XVII, p. 203-286.

2. Le traumatisme est lié à l'angoisse de séparation, ainsi Freud distingue cinq types d'angoisse : l'angoisse du trauma de la naissance ; l'angoisse de la perte de la mère en tant qu'objet ; l'angoisse de perte du pénis ; l'angoisse de perte de l'amour de l'objet ; l'angoisse de perte de l'amour du surmoi.

découverte de ces traumas très peu « qualifiés » psychiquement, subjectivement et narrativement par le patient.

Le psychanalyste doit ici renoncer à l'idée d'une levée totale de l'amnésie infantile afin de reconstituer une histoire complète qui affirmerait la vérité des traumas infantiles sauf, encore une fois, à « recomposer » leur existence à partir d'éléments contre-transférentiels souvent dérangeants (acte manqué, acting-out, somatisation, etc.) : les traumas précoces survenus avant l'acquisition du langage font partie d'une « mémoire amnésique » (A. Green), celle-là même qui, symptomatiquement s'exprime tant dans les comportements addictifs, nombre de somatisations et de délire.

Enfin, à la fin de *L'Homme Moïse et le Monothéisme* (1939), S. Freud avance que les expériences traumatiques originairement constitutives de l'organisation et du fonctionnement psychique et appelées « impressions éprouvées dans la petite enfance » peuvent entraîner des atteintes précoces du moi et créer des blessures d'ordre narcissiques (ce que S. Ferenczi a souligné dans ses dernières théorisations) ; Freud distingue alors des effets positifs et négatifs (« un État dans l'État ») du traumatisme (pour lequel, ici, on peut proposer le terme de « trauma », écrit Thierry Bokanowski à qui nous empruntons ces lignes)[1].

L'aspect positif *contribue à la représentation de la pulsion, à son élaboration psychique*, l'aspect négatif au contraire, *est allié à la pulsion de mort, et tend à vider son énergie.* Étudiant les effets du traumatisme précoce, Freud indique qu'ils sont le résultat d'expériences relatives au corps ou bien des perceptions sensorielles, principalement d'ordre visuel ou auditif, éléments qui introduisent alors le trauma précoce selon une vision élargie, *coextensive à tout le champ de l'expérience infantile précoce.* En fait l'expérience précoce ne prend elle aussi son caractère de trauma qu'à raison d'un *facteur quantitatif.*

T. Bokanowski rappelle que certains auteurs, après Freud et Ferenczi, ont évoqué le double aspect, positif et négatif, du traumatisme. Parmi les plus récents, Claude Janin a parlé du *traumatisme froid* qui se dissimule derrière le traumatisme chaud, sexualisé pendant que Jacques Press a évoqué un *traumatisme négatif,* dont l'effet se réduit à une *non-inscription dans le psychisme* et dont le soma ou tel comportement (addictif) porterait la trace.

1. Bokanowski Th., « Traumatisme, traumatique, trauma, Le conflit Freud/Ferenczi », Sommaire des Conférences en ligne, http://www.spp.asso.fr/Spp/ConferencesSeminaires/index.htm.

Ceci rejoint l'ancienne conception de Freud du traumatisme comme causant un « trou dans le psychisme » mais aussi celle d'A. Green d'une « mémoire amnésique » représentée par la compulsion de répétition, y *compris addictive*, les états de dépersonnalisation, de somatisation... qui diffèrent, par l'intensité de l'actualisation, des autres objets mnésiques que sont les souvenirs, moins du côté de ceux-ci que comme équivalents connotés d'une qualité hallucinatoire, gestuelle et comportementale ou somatique.

3. Facteur traumatique : le *craving*

Le facteur traumatique a toujours été lié, dans l'œuvre de S. Freud, nous l'avons vu, au dépassement des capacités de liaison qu'est le principe de plaisir (PdP/D), au quantitatif, à l'économique. Un passage des *Nouvelles conférences* redéfinit le « traumatique » un « état [...], devant lequel les efforts du principe de plaisir échouent [...], l'apparition d'un facteur traumatique qui ne peut pas être liquidé par la norme du principe de plaisir[1] ».

Ainsi, toute « anomie » du principe de plaisir « signerait » la « trace » du traumatique, celui-ci étant synonyme de brèche et d'irruption, d'un « au-delà » du principe de plaisir (PdP/D) dont le « régime » d'action relève de la jouissance/souffrance et dont le « régime » d'expression psychique sera un état plus ou moins dissociatif.

Le trauma porte en lui la *désintrication pulsionnelle* (entre Éros, puissance de liaison et Thanatos, puissance de déliaison). Cette désunion pulsionnelle se situe entre autoconservation et sexualité, entre vie et mort : tout trauma réel viendra dès lors activer cette désunion que la jouissance addictive tentera, par un excès quantitatif « en deçà » de toute symbolisation et « au-delà » du PdP/D, de « suturer » tout en répétant (compulsion) ce que nous avons relié au découplage neurobiologique découvert par J.-P. Tassin (*supra*) : nous sommes dès lors dans le champ de ce que la psychiatrie moderne appelle le *craving*.

Ce *craving* relève d'une tension psychique et somatique, du mal-être, de l'angoisse dus à la recherche compulsive de drogue ou d'alcool, traduction : du *besoin* de ceux-ci. Ce terme a une origine qui mérite d'être rappelée. Ce *craving* est ainsi

1. Freud S. (1933), G.W., 15, 100 ; 1984, p. 127.

lié à un besoin : il se dit *yen* en chinois, voire *yin* dans le désir intense d'opium (1876)[1]. Le terme « dipsomanie », qui en est proche, désigne quant à lui un désir morbide pour l'alcool qui vient du grec *dipso*, soif et *mania*, folie. La *pica* est un type spécifique de *craving* envers des substances prises pour de la nourriture.

Le *craving* est donc un *besoin impérieux* que ce soit de nourriture ou de produits toxiques. Les diverses drogues comme la cocaïne, l'ecstasy, le tabac ou l'alcool provoquent en tant que « néo-besoin » des phénomènes de *craving*.

La prise de drogue suivant le *craving* se situerait entre les besoins sexuels et ceux alimentaires et/d'auto-conservation, comme une forme de « néo-besoin ».

Il est nécessaire ici de noter que ce concept de « néo-besoin », déjà évoqué, est issu du travail de Denise Brauschweig et Michel Fain et apparaît en tant que chapitre à la fin de leur ouvrage *La Nuit, le Jour*. Relevons ce long passage :

> « Fumer répète en fait, à travers un besoin créé de toutes pièces, une expérience de satisfaction et ne suit pas le traçage spécifique de la voie érotique. Pour cela, il eût fallu que l'excitation liée à la privation de tabac trouve, après avoir été un moment retenue, sa propre voie de décharge. Bien au contraire, la privation proposée à l'enfant porte sur un besoin qui n'existe pas encore et qui aura le droit de s'instaurer plus tard.
> Ce néo-besoin futur est organisé à l'avance pour court-circuiter la voie érotique qui tendrait à se frayer un passage malgré la résistance des forces de désexualisation. Ces dernières après la création d'un néo-besoin ne risquent plus d'activer une voie érotique, l'énergie étant invitée à parcourir le chemin artificiellement ouvert.
> S'il en est ainsi des diverses toxicomanies qui sont des cas extrêmes, il convient de distinguer toutes les ouvertures implicitement ou explicitement promises aux enfants quand ils seront grands et qui, atteintes précocement, risqueraient de leur nuire » (Brauschweig, Fain, p. 263-264).

Pour les auteurs, ceci témoigne d'un *détournement* et non pas d'un déplacement de l'angoisse de castration qui est utilisée par les parents en créant un néo-besoin chez l'enfant afin d'aboutir à une « néo-expérience de satisfaction » qui va *court-circuiter* le système de décharge spécifiquement érotique. Plus tard,

1. Nous empruntons ici à Philippe Dupain (2006) les principales caractéristiques de la notion de *craving*.

l'excitation sexuelle sera piégée dans la disposition ultérieure de tout néo-besoin addictif.

Nous serions bien, avec ces « néo-besoins » et leurs mises en jeu de processus primaires et d'énergies fortes à peine liées, dans un « au-delà » du principe de plaisir (PdP/D) dont le « régime » relève de la jouissance/souffrance, tentant de combler des traces amnésiques chargées de déliaison et désintrication pulsionnelle propre au traumatique.

4. Addiction et traumatique du sexuel à l'adolescence

Les conduites addictives peuvent en outre être appréhendées comme autant de « contre-emprise » luttant contre l'emprise exercée, dès la puberté, par le sexuel génital excitant le corps et, au-delà, celle d'imagos parentales desquelles le sujet n'est pas détaché. Dans le chapitre 3 des *Trois essais* (1905), « Les reconfigurations de la puberté », Freud souligne que, dès la puberté, la prégnance du sexuel infantile se verra en effet largement débordée par des excitations sexuelles (soumises à l'influence hormonale[1]), singulièrement celle des zones génitales.

Le père de la psychanalyse avait ainsi été amené à distinguer le plaisir préliminaire, survivance du plaisir prégénital dans lequel les fonctions scopiques, cutanées, orales, anales jouent un rôle essentiel, et le plaisir terminal ou le plaisir de la satisfaction de l'activité sexuelle lié à la nouvelle capacité orgasmique apportée par la puberté.

Dans un chapitre ajouté en 1920, il modifia sa théorie de la libido. Distinguant libido du moi et libido d'objet, la puberté apportant une grande quantité d'excitation, aussi bien chez le garçon que chez la fille, le destin de cette excitation dépendra de la construction *antérieure* en termes de névrose infantile des excitations prégénitales. Les capacités de sublimation, de déplacement, de refoulement, seront sous le signe de cette construction antérieure et de son contexte familial, social et symbolique (*cf.* aujourd'hui le rôle de l'influence des théories du genre sur les préadolescents). Le facteur traumatique de l'excitation sexuelle génitale

1. Les hormones, qui sont des signaux « à longue distance », interviennent ainsi dans les différents réseaux et systèmes somatiques, modifiant les paramètres biologiques participant autant au réseau neuronal qu'à celui du soi immunitaire.

résidera à la fois dans son intensité mais, plus encore, dans le *manque de capacité économique* pour le moi à « réguler », déplacer, sublimer ladite excitation sexuelle (Pirlot, 2019, p. 17).

Le traumatique a en effet toujours été lié, dans l'œuvre de Freud, nous l'avons vu, au *dépassement des capacités de liaison* que permet le principe de plaisir, quant aux excitations. Faute d'efficience de celui-ci, le quantitatif, l'économique, la violence des forces excito-pulsionnelles du ça risque de déborder tout travail subjectif du moi quant au travail de représentance des excitations et affects[1].

Chez nombre d'adolescents, en particulier ceux ayant un tropisme « état-limite » ou opératoire, ce traumatique d'un sexuel génital irreprésentable, mobilisant des affects de détresse, de honte, de culpabilité, rentre en résonance, avec des traumas précoces *touchant la construction narcissique* du sujet et son sentiment de continuité (*going on being* de Winnicott, 1969, p. 253).

Ces traumas précoces auraient, de manière parfois asymptomatique, *déréglé la maturation du principe de plaisir/déplaisir,* premier régulateur d'affects et, sur le plan neurobiologique, le *couplage des réseaux noradrénergiques et sérotoninergiques (supra),* au point qu'à partir de la puberté, les pulsions sexuelles génitales raviveraient des affects d'angoisse de séparation-individuation favorisant – *via* des auto-clivages narcissiques (*infra*) – ces découplages entre désir et besoin. C'est ce que la prise de drogue tenterait dans ces cas de diminuer en « rabattant » tout désir d'objet sur un besoin physiologique et corporel.

En d'autres termes, ces dérèglements précoces sont retrouvés et recherchés de manière *traumatolytique* lors de la prise de substances addictogènes. Ils entretiendraient ainsi des « préformes organiques » (*infra*) et excitationnelles de mouvements pulsionnels restés (passionnellement) intriqués (Freud, 1928) et se déchargeant dans la compulsion (*Zwang*) comportementale addictive.

1. Un passage des *Nouvelles conférences* redéfinit le traumatique comme un « état [...], devant lequel les efforts du principe de plaisir échouent, un facteur *traumatique.* [...] Nous arrivons, en passant par la série angoisse névrotique – angoisse réelle, situation de danger – a cette proposition simple : ce qui est redoute, l'objet de l'angoisse est, à chaque fois, l'apparition d'un facteur traumatique qui ne peut pas être liquidé par la norme du principe de plaisir », Freud (1933), 1984, p. 127.

4.1 Premier modèle freudien de l'addiction : la décharge pulsionnelle anormale préformée organiquement

C'est, à partir d'une maladie psychosomatique, l'épilepsie, que Freud fit l'hypothèse d'un mécanisme de décharge pulsionnelle anormal préformée organiquement :

> « Dans le cas de perturbations de l'activité cérébrale dues à de graves affections tissulaires et toxiques, et aussi dans le cas d'une domination insuffisante de l'économie psychique, le fonctionnement de l'énergie à l'œuvre dans la psyché atteignant un point critique. Sous cette bipartition, on pressent l'identité du mécanisme sous-jacent à la décharge pulsionnelle. Celui-ci ne peut pas non plus être très éloigné des processus sexuels qui, fondamentalement, sont d'origine toxique [...]. La "réaction épileptique" [...] est aussi indubitablement liée à la disposition de la névrose dont l'essence est de se débarrasser par des moyens somatiques des sommes d'excitation avec lesquelles elle ne peut pas traiter à un niveau psychique » (Freud, (1928), 1985, p. 165).

Freud relia ces éléments épileptiques à l'identification à la personne morte. Celle-ci a également été décrite chez les alcooliques par A. de Mijolla et S.A. Shentoub (1973, p. 338). Outre l'opposition des deux pôles désir et identification, le maître viennois a ainsi postulé l'existence d'une préformation organique (neurochimique, hormonale, instinctuelle ?) de décharge excitationnelle sous-jacente à la décharge pulsionnelle (y compris sexuelle) et mise en œuvre dans le soma lorsque l'économie de l'appareil psychique se trouve précocement et répétitivement débordée.

Dès lors, si dans l'épilepsie, la « préforme organique de la décharge pulsionnelle » peut trouver à se décharger dans l'« appareil » d'emprise musculaire, nous aurions à l'adolescence avec les addictions, en particulier celles à la cocaïne, au crack, voire à l'alcool, de même que le comportement anorectique, une autre forme, moins clastique, à cette préforme organique (hormonal, neuro-hormonal, chimique donc) pulsionnelle se déchargeant dans l'appareil d'emprise qu'est l'appareil musculaire.

4.2 Deuxième modèle : les névroses actuelles

L'approche psychosomatique des addictions reprend, continue et développe les réflexions et hypothèses « toxicologiques » de S. Freud concernant les névroses actuelles qui aujourd'hui trouvent de multiples points de rencontre avec les travaux neurobiologiques sur les addictions ou encore ses propositions de 1891 (« Les aphasies ») sur « l'image motrice », de 1896 (*Manuscrit K*) sur la « représentation-limite ». En 1895 (*L'Esquisse*) à propos de la décharge motrice et de l'action volontaire, Freud parle d'images motrices et de leurs valeurs sensorielles qui les rendent proches des perceptions (*cf.* aujourd'hui les neurones-miroir).

L'étude sur les névroses d'angoisse, ajoutée à certains travaux, comme ceux sur la cocaïne et, dès 1888, ceux portant sur l'hystérie, permirent à cette époque à Freud de s'interroger sur « la formation d'un surplus d'excitation dans l'organe psychique », question moderne qu'ont retrouvée, certes, l'endocrinologie mais également l'approche neurobiologique des addictions.

Dans le *Manuscrit E* (1894), il postule l'existence d'un *seuil d'intensité* à partir duquel une excitation pourrait être psychiquement utilisée, hypothèse qui donnera le concept de pulsion, celle-ci résultant d'un certain travail psychique.

À l'origine de la névrose d'angoisse, Freud fait ainsi l'hypothèse d'une insuffisance de la libido psychique et d'une insuffisance de connexion psychique, ce dont s'inspirera P. Marty lorsqu'il parlera de la faiblesse d'épaisseur, de fluidité et de permanence du préconscient chez les patients somatiques, à la différence des psychonévroses de défense qui résultent du refoulement d'un conflit sexuel infantile.

La névrose d'angoisse manifeste une frustration actuelle d'un état toxique prototype de l'affection de l'organe psychique. Lorsque l'objet d'étayage ou l'objet élu, lorsqu'il s'agit de « l'amour fou » qu'est l'amour passionnel, sont absents, l'addiction représente dans ce cadre un *contre-investissement chimique et moteur* à la détresse pouvant surgir. Ce modèle est assez proche de celui de la névrose traumatique, ou névrose d'effroi (*Schreckneurose*) sauf que celles-ci souffrent d'une absence d'abréaction, favorisant alors la formation d'un groupe psychique séparé[1] que cela soit par refoulement ou clivage.

1. Breuer J., Freud S. (1895), *Études sur l'Hystérie*, 1956, p. 7 et 176.

4.3 Troisième modèle freudien : la masturbation

Freud eut très tôt l'intuition que la drogue n'était pas « le » toxique. « L'addiction à l'hypnose » (*Sucht nach Hypnose*) représentait pour lui le paradigme révélant l'existence d'une forme de relation de transfert passionnel (« foule à deux », communauté inavouable proche de la « communauté du déni »).

Dans sa lettre à Fliess du 16 mars 1897, Freud signale l'alternance entre somatisation, addiction à l'alcool et au jeu, ce qu'il faut rapprocher de ce qu'il écrit en 1890, dans *Traitement psychique*, où il emploie les termes de *Krankenhaften Gewohnheiten*, signifiant « habitudes morbides » pour désigner l'alcoolisme, la morphinomanie, la masturbation et les aberrations sexuelles.

Le mot *Sucht* – besoin, passion, désir – se retrouve, nous l'avons dit, dans le concept utilisé par Freud d'*Ursucht* définissant le « besoin primitif », « la masturbation, la seule grande habitude, le "besoin primitif" dont tous les appétits, tels que le besoin d'alcool, de morphine, de tabac, n'en sont que des substitutifs, les produits de remplacement » (lettre du 22 décembre 1897).

5. Passions addictives compulsives et emprise à l'adolescence

Force est de constater que l'adolescent doit intégrer les perturbations physiques et psychiques, les transformations de son image corporelle, de la sexualisation de son corps, afin de trouver un nouvel équilibre dans ses relations objectales. La resexualisation des identifications bisexuelles de la vie d'enfance qui résultait de la solution au conflit œdipien se trouve alors réanimée.

Cette reviviscence du conflit œdipien avec son désir de rejeter les imagos parentaux, amène immanquablement à un remaniement narcissique de la libido. L'adolescence peut en ce sens être conceptualisée comme un « organisateur psychique » (E. Kestemberg[2]), amenant à réajuster l'architecture du moi organisée mais également désorganisée par les excitations sexuelles faisant irruption dans le corps. Celles-ci peuvent entraîner chez le sujet pubère et adolescent, une véritable sensation d'« emprise », de tyrannie, de « demande perpétuelle » masturbatoire, telle celle décrit par l'écrivain Philip Roth dans le *Portnoy et son complexe*.

Cette « compulsion » appartient de plein droit, cela a été souligné, à la notion d'addiction. Il se retrouve sous le terme de *Zwang* (contrainte) dans le terme *Spielzwang*, « compulsion au jeu [6] », que Freud interprète comme un équivalent et une répétition de l'ancienne compulsion à l'onanisme (*Ursucht, cf. supra*).

> « Le “vice” de l'onanisme est remplacé par la passion [*manie*] du jeu, l'accent étant mis sur l'activité passionnée des mains. Effectivement cette passion du jeu est un équivalent de l'ancienne compulsion [*Zwang, contrainte*] à l'onanisme ; c'est le même mot de “jouer” qui est utilisé par les enfants pour designer l'activité des mains sur les organes génitaux » (Freud, 1928, p. 178).

Freud interprétera la répétition et sa compulsion (dans le jeu de l'enfant ou dans la névrose traumatique) comme un fait dont « on peut attribuer la tendance à la pulsion d'emprise » (*cf.* l'enfant à la ficelle, enfant devenu addict ; Winnicott, 1952). Dans son rapport sur l'emprise, Paul Denis (1992) proposa quant à lui de considérer *l'emprise comme une composante ou un vecteur* nécessaire à la pulsion, et assurant dans celle-ci, la tenue et la constance de la vie pulsionnelle sur l'axe source-poussée-but. L'emprise sur l'objet ira donc de pair avec la liaison *par la répétition* du souvenir traumatique (et de l'énergie qui investit celui-ci) comme dans l'addiction ou le procédé autocalmant.

Ainsi, à cet âge adolescent, la nécessité d'exister et de quitter l'étayage anaclitique aux imagos parentales (resexualisés) porte le grand risque de se faire sur le mode, je l'ai dit, « traumatophilique ». Le risque « ordalique » de la prise de drogue peut alors retrouver le chemin « traumatotrophique » des pulsions de vie lorsqu'elles se vivent sur le mode de l'excès quantitatif.

Ce « besoin de traumatisme » à l'adolescence appartient en fait à un besoin caché des pulsions de vie, permettant un dégagement violent, parfois transgressif, des objets parentaux encore une fois resexualisés par la puberté (Guillaumin, 1985).

Comme si ce « choc » d'une réalité traumatique devait permettre une « révélation », un « signe », un moment du *kairos*, une occasion opportune, un point d'inflexion dans l'existence qui, pour les Grecs ouvrait la vie sur un basculement décisif. Pour l'adolescent ce basculement est ressenti du fait de la réorganisation psychique dont il est l'objet et qui lui ouvre de nouveaux espaces psychiques : « Les grandes épreuves de l'esprit », pour paraphraser le titre d'H. Michaux (1966), voici ce qu'attend « l'ado ».

L'adolescence fait ainsi revivre le « détruit-créé » de D.-W. Winnicott permettant la différenciation entre le sujet et l'objet (le passage de l'objet subjectif à l'objet objectif) et la reconnaissance de l'altérité de l'autre, ceci dans le registre d'un « espace transitionnel » auquel l'enfant s'attache avec *passion* (*addicted* écrit Winnicott [(1951-1953), 1971, p. 27-64), pourvoyeur de plaisir et jeu psychique.

Dans les cas pathologiques, l'espace thérapeutique (par exemple le psychodrame) pourra remettre en scène dans des « jeux de cadre ». Liés à la dynamique transféro-contretransférentielle, ces affects de souffrance liés à cette période infantile pourront être exprimés de manière cathartique et trouver les voies de la représentation et de la dédramatisation.

6. L'emprise addictive, dépendance au sentiment inconscient de culpabilité

Cette période infantile peut remonter à celle de l'avidité orale, celle-là même retrouvée dans les comportements addictifs, contemporaine d'auto-érotismes « dégradés » et assez souvent (mais pas toujours) coupés de toute vie fantasmatique : ils rappellent en ce sens les procédés autocalmants (Smadja ; Szwec) et les *néo-besoins* (Fain) chez des sujets que l'on peut qualifier d'« esclaves de la quantité » (de M'Uzan).

Ces néo-besoins (addictifs) entretiennent une situation d'étayage et une *illusion d'a-conflictualité* au service d'un déni portant sur la perception d'angoisses de castration et de séparation, se voulant ramener l'actuel au temps du trauma dans un *auto-érotisme désexualisé*, à partir de ce que J. McDougall appelle une « dispersion des affects », voire une « désaffectation ».

Ce que fuit l'addict dans son comportement, en particulier l'adolescent, est en effet la crainte de la dépendance affective en même temps que la resexualisation, à la puberté, de ses liens aux objets œdipiens que suscite tout nouvel objet d'attachement. Nombre d'addicts tournent le dos à ce qu'écrit Goethe : « Il suffit de se déclarer libre pour se sentir aussitôt dépendant : si l'on ose se déclarer dépendant, on se sent libre » (Goethe, 1809, p. 201).

Cette *peur de la dépendance affective*, vécue comme une emprise annihilant le moi, n'est pas sans poser de sérieux problèmes de prise en charge, tant institutionnels qu'en cabinet, tant le transfert risque d'entraîner une réaction thérapeutique négative.

Cette alternance entre emprise et « déprise » dans la relation à l'objet (y compris l'analyste) reflète une instabilité de l'organisation psychique sous-jacente témoignant d'une vulnérabilité de la personnalité (Combe, 2004) et une instabilité de son fonctionnement psychique (Corcos, 2000), particulièrement lorsque surgissent des affects vécus avec intensité. Les liens souterrains entre pulsion d'emprise et affects en excès peuvent aller jusqu'à se vivre jusqu'à l'*aphanisis* par le manque de contrôle sur l'envie de la drogue, de l'alcool, de l'écran ou d'aliment. Pour l'anorexique- boulimique, cela débouche sur la honte d'avoir cédé ; la « syncope subjectale » suit un raptus qui est un analogon d'une jouissance sexuelle interdite (incestuelle, transgressive).

La dépendance addictive illustre en ce sens l'emprise d'un surmoi tyrannique qui maintient le moi sous emprise, ce qui renvoie au mot *obsequium*, le péché, évoqué plus haut. Or cette dépendance au surmoi est centrale chez Freud dans le chapitre III, « Le moi et le surmoi (idéal du moi) » du *Moi et le Ça* (1920) :

> « Si nous considérons encore une fois la naissance du surmoi telle que nous l'avons décrite, nous reconnaissons qu'il est le résultat de deux facteurs biologiques de la plus haute importance : le long état de détresse [*Hilflosigkeit*] et de dépendance infantile [*Abhängigkeit*] de l'être humain et le fait de son complexe d'Œdipe, que nous avons bien ramené à l'interruption du développement de la libido par la période de latence, donc de l'inspiration diphasée de la vie sexuelle[1]. »

Il faut ici comprendre qu'il y a des liens souterrains, inconscients, entre sentiment de détresse, « emprise », dépendance et jouissance d'un côté, et « plaisir », attachement et perte, de l'autre. L'addict se situera du côté de la première série.

Si le plaisir et le principe de plaisir relèvent en effet de la première topique, la jouissance se trouve quant à elle « au-delà du principe de plaisir », relevant ainsi de la seconde topique. Le pulsionnel y « plonge » dans les racines excitationnelles somatiques du ça et son « besoin » de décharge, ce que les addictions cherchent à obtenir, y mimant l'orgasme sexuel pour un moi qui en fuirait la génitalité.

1. Freud S. (1923), 1981, p. 247-248 ; *Studieausgabe*, III, p. 302.

La quête des limites par l'excès se fera, comme dans la jouissance sexuelle, dans les marges, c'est-à-dire les bords du moi-subjectif, en sa périphérie, sur ses enveloppes sensorielles, corporelles, somatiques, perceptives, proches en cela de brèches traumatiques et de zones de défaut de « pare-excitation ». Comme si la conduite addictive, cherchait à toujours renouveler les bords et les contenants d'un « moi perdu » en en créant de nouveaux, factices, chimiquement. « La nouveauté, est toujours la condition de la jouissance », comme l'écrit Freud ((1920), 1981, p. 79).

Avec la nouveauté, voilà revenu l'action de « chercher » du *Sucht* évoqué plus haut. L'emprise est celle-là : une tentative *toujours renouvelée* de « resomatiser » et « resensorialiser » l'affect en le dissolvant dans le corps. Triomphe d'un repli narcissique sur les lèvres ainsi revivifiées de blessures qu'aucune parole ne peut guérir.

L'emprise est donc celle d'un surmoi sévère, prégénital et pré-œdipien resté « collé » aux interstices de replis narcissiques creusés sur les lignes de failles qu'ont infligé au moi les traumas. Ces lignes de failles, pas encore tout à fait en forme de clivage, vont s'aggraver au fur et à mesure que s'accentueront les tensions entre un surmoi sévère et le moi, tensions dans lesquelles Freud voit le « sentiment conscient de culpabilité » et qui se manifestera sous forme d'un « besoin de punition » (Freud, (1930), 1971, p. 80) – à la hauteur d'une jouissance interdite.

Nous retombons ainsi, pour conclure, sur les définitions et les étymologies que nous avancions concernant le mot addiction. L'ébranlement y est emprise, celle de la « servitude volontaire » et de la séduction provenant d'un surmoi tyrannique auquel le moi reste accroché (« accro ») comme le bébé de l'homme ou le bébé singe le sont au sein, cet objet pourvoyeur de l'ivresse de la tétée.

Chez ces « esclaves de la quantité » que sont les adolescents d'aujourd'hui sous emprise addictive, le comportement recrée les conditions préhistoriques du monde de l'oralité *d'avant le langage*, par où la quantité de satisfaction tenait lieu de qualité. Ceci donnera à leur moi, « gonflé » de cette quantité, l'illusion d'une plénitude narcissique, élargissant leurs enveloppes psychiques jusqu'aux confins de leur capacité subjective : le vertige, la syncope, que donnera l'ivresse se rapprochera alors de ce que Freud appelle « psychose par débordement » (Freud (1894), 1973, p. 9).

7. Contexte socio-anthropologique du Narcisse « adulescent[1] » addict contemporain

Revenons sur les articulations et dialectiques possibles entre le monde souterrain et invisible de l'inconscient et celui à portée de regard et visible du socius. Si la psychanalyse traite en effet des individus et non des groupes, l'anthropologie de S. Freud nous a cependant appris, comme nous l'avons souligné précédemment, que les pulsions et les fantasmes ne cessent d'agir dans le champ social et qu'en retour celui-ci influe sur les mécanismes psychiques eux-mêmes.

Dès 1908, dans « La morale sexuelle civilisée et la maladie nerveuse moderne », Freud prend en compte les phénomènes contemporains touchant au rôle de la société dans les facteurs d'inhibition de la sexualité dans l'émergence des symptômes névrotiques.

Ensuite dans *Totem et tabou* (1913), « Considérations actuelles sur la guerre et la mort » (1915), « Introduction à la psychanalyse et névroses de guerre » (1919), « Psychologie collective et analyse du moi » (1921), *L'Avenir d'une illusion* (1927), *Malaise dans la civilisation* (1930), et *L'Homme Moïse et le monothéisme* (1938), il ne cesse de montrer « l'importance qu'il accorde à la référence à la société tout au long de ses développements ; ces données s'avèrent lui être absolument nécessaires pour asseoir sa compréhension du fonctionnement et de la nature du psychisme » (Le Guen, 2009, p. XX). Dans « Le tabou de la virginité », troisième volet de sa « Psychologie de la vie amoureuse » (1918) ou « La morale sexuelle "civilisée" », Freud montre plus spécifiquement l'intrication du sexuel et du social.

Dans *Malaise dans la civilisation* (1933), il voit dans le conflit entre l'individu et la réalité extérieure qu'est la civilisation, la projection du conflit qui se joue entre les exigences du surmoi et le moi. Pour lui, c'est le sentiment inconscient de culpabilité résultant de ce conflit inconscient qui est à l'origine d'un « malaise dans la civilisation » expression du conflit entre la pulsion de vie et la pulsion de mort qui habitent l'Homme ainsi que ses propres illusions, thème abordé dans *L'Avenir d'une illusion* (1927).

Dès lors si, comme l'écrit A. Green (1995), la causalité psychique se situe « entre nature et culture », il se pourrait bien que ce que Freud désignait en son temps comme « malaise » soit de nos jours devenu « maladie » (Green, 1995, p. 137).

1. Jeune adulte qui continue à avoir un comportement comparable à celui qu'ont généralement les adolescents.

> « Nous ne pouvons dire, une soixantaine d'années après [*Malaise dans la civilisation*], que la part jouée par les pulsions dans la marche du monde se soit atténuée. [...] La libération des mœurs, l'affranchissement d'un certain nombre de contraintes qui pesaient autrefois sur la sexualité (censure morale, danger de procréation involontaire, etc.), ont diminué. [...] les progrès de la science et la diminution des censures sociales n'ont nullement abouti à l'épanouissement d'une sexualité heureuse, mais ont favorisé ses formes les plus déréglées, les plus insatiables, poussées par une fuite en avant, voyant se développer les aberrations les plus folles, cherchant appui sur les points de vue les plus "antinaturels" pour le seul but de démontrer la réalisation possible des fantasmes humains les plus extravagants. [...]
> Si l'on ajoute à cela qu'on a vu se développer ces dernières décennies une extension sans précédent de la toxicomanie, on peut à bon droit se demander, devant les dangers évidents de tels comportements, où est la plus grande facilité à jouir de l'exercice pulsionnel. Surtout quand on voit s'associer à de la drogue les conduites de violence qui découlent de l'incoercibilité contrariée du besoin de toxiques. Jamais le principe de plaisir n'a mieux démontré son impitoyable indomptabilité » (Green, 1995, p. 135-136).

À cela s'ajoute, de nos jours, la question de la pulsionnalité sexuelle dans ses liens à la question du genre (*cf.* notre dernier chapitre). Car si la psychanalyse a entériné que la pulsion sexuelle soit un fait de culture, sans pour autant négliger les données hormono-biologiques qui la modulent, les pulsions, les désirs, les fantasmes ou les inhibitions, les défenses, les angoisses restent ce qui la sculptent le plus. Comme le précise Jacques André, « tant qu'il s'agit de s'accorder sur le caractère dénaturé de l'humaine sexualité et la critique du privilège hiérarchique concédé à l'hétérosexualité, la psychanalyse se retrouve sur le même terrain que les *gender studies* » (André, 2017, p. 10).

« *No, I'm not a boy, and I'm not a girl either. I am gender fluid* », écrit un(e) jeune LGBTQIA + sur son blog. Par ses choix, ce sujet postmoderne se présente, une fois encore, comme « libre d'obéir » (Chapoutot) dans la société de l'hyperconsommation, *flexible*, sans frontières, fluide ou « liquide », selon l'expression de Zygmund Bauman (2000).

Celle-ci produit, selon Robert Castel, deux types d'individualismes contemporains : d'un côté, celui d'un individu « par excès », en lien direct avec l'individualisme de marché, maître de ses entreprises, poursuivant avec acharnement son propre intérêt et se montrant défiant à l'égard de toutes les formes collectives d'encadrement et, de l'autre, un individu « par défaut » souffrant de ses manques : « manque de considération, manque de sécurité, manque de biens assurés et de liens stables » (Castel, 1996).

« L'un est dans le trop-plein, dans l'excès de sollicitations, de possibilités, d'investissements subjectifs, qu'il s'agisse d'une quête de réussite ou de réalisation de soi-même ; l'autre est dans le manque, parce qu'il a perdu (ou n'a jamais eu) les assises, les supports et les liens qui lui permettraient d'exister pleinement : propriété privée ou sociale, liens professionnels, économiques, sociaux, affectifs.

C'est un individu « désaffilié » qui, n'ayant plus de repères, se met à « flotter », a écrit il y a plus de quinze ans la sociologue Nicole Aubert (2009, p. 606), ajoutant que c'est bien là la conclusion à laquelle est arrivé Michel Maffesoli qui observe que, chez toute une partie des individus contemporains, la *jouissance du sentir, de l'émotion partagée*, a clairement supplanté la recherche d'un engagement dans des sentiments durables. C'est à un processus de glissement que l'on assiste, explique-t-il, « glissement de l'individu, pourvu d'une identité stable et exerçant sa fonction dans des ensembles contractuels, à la personne aux identifications multiples et jouant des rôles variés dans des tribus affectuelles ».

Et Nicole Aubert de conclure :

> « Tout se passe donc comme si le long terme avait disparu, comme si la capacité de prendre du recul, la possibilité de la réflexion, la capacité de distance, ainsi que celle d'éprouver des sentiments s'inscrivant dans la durée, étaient passées au second plan derrière la nécessité de *réactivité immédiate* et la recherche de *sensations extrêmes*, comme si la quête d'intensité dans l'instant avait remplacé la projection dans une éternité après la mort. »

Dans un livre déjà cité qui apparaît comme un ouvrage prophétique, selon l'expression du préfacier J.-C. Michéa (Michéa, in Lasch (1979), 2000, p. 16), le sociologue américain, C. Lasch (1979) avait avancé il y a plus de quarante ans qu'en ce sens les travaux des psychiatres et des psychanalystes sur le narcissisme, dans ses aspects pathologiques, étaient une mine d'or pour toute étude sociologique portant sur la compréhension des nouveaux comportements de nos contemporains.

Les défenses régressives, « la perte des frontières du moi », l'illusion d'omniscience et la pensée magique, apparaissent aussi bien dans la version psychotique du désordre narcissique, la schizophrénie, que dans ses formes moins prononcées que sont les désordres narcissiques et les fonctionnements « limites ».

« Le narcissisme et le père absent » (*idem*, p. 219-222) est ainsi un des sous-chapitres du livre. C. Lasch y décrit, à partir de la clinique psychiatrique et psychanalytique empruntée à Annie Reich, Heinz Kohut ou d'autres, l'utilisation par la mère de son enfant comme substitut phallique d'un défunt mari ou d'un père dévalorisé, l'absence étant ici celle de la place symbolique de l'homme père (le sien comme celui de son enfant) dans l'esprit de la mère.

Devenu « incastré », faute de rencontres conflictuelles avec le père qui impliquent une réorganisation phallique du discours et marquées par le passage d'une économie de jouissance à celle du désir obtenue par le respect du principe de plaisir, le narcissisme de ces sujets supporte peu d'être limité dans ses besoins, pulsions, fantasmes.

Les fantasmes de succès grandiose, de toute-puissance, liés, du fait de l'absence émotionnelle du père, à une prédominance et absence de tempérance des excès émotionnels maternels, marquent ainsi pour les psychiatres et psychanalystes cités par C. Lasch, l'enfant et le futur adulte « limite ».

Dans ce contexte, *la séduction maternelle est vécue comme un assaut sexuel, une intrusion continuellement envahissante* pour le moi, faute d'un tiers paternel à l'imago suffisamment forte et œdipienne pour établir une distance entre la mère et l'enfant. Ce qui se joue ici sur le plan individuel n'est pas sans analogie avec le monde politico-sociétal actuel.

Dans une société « maternalisée » (écrit M. Scheider) où domine dans les médias et les tweets de nombre d'hommes et de femmes politiques, l'émotionnel, toute pulsion sera vécue avec une charge intrusive non négligeable et… intolérable pour le moi, de là les réactions pudibondes que le *political correct* ambiant imposera ce qui, nous l'avons vu précédemment, n'est pas sans se retrouver chez les étudiants des universités américaines déclarant, « les mots me tuent » ce qui devient prétexte à censure et à « annulation » (*cancel culture*).

8. Faillite de l'autorité et Narcisse « incertain »

L'effacement de l'autorité parentale, en particulier du père agent de l'interdit et de l'inhibition (même évidemment lorsque c'est la mère qui, en l'absence de ce tiers, fait sienne son autorité en s'en prévalant), n'est pas en effet sans être impliquée dans l'absence de contrôles sur les pulsions et affects primitifs (rage, colère, destructivité, jouissance). Cet effacement de l'autorité n'est pas sans conséquence dans le changement allant « d'une société où les valeurs du surmoi, du contrôle de soi, dominaient, à une autre où on se met à accepter de plus en plus les valeurs du ça ; celles de la gratification des pulsions » (Lasch, 1979, p. 224).

Dès lors, le renversement des relations normales entre les générations, le déclin de la discipline parentale, la socialisation de nombreuses fonctions familiales et « les actions confuses [des parents], dominées par des pulsions et centrées sur elles-mêmes » préparent insidieusement l'enfant à vivre dans une société permissive organisée en fonction des plaisirs de la consommation et d'excitations continuelles addictogènes.

Ce déclin de l'autorité parentale, en particulier du père, depuis deux générations (à l'instar de ce qu'a déclaré la ministre de la santé Agnes Buzyn, « un père, ça peut être une femme évidemment ! »[1]), n'est ainsi pas sans impact sur le déclin du surmoi et de la triangulation œdipienne. Elle va favoriser la survivance d'un surmoi préœdipien, sévère et punitif, fondé sur les imagos archaïques des parents. Ces imagos sont à peine séparées l'une de l'autre et, jointes à un moi grandiose, elles sont habitées d'un narcissisme démesuré et continuellement évalué défavorablement face à son idéal du moi, une estime de soi jamais rassasiée.

Il faut ici rappeler que le surmoi est héritier du complexe d'Œdipe et que l'idéal du moi est héritier du narcissisme primaire. La culpabilité relève du premier et la honte du second.

Dans ce contexte, les échecs du moi amèneront celui-ci à être sévèrement puni par un surmoi préœdipien (mutilations, attaques du corps, tentatives de suicide, passage à l'acte auto-agressif et addictif, etc.) qui tire la plus grande partie de son énergie des pulsions agressives du ça, sans adjonction de libido. Ces attaques du corps (y compris par l'addiction) ne seront pas perçues consciemment par

1. Chaine LCP le 29 septembre 2019.

le moi comme des punitions et forme de culpabilité surmoïque, mais comme un détournement de l'agressivité sur soi de la haine envers l'autre liée à une destructivité diffuse à l'ensemble de l'appareil psychique[1] et dénuée de toute intentionnalité.

L'abdication de l'autorité parentale, en particulier paternelle, ancrera ainsi plus que jamais chez l'enfant l'idée que toute punition est un acte arbitraire de ce surmoi préœdipien d'une violence inacceptable quand elle vient de l'autre. Dans ces conditions, Narcisse vivra l'autorité légitime du parent ou de l'éducateur en général non comme relevant d'un conflit de générations inclus dans le complexe d'Œdipe, mais comme une *emprise* et une limitation de sa toute-puissance, bref un « conflit d'altérité » par où c'est l'autre ou lui qui remportera la victoire.

Cette victoire sera évidemment à terme, une victoire à la Pyrrhus car le nouveau Narcisse continuera à errer dans ce vide existentiel qu'il redoute. « Libéré des, superstitions du passé, il en arrive à douter de la réalité de sa propre existence [...]. Narcisse se soucie peu de l'avenir car il ne s'intéresse pas au passé. » (Lasch, (1988), 1991, p. 56), formule qui annonce avec cinquante ans d'avance la *cancel culture*.

Ce narcissisme va donc chercher l'excitation addictive pour occuper le réel d'un *continuel présent*, sans passé, sans avenir : *no futur* pense « l'adulescent » de 40 ou 50 ans.

C. Lasch décrit ainsi combien chez nombre d'adolescents, de cadres hyperactifs ou d'ouvriers, les spots publicitaires[2] et les films d'action ou de catastrophes où dominent « effets spéciaux » et absence de mise en scène de la complexité des sentiments, *diminuent toute symbolisation* de la conflictualité interne. Cette conflictualité ne se trouve « soulagée » de ses tensions que par le recours à la consommation, à l'addiction, à « l'activisme », à une gloire toute wharolienne, d'être célèbre en passant cinq minutes sur un écran télévisuel ou en devenant youtubeur (Pirlot, 2009). L'addictophilie à un quelconque objet de satisfaction peut dès lors suffire, cela dès le plus jeune âge : nourriture sucrée, écran, excitants, drogues. La séduction de ces objets et les produits de consommation sont autant de formes d'« auto-séduction » supplantant la finalité de la séduction objective (Baudrillard, 1970, p. 138).

1. Freud S., Analyse finie et analyse infinie, 1937.

2. Le sociologue américain Michaël Häkawa a montré qu'un jeune new-yorkais de dix-huit ans a dû voir à la télévision environ 350 000 spots publicitaires depuis sa naissance (Ramonet, 2000, p. 56). La publicité se veut un art de persuader, chaque spot est extrêmement élaboré. « Les spots publicitaires, estime Jean-Luc Godart, sont les seuls films efficaces et bien faits », Entretien, *Ça-cinéma*, 19, p. 30 cité par I. Ramonet, p. 57.

Addictophile, l'individu-indivis se trouve alors en quelque sorte être une « personne dissoute dans la matière[1] », matière qui est celle d'un monde *hypercomplexe* dans lequel les désirs inextinguibles d'objets de consommation cherchent à compenser des repères familiaux, identificatoires, sociaux, culturels et professionnels soumis à un continuel changement avec leurs lots d'insécurité et d'angoisse existentielle.

L'homme postmoderne qui y vit est ainsi devenu aussi fluide que le socius dans lequel il évolue: sans racine, sans origine, sans qualité, interchangeable dans son identité même et ses genres, il s'exprime, non pas dans une langue natale dans laquelle ses émotions ont été construites, mais dans un *globish english* mondialisé, à l'exemple de la chaîne européenne Euronews dont la plupart des reportages, présentations et journaux télévisés sont en anglais, langue qui n'est parlée que par un seul Etat européen, l'Irlande, depuis que la Grande-Bretagne a fait son « Brexit », et ceci alors que la langue française est une des langues officielles de l'Union européenne.

Dès lors, si l'environnement sociétal change rapidement, s'il se trouve de plus en plus incertain, la force d'adaptation ne suppose-t-elle pas que le « noyau » qui forge l'identité soit suffisamment solide pour, plus ou moins profondément ou en périphérie, supporter une transformation, telle celle de l'adolescence ?

Si « noyau » de l'identité il y a, sur quoi, en termes de subjectivité, repose-t-il ? La qualité du narcissisme du moi face à la perception de l'altérité de l'autre ? La qualité des identifications narcissiques puis œdipiennes ? L'alliage des deux ?

Dès lors, lorsque les identités de sujets ou de communautés deviennent trop proches, n'y a-t-il pas le risque d'une crainte de confusion identificatoire, voire de dissolution d'une identité menacée par celle de l'autre ? Le « narcissisme des petites différences » qu'évoqua Freud dans *Malaise dans la civilisation* (1927, p. 68) n'est-il pas de ce registre, exacerbé dans une nation de plus en plus communautarisée ?

Selon Freud, nous l'avons vu, ce narcissisme des petites différences entraîne une difficile maîtrise de la destructivité, de la violence, augmentant l'agressivité entre les groupes humains. Ces « petites différences » ne font qu'exacerber un narcissisme angoissé et insécurisé par le voisinage à la fois si proche, si identique (dans la nationalité) et si différent (dans la langue ou les mœurs).

1. « Le nom d'*individu* [...] est commun à l'homme et à la bête, et à la plante, et au microbe, et à l'atome… En tant qu'individus, nous ne sommes qu'un fragment de matière, une partie de cet univers » (Mougniotte A., « La notion de "personne" dans la pensée de Jacques Maritain »).

On n'est donc pas étonné que dans ce contexte d'une « a-société » fluide, aux repères symboliques vacillants, un changement de paradigme ait eu lieu concernant le fonctionnement psychique selon le sociologue français A. Ehrenberg (Ehrenberg, 2001 ; *cf.* aussi Lipovetsky, 1983). Après les névroses de transfert, les névroses de caractère, ce sont pour lui les névroses narcissiques, la pensée opératoire et les états limites qui forment le nouveau paradigme clinique. Celui-ci est celui d'une génération anti-généalogique et donc anti-œdipienne (P.-C. Racamier), le complexe d'Œdipe, squelette psychique sur lequel s'appuie toute verticalisation qu'elle soit subjective ou institutionnelle (État, école, justice, etc.) s'éclipsant aussi rapidement dans l'intra-psychique qu'il ne le fait dans les familles et les institutions symboliques.

Cette verticalisation prend sa source dans la tiércéisation qu'est la fonction et métaphore paternelle dont la fragilité s'avère aujourd'hui patente chez certains sujets addicts états-limites. La tiercéité propre à cette métaphore paternelle est un concept d'André Green (Green, 1990b, p. 9-16 et 243-277) renvoyant à l'autre de l'objet primaire, « l'autre de la mère », à savoir la figure paternelle (ou son compagnon). Sans une tiercéité fonctionnellement efficace jouant le rôle d'un « tain » utile à toute réflexivité psychique, la relation à cet « autre de l'objet primaire », ou l'autre en soi-même, reste duelle, fusionnelle ou d'une « inquiétante étrangeté » autant que d'une inquiétante proximité et intrusion aiguisant donc le narcissisme des petites différences évoqué plus haut.

À titre d'exemple, celui de la personne alcoolique, on peut apprécier combien les miroirs se trouvant derrière le comptoir, offrent au sujet une réponse perceptive – un moi-peau – *en leur servant de tain réflexif là où le regard maternel et paternelle, puis celui de l'aimé(e) ne le regardaient pas, si peu ou plus.*

Les buveurs, les toxicomanes, les anorexiques-boulimiques (« l'assiette et le miroir »), comme nombre d'états-limites, seraient en ce sens autant de Narcisse cherchant dans l'eau de l'étang un objet perdu (le *self* du moi ?) qui, faute d'investissement narcissique du regard maternel ou du regard du mari pour elle ou pour l'enfant que le sujet a été, n'ont pu admettre de cadre hallucinatoire négatif nécessaire pour amorcer toute opération symbolisante ultérieure.

Dès lors, faute de tiercéité efficace, les angoisses d'intrusion, de pénétration, de dépersonnalisation, d'abandon ou de « terreur d'exister » (Corcos, 2013), amenant jusqu'à des sentiments d'incertitude identitaire risquent de se voir combattues par cet objet « transitoire » excitant qu'est l'objet addictif.

9. Inhibition, fonction paternelle et dynamique pulsionnelle

La désymbolisation et le renversement des hiérarchies des valeurs dans ce monde postmoderne commencent par la dévalorisation de la figure paternelle dont la fonction, comme Lacan l'a conçue en tant que métaphore, est un opérateur symbolique. Cette opérateur, qu'il nomme métaphore paternelle[1], s'accomplit dans « les trois temps » de l'Œdipe, simultanément à l'établissement du refoulement originaire.

Le père est ainsi une métaphore appartenant à un ordre symbolique accessible à l'enfant en tant qu'elle est une construction intellectuelle à la différence d'une mère qui, elle, est toujours *certissima*.

Cette *construction intellectuelle*, vécue le plus souvent dans la relation affective au père, superpose l'amour que cette figure paternelle suscite, en même temps que sa crainte. Celle-ci relève de la force physique de ce père mais également du fait qu'elle instaure une distance entre la mère et l'enfant. La fonction paternelle tiercéise, nous l'avons dit, la relation à l'objet primaire, la mère, et participe d'un Œdipe, qui limite tout désir de l'enfant de la posséder sans partage.

L'identification au père est donc une identification ambivalente porteuse des interdits et des angoisses de castration liées au fantasme de transgression de ces interdits. L'identification au père, et au surmoi de celui-ci, donne ainsi à l'enfant un « impératif catégorique » kantien qui est celui de *s'empêcher* : « Un homme, ça s'empêche » comme a pu dire le père de Camus à un camarade (Camus, 1994, p. 78)...

L'absence d'introjection puis d'identification à cette figure paternelle, pôle d'opposition à la décharge pulsionnelle, pôle antiçaïque, pôle intriqué à sa fonction de tiercéisation permettant une croissance concomitante entre le moi et le surmoi (Donnet, 1995, p. 93-94 et p. 118), ne sera pas sans produire une *absence*

1. « Le père est une métaphore. Une métaphore, qu'est-ce que c'est ? Une métaphore est un signifiant qui vient à la place d'un autre signifiant. Là est le ressort, le ressort essentiel, l'unique ressort de l'intervention du père dans le complexe d'Œdipe. *Et si ce n'est pas à ce niveau que vous cherchez les carences paternelles, vous ne les trouverez nulle part ailleurs.* La fonction du père dans le complexe d'Œdipe est d'être un signifiant substitué au premier signifiant introduit dans la symbolisation, le signifiant maternel. Selon la formule de la métaphore, le père vient à la place de la mère » (Lacan, [1958] 1998, p. 174-175).

d'inhibition et de capacité à dire « non » aux sollicitations de drogues ou aux activités addictives comme celles devant les écrans chez les prépubères et les adolescents.

Car, encore une fois, le caractère d'inhibition du père s'oppose à la décharge pulsionnelle, comme le remarque Christian Delourmel (2013). Il se retrouve dans le modèle de Michel Fain de « la censure de l'amante », lorsque la mère retrouve la nuit le père de l'enfant, en tant qu'amant, scène fondatrice à l'âge de trois mois, au moment de la réponse par le sourire (premier organisateur de R. Spitz). Dans le psychisme naissant une forme de « censure » face aux motions pulsionnelles advient en effet lorsque la mère désinvestira son enfant.

Cet effet de « censure de l'amante » résulte d'un processus d'identification inconsciente au mouvement du désir de la mère investissant le pénis paternel. Cette forme d'identification hystérique précoce ouvre, par la vie onirique, à la condition de la représentabilité (à laquelle introduit l'hallucination négative) et aux fantasmes originaires, noyau de l'inconscient (Fain, 1971, p. 294).

L'objet paternel jouerait également un rôle important dans l'induction du dynamisme du *double retournement pulsionnel* décrit par Freud dans son article « On bat un enfant » (1919). Freud y montrait que le destin des pulsions était celui des voix grammaticales du verbe et des transformations de celui-ci. Ceci fit d'ailleurs écrire à John Forrester (1980, p 223) qu'il y a « une structure propositionnelle de la névrose ».

Les accidents dans la construction de cette structuration verbale et propositionnelle des pulsions ne seront pas sans conséquence dans la capacité à représenter les affects et les « préformes organiques » et excitationnelles à la vie pulsionnelle, celle en particulier concernées par les addictions.

À propos de cette déclinaison et transformation verbale et propositionnelle des pulsions, rappelons que selon Laplanche (Laplanche, 1970) le développement de la sexualité psychique correspond à différents temps :

1. *Le temps « a »* : investissement de la pulsion sadique sur l'objet. Il s'agit du sadisme originaire de l'enfant envers un autre, voie active du verbe (« Je le » : « je (lui) fais mal » (sadisme narcissique)).
2. *Le temps « b »* : voix moyenne réfléchie (« Je me »). Retirée de l'objet, la pulsion sera détournée sur la personne propre (1er retournement) : c'est l'auto-sadisme (décrit dans les addictions) ou l'auto-agressivité (« je me tourmente », qui ne

sera pas sans rapport avec le « double retournement » d'A. Green [*infra*]). Cette voix moyenne réfléchie sera un temps narcissique dont dépend l'intégration de la passivité. Le temps « auto » de la voix moyenne réfléchie correspondra à un mouvement au cours duquel s'intériorisera l'action et s'accomplira le processus de fantasmatisation.

3. *Le temps « c »* : l'objet réinvesti deviendra le porteur de la pulsion active sadique. Le sujet subira passivement et en tirera un plaisir masochique (« Il me bat » = identification à l'agresseur).

C'est, pour Benno Rosenberg, la réussite de ce temps « auto » qui rend possible le « masochisme gardien de la vie » (Rosenberg, 1991). Et c'est dans l'échec de ce temps « auto » que s'origineraient les procédés auto-calmants et nombre d'addictions qui « représentent le destin inachevé du sadomasochisme » (Smadja, 2001, p. 254) ainsi qu'une forme de « fétichisation primaire » (Fain, 1971).

Le masochisme moral que l'on peut retrouver chez certains patients somatisants, états-limites ou addictés substituerait ainsi au « Je me » du temps « auto », une situation « il me » dont ces sujets tireraient *un plaisir dans le déplaisir* – qui n'est pas sans lien avec ce que nous avons appréhendé dans le « découplage » neuronale traumatique – impliquant un sadisme érotique *se confondant* avec un sadisme narcissique du surmoi préœdipien.

C'est parce que ce « il » impersonnel, que doit devenir le surmoi, n'est pas intériorisé comme objet interne, que l'*acting* (y compris addictif), par emprise ou auto-emprise, réifiera en quelque sorte cet objet par un objet transitoire addictif, au bénéfice d'investissements économiques narcissiques.

C'est ici toute la question :

- d'une culpabilité prégénitale, distincte du surmoi œdipien, non érotisée, d'ordre *auto-sadique*, différente du masochisme qui est une punition infligée par le père œdipien d'un Enfant est battu (Rosenberg, 1991, p. 46-47) ? *L'auto-sadisme* y est le point de départ (*ibid.*, p. 47), non d'arrivée, de la culpabilité dans la mesure où celle-ci relève d'une *culpabilité prégénitale* sans doute indistincte de l'affect de *honte* ;
- de la *réponse de l'objet* qui changera la trajectoire et la physionomie de ce « double retournement de la pulsion », mouvement pulsionnel avant que le refoulement ne soit efficace[1]. Ce double retournement, modèle primitif de

1. « Le renversement en son contraire, à y regarder de plus près, se résout en deux processus distincts, le retournement d'une pulsion, de l'activité vers la passivité, et le renversement quant

fonctionnement psychique, est composé du renversement en son contraire et du retournement contre soi.

C'est ainsi que la fonction paternelle émerge du dynamisme du double retournement de la pulsion, en permettant *l'intrication de l'inhibition et de la tiercéisation au sein même d'une structure encadrante maternelle.* Cet ensemble construit, dans ses rapports avec ses objets parentaux et sociaux et la mise en représentation des affects, le processus de subjectivation du sujet. C'est cette faillite, à la fois de l'inhibition et de la tiercéisation, dont les effets portent sur la symbolisation primaire des affects et la métaphorisation de la pensée elle-même, qui paraît bien souvent se manifester dans les symptômes et comportements addictifs favorisés par une ambiance sociale « unidimensionnelle » (Marcuse), festive, horizontale (celle du tutoiement généralisé) et permissive.

Comme le remarque C. Delourmel à la fin de son Rapport sur le père, en s'appuyant sur un travail antérieur sur la neutralisation des affects dans l'addiction, il y aurait dans cette clinique addictive un retour possible de la forclusion conçue en tant que complexe processuel signant un échec du refoulement originaire, une défaillance du vertex inhibiteur de la fonction paternelle, liés à une défense paradoxale par le retrait d'investissement.

La prise en charge de certains sujets addicts, en particulier toxicomanes, mène en effet à ces interrogations tant, du point de vue de leur narcissisme précocement blessé, le père est chez eux resté, à l'instar de leur surmoi, un ennemi intérieur confondu à une imago maternelle inquiétante, intrusive et insécure (*Big Mother*). Cette problématique n'est pas éloignée, nous le verrons dans notre dernier chapitre, des modalités de fonctionnement sur le registre pervers, tant sexuel que narcissique.

Il faut comprendre ici que la « perversion ordinaire », celle consistant à « vivre ses passions » et donc ses pulsions sur le mode ludique décomplexé (*homo festivus*) dans lequel s'insère la prise de toxiques (*homo addictus*), découle du fait que la fonction paternelle, n'étant plus soutenue par les grands récits symboliques et fictionnels (au contraire même puisque autorité = patriarcat = violence), s'est étiolée. Sans fiction, pas de fonction car le symbolique est ce qui meut et construit l'apppareil psychique et la subjectivité.

au contenu. Les deux processus, parce que distincts par essence, sont donc à traiter séparément » (Freud S. « Pulsions et destin des pulsions », *OCF, XIII*, PUF, 1988, p. 172).

10. Narcisse est à la *Big Mother society* ce qu'Œdipe est à la société patriarcale

Le discours sociétal du « souci de soi », cher à Michel Foucault (Foucault, 1984)[1], exacerbe continuellement et addictivement, l'ego du Narcisse contemporain dont le but est de satisfaire un moi-idéal à peine sorti de l'antre maternel; « le narcissisme est [chez lui en ce sens] la plus petite forme de l'inceste » (Chazal, 1999, p. 213).

Notre Narcisse postmoderne vit en effet dans l'univers de *Big Mother pourvoyeuse de marchandises, de produits, qui le bercent d'illusion,* plus que dans celui d'Œdipe, de sa tiercéité, de la frustration castratrice et cela quand bien même la rudesse du travail au quotidien, l'incertitude relationnelle, la multiplicité des normes à respecter, sont de véritables limites à sa jouissance.

C'est que, fondamentalement, ce monde *Big Mother* est un monde de la matière, de la consommation, du sensoriel, de l'information « libérée, pour être mieux encadrée et modélisée par les médias » (Baudrillard, 1985, p. 164). Cette société *Big Mother* est également celle de la promesse d'un néo-corps sculpté selon son désir qui, pour ce Narcisse *addictus* et *festivus,* est un monde où tout est toujours à portée de main : un clic sur le clavier de l'ordinateur et sur le site d'une plateforme planétaire, et le colis arrivera 24 heures après dans sa boîte à lettres ! Et si sa commande est celle de livres, il négligera la question de la survie des librairies, pourvu que l'ouvrage arrive chez lui.

La société de consommation se doit ainsi d'être une « bonne mère » et, en cela, participer du mot d'ordre général déclamant haut et fort « la fin du patriarcat ».

En effet, cette « fin du patriarcat », la dévaluation continue de l'autorité paternelle, voire de la figure masculine elle-même (l'homme devant être « déconstruit »),

1. Pour le philosophe, chez les philosophes grecs des premiers siècles, comme Plutarque dans le *Dialogue sur l'amour,* ce qui compte « est l'insistance sur l'attention qu'il convient de porter à soi-même [...] une intensification du rapport à soi par laquelle on se constitue comme sujet de ses actes » (p. 55). Pour Épictète, le souci de soi « nous assure la liberté en nous astreignant à nous prendre nous-même comme objet de toute notre application » (p. 62). Dans ce contexte, « le corps dont l'adulte a à s'occuper, quand il se soucie de lui-même [...] c'est un corps fragile, menacé, miné de petites misères et qui en retour menace l'âme moins par ses exigences trop vigoureuses que par ses faiblesses » (p. 73). Et si pour Marc Aurèle, le souci de soi n'est pas dissocié d'une activité de parole et d'écriture liant le travail sur soi et la communication avec autrui c'est qu'il relève de véritables pratiques sociales.

le monde occidental, en particulier politique, est ainsi progressivement devenu celui, du *care*[1] d'une *Big Mother* mettant en avant le soin et une tolérance teintée de psychologisme devant toute transgression, voire délinquance, société excellement décrite par M. Schneider (2002).

Ce terme « Big Mother » a également été, remarquons-le, avancé par le psychanalyste roumain Radu Clit (2001) pour décrire une société totalitaire, celle du dictateur Ceausescu dans les geôles duquel il a été emprisonné. Pour Clit, le dirigeant totalitaire ressemble à une mère primitive, toute-puissante et terrifiante – *Big Mother*, imago différente de celle du « Big Brother » d'Orwell, dit-il mais, comme lui, ayant éliminé le « Father ». Cela lui donne la possibilité de postuler l'existence d'un totalitarisme interne, psychique[2] qui n'est que la projection d'un surmoi préœdipien, surgeon d'un surmoi archaïque maternel.

De manière plus feutrée, dans notre monde numérique, Narcisse, ayant ainsi éliminé le père en tant que tiers séparateur, ou plutôt ne le reconnaissant pas en tant que tel, ne peut que se situer dans un « admiroir » maternel qui lui suffit amplement. Dans cet admiroir, le Narcisse postmoderne *ne sera pas tant sujet* que reflet, double d'un « moi idéal » (imaginaire) surplombant son « je » (symbolique) jusqu'à l'enfermer dans ses croyances idéologiques les plus coupées des réalités du réel.

Le milieu politique n'est évidemment pas exempt de ce mouvement, bien au contraire :

> « Ce n'est pas "*Yes we can*" mais "*Yes I am*"... [...] La politique en est devenue une "auto-politique", une méta-politique qui se prend elle-même comme objet et champ d'action et n'a plus rien à voir avec l'action pour le bien commun ce qu'elle tait auparavant. Qu'est-ce qui fait qu'on bascule dans le narcissisme, utile à la carrière politique, devient un narcissisme

1. Samuel L., « La "société du *care*" de Martine Aubry fait débat. La "société du soin mutuel" proposée par Martine Aubry suscite critiques et questions à gauche comme à droite », *Le Monde*, 14 mai 2010 ; Chahsiche J.-M, « De l'"éthique du *care*" à la "société du soin" : la politisation du *care* au Parti socialiste », *Raisons politiques*, 2014, 56, 4, p. 87-104.

2. Dans ce système, « la terreur est présente dans l'environnement et l'espace transitionnel du petit enfant dont l'appareil psychique serait réductible au narcissisme primaire » (Clit R., 2001, p. 215). Clit propose une notion de « totalitarisme interne, inhérent, s'instaurant dans la psyché, et visant à la fois un contrôle du dedans et du dehors... Ce moment, qui doit marquer une première séparation/distinction d'avec l'objet, est une sorte d'assujettissement à la toute-puissance et précède probablement de justesse la possibilité de l'espace transitionnel » (p. 221), in Sparer E., 2013, p. 311.

> politique devenu pathologique : le "je" ne peut advenir dès lors qu'on met du "moi" pour se défendre d'être un sujet, c'est-à-dire un assujetti à l'autre » (Schneider, 2014).

Cette problématique narcissique s'épanouit dans « les nouvelles technologies [qui] conviennent finalement mieux à des sujets à fonctionnement "opératoires" qu'à des gens bien mentalisés… favorisant ainsi le développement de névroses de comportement[1] » comme celles bien souvent accompagnant les pratiques addictives. Dans ces conditions sociétales postmodernes les névrosés pourraient, quant à eux, se retrouver dans la situation de vrais inadaptés.

L'approche psychanalytique de la pensée opératoire (PO) ne néglige d'ailleurs pas, je le souligne, cette *dimension narcissique qui prévaut à son éclosion et son entretien* (Fain, Marty, 2013 ; M'Uzan, 2005, p. 142-164 ; Smadja, 2014, p. 11-30 ; Pirlot, 2010, 2013) : M. Fain et P. Marty ont en effet postulé une « unité psychosomatique narcissique de base », protégeant le corps « des vicissitudes qui peuvent entraîner une désintégration des forces psychiques ».

Or le « tonus narcissique de base » que conçoivent Fain et Marty, entretenu par la peau et les organes des sens (Fain, Marty, 2013, p. 18), est en rapport avec ce que Winnicott appelle le *holding* et les qualités de l'environnement et, en ce sens, témoigne d'un narcissisme qui n'est pas un « roc solide inaltérable » mais « comme quelque chose de fragile, facilement altéré, voire détruit dans ce qu'il a de spécifiquement humain » (*ibid.*, 2013, p. 22).

Cela s'observe dans les insuffisances de *holding* maternel mêlées d'une dimension d'emprise produisant des formes de clivage corps-psyché à l'origine d'un défaut dans l'édification de soi, le moi restant séparé de l'origine charnelle des émotions (Corcos, 2005). Ce défaut d'investissement du soi somatique, si présent par exemple dans les troubles des conduites alimentaires (TCA) ou d'autres addictions, en particulier l'alcoolisme, se retrouve également chez nombre de patients somatisants souffrant moins d'angoisse « catastrophique » de type schizophrénique que d'angoisse de perte d'objet anaclitique et d'étayage.

Ce sont ces concepts psychosomatiques des addictions que nous allons aborder dans le chapitre suivant.

1. Propos déjà cité, rapporté par Claire Rueff-Escoubes en 1995 in Pirlot G., 1999.

Chapitre 4

Complexité du phénomène d'addiction réévaluée avec les concepts psychosomatiques et métapsychologiques

Sommaire

Ceux qui voient une différence entre
l'âme et le corps n'ont ni l'une ni l'autre.

Oscar WILDE, *Aphorismes*

J'étais fermement convaincu que
la distinction entre l'âme et le corps
n'était qu'un mot et non une distinction
essentielle, que l'âme et le corps sont
une chose jointe qui recèle un ça,
une puissance par laquelle
nous sommes vécus tandis que nous
croyons vivre. [...] En d'autres termes,
j'ai refusé dès le début d'accepter
cette séparation entre les maladies
corporelles et les maladies psychiques.

Georg Groddeck,
lettre à Freud du 7 mai 1917

J'avais il y a quelques années (1997, 2009, 2018) avancé l'hypothèse selon laquelle l'approche psychopathologique, voire métapsychologique, des addictions méritait de se faire sous l'angle de la psychosomatique psychanalytique, ceci pour des raisons d'ailleurs évidentes, à savoir que les addictions, comme les somatisations, touchent le corps et le rapport « corps-esprit » (le fameux *body-mind problem* des Anglo-Saxons).

Sur le plan clinique, un des angles d'attaque concernant ce modèle est ainsi celui celui des procédés auto-calmants mais également celui des relations complexes entre somatisations et addictions exposées dans *Les Passions du corps* (1997), où j'avais posé l'hypothèse de l'existence de pathologies organiques post-abstinence (POPA [Pirlot, 2002]) dont le modèle référentiel restait, dans le champ médical et pour des raisons physiologiques, celui de la déshydratation intracellulaire et de stress neurologique qui déclenchera le délirium tremens lors du sevrage d'alcool.

Sur le plan métapsychologique, les concepts de « pensée opératoire » et de procédé autocalmant décrits chez les somatisants se retrouvent en effet chez nombre d'addictés qui, ayant arrêté brutalement une addiction, ont présenté des somatisations. Chez ces patients, des clivages anciens, souterrains, jusque-là invisibles, ont formé un terrain favorable à l'emprise ultérieure de la conduite addictive et à la somatisation lors d'un arrêt brutal de cette conduite.

Ce clivage se situe entre le ça pulsionnel (2e topique) et l'inconscient refoulé (1re topique), comme entre l'affect et la pensée, ce qui se traduit fréquemment chez eux par une narrativité désaffectivée, un « silence des émotions » (Carton, Chabert, Corcos, 2011), une réduction de la vie fantasmatique (pensée opératoire, alexithymie). Les clivages précoces sont mis en place afin de soulager la vie psychique d'angoisses psychotiques (de vide, d'annihilation, d'abandon ou de séparation [état-limite]), et, dans l'après-coup de la puberté et de la sexualisation de la vie relationnelle, d'angoisse provenant de fantasmes inconscients comme ceux d'homosexualité (Hopper, 1991).

Si on ajoute à cela qu'il peut bien souvent exister chez les patients addicts une forme de dépression différente de la dépression classique et son trépied connu (anorexie, insomnie, ralentissement idéo-moteur), dépression appelée « dépression essentielle » (DE), il est alors possible de proposer l'hypothèse selon laquelle les conduites addictives luttent (de manière psychique et neurophysiologique) contre cette dépression essentielle pourvoyeuse de somatisations.

Ainsi, même si sur le plan clinique, les « logiques » somatisantes et celles addictives correspondent à des attitudes mentales différentes (absence de passage à l'acte transgressif, meilleure adaptation sociale, répression de la violence plus importante chez les somatisants), nombre de processus psychiques, certes complexes, paraissent relever d'un développement affectif perturbé ayant entraîné une forme de *répression des affects*, des émotions, de la vie fantasmatique (ou imaginaire ou préconscient), aboutissant à une dépression essentielle combattue pour l'addicté par une excitation sensorielle (ou viscérale pour le somatisant) et perceptuelle-sensorielle (et neuro-musculaire) pour l'addicté.

Du point de vue structural encore, relevons que les conduites addictives, comme les somatisations, se situent généralement, nous l'avons vu, dans un registre narcissique (sans être pour autant dans le monde narcissiquement clos des psychoses), c'est-à-dire tentant de « réparer » des blessures, souvent précoces, ayant affecté la constitution du narcissisme ou, en d'autres termes, le « self » psychique.

La question est alors de savoir si, dans certaines conditions de fonctionnement psychique (alexithymie, pensée opératoire), la pratique addictive ne « protège » pas *paradoxalement* de certaines somatisations, comme le laissait déjà entendre il y a quelques années déjà S. Le Poulichet dans son ouvrage *Toxicomanies et psychanalyse, les narcoses du désir* (1987).

De la même manière, on peut se poser la question de savoir si certaines somatisations « chroniques » (asthme corticodépendant, rectocolite hémorragique par exemple) ne « protègent-elles » pas *paradoxalement* le sujet malade d'une conduite addictive dans la mesure où celle-ci existera *de facto* dans la prise répétée et quotidienne de médicament ? De la même manière, les sujets ayant bénéficié de transition de genre ne restent-ils pas dépendants de traitements hormonothérapeutiques, en dépit du risque sur leur santé que ces traitements impliquent ?

À titre d'exemple, citons une récente étude rétrospective ayant apporté un éclairage sur la mortalité et les facteurs de décès chez les personnes transgenres sous hormonothérapie (de Blok, Wiepjes, van Velzen, Staphorsius, Nota, Gooren, Kreukels, den Heijer, 2021). Dans cette étude, menée pendant cinquante ans dans une clinique spécialisée du centre médical universitaire d'Amsterdam en Hollande, plus de 4 500 personnes transgenres, dont une majorité en transition homme vers femme (MtF), ont été incluses entre 1972 et 2018. Au cours du suivi, la mortalité est apparue deux fois plus élevée chez les transgenres, comparativement à la population générale. Le taux de décès est de 10,8 % chez les femmes transgenres, contre 2,7 % chez les hommes transgenres après un suivi respectivement de 40 232 et 17 285 personnes-années. Chez les femmes transgenres, la mortalité est presque trois fois plus importante que chez les femmes cisgenres de la population générale (voir Vincent Richeux « Transition de genre : l'hormonothérapie implique une surveillance renforcée à long terme »[1]).

Pour revenir au thème qui nous occupe ici, la question est de savoir s'il existe de possibles et paradoxales pathologies organiques (POPA), spécialement auto-immunes (asthme, eczéma, urticaire, recto-colite hémorragique, etc.), à l'arrêt de conduites addictives ou toxicomaniaques chez certains sujets à fonctionnement opératoire ou alexithymique.

1. Paradoxe des « pathologies organiques post-abstinence d'addiction »

C'est ce que j'avais donc avancé en 1997 et qui, en cela, rejoignait également le point de vue de Joyce McDougall, pour qui [l'addiction] « se révèle une tentative

1. Medscape, 26 janvier 2024 : https://francais.medscape.com/voirarticle/3609331?form=fpf

enfantine de se soigner. […] l'addiction est davantage une solution psychosomatique qu'une solution psychologique à la souffrance psychique » (McDougall, 2001, p. 16).

1.1 Jacques : aphtose récidivante à chaque arrêt de tabac

Jacques était hospitalisé dans le service de dermatologie du CHR de Toulouse-Rangueil. Son cas, rapporté dans le résumé d'observation médicale, était qualifié par l'équipe du service « des plus curieux ». Nous rapportons ici la lettre que nous adressa l'équipe de dermatologie. Il s'agissait d'une aphtose buccale relativement invalidante et importante, récidivante à chaque arrêt de son tabagisme (1,5 paquets par jour). Lors de sa première poussée en septembre de cette année-là qui fut très invalidante, un bilan dentaire complet avait été effectué ainsi que de nombreux traitements essayés. Seule la reprise de son tabagisme entraîna une disparition complète des aphtes.

En décembre, de nouveaux aphtes commençèrent à se former alors qu'il avait arrêté récemment le tabac (8 jours après l'arrêt environ). Cette nouvelle poussée ne se stoppa que partiellement avec des bains de bouche au ©Keal. L'interrogatoire ne retrouvait pas, comme nous avons pu le soupçonner, la mastication de substance anti-tabac et il ne semblait pas avoir changé non plus ses habitudes alimentaires depuis l'arrêt du tabac. Nous n'avons pas retrouvé de caractère familial à cette aphtose et des investigations d'allergologie réalisées sont restées négatives dans leur ensemble.

On notait une positivité pour les Prick tests alimentaires à l'orange, à la poire, au gruyère, ainsi qu'à la codéine. Tel était le contenu de ce résumé d'observation où était montré qu'il n'y avait pas de caractère familial retrouvé dans l'aphtose.

Nous rencontrâmes Jacques. Il s'agissait d'un homme affable, de taille et de corpulence moyennes, âgé de 49 ans, marié, ayant deux enfants, électromécanicien dans une grande entreprise à haute technicité tournée vers l'espace. Jacques se disait très nerveux ; en fait il cachait mal son émotivité. Il se montrait timide, ayant du mal à s'exprimer oralement : « Moi, je garde tout à l'intérieur ».

Ses seuls moments de détente, ses loisirs, étaient son jardin et ses fleurs : « Il n'y a que là que je me sens bien ». Jacques raconte ensuite l'histoire de sa maladie : « Il y a deux ans, j'ai essayé d'arrêter de fumer… c'est environ deux mois après que des aphtes sont apparus… j'en avais partout dans la bouche… même sur la langue… c'était très difficile de manger… après quelques semaines de traitement, j'en ai eu assez… j'ai recommencé à fumer et les aphtes, comme par miracle, ont disparu en quelques jours » …

« En novembre 1991, j'ai de nouveau arrêté de fumer… cette fois je l'ai fait par acupuncture… et bien, 15 jours après, j'avais de nouveau des aphtes… ». En fait, « le rapprochement entre l'arrêt de tabac et les aphtes, je l'ai fait que la deuxième fois, il y a deux ans »… (Notons l'absence de négation dans la phrase).

Interrogé sur ses motivations à arrêter de fumer, il répond : « C'est ma femme, je peux peut-être vous le dire, qui m'a poussé, elle supporte pas que je fume… ». Précisons que, comme plusieurs autres patient, Jacques ne perçut aucune souffrance psychique et n'eut aucun problème à se sevrer du tabac (pas de *craving* et pas de « signal-affect » *cf.* Roussillon, 2005). Plus qu'une mutité de l'inconscient refoulé, nous avions affaire ici à une mutité du psychisme, caractéristique du fonctionnement opératoire. Il y avait là une sorte de carence, un « défaut fondamental » (Balint, 1968), même si nous percevions dans notre contre-transfert de fortes défenses du moi (répression plus que refoulement des affects) devant toute mobilisation de représentations portant sur ses différents affects surtout devant ceux sollicités par l'évocation d'imagos dominatrices chez lui : son père et sa femme.

1.2 Jean : asthme suivant l'arrêt du tabac

J'ai rencontré Jean il y a bien des années dans un service de pneumologie. Âgé de 60 ans, c'était un homme simple, chef d'entreprise, maçon-charpentier de formation, hospitalisé pour de l'asthme. Timide et effacé, son asthme était important, soigné par cortisone depuis 22 ans, commencé alors qu'il avait 38 ans. Il n'avait pas d'antécédents familiaux d'asthme. Jean avait fumé l'équivalent de deux paquets par jour et avait arrêté son addiction de manière rapide, en trois jours, « sur un coup de tête ». Quatre semaines après l'arrêt de ce tabagisme important, son asthme se déclarait, entraînant un arrêt de travail de plusieurs mois.

Des tests allergiques furent réalisés, confirmant un diagnostic d'asthme d'origine allergique. J'écoutais Jean : « Pendant les trois ans précédant mes symptômes, j'ai eu quelques petits problèmes avec mon père… Je vivais mal qu'il me donne toujours des conseils car j'ai repris son affaire à mon compte. J'étais heureux à cette époque. J'étais marié depuis deux ans, ayant un enfant, une fille. Je fumais depuis l'âge de dix-huit ans. Mon père fumait et mon grand-père aussi. Le tabac m'a permis, pendant toutes ces années, de supporter la pression du travail et ma révolte contre mon père, voire celle contre ma mère qui ne m'a pas tellement élevé. J'ai pensé que si je n'avais pas arrêté, je n'aurais pas d'asthme. Je l'ai dit à mon docteur qui m'a dit que ça n'avait rien à voir (silence). Ce que j'aurais voulu être c'est Compagnon, mais mon père comptait sur moi dans l'entreprise. Aussi, je ne l'ai pas été, ce que je regrette encore».

De son enfance, Jean ajoute: «Mon père était quelqu'un de dur. J'étais le fils aîné avec une sœur cadette de onze mois de moins que moi. Ma mère était une femme effacée. On vivait avec les grands-parents. C'est d'ailleurs ma grand-mère plutôt que ma mère qui m'a élevé. Je l'ai d'ailleurs appelé «maman» jusque l'âge de cinq-six ans». J'ai pas beaucoup de souvenirs de cette période sauf que j'étais souvent malade: des rhumes, des angines, des bronchites, et une fois une "congestion pulmonaire"».

Sur la période de déclaration de sa maladie, Jean précise: «Je me souviens comment ça a commencé. J'étais sur un chantier de maisons à construire. J'avais pas mal de problèmes, car il y avait d'autres chantiers à surveiller. Mon père me laissait de plus en plus la direction de l'entreprise, mais continuait à commander et ça m'énervait beaucoup. J'étais fatigué, une journée pénible. J'étais sur le toit d'une maison. Il fallait surveiller les gars. J'ai eu une espèce de vertige mais pas tout à fait ça quand même... un moment bizarre... d'un seul coup, c'est comme si je ne savais plus qui j'étais. Et puis j'ai eu peur de tomber. J'ai eu comme du mal à respirer. C'était bizarre. C'est comme si je me voyais tomber mais j'étais aussi là-haut, sur le toit. Oui, c'est après que j'ai eu une quinte de toux et du mal à respirer. Ça a commencé comme ça».

Je constatais à l'époque que cet asthme était survenu chez une personnalité aux difficiles possibilités de verbalisation des émotions et me disant n'avoir pas de rêve [alexithymie, pensée opératoire]. Les thèmes des entretiens furent ceux, récurrents, du monde du travail, de sa maladie, comme souvent chez les «normopathes opératoires». Le contexte de conflit avec le père, jamais jusque-là exprimé, donnait l'impression qu'au moment de la déclaration de son asthme, alors qu'il n'avait plus le recours à la décharge sensorimotrice et comportementale de son addiction, Jean se trouvait dans une situation d'impasse, contexte à haut risque somatique.

Autre contexte pour lui ayant sans doute entraîné depuis longtemps un mouvement dépressif, sinon dépréciatif de lui-même, celui du deuil de l'idéal d'identification aux Compagnons. C'est dans ce contexte que Jean eut une sorte de vertige, laissant apparaître un état de «dépersonnalisation» et d'illusion perceptive proche de l'hallucination où il se vit à la fois «là et ailleurs». Cet état était celui d'un moment de déréliction comme s'il se sentait «lâché». Cet épisode rejoint ce qu'a écrit P. Marty : « Les allergiques sont toujours aussi proches de la dépersonnalisation que de la repersonnalisation » (Marty, 1958, p. 17).

Relevons que ce vertige (Schwindal), comme le note Freud en 1896, peut être l'un des symptômes majeurs de la névrose d'angoisse. Or, lorsque Freud attribue l'origine de l'angoisse à la séparation et à la perte d'objet, on peut penser que, même s'il ne fait pas mention du vertige, il continue de le considérer comme une manifestation de l'angoisse et donc de l'angoisse de séparation.

Chez Jean, la confusion jusqu'à l'âge de 5-6 ans sur l'identité de sa mère amène à penser que la question de l'identité (ravivée par celle, nouvelle, d'une paternité et d'une profession identique à celle de son père) a pu déboucher sur la brutale survenue, quasi hallucinatoire, de troubles identitaires, problématique qui, pour M. de M'Uzan (2005), n'est pas sans se trouver dans nombre de problématiques addictives.

1.3 Autres cas cliniques

À ces deux cas cliniques, il faudrait ajouter les cas de Marie, ayant souffert d'asthme et de psoriasis après l'arrêt de sa toxicomanie à l'héroïne, de Luc présentant une rectocolite hémorragique après l'arrêt de tabac, de Laure, une personnalité hystérique ayant des crises d'asthme lorsqu'elle ne fumait pas, de Bernard qui souffrait d'un ulcère gastrique douloureux après l'arrêt du tabac et d'alcool, ou encore de Danièle, hospitalisée en hôpital de jour et qui eut un cancer du col de l'utérus après un sevrage à l'héroïne et présentait une hyperthyroïdie depuis son sevrage alcoolique.

À ces cas glanés au fil des consultations dites de « psychosomatique » à l'hôpital général, il faut ajouter la constatation de la fréquence des troubles organiques ou fonctionnels trouvés dans la population d'un centre de postcure pour toxicomanes. Sur la population qui fréquentait le centre lorsque j'y étais attaché en 1989, j'ai observé quatre pathologies allergiques (un asthme, une rhinite, deux eczémas), deux épilepsies, une alopécie partielle, deux migraines, quatre insomnies et angoisses nocturnes, une lombalgie chez les trente et un sujets en sevrage toxicomaniaque (héroïne, morphine, LSD, haschisch, alcool).

En 1990, sur trente personnes, il y a eu un psoriasis, un ulcère gastro-duodénal, un ulcère gastrique, un eczéma atopique, deux sujets présentant des crises d'épilepsie dont un nécessita un traitement anti-épileptique, un sujet ayant présenté des crises de coliques néphrétiques et une présentant un kyste de l'ovaire. Sur le plan des pathologies « fonctionnelles », on relève nombre de colopathies, des troubles gastriques, des migraines, des diarrhées, une photophobie et un trouble de l'accommodation visuelle.

1.4 L'addiction dans ses liens à la sensorialité primaire, la motricité et la complaisance somatique

Dans *Le moi et le ça* (1923), Freud avance l'idée d'une pensée visuelle (perceptive) plus archaïque que la pensée verbale puisque « le moi est avant tout un moi corporel. Le moi s'est développé à partir du système de la perception ». Celle moins élaboré, avancé en 1896 (Manuscrit K), au plus près de la perception motrice est la *représentation-limite*, terme qu'il n'emploiera plus jamais par la suite, mais qui est très évocateur des limites de la représentation chez les états limites, les névroses de comportement ou de caractère ainsi que les sujets à fonctionnement opératoire.

« Lorsque l'incident traumatisant, écrit S. Freud, a donné libre cours à des réactions motrices, ce sont justement celles-ci qui se muent en représentations limites et en premier lieu en symbole des matériaux refoulés. Il ne s'ensuit pas nécessairement qu'à chaque répétition de l'accès primaire, une idée se trouve étouffée. Il s'agit surtout d'une lacune dans le psychisme » (Freud, 1896).

L'hypothèse freudienne d'images motrices, présentes à plusieurs reprises dans son œuvre, se conjugue avec celle des procédés autocalmants avancés par G. Szwec et C. Smadja, en particulier lorsque ce dernier avance que « la défaillance majeure dans l'organisation fantasmatique de la psyché et un effacement des systèmes de représentation font le lit d'un retour d'une sensorialité primaire indifférenciée, (...) utilisant les propriétés de réduction de l'excitation de la pulsion de mort » (Smadja, 1993, p. 19).

Ceci rappelle les premiers travaux de Marty et Fain (1955) sur « la motricité dans la relation d'objet », dans lesquels ceux-ci informaient sur la valeur de la motricité dans la constitution de la vie mentale et fantasmatique. L'évolution de la relation d'objet varie en effet avec les différentes phases des stades prégénitaux : au stade oral, la vigueur des sensations [est] fonction de la vigueur du besoin (« dont les racines organiques sont très puissantes » (*idem*), la seconde phase du stade oral étant référée, à la suite de K. Abraham, aux buts sadiques des pulsions de cette période.

Lors du deuxième temps de cette phase, les visées d'incorporation et les tendances destructrices seront abandonnées au profit du désir ambivalent de contrôler et de posséder l'objet, dans un mouvement de « motricité pulsionnel » anal compulsionnel, celui-là même retrouvé dans la compulsion de répétition du comportement addictif.

Cette psychodynamique de la motricité pulsionnelle inhérente à la relation d'objet parait perdurer dans les addictions, au lieu de laisser place au fantasme en tant que « représentation d'action » issue d'une présence de représentants-représentations de la pulsion. Dès lors, la question évoquée par Freud de la « représentation limite » se retrouve posée dans les profondeurs économiques psychosomatiques des conduites addictives comme elle l'est dans les procédés autocalmants.

Les incidents traumatiques initiaux, resexualisés à la puberté et l'adolescence, époques des débuts fréquents de comportements addictifs, paraissent dès lors possiblement avoir créé, faute de représentation d'action fantasmatique, ou du fait d'un excès d'excitations traumatiques demeurées à l'état de préforme organique à la pulsion (*supra*), une irritation organique comme celle ayant provoqué la toux chez Dora, que Freud dit être semblable à ce grain de sable autour duquel les ostracées forment la perle.

Cette irritation était par exemple celle retrouvée chez Jean dans sa petite enfance lorsqu'il évoquait ses maladies pulmonaires récurrentes (rhumes, angines, bronchites, « congestion pulmonaire »). Elle apparaît avoir été susceptible de fixation, comme celle (la toux) qui pouvait réveiller la libido dans la névrose hystérique de Dora, mais qui fut capable chez Jean, de se décharger somatiquement et, du fait de son fonctionnement opératoire, n'avoir non pas la « solution » hystérique de conversion, mais celle de la décharge par la contrainte addictive et le plaisir asphyxiant du tabac. Puis, à l'arrêt brutal de cette accoutumance, dans l'asphyxie de son asthme lorsqu'il rompit brutalement avec son addiction.

Cette vignette pose la question, dans le champ psychosomatique, du balancement entre fin d'addiction et somatisation, mais également des formes dégradées de la complaisance somatique et de la fixation au sens de P. Marty. La complaisance somatique, apparue chez Freud dans le texte de l'analyse de Dora[1], rend compte du choix de la névrose hystérique et du choix d'organe où s'opère la conversion hystérique. Ici, chez Jean, entre angines, pneumopathies de l'enfance, tabac à

1. « Point de départ d'une réflexion psychosomatique » pour Marty, Fain, M'Uzan, David, 1968, p. 176.

l'adolescence et à la maturité et asthme à la cinquantaine, nous serions dans le cas, comme chez Dora avec sa toux, d'expressions somatiques servant de points d'appel à l'expression de conflits inconscients, sauf que chez Jean l'investissement libidinal du corps, moins sexuel que narcissique, s'est produit à partir d'un fonctionnement psychique plus opératoire que névrotique.

Citons ce passage du texte de 1968 de Marty et collaborateurs : « l'altération d'un organe ou d'une fonction, constitutionnelle ou acquise, dépourvue de portée sémantique et symbolique, tendrait alors à leur conférer la valeur d'une nouvelle zone érogène. Celle-ci désormais est à même d'exercer une sorte d'attraction ou pour ainsi dire de séduction interne sur le fantasme inconscient objet de la censure. A l'occasion de cette coalescence, l'énergie sexuelle, la libido, engagée, trouve une issue, en même temps qu'elle donne au fantasme qu'elle anime une expression symbolique. Celle-ci, inscrite dans le corps, sera cependant, prise en soi, moins élaborée qu'un symptôme mental » (p. 179).

Marty avance qu'une *réévaluation du concept de complaisance somatique* demanderait « de tenir compte à la fois du degré d'intégration des fonctions, du régime énergétique prévalent, du degré et des modalités de l'organisation fantasmatique, de sa situation en rapport avec l'histoire individuelle… » (p. 180). Dès lors, une complaisance somatique, dans sa forme détériorée psychosomatique, pourrait emprunter selon nous la voie du mécanisme de *décharge pulsionnelle anormale préformée organiquement* évoquée précédemment. Celle-ci, ne pouvant se déployer pulsionnellement faute de représentance psychique, servirait de point d'appel pour des excitations somatiques que toute massivité d'affects (*cf.* les esclaves de la quantité) trouverait, dans la motricité addictive, une voie privilégiée de décharge (éconduction) propre à l'économie psychosomatique.

2. Corps et psyché : de certaines réversibilités addictions/somatisations

Avec le terme « addiction », la conduite de dépendance, affranchie de la stricte pharmacodépendance s'est donc vue étendue à des comportements dont la dépendance est manifeste malgré l'absence d'un produit toxique.

Ces addictions comportementales (*behavioral addiction;* Marks, 1990), ou addictions sans drogues, regroupent, cela a été plusieurs fois rappelé, des comportements comme le jeu pathologique, les achats compulsifs, les addictions sexuelles, l'addiction au travail et, pour certains, la boulimie et l'ensemble des conduites à risques.

Les conduites addictives se trouvent ainsi fréquemment être des formes de « défenses comportementales » face à des angoisses psychotiques (de vide, d'annihilation, d'intrusion), ou celles d'abandon ou encore des scénarios d'agression, de séduction ou liés à des fantasmes inconscients comme ceux de l'homosexualité (Hooper, 1995) (*cf.* dernier chapitre).

Piera Aulagnier (1975) repéra dans l'hétérogénéité des pathologies addictives une même souffrance compulsive accompagnant l'aliénation d'une activité de pensée propre à une relation passionnelle portée sur la drogue, le jeu ou le corps.

Dans ces conditions épistémologiques complexes, on peut de nouveau se poser la question de savoir si le sevrage d'une addiction qui pourtant, en elle-même, nous l'avons dit, a des répercussions somatiques, ne peut pas « mettre en route » une maladie somatique ?

Cela paraît d'autant moins impossible que les médecins avaient depuis longtemps observé que, dans les programmes de sevrage alcoolique, trois types de manifestations de gravité croissante sont discernables : l'hyperactivité du système nerveux végétatif, l'excitation neuronale (comitialité) et le délirium tremens.

Va dans le même sens l'apparition de maladies allergiques ou atopiques comme l'asthme et l'eczéma au moment où des patients anorexiques rentrent à l'hôpital et se séparent du milieu familial (Levy-Soussan *et al.*, 1993).

On peut ainsi se demander avec Kreisler, Fain et Soulé (Kreisler *et al.*, 1974) si, chez certaines personnalités, il n'existe pas une certaine contiguïté entre une « défense comportementale », l'addiction, et une autre aboutissant à une pathologie organique (Fain, 1981) ? Peut-on penser que lorsque, chez certains individus, le recours à l'agir expressif qu'est le comportement addictif n'est plus possible, des pathologies organiques puissent être à craindre ?

D'un point de vue psychosomatique, on pourrait suivre P. Marty (1990, p. 55, note 1) qui se posa la question de savoir si « des investissements toxicomaniaques modifiant l'économie de certains sujets par des chemins hasardeux et pouvant mettre fin à des dépressions essentielles » n'évitaient pas, à court terme, des désorganisations somatiques.

Cette question se pose aussi devant l'apparent paradoxe qu'est l'absence de sensibilité particulière aux infections chez les patientes anorexiques en phase aiguë de dénutrition et le retour d'une vulnérabilité normale lors des phases de restauration pondérale (Levy-Soussan *et al.*, 1993).

Le rapport addiction/somatisation apparaît ainsi, comme rapporté plus haut, assez complexe. « Un genre de toxicomanie est découvert par certains jeunes enfants : le spasme du sanglot. Celui-ci correspond à une véritable manipulation chimique par blocage de la respiration pour parvenir à un état d'inconscience », écrit à cet égard, Michel Fain (1981). Cette atteinte des instincts d'autoconservation qui recouvrent, en psychanalyse, les fonctions physiologiques se montre encore dans l'observation de M. Fain d'une femme de vingt-cinq ans ayant présenté dans son enfance des crises de spasmes du sanglot et qui en était à sa septième tentative de suicide par barbituriques : « Il se révéla au cours de la psychothérapie que ces tentatives de suicide se présentaient sous forme d'accès aigus équivalents à une véritable toxicomanie » (*idem*).

C'est ainsi également que Charles-Nicolas relate le cas d'une jeune femme, Élise, héroïnomane, placée dans son enfance en nourrice par sa mère qui ne la reprenait que le week-end et qui disait : « Je vomissais tout le temps, j'étais toujours malade, eczéma sur le visage et psoriasis sur les jambes [...] avec l'héroïne, tout a disparu » (Charles-Nicolas, 1981).

On peut encore ajouter le propos de M. Monjauze (1992) qui, dans son étude sur l'alcoolisme, rappelait que le peintre F. Bacon avait vu son asthme disparaître lorsqu'il s'était mis à peindre et à boire ou encore celui de Bernard Brusset (1985) relatant des cas de boulimies s'étant transformés en pharmacomanies, en toxicomanies et en pratiques alcooliques ou délinquantes.

Ainsi, même s'il est admis qu'une addiction exogène, par appauvrissement de la vie imaginaire et développement d'une alexithymie ou d'une pensée opératoire, favorise l'entrée dans une maladie somatique, il apparaît au regard de ces exemples qu'une addiction pourrait également suivre ou formuler autrement une pathologie somatique de l'enfance et qu'une pathologie somatique peut disparaître avec une addiction (Scharbach, Viard, 1989). Par ailleurs, ne peut-on pas voir l'épilepsie ou le diabète insulino-dépendant comme des somatisations entraînant en elles-mêmes de véritables toxicomanies/addictions médicamenteuses ?

3. Fonctionnement opératoire/alexithymique, dépression essentielle et addiction

Les descriptions des sujets somatisants et celles des « addicts » ont amené à l'évidence que ces deux types de population pouvaient être décrits, sur le plan du fonctionnement psychique, de manière relativement proche :

— présence fréquente d'une « pensée opératoire », particulièrement chez les addicts sportifs ou aux jeux vidéo. Pour comprendre cette notion de « pensée opératoire », il faut partir d'un principe freudien simple : les activités fantasmatiques et oniriques permettent d'intégrer, dans la subjectivité même, les tensions pulsionnelles et protègent la santé somatique de l'individu en lui permettant de « transférer » sur l'activité psychique les excitations tant internes qu'externes (Marty, 1980).

Dans cette conception, la pensée opératoire, pensée utilitariste, factuelle, tournée vers le concret, l'objet, la matière et la technique, suppléeront à la carence des activités de pensée fantasmatique et onirique et à un « préconscient » dont la pensée associative est peu étoffée et défaillante.

Dans ce contexte psychique, aggravé à l'adolescence par de réels moments de désorganisation dus aux remaniements pulsionnels et identitaires propres à cet âge, l'addiction joue le rôle de procédé autocalmant ou de « néo-besoin » (Braunschweig, Fain, 1975) (*supra*) cherchant à décharger les tensions (excitations) psychiques et à masquer toute perception d'émotion, celle-ci risquant de déstabiliser la fragile architecture narcissique du moi.

Les conduites addictives lutteraient pour un certain nombre d'entre elles, de manière neurochimique, contre une dépression essentielle et sa baisse d'un « tonus vital » dont le substrat anatomique peut être localisé par le système réticulé activateur ascendant (SRAA) situé dans le tronc cérébral. Cette baisse du tonus vital fait en effet partie du diagnostic de « dépression essentielle » qui se caractérise par une perte de la libido, une fatigue chronique, une absence de rêve ou de fantasme.

C'est une dépression infraclinique liée bien souvent à un fonctionnement mental opératoire.

Cette symptomatologie dépressive se définit ainsi par un manque contemporain de la baisse du tonus vital : effacement, sur toute l'échelle, de la dynamique mentale et de certains mécanismes de défense (déplacement, condensation, introjection, projection, identification, vie fantasmatique et onirique) qui se trouvent peu dynamiques. Ils favorisent la « dé-hiérarchisation » des fonctions psychiques, au point de laisser actifs ders mécanismes de défense anciens, portant sur le système perceptif, tels le clivage et le déni.

Tout cela aboutit à l'expression clinique d'une pulsion de mort, « désobjectalisante » (Green, 1986). Sur le plan du fonctionnement psychique du sujet, « l'absence de communication avec l'inconscient constitue une véritable rupture avec sa propre histoire. La parole semble seulement conservée pour décrire les événements et médiatiser les relations » écrit P. Marty (1990, p. 55), conception qui rejoint celle de Sifneos sur l'alexithymie (Sifneos, 1967) et celle sur la pensée opératoire.

Enfin, une psychodynamique de la motricité pulsionnelle inhérente à la relation d'objet (Marty, 1955) paraît perdurer dans les addictions au lieu de laisser place au fantasme en tant que « représentation d'action » issue d'une réelle présence de représentants-représentations de la pulsion. La question posée par Freud de la « représentation limite » se retrouve ici posée dans les conduites addictives et les procédés auto-calmants.

4. Représentation « limite », neurones-miroirs, images motrices et addiction

Cette question de la « représentation limite », déjà évoquée, mérite un nouveau détour car elle propose une réflexion sur les liens entre la perception, l'image motrice (*supra*), l'imitation (importante à l'adolescence concernant les pratiques addictives) et les proto-représentations propres au psychisme immature.

Pour Freud, l'image motrice interne peut coïncider avec la perception : il y a dans ce cas une identité de perception entre l'action motrice et l'image motrice interne, ce qui a valeur de jugement de réalité[1].

1. Dans une note de bas de page, F. Duparc (1997) précise que le jugement de réalité ne se fait que sous réserve que l'investissement en affect ne soit pas trop fort, car alors « rien ne distingue une réalité d'une fiction investie en affect » (*cf.* Freud, lettre à Fliess n° 69, in *La Naissance de la psychanalyse*, Paris, PUF, 1956).

Or ceci est aujourd'hui très actuel et confirmé par la découverte de neurones-miroirs dans le cerveau des macaques par Rizzolatti (Rizzolatti G. *et al.*, 1996). Les neurones-miroir s'activent lorsque le singe fait une certaine action, mais aussi lorsqu'il observe quelqu'un faire la même action, d'où le terme miroir. Ils ont d'abord été observés dans le cortex prémoteur ventral du singe (aire F5) mais aussi, par la suite, dans la partie rostrale du lobule pariétal inférieur.

Chez l'homme, l'imagerie cérébrale a pu aussi montrer que certaines régions relativement homologues (l'aire de Broca et le cortex pariétal inférieur) présentaient une activité similaire. En neurosciences cognitives le système miroir est considéré comme un précurseur de l'imitation, de la « théorie de l'esprit », de l'apprentissage linguistique : on a évoqué leur rôle déficitaire dans l'autisme (Haag, 2006).

Il semble que cette découverte conforte plusieurs notions psychanalytiques :

- L'identification – où l'on retrouve le scénario identificatoire singulièrement dans *On bat un enfant* (Freud, 1919) (transitivisme des enfants de Karl Buhler).
- Le problème de l'imitation et de la personnalité allergique. Les défauts de subjectivité, de la « lignée subjectale du moi[1] », de fondements masochiques du psychisme qui permet l'accession à la perte, au deuil de l'objet primordial, pourraient se trouver suppléés par l'identification imaginaire, immédiate, mimétique ; certains comme A. Merlet (1986) ou G. Szwec (1991, p. 124, note 1) ont d'ailleurs vu des analogies entre mimétisme et somatisation. G. Szwec relève ainsi la fréquence d'enfants allergiques ayant de vrais talents d'imitateurs.

À cette découverte s'en est ajoutée une autre permise par l'imagerie médicale selon laquelle l'exécution *réelle* d'un geste, de même que la *représentation et la pensée* de cette exécution, activent les *mêmes régions* du cerveau (aire motrice supplémentaire, cortex préfrontal et prémoteur, ganglion de la base, du cervelet), mais à des niveaux d'intensité fonctionnelle moindres (métabolique, électrique ou vasculaire) : en ce sens la pensée (y compris le fantasme) vaut (presque) l'action : penser faire une action suscite les mêmes activités cérébrales que la réalisation du mouvement[2] (ce que nous avons abordé concernant l'addiction sexuelle aux

1. Green, « Les coupures épistémologiques de Freud », in *Idées directrices...*, 2002b, p. 153-159.

2. Ceci amène à penser que : 1) ces découvertes neurophysiologiques récentes confirment l'hypothèse freudienne des liens entre action et représentation qui, par le dispositif de la cure qui suspend et inhibe la motricité, favorise l'émergence des représentations psychiques et mentales et le fait de « toucher par l'acte de parole » la réalité du fantasme inconscient ; 2) si le fait de faire une action, ou de l'imaginer la faire soi-même, activent les mêmes neurones – à des niveaux de fonctionnement, moindres – nous sommes alors bien dans ce que S. Freud appelait l'incapacité

séquences pornographiques qui, d'ailleurs, touche de plus en plus de jeunes, y compris des enfants, avant donc la puberté)(Pirlot, 2007).

Continuons avec Freud pour ajouter que la question de la *première inscription ou proto-représentation* revient dans la Lettre 52 à Fliess (1896), où il émet l'idée *d'enregistrements successifs dans l'appareil psychique*, « tout nouvel enregistrement gérant l'enregistrement précédent et faisant dériver sur lui le processus d'excitation ». Il suggère au moins trois enregistrements, et un processus d'association-traduction à chaque étage représentatif.

Cette façon de voir le fonctionnement psychique est, une fois encore, parfaitement validée scientifiquement aujourd'hui. On trouve sous le niveau conscient le préconscient, qui est l'enregistrement le plus élaboré et correspond aux associations verbales de deux modes différents d'enregistrement un peu plus complexes que le premier enregistrement perceptif.

Le plus élaboré est un enregistrement visuel, qui correspond à la pensée visuelle du rêve et du fantasme (Manuscrit L, 1897).

En 1923, dans « Le moi et le ça », Freud avance l'idée d'une pensée visuelle plus archaïque que la pensée verbale puisque « le moi est avant tout un moi corporel. Le moi s'est développé à partir du système de la perception » et le moins élaboré, au plus près de la perception motrice, est la « représentation-limite » (Manuscrit K, 1896), terme qu'il n'emploiera plus jamais par la suite, mais qui est très évocateur comme le remarque F. Duparc (Duparc, 1997 ; Grezes, Decety, 2001), des limites de la représentation et des états limites.

> « Lorsque l'incident traumatisant, écrit S. Freud, a donné libre cours à des réactions motrices, ce sont justement celles-ci qui se muent en représentations-limites et en premier lieu en symbole des matériaux refoulés. Il ne s'ensuit pas nécessairement qu'à chaque répétition de l'accès primaire une idée se trouve étouffée. Il s'agit surtout d'une lacune dans le psychisme » (Freud, 1896).

de repérer des « indices de réalité » dans l'inconscient (Freud, lettre à Fliess du 21/09/1897) ; 3) l'hypothèse phylogénétique freudienne concernant le meurtre du père de la horde primitive devient obsolète le fantasme œdipien permettrait à lui seul de (ré)activer une trace dont la vivacité affective équivaudrait à l'acte (meurtrier). Voir également Decety, Grezes, Costes, Perani, Procyk, Grassi, Jeannerot, 1997).

Duparc analyse ainsi ce passage de Freud :

> « [Il] semble particulièrement éclairant pour définir la première inscription symbolique (« premier symbole » nous dit Freud) ; en même temps, on voit bien qu'il ne s'agit pas d'un matériel représentatif habituel, mais plutôt d'une trace non figurée, proche de l'hallucination négative (une « lacune », selon Freud). Cette idée d'une première inscription ou proto-représentation permet de mieux comprendre l'observation du batteur solitaire décrit par G. Szwec [...] où la représentation-limite de l'accident traumatique [de voiture dont il fut l'objet, enfant] fait retour comme ébauche de représentation, sans cesse répétée » (Duparc, 1997, p. 104-105).

Cette idée sera reprise par lui dans l'article sur « La (dé)négation » (Freud, « La négation », 1925) lorsqu'il évoquera les tâtonnements moteurs qui accompagnent le jugement de réalité de la perception, afin de la distinguer de l'hallucination.

Cette hypothèse freudienne des « idées d'images motrices, ou même de véritables représentations motrices » présentes à plusieurs reprises dans son œuvre, se conjugue avec celle des procédés autocalmants avancés par G. Szwec et C. Smadja en particulier lorsque ce dernier avance que « la défaillance majeure dans l'organisation fantasmatique de la psyché et un effacement des systèmes de représentation fait le lit d'un retour d'une sensorialité primaire indifférenciée, [...] utilisant les propriétés de réduction de l'excitation de la pulsion de mort » (Smadja, 1993, p. 19).

C'est ce que fait F. Duparc quand il évoque les premiers travaux de P. Marty sur « la motricité dans la relation d'objet » (Marty, 1955) dans lesquels celui-ci signalait la valeur de la motricité dans la constitution de la vie mentale et fantasmatique.

On aurait tort de croire qu'avec l'hypothèse des « images motrices » il ne s'agirait que de tâtonnements théoriques de Freud à ses débuts car les mêmes formulations seront reprises par lui dans *Totem et tabou*, en 1913. À propos de la magie imitative des primitifs, F. Duparc compare d'ailleurs les rituels magiques et le jeu des enfants, et parle d'une *hallucination motrice*, mise en jeu par le désir de faire coïncider étroitement le désir et la réalité, sous la prédominance de l'impulsion motrice. À vrai dire, Freud parle d'une « sorte d'hallucination motrice », et on peut plutôt soupçonner l'association entre une hallucination motrice et une mise en forme visuelle, symbolique, mieux élaborée.

Enfin, F. Duparc retrouve ces idées freudiennes dans les théorisations de divers auteurs dont certains évoqués dans notre ouvrage de 1997 : celle de P. Aulagnier de pictogramme, de P. Marty de motricité dans la relation d'objet, de M. Fain et M. Soulé dans *L'Enfant et son Corps* (1974), de M. Perron-Borelli et R. Perron sur le fantasme comme « représentations d'action[1] » ; et celles, ajoutions-nous en 1997 des travaux de Pinol-Douriez sur les « proto-représentations » caractérisées par l'indistinction soi/objet (Pinol-Douriez, 1984; Pinol-Douriez, 1986) qui illustrent le non-décollement des sensations somatiques aux représentations psychiques (absence ou abrasion de la subversion libidinale). Ces proto-fantasmes, qui ne sont pas sans rapports avec les fantasmes originaires, sont surtout centrés autour de verbes pulsionnels tels qu'avaler, expulser, pénétrer, détruire, constituant la « matrice originelle du fantasme » (Perron-Borelli et Perrron, 1993).

Comme le remarque Christian Delourmel, l'addiction, peut alors apparaître comme un paradoxe défensif, mémoire de failles précoces de l'Être (Delourmel, 2009, p. 48), de mémoire amnésique de cette indistinction soi/objet, ou de proto-fantasmes ne pouvant trouver une déclinaison grammaticale pulsionnelle (Forrester). Delourmel rejoint ce que nous avions souligné en 1997 dans *Les Passions du corps*, lorsqu'il relève combien les ruptures, par des traumas précoces, de l'équilibre et l'acquisition par le psychisme de ses capacités de différencier le dedans et le dehors, le sujet et l'objet, le moi et le non-moi conduiraient à un risque non négligeable de pathologies auto-immunes ou de solutions défensives comme la psychose, d'autisme, de somatisation... mais aussi de conduites addictives.

> « Les comportements addictifs dont certains tutoient la mort font en effet penser à certains processus de somatisation s'originant dans des défaillances dans la discrimination du soi/non soi immunologique (maladies auto-immunes, maladies allergiques, réaction de Seyle, etc.) où l'organisme peut mourir sous l'effet de la massivité et de l'aveuglement des défenses et non par le fait de l'agent pathogène qui les suscite » (*ibid.*, p. 49).

La notion de « marqueur somatique » avancé par Damasio (1995) et celle de J.-P. Tassin (1994) de « confusion de bassins d'attraction » formés dans les premiers mois de la vie associant zones corporelles et angoisse échappant au traitement cognitif ultérieur de l'émotion, peuvent également ici aider à saisir l'existence de symptôme somatique comme celle du recours à l'addiction.

1. « Nous avons voulu souligner l'importance que prend, à la base de toute fantasmatique et dans ses formes les plus primitives, le jeu des représentations d'action. Car les premiers fantasmes nous apparaissent bien comme une transposition, sous forme de représentations, de processus qui sont *agis* avant d'être représentés » (Perron-Borelli et Perrron, 1987).

Dans le contexte néonatal de prématurité et de non-maturité psychique de la naissance à la puberté, il pourra en effet exister des *erreurs dans le traitement de certaines catégorisations d'affects* (par dérégulation du principe de plaisir/déplaisir [*supra*]), au point que le premier mode de catégorisation, le mode analogique (entre perceptions sensorielles et perceptions hallucinatoires), pourrait régresser vers un mode de traitement bio-*logique* de l'affect : par exemple, une diarrhée à la place d'une angoisse non spécifique, ce que Tassin appelle une « confusion de bassin ».

Cette « solution biologique » du traumatisme (Roussillon, 1995), peut également relever d'un *holding* maternel et parental (*cf.* les mères calmantes de M. Fain, *supra*) ayant brouillé les étapes de différenciations du soi somato-psychique du nourrisson (Winnicott, 1952) : certaines somatisations, mais aussi nombre d'addictions, laisseraient ainsi apparaître ces défauts de différenciations dus à des forces économiques qui ont débordé l'appareil psychique dans sa croissance lors de tel ou tel événement psychique créant, dans l'appareil psychique une instabilité dynamique.

5. De l'affect passion, proche des réactions viscérales et du narcissisme, à l'affect-signal représentable

Les voies de distinctions progressives entre affect inconscient, affect-passion et affect signal on fait l'objet de la réflexion de René Roussillon. Ce dernier replace utilement la question de l'affect chez Freud dans ses relations à l'auto-conservation et à ce que la biologie des passions (Vincent, 1989) nous apprend aujourd'hui.

Il rappelle ainsi que dans *Inhibition, symptôme, angoisse* (1926), Freud avait déjà souligné que l'ensemble des manifestations corporelles de l'affect possédait sans doute une fonction précise dans l'économie de l'auto-conservation du sujet : « L'affect est une nécessité biologique pour la situation de danger et il eût de toute façon été créé », position qui est proche des thèses de C. Darwin, utilement convoqué de plus pour combattre la théorie de l'angoisse de la naissance d'O. Rank.

Aujourd'hui, les vues darwiniennes sont largement partagées par les éthologues et biologistes qui reconnaissent à l'affect une préparation de l'animal humain à l'action impliquée dans tel ou tel contexte.

> « L'affect représente ainsi un ensemble de réactions somatiques cohérentes, organisées, vectorisées, en rapport avec une situation particulière qui implique

> une action adaptée : c'est un réseau de réactions somatiques dont la fonction première est celle de l'anticipation et de la préparation à une action déterminée. Somatiquement l'affect est d'abord cela. Ainsi les biologistes des passions modernes ont-ils exploré en détail les réseaux de connexion, d'association et d'interaction qui s'établissent dans le soma dans la production de l'affect » (Roussillon, 2005, p. 120).

Systèmes hormonaux, médiateurs synaptiques, système sympathique, système immunologique, cardiovasculaire, musculaire... s'articulent ainsi pour « mobiliser » le corps et le préparer à l'action (ce qu'avait déjà souligné H. Laborit dans l'*Inhibition de l'action* propice à la somatisation).

Du côté de ce versant « somatique » se placent ce que Freud appelait les « neurones-clés sécrétoires », composante à part entière aujourd'hui du Diencéphale et de bien d'autres structures cérébrales, par où l'émotion se traduit par la sécrétion d'un neurotransmetteur ou d'une neuro-hormone.

En ce sens, l'affect doit être considéré, du côté biologique, comme un « mouvement en quête de forme » (*supra*) dans un réseau de connexions, réseau d'associations, un réseau complexe de ramifications organisées et vectorisées par un projet d'action.

> « Si, d'un point de psychique, l'affect est un représentant de la pulsion, cette fonction n'est qu'une "propriété émergente" du réseau de connexions associatives somatiques qui le composent ; celui-ci "informe" – "auto-informe" – la psyché des processus biologiques qui se sont mobilisés et associés dans le soma, il informe la psyché de l'acte en cours de préparation » (*ibid.*, p. 121).

Charles Darwin, précise encore R. Roussillon, a également souligné que la réaction d'ensemble du soma dont émerge l'affect, produit aussi un message adressé aux congénères, aux semblables. Ce serait là une autre des « propriétés émergentes » du réseau associatif somatique, il produirait des messages, l'un vers le sujet lui-même, l'autre vers autrui. L'affect créerait ainsi une *première forme* de langage émettant des messages d'états internes, une forme de langage « animal » premier – ce qui, d'une autre manière, rejoint les vues de Jean-Jacques Rousseau sur le langage premier comme issu des émotions[1].

1. Rousseau J.-J., *Essais sur l'origine des langues* (1781), où le jeune philosophe avance que c'est en premier le rôle de l'imagination et de l'affectivité qui est à l'origine du langage : le langage primitif relève d'une expression de la passion.

L'hypothèse que propose alors Roussillon est que, dans l'organisation du réseau de connexion associative somatique, quelque chose se produit qui *freine* l'émergence de la propriété signal de message psychique, ou produise des distorsions de celui-ci, qui en dénature la forme. L'installation d'une alexithymie primaire ou secondaire, voire de la « pensée opératoire », tient lieu, pour moi, de cette distorsion.

Deux questions sont alors pour R. Roussillon à considérer.

La première concerne l'organisation du réseau de connexion associative du soma, c'est-à-dire la vectorisation lui donnant son organisation, qui lui confère son caractère de « poussée » organisée vers l'action ou l'acte. « On peut imaginer, écrit encore Roussillon, que certains facteurs viennent contrarier cette organisation. Il existe des connexions aberrantes, des associations idiosyncrasiques particulières, fortuites, liées à des conjonctures historiques particulières qui peuvent brouiller l'organisation du réseau en message » (Roussillon, 2005, p. 121).

La seconde selon nous, est que l'alexithymie et la pensée opératoire seraient des formes de fonctionnement mental émergeant d'un codage singulier aussi bien « digital » qu'« analogique » des affects dans les hémisphères cérébraux. C'est ce traitement singulier que cherche à contre-investir le produit ou l'activité addictive, en « neutralisant » de façon neurochimique (dopamine, endorphines et autres enképhalines), ce brouillage (découplage neuronal, cf. supra) de cette émergence des affects, particulièrement ceux destructeurs pour le narcissime du moi, qui invite à revisiter certains points de vue métapsychologiques sur l'affect dans leurs liens à l'immunité.

6. L'affect au carrefour entre les systèmes immunitaire et nerveux, et l'appareil psychique

Dans l'*Esquisse/Projet*, l'affect est « produit par une libération soudaine de l'excitation antérieurement emmagasinée par frayage ». Dès cet *Esquisse/Projet*[1], l'affect a aussi valeur de signal : toutes les fois qu'une série de traces mnésiques se trouve activée et qu'elle met en jeu un frayage qui libère des excitations, il en résulte un affect. Le plus souvent, donc, dans la période qui va de 1893 à 1915, la théorie insiste sur l'aspect *quantitatif des investissements en jeu dans l'affect.*

1. Freud S., « Le Projet d'une psychologie scientifique » (1895), in *Lettres à Wilhelm Fliess 18897-1904*, 2006, p. 595-697

Par la suite, dans les écrits métapsychologiques (« Le Refoulement »[1] ; « L'inconscient »[2]) l'affect est défini comme « le facteur *quantitatif* lié à la pulsion ». Freud y distingue l'aspect subjectif – et donc qualitatif – de l'affect (l'émotion) et les processus énergétiques qui le conditionnent.

L'affect est ainsi conçu comme ce rejeton de la pulsion, distinct par essence et par nature des représentations mais comme *moteur de transformation* de celles-ci. L'affect serait ce *reste* qui, de la pulsion, ne peut être réduit par la représentation (Green, 1995, p. 316) et garderait ainsi le pouvoir *toxique* de déclencher des « pulsations » excitationnelles somato-biologiques.

Va dans ce sens l'emploi, par Freud, parallèlement au terme d'affect, de celui de « quantum d'affect », insistant sur l'économique : « Le *quantum* d'affect correspond à la pulsion pour autant que celle-ci s'est détachée de la représentation et trouve une expression adéquate à sa quantité dans des processus qui nous deviennent sensibles comme affects[3]. »

Les affects inconscients constitueraient ainsi les stades originaires de ce qui va donner naissance à la trajectoire perceptive et représentative : *l'affect est ainsi une émotion en quête de forme.* En tant « qu'acte interne » en mouvement[4] comme la pulsion, il pourrait tendre autant vers la *décharge somatique et comportementale (addiction)* que vers des fractionnements dans des séries de liaisons, des regroupements de sensations, de représentations, d'effets moteurs (Green, 1973, chap. V).

Ajoutons que de son côté, en 1895, Freud souligne l'analogie des réflexes conditionnés avec certaines « associations » pathologiques ; et en 1926, il rappelle cette conception évoquant des « réflexes conditionnés compliqués ».

Or les travaux actuels sur la mémoire soulignent l'importance des associations par *simultanéité* dans la fabrication de celle-ci. « Cette associativité concerne aussi l'associativité des réactions somatiques comme l'allergie le démontre amplement, ce qui rend le modèle du réflexe conditionné loin d'être désuet » (Roussillon, 2005, p. 122).

1. Freud S., « Le refoulement », 1915.

2. Freud S., « L'inconscient », 1915.

3. Freud S., « Le refoulement », 1915, p. 79-80.

4. Il conviendrait peut-être de parler, avec M. de M'Uzan, de « processus d'affectation ». Ce processus d'affectation concernerait *le corps et tous les systèmes psychiques* tandis que *l'affect resterait, lui, lié à la conscience (de soi)* M. de M'Uzan, 1970 et (1977), Affect et processus d'affectation, p. 98-105.

Ces « réactions somatiques » peuvent ainsi aujourd'hui être comprises comme être dépendantes de lymphocytes dont on sait aujourd'hui qu'ils sont suscités largement par des facteurs affectifs[1] ainsi que l'écrit Gabriel Gachelin :

> « Au plan de la vie relationnelle, il est à peu près clair que des relations existent entre le niveau de certaines activités immunologiques et la survenue de certaines émotions de l'individu. Un grand nombre de publications attestent que des situations considérées comme émotionnelles, tels des deuils, des séparations, etc., se traduisent par des variations dans la composition de l'activité biologique des sous-populations lymphocytaires du sujet… Je suis donc amené à penser que c'est l'irruption brutale de manifestations émotionnelles chez un sujet qui peut se traduire par de brusques modifications de son niveau de fonctionnement immunitaire, et par voie de conséquence, à la rupture de son ordre immunologique antérieur. Je peux imaginer que des pathologies somatiques et en particulier auto-immunes peuvent apparaître à ce moment… Il n'existe sans doute aucun état émotionnel qui ne soit réfléchi dans un état fonctionnel particulier du système immunitaire » (Gachelin, 1985, p. 51).

Des chercheurs posent de nos jours l'hypothèse selon laquelle l'action du système nerveux central sur les processus immunitaires serait médiatisée par des mécanismes de type neuro-humoral véhiculés par des neuropeptides (Pert, 1985) qui ne sont pas sans lien avec la vie affective : « Les neuropeptides sont les messagers d'un réseau psychosomatique, leurs effets s'appuient sur le réseau immunitaire » déclare G. Gachelin, ajoutant : « Ces neuropeptides sont des médiateurs de l'émotion. »

Rappelons que l'on peut classer les neuropeptides en deux catégories :

- ceux qui stimulent l'immunité : la substance P, la b-endorphine, la neuro-tensine ;
- ceux qui inhibent l'immunité : le VIP (*vaso-active intestinal peptide*), la somatostatine.

1. « Mémoires allergique et psychoaffective, fondement de nos sensibilités et réactivités *ont en commun* », écrit le professeur Jean-François Michel : « 1) Leur fonctionnement selon le même scénario en trois actes : après un premier contact, l'individu identifie l'étranger et se sensibilise à lui […] ; 2) Les actrices du scénario, cellules à mémoire d'un même ensemble, lymphocytes pour le sixième sens allergique, neurones limbiques pour le système psycho-affectif. C'est leur capacité de reconnaissance, qui les fait remonter à la co-naissance du sensibilisant initial (allergique ou sensoriel) ; 3) Deux modalités d'accession du passé à la conscience […] C'est étonnant, peut constater un allergique, j'ai une poussée d'eczéma, sans avoir absorbé aucun allergène défendu ». Ici on voit bien qu'à *un certain niveau la distinction entre mémoire qualifiée d'allergique et un autre de psychoaffective devient intenable, parce qu'elles se confondent* » (!) (p. 74-75).

Le fait important est qu'il existe des récepteurs à neuro-hormones (y compris opioïdes : morphine, méthionine, enképhaline) sur les lymphocytes et des récepteurs à certaines lymphokines, ce qui suggère l'existence d'une modulation des deux systèmes par des messagers, bref l'existence de *boucles de régulation* (démontrée par l'interleukine 1) (*cf.* aussi G. Gachelin, 1986). Le *feed-back* (*retro-action*), c'est-à-dire *la modulation du système nerveux par le système immunitaire se fait par l'intermédiaire d'une immuno-hormone*, le GIF, d'une partie constance (Fc) des immunoglobulines qui peut se lier aux cellules antihypophysaires productrices d'ACTH, de certaines protéines de complément : les lymphokines et thymocines.

Prenons un exemple global : une crise d'urticaire, voire d'eczéma, telles celles que nous avons pu l'observer à l'arrêt, souvent brutal, de toxicomanies, peuvent être déclenchées par des affects d'agressivité, d'angoisse ou sexuels ; les neuro-hormones liées à chacun de ces états seraient spécifiquement actives sur des cellules immunitaires de la peau.

Inversement, cette réaction immunitaire serait mémorisée au niveau du système nerveux central et pourrait ainsi être déclenchée par des signifiants visuels ou linguistiques associés surinvestis comme des choses : on a ainsi l'exemple de l'allergie de Proust au mot « rose » se déclenchant lorsqu'il écoutait au téléphone l'opéra *Pelléas et Mélisande*.

Aussi, à côté du modèle classique d'une réponse à un stress qui irait du SNC (système nerveux central) à l'organe, il y aurait de multiples boucles de rétroaction (*feed-back*) y compris de mémoire, qui passent par le système immunitaire. Ces *feed-back* entre SNC et système immunitaire emprunteraient le système nerveux végétatif, l'axe hypothalamo-hypophysaire et les régulations neuro-hormonales influencées elles-mêmes par la vie affective du sujet. Des neuropeptides comme les morphines endogènes – signaux à distances (b-endorphines, enképhalines) – augmentent ainsi, dans un premier temps, le *turn-over* des neuropeptides alors qu'ils peuvent diminuer les fonctions immunitaires, ce que, précisément, font les barbituriques, opiacés et neuroleptiques.

7. L'affect et la mémoire amnésique du corps

Ainsi, les travaux actuels sur le système immunitaire, dont on peut faire varier la stimulation avec un stimulus donné, renforcent ce point de vue d'un système nerveux doté d'un pouvoir de modulation sur les fonctions immunitaire, de même que ce système immunitaire informe en permanence le système nerveux sur son propre état.

Les lymphocytes circulants, de même que les hormones ont été comparés à un « cerveau mobile » (J.-D. Vincent) illustrant les échanges entre système nerveux central et végétatif d'un côté, et système immunitaire de l'autre, les échanges sont bidirectionnels et nombre de leurs propriétés apparaissent communes (traitement de l'information, mise en mémoire, capacité sécrétoire de médiateurs humoraux, contacts spécifiques de cellule à cellule).

Tous ces résultats posent l'existence de relations très complexes mais démontrables, entre l'émotion (l'affect), l'humeur et la réaction immunitaire ou viscérale (William, 1981 ; Felten, 1985), obligeant à remarquer l'existence d'une « syntaxe moléculaire » commune au système immunitaire et au système nerveux (Gachelin, 1995, p. 7-23).

Dès lors, comme l'avance encore R. Roussillon, rien n'empêche de penser que des évènements dans l'histoire du sujet puissent produire des associations par *contiguïté* ou *simultanéité*, qui empêchent l'émergence d'un message-signal suffisamment univoque pour qu'il soit perçu comme tel, et puisse être composé comme représentation psychique.

Cela tendrait à avancer ce que nous proposions en 1997 concernant les pathologies organiques post-abstinence (POPA), à savoir l'existence d'une « mémoire corporelle », d'une mémoire « biologique » porteuse d'associations de réactions somatiques qui rapprochent celles-ci des *memories* in felling de M. Klein (1975) à l'arrêt brutal ou progressif d'addictions. Roussillon pose une question que nous nous étions posée en 1997 : « Peut-on ici imaginer, que des soins corporels inappropriés, chaotiques, aient pu contribuer à de telles associations désorganisant la structuration de l'affect ? » (Roussillon, 2005, p. 123). C'est que probablement, l'alexithymie et la pensée opératoire semblent porter la trace et que chercherait, une fois encore, à *contre-investir chimiquement* la prise de drogue, d'alcool ou le comportement addict par ses propres productions internes de dopamine et d'endorphine.

La capacité de composition ou d'interprétation psychique du « message d'affect » peut en effet être affectée de telle sorte qu'il n'est pas perçu ou l'est mal (*ibid.*, p. 123).

La représentance de l'affect ne va pas en effet de soi, tant celui-ci est une « composition » d'affects primaires élémentaires (détresse, peur, rage) produisant des ensembles plus complexes, de l'affect dégradé en réactions somatiques, à celui de l'affect-signal : il existe par exemple, écrit Roussillon, des phobiques qui, même traités par psychothérapie comportementale et avoir vu disparaître leur phobie, conservent les réactions somatiques (augmentation rythme cardiaque, etc...) dès qu'ils se retrouvent dans une situation phobogène.

Il découle de ce qui précède quelque chose d'important concernant les addictions, voire le choix inconscient du sujet pour telle ou telle addiction. *Le corps se souvient de ce dont le psychisme n'a jamais pu mettre sous une forme de représentance.* Cette mise en forme s'inscrit dès le départ dans la relation mère-(père)-enfant et les effets de *dysrythmie* et de *discontinuité relationnelle* qui rendent la quantité d'excitation et d'affect impossibles à intégrer et à décliner en angoisse-signal.

Dans ces conditions, *la quantité,* rend en effet *indistinguable l'excitation venant du dedans avec celle venant du dehors.* Elle ne peut dans ce cas se qualifier en un affect s'ouvrant, pour le moi, sur la voie de la représentance psychique.

Car, comme l'indique Freud en 1895 dans son *Esquisse pour une psychologie scientifique,* le moi en tant qu'organisation de neurones, ne peut intégrer qu'une partie des excitations venues de l'extérieur et de l'intérieur. Pour lui, le système psychique ne peut s'organiser qu'avec de « petites quantités » de libido prélevées sur les grandes quantités de libido que produisent les excitations non liées. Celles-ci, à demeurer trop prégnantes, jouent ainsi le rôle d'épines irritatives traumatogènes à haut potentiel de décharge somatique (*acting in*) ou comportementale (*acting out*), y compris par l'addiction.

Se pose ainsi la question de l'élaboration psychique de l'affect et de son passage entre « affect passion » (rage, colère, détresse envie), c'est-à-dire un affect proche des réactions somatiques, viscérales, et *engageant le narcissisme,* et « affect-signal » capable d'être représenté psychiquement et de s'associer avec les représentants de la pulsion et les représentants-représentations, ceci grâce au principe de plaisir/déplaisir et à l'environnement maternel et parental.

8. Neuropsychopathologie des addictions et procédés autocalmants

Il n'existe, je l'ai dit, aucune structure de personnalité spécifique de l'addiction.

L'addiction ne modifie pas la nature spécifique de la structure psychique mais se contente d'en modifier le fonctionnement mental (y compris dans le sens d'un appauvrissement de la vie imaginaire et d'une accentuation d'un mode opératoire de pensée), ceci par quête de sensations.

Cette recherche de sensations d'excitations a été mise en évidence par Zuckerman afin, pensait-il, de permettre aux sujets addictés de maintenir un niveau élevé d'activation cérébrale (Zuckerman, 1971) en évitant, par découplage (*supra*) et déni, d'avoir à recourir aux affects (chapitre précédent). À titre d'analogie, citons Anne Deburge-Donnars, attribuant la qualification de « mots-sensations » à la formule répétée par l'amoureux(se) : « Dis-moi que tu m'aimes » (Deburge-Donnars, 1996).

Ayant recours à une « économie de la sensation-perception », ces sujets, « esclaves de la quantité » (M'Uzan, 1969), luttent, nous l'avons dit plusieurs fois, contre une forme de vide psychique ou de dépression « blanche » (dépression essentielle) du fait d'une alexithymie ou d'une pensée opératoire qui les clivent de leurs affects. C'est en effet de ne pas percevoir leurs émotions qui poussent ces sujets à la quête de sensations. Cela rejoint ce qu'à partir des idées de D. W. Winnicott sur les relations psyché-soma, Joyce McDougall avait avancé lorsqu'elle souligne que les patients somatisants ne perçoivent pas leurs émois dans les situations angoissantes. Ces patients fonctionnent comme des petits enfants qui, ne pouvant utiliser de mots, réagissent de manière psychosomatique à une émotion douloureuse (Menahem, 2000, p. 30).

Au-delà de leurs différences cliniques, les addictions peuvent ainsi être appréhendées comme permettant une *resomatisation* des affects par le recours à l'excitation et la sensation. Celle-ci entretiendrait, par le découplage neuronal, une tentative de *maîtrise traumatolytique par un processus autocalmant périodique* sur la part excitationnelle de la pulsion dont l'intensité de d'affect primaire (colère, rage.), et son imprévisibilité, a déchiré précocement le narcissisme du moi.

Rappelons que cette notion de « procédé autocalmant », isolée par les psychanalystes de l'IPSO, décrit un procédé de portée générale présent chez tout individu (Smadja, 1991) : telle personne éprouvera le *besoin*, pendant qu'elle écrit un texte, de déambuler ; telle autre, pendant une discussion, se mettra à fumer, ou tel adolescent, comme dans le cas que rapporte G. Szwec, aura besoin de taper très fort sur une batterie pour répéter un trauma aux traces sonores inconscientes encore vivaces (Szwec, 1993).

Dans ces exemples, le pathologique survient lorsque le procédé autocalmant (*self-soothing*) prend une place exorbitante dans le fonctionnement mental de la personne, signant une *emprise du quantitatif.* Certains sports comme celui du rameur solitaire (les galériens volontaires dont G. Szwec a rapporté les souffrances particulières) apparaissent ainsi être des procédés autocalmants et de véritables *drogues* comme le déclarent certains sportifs (nous avons observé que nombre de toxicomanes avaient souvent, avant leur toxicomanie, une importante activité sportive [*supra*]).

Dans le procédé autocalmant, et dans l'addiction, l'excitation-sensation, cherche également à *contre-investir* toute représentation fantasmatique (ou représentant-représentation de la pulsion). On peut comprendre pourquoi certains psychosomaticiens, après M. Fain, ont référé ces pratiques autocalmantes à la *pratique* répétée du bercement maternel pour endormir un bébé insomniaque, bercement remplaçant l'entrée dans le monde onirique en visant le plus bas niveau d'excitation (Fain, 1981).

Développons ce point, déjà évoqué précédemment, et qu'il convient pour terminer, de préciser quelques contours.

Cette mère calmante pourrait en effet être désignée « mère-drogue » par cette activité sensorimotrice incessante. Elle ne permet pas en effet à l'enfant de « trouver/créer » cette aire transitionnelle que sont le rêve et l'activité fantasmatique. Ce comportement autocalmant apparaît à l'opposé de ce que fait une mère discrète et couvrant silencieusement l'auto-érotisme de son enfant. Satisfaisante, celle-ci projetterait son narcissisme en donnant assez d'amour à l'enfant, au moment où, retrouvant son mari ou compagnon, elle organiserait la « censure de l'amante », matrice fantasmatique permettant une liaison des excitations par les fantasmes et la possession d'un « bon objet interne ».

Le bercement autocalmant non libidinalisé sidérera, quant à lui, la vie mentale de l'enfant et pourra être générateur, d'une part, d'une « enclave » maternelle dans sa psyché et, d'autre part, d'un type de pensée assez pauvre sur le plan fantasmatique : une pensée opératoire possiblement génératrice de futures somatisations et de conduites addictives. Cette sidération mentale est proche d'un « vide de pensée » cherché par la boulimique (Brusset, 1985). qu'éprouve également l'état-limite mais que redoute l'obsessionnel et qui sera comblé chez l'addicté par ses rituels et ses compulsions. Cette dimension compulsionnelle, telle celle observée dans la névrose obsessionnelle, invite à réévaluer sa place dans le comportement addictif dans son lien à un affect ainsi « resomatisé » par la sensation-perception.

Chapitre 5

L'addiction entre resomatisation de l'affect, refoulement et « mémoire amnésique »

Sommaire

À la pensée est liée la chair.
Une pensée morte est un corps sacrifié.
Edmond JABÈS, *Elya*, 1969.

1. Rituel compulsif et quête de sensations chez l'addict

La clinique contemporaine a montré que la névrose obsessionnelle apporte des éléments de compréhension à la clinique des fonctionnements limites et addictifs. Des symptômes comme la dépersonnalisation, l'aspect compulsif des actes (rituels obsessionnels, y compris rituels addictifs par exemple), la présence, en toile de fond, d'un syndrome dépressif, la cruauté du surmoi en sont en effet autant de traits communs.

La psychopathologie des sensations dans les problématiques obsessionnelles a été travaillée par Vincent Estellon (2016), à partir de cas cliniques se situant entre névrose obsessionnelle et état-limite. Cet auteur a repris la littérature psychanalytique des névroses de contrainte (obsessionnelle) en insistant sur un des aspects peu développés, celui de la dimension corporelle et celle des sensations qui, le plus souvent, s'était vu décrite dans l'hystérie et l'hypocondrie. Estellon relève que l'univers des sensations existe dans l'obsessionnalité, à travers d'abord ce qu'il convient d'appeler « les conversations intérieures (de soi à soi) » dans le fonctionnement psychique obsessionnel.

Ceci permet à l'auteur d'interroger la constitution d'un *interlocuteur interne* mettant en jeu l'activité hallucinatoire auditive en posant la question du statut de ces voix intérieures différentes des hallucinations auditivo-verbales schizophréniques et permettant au sujet un « isolement » perceptif d'avec l'autre extérieur, là où « l'isolation » en tant que mécanisme psychique prévalant dans la névrose obsessionnelle, fait défaut.

Chez les états-limites, auxquels j'ajoute nombre d'addicts, c'est en fait moins de « conversation intérieure » dont il est question que de « sensations intuitives », souvent à caractère prémonitoire, que l'auteur relie à la question de la sexualité infantile et sa pensée animiste (*cf.* Ernst de *L'Homme aux rats*). Chez ces sujets, un fonctionnement moïque clivé viserait à traiter ainsi, phobiquement, toute perception de l'ambivalence inhérente aux désirs œdipiens.

Pour nous, la compulsion addictive aurait de ceci en commun avec les rituels obsessionnels qu'elle entretiendrait inconsciemment une *atmosphère de conflit*, comme celui entre l'enfant et l'adulte qui, intériorisée, serait être infiniment rejouée entre le moi et le surmoi. Ce conflit ne serait perçu que sous forme de ces conversations intérieures à voix surmoïque impérative. La sensation procurée à partir de cette atmosphère conflictuelle à bas bruit se présente comme une sorte d'« extase négative » rappelant l'ivresse, avec une fatigue relevant d'une psychasthénie limitant tout investissement des représentations.

Cette sémiologie, avec son caractère de « sensation » non dénuée de composantes hallucinatoires, évoque la psychopathologie de certaines expériences diffuses du corps comme le vertige, l'ivresse, la fatigue, l'ennui. L'« ivresse de contrainte » que l'on y rencontre ne serait pas sans lien ici avec une sorte de « *shoot* d'une pensée auto-engendrée » par une sensation produisant un vertige à l'instar d'un « shoot à l'angoisse ». Ces phénomènes seraient témoins d'une division du sujet et de sa dé-subjectivation voire de sa dépersonnalisation dans les cas les plus graves.

Toutefois toute sensation peut également jouer le rôle d'une enveloppe dans le moi. C'est cet « enveloppement » que rechercheraient certains toxicomanes, en particulier aux opioïdes. On peut noter que cette fonction psychique des sensations a été étudiée par Frances Tustin (1990) chez l'enfant autiste lorsque celui-ci cherche à se sentir enveloppé par ses propres sensations corporelles, lui donnant le sentiment d'être protégé et de persister dans l'existence.

Cette sensation procure ainsi un réel sentiment « d'enveloppe contenante » de coquille enveloppante et protectrice même si, pénétrée de mal-être, elle prend la forme d'une tunique de Nessus brûlant et intoxiquant le moi-peau (Anzieu, 1985).

Une sensation, comme celle de la douleur, fut d'ailleurs recherchée comme pour mieux ancrer et *insérer l'âme dans le corps* chez Blaise Pascal, orphelin de mère à deux ans et demi, ayant souffert d'une phobie du vide, quand il portait jour et nuit un *corset, un cilice tapissé de clous.*

Cette traumatophilie par quête d'excitations visait, chez Pascal, comme chez les mystiques, Jean de la Croix ou Thérèse d'Avila (eux aussi orphelins de mère), à traiter le mal, celui d'une blessure psychique, par le mal physique : « Ô plaie délicieuse ! » selon la formule de Jean de la Croix (1995, p. 55).

On le sait aujourd'hui depuis Temple Granding[1] la quête de contention corporelle peut servir à combattre toute dissolution psychique – cela se voit également à l'adolescence avec les pratiques de scarification.

Chez l'adolescent, y compris addict, certains cherchent ainsi dans des sensations corporelles douloureuses, telles les scarifications, une « plus-value » à un sentiment d'existence vacillant, voire à un sentiment de vide interne. Ainsi, la patiente, d'Alberto Konichekis (2016), Pauline pour laquelle les scarifications permettaient de trouver un « sentiment d'apaisement ». L'auteur, à la suite de Thomas H. Ogden (1994, p. 14), a alors intégré ces sensations au sein de la relation transfert-contretransfert. Les sensations de la patiente se référaient, pour lui, à des strates primaires du psychisme.

« J'étais chez moi, angoissée, alors, j'ai commencé à jouer avec le cutter sur les veines du bras. J'ai fait d'abord une petite entaille, le sang a commencé à couler. J'en ai fait une autre et puis une autre. Le sang coulait encore, plus intensément. Ça m'a donné une douce sensation de soulagement, de bien-être, de détente. Je me sentais rassurée et plus du tout angoissée. Et puis, des souvenirs me sont venus, de quand je me tailladais pour de vrai et je me suis retrouvée en clinique. Alors j'ai tout arrêté », déclare Pauline.

En d'autres termes, le sang qui coulait à l'extérieur expulsait, de manière cathartique, ce qui la faisait souffrir à l'intérieur. Dans ce que cette patiente de 25 ans appelait « psychatrices », il y avait ce dont elle fit part à A. Konichekis à savoir « qu'elle se tailladait pour se couper de ses mauvaises sensations ». Elle ajoutait qu'elle cherchait ainsi à se couper des autres personnes. « Les ruptures dans son propre corps soutenaient les séparations d'avec ceux auprès desquels elle avait l'impression d'avoir développé une forte dépendance ».

Le psychanalyste repéra progressivement que dans la relation transférentielle, les scarifications « sculptent et dessinent d'une manière inédite et novatrice l'écoulement des excitations ».

1. Dans *Ma vie d'autiste*, 1994, Temple Grandin (née en 1947), autiste de haut niveau, raconte son itinéraire et combien la contention sous forme d'un *packing* lui permettait de « rassembler » ses sensations/perceptions. Cette observation sur elle-même la conduisit à adapter ce même traitement aux animaux que l'on conduisait à l'abattoir afin qu'ils souffrent moins. Après avoir équipé les abattoirs américains, propriétaire par la suite d'une entreprise de conseils sur les conditions d'élevage des animaux qui fit d'elle une experte en conception d'équipements pour le bétail, Temple Grandin a fait des études en sciences animales, devenant professeur à l'université de Fort Collins (Colorado).

Il fallut également relever qu'en plus des scarifications, Pauline présentait alternativement des crises d'anorexie et de boulimie. Repue, elle dit un jour n'avoir pas la sensation d'avoir mangé, éprouvant alors le besoin de continuer à manger, car ne ressentant pas de sentiment de satiété.

A. Konicheckis fait alors référence à Winnicott (1974)[1] qui évoque derrière ce genre d'expérience un effondrement psychique, qui a eu lieu dans l'enfance *mais n'a pas été éprouvé*, n'a pas été ressenti, et est resté comme clivé de tout ressenti interne. En ce sens, ce genre de sensation à la fois douloureuse et apaisante cherchait à donner au sujet le sentiment de continuité à exister, ce qui confirme l'avis de M. de M'Uzan selon lequel l'objet d'addiction ou de création, a pour but de soutenir narcissiquement, existentiellement, le sujet (*supra*).

Cette activité compulsive addictive n'est pas sans faire penser au balancement qui se retrouve chez des enfants carencés affectivement (*banging*), voire ceux *cherchant dans la sensation* l'évitement de tout « flottement » interne et celui de tout vide interne. La perception de la douleur comble chez eux les failles narcissiques et celles de la constitution du masochisme primaire.

L'activité pulsionnelle que mobilisent ces sensations se décline dans ces cas avec une forme de *sadisme anobjectal*, consécutif à un traumatisme *prématuré* pour le moi, trauma que nous pourrions qualifier de « psychique prépsychique ».

Peut-on ici penser que la sensation et l'excitation, addictive ou somatique, aient un projet, une trace, une histoire, une intention, un sens, comme la pulsion, ou non (Smadja, 1991) ? Y a-t-il une sorte de « plus-value » heuristique dans l'excitation-sensation somatique, y compris celle provoquée par l'addiction ?

Y aurait-il en quelque sorte des « addictions symbolisantes » au sens où Christophe Dejours (1989, 2008) a pu parler de « somatisation symbolisante » à propos de certains patients touchés par des pathologies psychosomatiques ?

1. Remarquons que dans son texte, Winnicott parle d'angoisse disséquante intolérable *d'une chute sans fin* de laquelle le nourrisson se défend au moyen du *self-holding* – une tentative désespérée, en l'absence de la mère, de rester entier car cette sensation d'une chute sans fin est une angoisse disséquante due au fait que le self infantile est déconnecté de la mère – ce qui renvoie au concept de « la mère morte » d'A. Green.

Ces « somatisations symbolisantes » intéressent essentiellement les parties du corps impliquées dans la motricité, la sensibilité et la sensoricité (muscle, peau, œil, etc.). Le pouvoir possiblement symbolisant d'une somatisation est ainsi lié pour C. Dejours à la localisation de la lésion sur un organe sans considération pour le mécanisme physiopathologique qui la sous-tend (immunopathologique, infectieux, dégénératif, métabolique, etc.). Ces maladies sont distinctes des conversions. Ici ces « somatisations » supplémentaires ont diminué par exemple le diabète au lieu de l'aggraver et ont allégé le corps du pouvoir mortel de la maladie métabolique. De plus en faisant apparaître la possibilité de somatisations ne survenant pas dans le cadre d'une dépression essentielle, on introduit l'idée de somatisations échappant au non-sens, sens qui n'est pas, comme dans le symptôme névrotique, à analyser à partir des formations de désir mais à interpréter comme avatar des motions de destruction et de la violence compulsive desquels visiblement, par la somatisation symbolisante, le sujet essaie de se « sauver » et « d'incarner » dans la *physis* du corps moteur (Dejours, 2008, *cf.* p. 38-39).

S'il est difficile de répondre à cette question de la symbolisation possible que représenteraient certaines addictions, disons pour l'instant que celles-ci révéleraient une « torsion du moi » limitant, par clivage, tout remaniement narcissique par le recours face à la répression d'affect primaire, à des défenses anales (rituels obsessionnels) ou caractérielles. Ne pourrait-on pas voir dès lors dans les rituels addictifs, la marque d'une « analité primaire » servant de contenant au moi lui-même, là où les rituels obsessionnels relèvent d'une analité secondarisée dont le rythme pulsionnel sadique anal alimente une conflictualité interne avec les objets d'investissements ?

Après une relecture de « L'Homme aux rats » (*cf.* Green, 1967) et de « L'Homme aux loups » de S. Freud, et l'importance de la remarque de R. Fliess (1950) selon laquelle la fixation anale est une ligne de démarcation (*divided line*) entre névrose et psychose (Green, 2002b, p. 125), A. Green avance qu'à « *la sexualisation de la pensée de la névrose obsessionnelle* de l'Homme aux rats » répond « la *sexualisation de l'"antipensée"*, pourrait-on dire, de l'Homme aux loups. Cette anti-pensée privilégie les processus d'évacuation (Bion) sur ceux d'élaboration » (*ibid.*, p. 129), ceux que l'on peut les observer chez les cas-limites en particulier ceux s'addictant.

Green parle alors de « narcissisme anal » pour signifier le rôle défensif de l'*analité primaire*, sa dimension d'axe interne, prothétique, face à un narcissisme trop tôt et continuellement meurtri. Les liens de la relation orale (omniprésente chez les addicts) infiltrent de fait une analité primaire en servant au moi de *défense obsédante de ses limites.* L'analité primaire répond ainsi à une nécessité vitale de dire non à l'objet dans un « *repli sur la pensée comme position inaliénable* » (*ibid.*, p. 135).

Le registre anal primaire, le narcissisme et la relation d'objet s'entrecroisent ici. Chez les états-limites, la lignée dépressive-limite et la régression narcissique s'effectueront alors devant l'Œdipe, vers l'étage anal, prégénital. La pensée chez eux comme chez l'obsessionnel, prendra la place de l'objet anal primitif. Mais aux ruminations obsessionnelles inhérentes au conflit œdipien, il s'agit chez les cas-limites d'un objet anal primitif visant à défendre un *narcissisme vacillant* coulé dans le caractère même : « Je veux faire à mon idée » dit facilement l'état-limite, avec le sentiment, *a priori*, que les autres s'opposeront à sa volonté. La défense acharnée du *territoire subjectif* par crainte de l'intrusivité de l'autre (maternel) faute de limite et de tiercéité efficace, aboutit alors à une réduction des échanges libidinaux par mesure d'économie narcissique et à une forme d'*anti-pensée* par la décharge comportementale, y compris addictive.

Sur le plan pulsionnel, ces défenses anales (primaire ou secondaire) vont « bloquer » l'impératif de complexification de l'instinctuel et pulsionnel originaire (sexuel et d'autoconservation) à la base des processus mentaux (favorisant cette « anti-pensée »), ceci sur le mode du besoin, d'un *néo-besoin* quasi physiologique, celui que répète l'objet addictif.

On comprend dès lors en quoi, chez ces sujets limites, le comportement addictif peut également servir : il joue le rôle de pare-excitation par les sensations, se substituant aux auto-érotismes objectaux constitutifs de la subjectivité. « L'auto-emprise » sensitive ainsi constituée viserait en quelque sorte à recréer, faute d'un narcissisme originaire de bonne qualité, *l'unité* dans une *illusion de contention* permise par une analité primaire défensive et ainsi de contenant pour des sensations diffuses alimentant les « conversations intérieures », évoquées plus haut.

Celles-ci ne seraient d'ailleurs pas sans rappeler ce dont A. Green faisait l'hypothèse concernant les sujets somatisants à pensée opératoire (PO). Chez ces patients, « ceux dont la turbulence affective se situe au voisinage du ça et non du moi », le langage dit « pauvre, stéréotypé » propre à la pensée opératoire n'apparaît ainsi pauvre que si on leur applique les catégories des névroses que P. Marty appelle « mentalisées ». Car A. Green soupçonne volontiers chez ces patients, grâce à l'analyse fouillée de leur communication verbale et des liens qu'on peut y faire surgir, la présence d'un délire inapparent, invisible, rationalisé qui n'est pas sans faire penser aux « conversations intérieures » évoquées par V. Estellon avec les patients touchés par les « folies compulsives ».

Par exemple, chez les patients somatisants dont parle A. Green, une douleur irreprésentable prend le statut d'une affection physique par où le sujet agresse son corps pour sauver (le narcissisme de) son moi, au risque d'en mourir. « Une question ici : que fait donc le père ? À quoi pense-t-il ? On répondra : il a autre chose à faire. C'est donc à l'analyste d'y penser pour que le patient ne partage pas le même corps que celui de sa mère », comme nous le suggère Joyce McDougall (McDougall, 1986, p. 9-43, 1989 et Green, 2011, p. 58).

Ainsi la clinique des déficits en représentation de ces sujets, fréquente chez les états-limites, en particulier addicts, pose des questions importantes liées au narcissisme, à l'auto-érotisme, aux premières sensations d'identité, mais aussi à la temporalité et aux rythmes biologiques et psychiques en lien avec la réponse, ou plutôt la *non-réponse* ou la *réponse inadaptée* de l'objet, ici non *métaphorisante, non intricante.*

« Ce qui veut dire que la non-réponse peut empêcher la structuration » (*idem*, p. 59.), ce qui pose la question, dans la prise en charge de ces patients, des limites du silence du psychanalyste et tout simplement celui du cadre psychanalytique aménagé à leur proposer. Chez ces patients, le chaos s'installe en effet précocement faute de sens, à prendre dans le double sens : « Ce qui manque et ce qui est fautif de manquer. » « Il s'ensuit, comme le remarque Anne Denis, écrit A. Green, une incorporation chez eux d'un objet démoniaque ou […] çaïque, non représentatif », comme si l'enfance du futur sujet autiste, toxicomane, psychosomatique, voire cas limite, avait manqué d'une « langue natale » maternelle.

Il ressort de ceci que la clinique des addictions, celle des procédés autocalmants ou certaines somatisations témoigneraient des vicissitudes « d'auto-érotismes *archaïques* qui, au niveau des addictions, seraient à mettre en équivalence avec les décharges sensorielles répétées (*banging*). C'est d'ailleurs ce que de Mijolla et Shentoub avancèrent quant au geste de boire, à savoir un stade d'organisation libidinale auto-érotique *précédant* la synthèse narcissique qui instaure l'unité du moi » (De Mijolla, Shentoub, 1973, p. 318).

2. Défaut d'auto-érotisme somato-psychique donnant un auto-sadisme addictif somatique et/ou corporel

Du fait d'une insuffisance de fonctionnement d'une pensée fantasmatique assez peu assurée dans l'investissement narcissique de ses auto-érotismes archaïques, et d'une carence de l'établissement d'un objet interne (fantasmatique) sécure qui, en particulier à la puberté et à l'adolescence, engendre des angoisses de dépendance, d'intrusion ou d'abandon, le moi de l'addict cherchera (*Sucht, supra*) ainsi des sensations-perceptions en tant que *substituts* auto-érotiques empruntant les voies pulsionnelles d'une analité primaire décrite plus haut. Ce ne sera pas n'importe quel endroit du soma (*Körper*) et du corps (*Leib*) qui pourrait être « intéressé » (inter-*esse*) par une possible ré-*anima*tion *atopique*, sensitive et sensorielle, des excitations ainsi recherchées, ce qui renvoie à la proposition « d'addiction symbolisante (*supra*) :

- Dans les addictions ce pourrait être, par exemple, des régions du corps témoins d'expériences d'effractions, d'immobilisations ou de violence : par exemple la peau (Ades, 1993) dans laquelle « s'invagine » l'aiguille effractive de l'héroïnomane, ou encore les poumons, lieux des cris étouffés, entretenu par le « sniff » de la cocaïne ou du haschisch ou de la cigarette, encore la bouche, lieu du baiser interdit, volé ou d'une fellation, fantasme inconscient de type hystérique chez certaines boulimiques ou anorexiques.
- Dans les somatoses, ce pourra être des organes dépendants des systèmes sympathiques et parasympathiques ou des organes ayant des « plis » de muqueuse, des épithéliums invaginés (bronches, colon, intestins, etc.) d'affects « étranglés » liés à l'histoire du sujet.

À cet égard, il est intéressant de noter que ces muqueuses, véritables « peaux invaginées », constituent pour les immunologistes des interfaces avec le *monde extérieur*. Les composants allergiques et infectieux, ainsi que l'immunité mucosale, les utilisent de manière prépondérante par des mécanismes de défenses immunitaires *archaïques qui sont opératoires avant* toute organisation *cognitive* du système immunitaire (Gillibert, 1977).

Par analogie, on peut remarquer que le « soi archaïque » du soi pré-subjectif, source du sentiment du « Je » (*Ichgefühl*), différent du moi, instance organisatrice des pulsions, est la première configuration d'un appareil psychique encore sculpté par l'unité mère-enfant (objet lui-même des fantasmes de la mère) et les *relations* entre le « ressenti » et cet environnement.

Cette archaïcité renvoie, une fois encore, aux concepts de narcissismes primaires et secondaires complexifiés et élargi la notion d'auto-érotisme.

N'oublions pas ici que dans le narcissisme tel qu'il est introduit par Freud en 1914, c'est le moi comme image unifiée du corps qui est l'objet de la libido narcissique. L'auto-érotisme se définira alors, par opposition, comme le stade anarchique *précédant* la convergence des pulsions partielles sur un objet commun.

Il faut également rappeler qu'à l'origine le moi est virtuel et qu'il ne demande qu'à se développer alors que « les pulsions auto-érotiques existent dès l'origine ; quelque chose, une nouvelle action psychique, doit donc venir s'ajouter à l'auto-érotisme pour donner *forme* au narcissisme » (Freud, 1914, p. 84).

Cette *nouvelle action psychique* est celle de l'investissement érotique narcissique maternel, ceci faisant apparaître que le narcissisme n'est pas originaire (Cahn, 1991). Il faut en effet un (bon) *holding* « bien tempéré » pour constituer ce « fond » narcissique (self) assuré pour le moi.

À la même époque où il présente dans *Pulsion et destin des pulsions*[1] son travail sur le narcissisme, Freud en admettra d'ailleurs l'existence dès l'origine, voire dans la vie intra-utérine. Cet état de narcissisme primaire désignera un état précoce où l'enfant investit sa libido sur lui-même ; ensuite, le narcissisme *secondaire* sera obtenu d'un retournement sur le moi de la libido retirée des investissements objectaux (Freud, 1920, p. 26).

Dans ce cadre, l'autoérotisme se définira comme « l'activité sexuelle du stade narcissique de l'organisation libidinale » dans un narcissisme qui vise le plaisir de soi pour soi. Dans le même temps où l'auto-érotisme est annulation et éloignement de l'autre, il est reconnaissance de son existence mais dans un *dédoublement* permis par le fantasme que le moi-sujet s'approprie (Gachelin, 1991).

Dès lors, tout défaut ou défaillance du *holding* maternel et familial pourra potentiellement avoir des conséquences traumatiques sur l'établissement de ce « fond » narcissique du moi (le soi). Ce défaut pourra limiter l'établissement d'une *capacité à tolérer l'attente de la satisfaction* (« différance » de Derrida, *supra*) et ainsi faciliter le recours ultérieur à des « néo-besoins » qui deviendront ainsi les objets addictifs, l'analité primaire n'ayant pas été pas une suffisante trame contenante pour le moi.

1. Freud S., *Pulsion et destin des pulsions*, 1915, p. 37.

L'*auto-sadisme* pulsionnel lié à ces néo-besoins addictifs permettrait, face à ce *conflit entre narcissisme et relation d'objet* ou entre moi et surmoi, de « délimiter » *une* « nouvelle frontière », celle anale entre le *dedans* et le *dehors*, le *soi* et le *non-soi*, c'est-à-dire servir, nous l'avons dit, de *contenant via* les sensations de plaisir autant que de déplaisir. Cette « nouvelle frontière » (*border line* propre aux états-limites) relèverait d'une organisation de l'inconscient différente de celle du refoulé sexuel infantile névrotique et pourrait servir à de possibles ré-étayages pulsionnels *par cette quête de sensation-perception* (*sensation seeking*) trouvées dans les différentes conduites addictives.

Une citation de l'ouvrage *Psychanalyse de l'alcoolisme* (de Mijolla, Shentoub, 1973, p. 318) permet de situer ces enjeux qui concernent le moi primitif, ici de l'alcoolique. « Le fait de boire des liquides alcoolisés n'apparaît ici que comme moyen, un détour obligé pour l'obtention de ce plaisir labial régressif qui renvoie aux stades les plus précoces de l'organisation libidinale, alors même qu'aucune image de soi unifié n'était investie », relèvent Shentoub et de Mijolla.

Dans ce contexte d'une absence de frontière psychique, l'autre, drogue ou personne, sera régressivement investi – pour éviter un « démantèlement » qui opère sur le self et les objets – comme un double narcissique (Kohut), un « contenant-peau » (Haag, 1984), cela en « fixant » cette frontière. Dans la conduite addictive, l'excitation sensorielle mimerait en ce sens un *auto-sadisme*, forme de *sadisme narcissique*, permettant de trouver, par la perception périodique et rythmique d'une sensation, une forme d'auto-régulation pour un moi « déprimé » faute d'un objet interne sécure et en perte de contact avec son « self ».

Nous avons là, une fois encore, l'illustration de la formule de Freud (Freud, 1923, p. 237) : « La perception joue, pour le moi le rôle qui, dans le ça, échoit à la pulsion. »

Devant ces défaillances de l'objet interne et/ou externe, par exemple dans sa discontinuité, les addictions permettent une forme de resomatisation, re-sensorialisation, par l'excitation-sensation, d'affects dont *l'intensité dépasse toute possibilité d'association avec les représentations de mot* et même, en deçà, avec tout « représentant-représentation » de la pulsion.

Rappelons ici deux choses : celle concernant l'affect, et de l'autre, la perception à la fois motrice et de sensation. Tout d'abord dans les années 1970 (Green, 1973), A. Green avait écrit un article sur la *discrimination* entre l'affect et la représentation de celui-ci. Il reprenait et utilisait un terme important de la métapsychologie freudienne, « le représentant psychique de la pulsion », en remarquant qu'il existe un temps où l'affect et la représentation ne sont pas différenciés.

Ainsi, on pourrait dire qu'il existe un *langage de l'affect* synonyme d'un *langage perceptif*, par exemple celui trouvé dans le geste moteur, du corps, y compris dans un langage postural. Langage ici ne signifie pas discours verbal, utilisation des mots mais, comme le souligne en 1913 Freud[1] avec le langage du rêve, une forme d'expressivité porteuse d'un sens méconnue (inconscient) du sujet.

Ainsi, chez ces sujets addicts fonctionnant par le recours à la perception-motrice et celle de la sensation, plus qu'à la représentation, nous pourrions rappeler l'utilité d'un concept de Freud, évoqué précédemment, celui de « perception motrice » trouvé dans *L'Esquisse*. Trente ans plus tard Freud emploiera un autre terme que nous avons décrit, ceci à partir de l'épilepsie, celui de « décharge pulsionnelle anormal préformée organiquement » (Freud, 1928).

Il ressort de ces deux concepts, celui sur l'affect et celui sur la perception, que le geste addictif viserait à excorporer via la perception motrice un affect non *discriminé* lié à une pulsion restée préformée organiquement (Pirlot, 1997, p. 180). Cliniquement cela pourra s'observer par une forme « d'indifférence » chez l'addict aux méfaits auxquels conduisent ses pratiques de dépendance, sauf que cette indifférence ne serait pas d'ordre hystérique mais relèverait d'une forme de désaffectation dont il nous faut maintenant explorer quelques aspects.

3. Balancement entre désaffectation psychique et resomatisation de l'affect dans les addictions : retour à Freud[2]

« Lorsque ma mère m'appelle au téléphone, il me faut saisir une cigarette pour faire face et calmer le déluge émotionnel que sa parole, son timbre de voix, son débit provoquent sur moi... J'en aurai presque une crise d'asthme si je ne pouvais pas fumer », dit Laure. La cigarette lui sert à « désaffectiver » sa relation à l'objet

1. Freud S. (1913j), « L'intérêt que présente la psychanalyse ».

2. Ce chapitre est une reprise avec modifications de celui « Accident sur le trajet de l'affect » de *Psychanalyse des addictions*, p. 189-192.

maternel qu'elle vit toujours comme « intrusif », asphyxiant, susceptible de déclencher une crise d'asthme…

Quête de sensations-excitations par un comportement ou un objet, ce geste addictif permettra ainsi une « désaffectation » qui n'est pas sans rappeler le *fading* schizophrénique ou l'alexithymie, qui se traduisent sur le plan clinique par une parole chargée de déliaison pulsionnelle. J. McDougall a de son côté fait l'hypothèse que les sujets « désaffectés », comme peuvent l'être certains addicts, « ont fait précocement l'expérience d'émotions intenses qui menaçaient leur sentiment d'identité et il leur a fallu, pour survivre psychiquement, ériger un système très solide pour prévenir un retour de leur vécu traumatique porteur d'anéantissement » (McDougall, 1989, p. 122).

La désaffectation suppose ainsi un processus, une « action psychique » qui utilise différents mécanismes de défense : refoulement, répression, régression, négativation, dispersion et démantèlement. En ce sens, elle serait *perdre un acquis*, à savoir le processus d'affectation en lien avec une pulsion (dans sa relation à l'objet, sa mère exemple pour Laure) ou, à tout le moins, ne pas en finir la construction (pour des raisons symboliques) alors que l'alexithymie relèverait tout simplement *la non-construction et l'avortement de la genèse de ce processus d'affectation*[1].

Ainsi du point de vue psychopathologique, la désaffectation signifiera *retirer* la possible perception et représentation d'un affect, et donc son ressenti émotionnel ou, plus précisément sa qualification en émotion. La crainte d'un éprouvé émotionnel, particulièrement de honte ou de colère, ne serait pas ici étrangère à cette situation. L'analité propre à la *honte* (de s'exposer), risquant de refluer sur la génitalité, serait précocement réprimée ou refoulée chez certains patients pour qui le geste addictif pourra ainsi représenter la possibilité de l'« excorporer ».

On voit qu'avec la désaffectation, à la différence de l'alexithymie qui résulterait de clivages précoces dans le moi, on serait dans de *l'affect déjà là* ou *en voie de constitution* (Pirlot, 2017, p. 9-22) pour lequel des mécanismes de défense seraient suffisamment élaborés tels le refoulement, la répression, l'isolation, ou plus archaïques (démantèlement) mais que le narcissisme anal ne peut supporter (Green, 1983).

1. *Étymologie* : étymol. et hist. 1876 fin. « Retirer l'affectation, la destination qu'on avait assignée » (Lar. 19e Suppl.). Dérivé de désaffecter. Action de désaffecter ; *résultat de cette action*. La désaffectation d'une église, d'une caserne, d'une gare » nous apprend le *Littré* puis *Dictionnaire de l'Académie française* "*Résultat d'une action*" soulignons-nous, celle d'un *retrait* ».

Cette fragilité narcissique que chercherait à protéger la désaffectation a été décrite par V. Marinov dans certaines anorexies (Marinov, 2001, p. 37-70). Comme dans le mythe de Narcisse devant l'amour de la nymphe Écho, le narcissisme lutte après tout contre toute intrusion de l'affect qui pourrait le blesser ou raviver sa blessure.

Plus généralement chez nombre d'addicts, la « plasticité » psychique acquise grâce à un masochisme « gardien de vie » (Rosenberg, 1991) manquerait au point que le seul recours, pour sauvegarder le narcissisme du moi, serait défensivement une désaffectation fluctuante et passagère ou, plus sérieusement, une pensée opératoire ou une alexithymie. Une rigidification précoce, post-traumatique, du tissu narcissique du moi a été chez ces patients, le seul moyen chez eux d'ériger un écran protecteur, « pare-excitant », devant la faiblesse des mécanismes de défense névrotique (refoulement, déplacement, isolation). Cet écran utilise un clivage topique entre la première topique (conscient, préconscient et inconscient refoulé) et la seconde (ça, moi, surmoi), dont émergent l'alexithymie et la pensée opératoire. Cette « topique du clivage » (Dejours, 1986) témoigne d'une faillite précoce et continue de la mise en place des processus de transitionnalité et des objets transtionnels. Ce défaut sera pallié par un objet transitoire qu'est l'objet addictif.

4. Faillite de la transitionnalité et passion de la non-séparation

Si l'objet addictif est qualifié de *transitoire*, c'est en effet en raison de son incapacité à résoudre durablement, à l'inverse de l'objet transitionnel, le manque interne. Les objets addictifs échouent nécessairement dans le fait qu'ils sont des tentatives d'ordre somatique plutôt que psychologique afin de faire face à l'absence ou à la douleur mentale. En ce sens, ils ne fournissent qu'un soulagement temporaire à la souffrance psychique.

Alors que la relation à l'objet transitionnel permet, à l'aube de la subjectivité, une appropriation (dans le jeu ou le Fort/Da) des qualités de l'objet maternel et une identification à celui-ci, la relation à l'objet-drogue aboutit quant à elle à un besoin compulsif, l'objet addictif n'ayant un rôle que transitoire, *toujours à recréer*, car toujours en dehors.

Il y a là, comme avec nombre de somatisations, des problématiques dont l'objet d'addiction incarne une « passion de la non-séparation » dont un des exemples est celui rapporté par D.-W. Winnicott de « l'enfant à la ficelle » (*infra*) chez qui la transitionnalité avait été défectueuse.

Dans son article de « Objets transitionnels et phénomènes transitionnels », Winnicott nous apprend en effet une chose importante concernant la constitution possible d'une addiction dans l'après-coup de la puberté.

Tout d'abord il spécifie que l'attachement de l'enfant à l'objet transitionnel recouvre potentiellement un processus de symbolisation qui va se retrouver dans toute une série de phénomènes divers. Cet objet transitionnel, appartenant à une *aire intermédiaire entre réalité psychique et réalité extérieure*, permet à l'enfant, de se rassurer en l'absence de la mère. Cet objet peut être une étoffe, une poupée, une écharpe de la mère avec qui l'enfant jouera, créant ainsi, en lui, une aire transitionnelle entre l'objet perçu et l'objet représenté dans le fantasme.

Progressivement cet objet transitionnel et l'aire du même nom prendront différentes formes et/ou activités : jeu, création artistique (fréquemment associé aux addictions) puis croyances religieuses, mensonge, fétichisme et rituels obsessionnels. Si les phénomènes transitionnels sont donc le plus souvent dans un certain rapport à la sublimation certains signeront un *échec des processus de symbolisation*.

La toxicomanie est citée alors chez Winnicott parmi les échecs de l'évolution de l'aspect ambigu, double dans ses réalités, de l'objet transitionnel. Dans ce cas, une sorte de clivage se forme/fixe sur une perception-sensation ancienne « fétichisant » la représentation qui lui est liée, ceci au service du déni de la séparation.

Winnicott précise que le petit enfant peut employer des objets transitionnels que lorsque l'objet interne est vivant, suffisamment bon (pas trop persécuteur). En revanche, « si celui-ci présente une carence relative à une fonction essentielle, cette carence conduit à une mort ou à une perception persécutive de l'objet interne. Si l'objet externe persiste à être inadéquat, alors l'objet transitionnel se trouve lui aussi dépourvu de toute signification. [...] Quand la mère est absente pendant une période qui dépasse une certaine limite, le souvenir de la représentation de l'objet interne s'efface et l'objet transitionnel est dans le même temps désinvesti, perdant sa signification. Juste avant que la perte soit ressentie, on peut discerner, dans l'utilisation excessive de l'objet transitionnel, le déni de la crainte que cet objet perde sa signification ».

Winnicott décrit là, sans qu'il s'y arrête, la généalogie d'une fixation qui pourra plus tard induire une addiction à un objet, un comportement ou un toxique.

Ensuite, et c'est là un exemple clinique très parlant, il cite le cas de l'enfant à la ficelle: il s'agissait d'un petit garçon qui avait fait face aux absences de sa mère dépressive pendant sa petite enfance par l'utilisation d'un objet transitionnel atypique: la ficelle, ayant pour fonction de dénier la séparation. Plus tard il eut des peluches, dont il interdisait de dire qu'elles n'étaient pas réellement ses enfants. Dans son rôle de *déni de la séparation,* la ficelle était une «chose en soi», dit Winnicott, qui avait une fonction fétichique qui faisant craindre le développement d'une perversion au lieu du processus transitoire que constitue normalement l'objet transitionnel.

Winnicott montre ainsi combien lorsque l'objet ne peut devenir transitionnel il mute en transitoire en se mettant au service d'un déni et du clivage. Winnicott nous apprend à la fin de son texte que l'évolution de l'enfant à la ficelle fut mauvaise, car il habitait loin, et ne pouvait être séparé de sa mère pour entreprendre une psychothérapie. «À l'adolescence, dit-il, il chercha de nouvelles addictions, particulièrement à la drogue.»

Ce texte est le pendant exact du jeu de l'enfant à la bobine de Freud dans l'«Au-delà du principe de plaisir». Mais l'enfant à la ficelle illustre davantage combien les *ratés de la symbolisation,* et une fixation des aspects mortifères de l'aire transitionnelle, peuvent entraîner la compulsion de répétition tout aussi mortifère à l'aide de l'objet «transitoire» qu'est l'objet addictif.

5. Clivage autosimilaire, traumas psychique-prépsychiques, mémoires refoulés et/ou amnésiques

Se pose la question chez ces sujets addicts, de savoir comment passer dans la prise en charge psychothérapique de traces d'affects clivés relevant d'une «mémoire amnésique», inscrite dans le geste et dans le corps, à une reconstruction de scénarios mythopoïétiques conjuguant fantasmes et percepts, voire souvenirs infantiles dont témoignerait la compulsion de répétition? Les dernières réflexions de Freud *Construction en analyse* (1937) et *L'Homme Moïse et la religion monothéiste* (1939) sur l'élaboration des traumas précoces peuvent, nous l'avons dit, ici nous aider.

Les traumas précoces, « psychiques prépsychiques », ai-je écrit (Pirlot, 1997, p. 327), seraient enfouis dans les couches profondes de la psyché, à la limite de celle-ci ; comme d'autres éléments, ils seraient conservés, mais ensevelis et inaccessibles à l'individu. Ce prépsychique est celui dont a fait l'hypothèse A. Green à propos de ce que décrit l'œuvre de P. Marty (Green, 1998). « Ce terme vague de « prépsychique » concernerait un état mythique où seul jouerait le représentant psychique de la pulsion dissociée de (ou avant) la rencontre avec la représentation d'objet ou de chose » (*ibid.*, p. 29).

Ce « psychique prépsychique » serait du « psychisme sous forme inconnu », « qui ne s'est pas encore épanoui dans ses qualités propres et porte encore la marque du biologisme dont il est mal dégagé » (*ibid.*, p. 25). En ce sens, le « prépsychique » pourrait s'exporter, se translater, dans une sensation-perception. Il s'agit pour Green d'une « forme première d'ancrage du psychique dans le biologique » (*ibid.*, p. 88).

Commentant l'œuvre de Marty dans sa réponse à A. Green, Claude Smadja, définit autrement ce « psychique prépsychique » : « Le *pré* du prépsychique [dans l'œuvre de P. Marty] est à entendre comme ce qui se construit avant le psychisme dans le cours de l'évolution somato-psychique, au sein des fonctions somatiques et non comme un psychisme potentiel, sur le modèle du préconscient. » En ce sens, pour Marty, ce *pré*, représenterait le somatique et non du psychique, qu'elle qu'en soit sa forme (Smadja, 1998, p. 61).

Concernant la mémoire et les souvenirs, les textes de Freud montrent en effet, nous l'avons vu, qu'il nous faut faire le deuil d'une levée totale de l'amnésie infantile afin de reconstituer une histoire complète qui affirmerait la vérité des traumas infantiles, surtout ceux survenus avant l'acquisition du langage. Ceci peut relever pour Green, cela a été dit, d'une *mémoire amnésique*. Cette mémoire diffère des autres objets mnésiques, comme les souvenirs, ceci par l'intensité de son actualisation dans le symptôme somatique ou le comportement, y compris addictif.

Ces phénomènes, moins du côté des souvenirs, peuvent être appréhendés comme équivalents de ceux-ci, et connotés d'une qualité hallucinatoire, gestuelle ou somatique chargés d'une « signification présignificative » (*ibid.*, p. 77) – ce que plus haut nous avions postulé comme « addiction symbolisante » (*supra*).

Pour peu que la phase de l'objet et l'aire transitionnelle soit donc contrariée et défaillante, *toute intensité quantitative d'affects* (« flash » toxique, coup de foudre ou évènement réel traumatique de mort d'un proche, d'un abandon [mère dépressive, « mère morte » d'A. Green]), pourra réveiller ces traumas précoces pré-subjectifs, voire « psychiques pré-psychiques » dont l'empreinte marquerait le sensoriel, le perceptif, le somatique.

Ces traumas précoces ont pu avoir créé des *clivages* dans le dynamisme somato-psychique au point de provoquer précocement et, faute d'angoisse-signal (*supra*), des *« transferts d'affects » sur des systèmes et sous-systèmes psychiques ou biologiques* par les voies psycho-neuro-végétatives (somatisation), psycho-neuro-motrices (passage à l'acte, compulsion de répétition, addiction) et psycho-neuro-immunitaires (somatisation comme celles auto-immunes).

Du fait de leur aspect psychosomatique, les clivages à la source de la compulsion de répétition sur ce temps « bloqué » du trauma auraient cette singulière nature d'être « auto-similaires », fractals, *atopiques*, somato-psychiques *propres aux systèmes en phase d'ordre-désordre* comme les gouttes de deux liquides arrivés au point d'ébullition.

Ce « temps bloqué » est en effet celui décrit chez nombre de toxicomanes, pour qui, prendre la drogue, serait « une tentative de suspension du temps » (Le Poulichet, 1987, p. 105), comme pour « remettre à zéro » un temps et des rythmes vitaux précocement perturbés. Ce temps mort est l'équivalent chronique de l'espace vide. Il signe « le pouvoir suspensif du désinvestissement » (Green, 1975, p. 106, temps mort et intemporalité dans lesquels vivait M. Z. dans *L'Enfant de ça* décrit par J.-L. Donnet et A. Green).

Cette phase d'ordre-désordre, maintenue de façon somatopsychhique par le trauma psychique pré-psychique, se retrouve dans ce que nous avons décrit (*supra*) en reprenant les travaux de J.-P. Tassin, d'un *découplage fonctionnel* entre deux neuromédiateurs (sérotonine et noradrénaline) lors de traumas précoces et que chercherait à reproduire le toxicomane dont l'« addictophilie » serait la « traduction », sur le plan psychique, d'un autre découplage, celui au sein même du principe de plaisir (PdP), faute d'un masochisme érogène suffisamment construit.

La forme de relation entre plaisir et déplaisir aurait, dans ces cas de découplage, une structure autosimilaire, plaisir *dans* le déplaisir, ou confondue avec lui, et inversement, et dans une dynamique qui est celle, au-delà du principe de plaisir, de la jouissance.

On peut s'inspirer du schéma du physicien E. Brezin (*cf.* schéma ci-dessous), montrant comment « les gouttes de deux liquides, à une température proche de la séparation, ont une structure autosimilaire ».

Brezin E. (1982), La transition ordre-désordre. Les gouttes de deux liquides à une température proche de la séparation ont une structure autosimilaire (ces problèmes physiques furent résolus mathématiquement avec les « fractals », objets mathématiques découverts par le français B. Mandelbrot).

Le dessin d'Escher *Circle Limit IV* pourrait également figurer cette configuration fractale de parties autosimilaires somatopsychiques ayant conservé des *fixations d'excitations* (auto-emprise ; crypte ; sexualité archaïque) et que réanimerait l'excès et/ou la répression d'affects sous le coup d'une jouissance qui abolit les limites entre plaisir et déplaisir.

Ces formes auto-similaires pourraient être rapprochées de la notion de « mosaïque de l'inconscient » défendue par P. Marty, ou « inconscient parcellaire » situé en dehors de l'inconscient refoulé de Freud. Elles auraient acquis leurs caractéristiques lorsque des affects primaires (rage, colère, peur, détresse) auraient atteint une intensité trop forte. Cette qualité particulière, celle d'une *structure autosimilaire* n'a comme destin que la décharge dans le soma en cas de somatisation, ou dans le comportement, par exemple le geste addictif.

Se rejoindraient dans ces interstices autosimilaires, les sources excitationnelles et physiologiques des « préformes organiques » de pulsions décrites précédemment, ayant précocement court-circuité les pulsions de leur but, à savoir la représentation d'objet (ou de chose) puis les représentants-représentations (les mots).

Ce type de « clivage autosimilaire » proviendrait de traces (frayages) de « traumatismes psychiques prépsychiques » survenus précocement dans l'ontogenèse, et qui aurait pour modèle thérapeutique, le trauma « sexuel-présexuel » décrit par Freud en 1895 : « L'hystérie résulte d'un effroi sexuel-présexuel, la névrose obsessionnelle d'une volupté sexuelle-présexuelle transformée ultérieurement en sentiment de culpabilité » (lettre à Fliess du 15 octobre 1895).

Toutefois si le trauma « sexuel-présexuel » (réel ou fantasmatique) porte sur la *création* d'un « corps étranger » psychique – c'est-à-dire le refoulé du sexuel infantile –, le trauma « psychique prépsychique » porterait quant à lui sur l'établissement d'un « corps étranger » prépsychique « autosimilaire » se déchargeant dans les profondeurs du soma ou dans le comportement moteur (et addictif).

Quantitativement trop important et aggravé par les traumas pré-subjectifs, ce trauma « psychique prépsychique » laissera *indifférenciées excitation et pulsion* dans leur préforme organique. Dans ces conditions, et après-coup, tout affect primaire (y compris celui provoquant la dépersonnalisation que peut provoquer l'orgasme) ou tout affect d'abandon ou de perte de limites, pourrait retrouver, sur une perception clivée du moi (Ferenczi, 1924), les traces de ce trauma précoce.

Du psychisme originel – excitationnel – resterait *imparfaitement* intégré dans la psychosexualité et pourrait, *via* les libidos narcissique et prégénitale, et par le dépassement de seuils affectifs, s'infiltrer *via* les clivages auto-similaires dans des systèmes et sous-systèmes biologiques (diencéphalique, limbique) jusqu'à la décharge dans la somatisation ou le comportement addictif.

Ainsi, lors d'évènements traumatiques la régression fonctionnelle pourrait réemprunter chez des sujets mal mentalisés (désaffectation, alexithymie, pensée opératoire), outre la voie de la perception-hallucination, celle motrice de décharge (addiction) comme autant de formes de « mémoire amnésique » et corporelle, affective et kinesthésique, cela selon des dynamismes et voies *parallèles* au faisceau central du psychisme (selon P. Marty).

Chapitre 6

Perversions, pulsions, addictions : affinités électives

Sommaire

... Vous serez comme Dieu.

Genèse III, 5

L'adolescent qui commence à s'addicter le fait-il pour fuir ce que la pulsion sexuelle en lui mobilise, par le biais de fantasmes conscients et inconscients, de prégénitalité perverse, utilisant autrement celle-ci, la jouant en la dissolvant et la détournant, par le comportement addictif pour mieux tromper un surmoi interdicteur ?

À cette question, s'en ajoutent trois autres :

- Quels sont les rapports entre addiction et sexualité infantile polymorphe ?
- Le pervers sexuel est-il « addicté », par sa compulsion de répétition, à sa conduite transgressive ?
- Quels sont les rapports possibles entre perversions sexuelles et addictions sexuelles ?

Comme le remarque V. Estellon (2020, p. 32), si l'on peut parler de sexualité addictive dans le champ de la psychopathologie, c'est surtout parce que le sujet est soumis à une compulsion de répétition. Avant de développer mon propos, il me faut rappeler qu'il ne s'agit pas, encore une fois, pour le psychanalyste d'avoir une vue normative de la sexualité humaine, mais simplement de constater que la « solution » addictive touche aussi les fantasmes et conduites sexuelles.

Si cette sexualité addictive peut se situer en dehors des perversions sexuelles (sadisme, masochisme, fétichisme, voyeurisme, exhibitionnisme, pédophilie, travestisme, nécrophilie) peut-il tout de même y avoir des « croisements » entre elles, croisement d'ailleurs que l'on peut étendre à certaines somatisations en tant qu'elles seraient le résultat de « détournement » de la subversion des fonctions physiologiques par la libido construisant le « corps érotique » du sujet ?

À titre d'exemple, comme nous l'avons souligné précédemment, l'allergologue F.-B. Michel n'applique-t-il pas le terme de « perversion » à nombre de symptômes organiques dont celui de la turgescence permanente des cornets du nez dans la rhinite (allergique) chronique (Michel, 1993, p. 31) ?

Du point de vue sociétal, on pourrait insérer notre reflexion clinique et métapsychologique au sein d'un contexte qui est celui d'une société postmoderne néolibérale qui, sans porter un jugement moralisant, « s'est affranchie et a exempté les individus, de Lois gouvernant notre nature, celle de la différence sexuelle et de la différence générationnelle, et [ayant organisé] des institutions en ce sens» (Dufour, 2009, p. 384), ce qui ne peut qu'aller dans le sens du développement de «perversions ordinaires», moins celles du pervers pathologique que celles du névrosé ou états-limite dont les fantasmes et passages à l'actes sont teintés de la perversion polymorphe d'un éternel enfant, celui que le néologisme «adulescent», de 27 à 77 ans, résume bien.

Ceci amène à relever que, dans cette société de consommation néolibérale, ce champ de la jouissance perverse ne concerne pas uniquement les hommes. Le double mouvement à la fois de méfiance des sexes entre eux, de l'amour volatile «qui ne dure que trois ans» comme le dit Frédéric Beigbeder concomitamment au développement des sites et applications de rencontres (Tinder), «pousse» à «pulser» autant à des rencontres qu'à se mettre en quête de jouissances masturbatoires, seuls/seules, à deux ou à plusieurs (polyamour). Le développement par ailleurs des jouets sexuels (sexual toys, sextoys) est également en pleine croissance chez les femmes, vantés dans des émissions de radio et TV, et magazines féminins, et vendus dans des chaines de lingeries féminines.

Pour les hommes, le marché vend également des masturbateurs qui s'ouvre en deux pour que l'on puisse y introduire le pénis (Dufour, 2009, p. 399) ainsi que des love dolls ayant l'apparence de plus en plus de mannequin top-modèle dont les formes anatomiques sont de plus en plus saillantes et variables selon la demande des usagers. Ce que ceux-ci trouvent dans ces «poupées d'amour» est, selon une étude universitaire, «la fidélité absolue, l'humeur constante, la jeunesse éternelle, les performances sexuelles à toute épreuve, et l'échange standart» en cas de panne (Dufour, *idem*, p. 401).

Toutes ces pratiques et conduites, parfois associées à des prises de toxiques, illustrent ce qu'a montré la psychanalyse, à savoir que la sexualité «normale[1]» de l'adulte garde actives toutes les racines des activités sexuelles pulsionnelles propres à une sexualité et une sensualité infantiles et restant, la vie durant, au premier plan. En préalable à notre propos sur les rapports complexes entre perversions et addictions, il nous faut donc revenir sur les liens tout aussi complexes, dans les perversions, entre le sexuel infantile, le pulsionnel, la sexualité génitale et le genre.

1. Freud (1913j), «L'intérêt que présente la psychanalyse», p. 115.

1. Quelques rappels métapsychologiques sur les perversions

Je me limiterai ici à aborder quelques concepts fondamentaux concernant la genèse des perversions du point de vue de l'élaboration métapsychologique qu'en a fait Freud à partir de l'évolution libidinale et de ses stades chez l'enfant[1], quelques auteurs post-freudiens étant cités plus loin. Avec les *Trois essais* (1905) et d'autres textes comme « Pulsions et destins des pulsions » (1915), « Un enfant est battu » (1919), « L'organisation génitale infantile » (1923), « Le problème économique du masochisme » (1924), « Le fétichisme » (1927), Freud ouvre un espace psychopathologique et métapsychologique s'appuyant sur les pulsions et les topiques des processus inconscients.

Pour lui, les perversions sont en relation avec des phénomènes psychiques, subjectifs et non des facteurs biologiques. Mais plusieurs précautions doivent être prises concernant la notion de « fantasme pervers » et la définition même de la perversion comme composante de la sexualité. La première difficulté tient à ce que l'opposition constamment maintenue entre névrose, perversion et psychose, se heurte à une réalité clinique : les névrosés ont des fantasmes pervers.

Or, dans les textes de Freud, certains passages concernent les fantasmes pervers et non les perversions réalisées, d'autres les perversions en tant que telles, d'autres enfin le rôle que certaines composantes, comme le voyeurisme, le sadisme, le masochisme, jouent dans le développement de l'individu sans qu'il s'agisse pour autant de perversions cliniques.

Les fantasmes pervers du névrosé sont le plus souvent inconscients alors que le fantasme du pervers est conscient et agi. Freud utilise le terme « perversion » pour qualifier des éléments du développement – normal – de la sexualité infantile. Il précise même que « la disposition à la perversion est la disposition générale originelle de la pulsion sexuelle, laquelle ne devient normale qu'en raison de modifications organiques et d'inhibitions psychiques survenues au cours de son développement » (p. 146). Il ne faut donc pas confondre ce que Freud dit des perversions cliniques de l'adulte et le qualificatif « pervers » utilisé pour les composantes d'autres troubles ou de la sexualité infantile.

1. Je reprends ici certains éléments du 2e chapitre du livre *Les perversions sexuelles et narcissiques*, co-écrit avec J.-L. Pédinielli (2005), 2013, p. 38-42.

Les aspects principaux de la pensée freudienne sur les perversions peuvent être résumés ainsi :

1. Freud distingue les perversions d'objet et de but. Les premières concernent la situation ou la personne qui provoque l'attirance sexuelle (inceste, homosexualité, pédophilie, nécrophilie, fétichisme...). Les perversions de but (acte déterminant la satisfaction sexuelle) désignent le masochisme, le sadisme, le voyeurisme, l'exhibitionnisme... Mais il traitera aussi des opposés : sadomasochisme, exhibitionnisme- voyeurisme pour édifier sa théorie, puis le fétichisme jouera un rôle essentiel, inaugural.
2. Les perversions dépendent d'une évolution perturbée du développement libidinal, mais inverse de la névrose. Dans la perversion, certaines motions n'ont pas été refoulées alors que, dans les névroses, le refoulement excessif implique la réapparition du refoulé dans les symptômes.
3. La perversion correspond à une mise en actes dans laquelle : a) une composante partielle du plaisir préliminaire devient le moteur de l'orgasme et non pas ce qui permet l'augmentation de l'excitation ; b) un acte est séparé de son enchaînement et prend la place du tout (le fait de voir le partenaire par exemple). L'acte pervers se caractérise donc par son aspect partiel (par rapport à l'acte sexuel dit normal), aspect que l'on retrouve à propos de l'objet et de la pulsion.
4. La perversion est en relation avec une fixation exclusive à un mode de satisfaction sexuelle infantile que le sujet devrait dépasser. Tout se passe comme si le pervers ne pouvait atteindre un stade de développement sexuel dans lequel les pulsions sont unifiées et visent un objet sexuel total, au sein d'un Œdipe dont les effets normativants n'existent pas chez lui. Mais dans certains textes (Pour introduire le narcissisme), Freud évoque la notion de « choix d'objet narcissique » (sur le modèle de soi-même) pour les pervers.
5. Le processus pervers est en relation avec la castration. Dans toutes les perversions, il y a déni de l'absence de pénis de la mère, c'est-à-dire de la différence des sexes et, donc, de la castration. Ce déni entraîne un clivage, séparation du moi entre deux attitudes opposées, l'une admet la réalité de la différence des sexes, l'autre l'ignore.

1.1 La sexualité infantile

Freud reprend, en 1905, le thème des perversions (dans le premier des *Trois Essais*) dans le cadre de l'édification d'une théorie de la sexualité. La fixation excessive et l'exclusivité sont les deux caractéristiques de la perversion, qui est une transformation de la pulsion sexuelle sous l'effet de processus psychiques. Il évoque l'idéalisation de la pulsion sexuelle, évitant de confondre les perversions avec l'exercice d'une sexualité brute ou d'une pulsion, mais il repère le rôle du fantasme conscient que le sujet tente de réaliser à travers un scénario.

Dans sa conception du développement génital, qui repose sur la définition des pulsions sexuelles, Freud avance que la perversion « est partie intégrante de la constitution normale » ; il fait donc des perversions un des avatars de la sexualité de l'enfant et se fixe pour objectif de savoir ce qui influence le développement de la sexualité de l'enfant vers la perversion ou vers la névrose ou la normalité. La sexualité infantile possède trois éléments : elle est auto-érotique, elle s'appuie (étayage) sur une fonction physiologique qui satisfait un besoin (faim par ex.), et le plaisir est obtenu par l'excitation d'une zone érogène source d'une pulsion partielle.

La « perversion polymorphe » montre que la pulsion sexuelle n'est pas, chez l'enfant, unifiée mais qu'elle se satisfait à partir de zones érogènes et de pulsions partielles. Cette image renforce la thèse de la dépendance entre les perversions de l'adulte (déterminées) et la sexualité infantile (déterminante). Le passage entre la « disposition perverse polymorphe », état du développement normal de la sexualité infantile, et la perversion de l'adulte est ainsi compréhensible.

Selon le texte de 1905, l'évolution de la sexualité se fait en deux phases : phase prégénitale, puis phase génitale (où le choix d'objet n'est plus incestueux et où les pulsions sexuelles sont unifiées). Les perversions sont des troubles du développement sexuel, développement difficile, soumis à de multiples aléas puisqu'il peut exister des arrêts (sous l'influence de causes internes ou externes) qui produisent des régressions à une étape antérieure. Les perversions apparaissent alors comme des fixations à des étapes infantiles et des dissociations (remise en cause de l'unification des pulsions) des pulsions à une période ultérieure.

1.2 Le dualisme pulsionnel

Le texte de 1915 (« Pulsions et destin des pulsions »), comme celui de 1905, utilise les perversions comme un élément clinique permettant une discussion métapsychologique. C'est une subtile dialectique de changement de but et d'objet qui servira à rendre compte des perversions allant par couple d'opposés. Freud avance que les destins des pulsions sont : le renversement dans le contraire, le retournement sur la personne propre, le refoulement, la sublimation.

Le renversement dans le contraire est divisé en deux processus : le retournement d'une pulsion de l'activité à la passivité et le renversement du contenu. Le premier processus est représenté pour Freud par les couples d'opposés sadisme-masochisme et voyeurisme-exhibitionnisme. Le renversement porte sur les buts de la pulsion : le but actif (tourmenter ou regarder) est remplacé par le but passif (être tourmenté ou être regardé). Le renversement du contenu n'est apparent que dans le cas de la transformation de l'amour en haine. Le retournement sur la personne propre est illustré par le fait que le masochisme est un sadisme retourné sur le moi propre et que l'exhibitionnisme inclut le fait de regarder son propre corps. Le retournement sur la personne propre ne concerne pas le but de la pulsion, qui reste inchangé, mais procède à un changement de l'objet. Le couple sadisme-masochisme est alors interprété selon quatre mouvements :

1. le sadisme est une violence active, un usage de la puissance contre une autre personne prise comme objet ;
2. cet objet est abandonné et remplacé par la personne propre ;
3. ce retournement sur la personne propre s'accompagne d'une transformation du but pulsionnel actif en but passif. C'est le masochisme ;
4. puis un autre objet, qui assumera le rôle du sujet, est recherché.

Dans le masochisme, la satisfaction passe aussi par la voie du sadisme originaire, le moi passif reprenant, sur le mode fantasmatique, sa place antérieure, désormais abandonnée à la personne étrangère. Freud, à cette époque, fait donc dépendre le masochisme d'un sadisme originaire, position sur laquelle il reviendra en 1924 (« Le problème économique du masochisme »).

Une très intéressante remarque permet de dégager la différence entre perversion et névrose (obsessionnelle) dans laquelle s'exprime la pulsion sadique qui se retourne sur la personne propre, sans passivité vis-à-vis d'une autre personne.

Dans le sadisme, la pulsion apparaît par la domination, l'humiliation, mais aussi le fait d'infliger de la douleur. Ce dernier point étonne Freud puisque la douleur provoquée ne joue aucun rôle dans les buts originaires de la pulsion.

En revanche, l'idée d'un retournement du sadisme en masochisme permet de mieux comprendre le phénomène (« Jouir de la douleur serait donc un but originairement masochiste, mais qui ne peut devenir un but pulsionnel que sur un fond sadique originaire »).

Le couple « exhibitionnisme-voyeurisme » peut être analysé de la même manière. Freud propose d'abord une succession dans laquelle le but actif (regarder) apparaît avant le but passif (être regardé) :

1. Regarder est une activité dirigée sur un objet étranger.
2. L'objet est abandonné, la pulsion est retournée sur une partie du corps.
3. Introduction d'un nouveau sujet auquel on se montre pour être regardé par lui.

Puis, en accord avec les conceptions issues du narcissisme et de l'autoérotisme, Freud postule qu'avant cette succession en trois temps, il pourrait exister un premier temps (« stade préliminaire ») « regarder soi-même ». Freud ajoute « Si nous tenons compte du stade préliminaire narcissique que nous avons construit dans le cas du sadisme, nous approchons de la conception plus générale, selon laquelle ces destins pulsionnels que sont le retournement sur le moi propre et le renversement de l'activité en passivité dépendent de l'organisation narcissique du moi et portent la marque de cette phase. Ils correspondent peut- être aux tentatives de défense qui, à des stades supérieurs du développement du moi, sont réalisées par d'autres moyens » (Freud, 1915, p. 29).

L'interprétation de ces couples d'opposés, révèle que les perversions sont l'expression de pulsions dont le destin est une suite de transformations (but et objet) qui montre leur proximité malgré leur apparente opposition concrète : la personne peut passer de sujet à objet, le but d'actif à passif, puis le processus s'inverser une nouvelle fois.

1.3 Les fantasmes infantiles

Dans « Un enfant est battu » (1919), Freud évoque un fantasme (« un enfant est battu ») retrouvé fréquemment chez des analysants névrosés. Il avance alors que le fonctionnement psychique du névrosé permet de comprendre ce que « cache » le pervers. Ce texte est sans doute le plus riche et le plus suggestif des textes freudiens sur la perversion :

1. La première phase du fantasme de fustigation est rendue par la phrase « Le père bat l'enfant », c'est-à-dire « le père bat l'enfant haï par moi ».
2. Dans la deuxième phase s'opère un renversement (comme celui entre pulsion sadique en pulsion masochiste). La personne qui bat est le père, mais l'enfant battu est l'enfant lui-même (auteur du fantasme). Sa formulation, reconstruite par Freud, est maintenant : Je suis battu(e) par le père. Ce fantasme a un caractère masochiste. Le sujet ne se souvient pas de cette deuxième

phase qui n'est jamais devenue consciente : elle est une construction de l'analyse.
3. Dans la troisième phase, la personne qui bat n'est jamais le père, ou bien elle est indéterminée, ou bien il s'agit d'un substitut du père (professeur). L'enfant auteur du fantasme n'est plus présent. Les patient(e)s disent seulement que, vraisemblablement, ils regardent. Le fantasme est désormais inducteur d'une forte excitation sexuelle.

On retrouve, dans l'interprétation de Freud, ces transformations d'objet et de but, mais, cette fois, en rapport avec la situation oedipienne. Pour lui, la première phase signifie que le père n'aime pas cet autre enfant, il n'aime que l'enfant lui- même. Le fantasme satisfait donc la jalousie de l'enfant. La deuxième phase signifie « Non, il ne t'aime pas, car il te bat ». « Être soi-même battu par le père » devient l'expression de la culpabilité (qui suit le refoulement des désirs incestueux oedipiens).

Ce fantasme repose alors sur l'amour pour le père et peut être considéré comme masochiste. La proposition de la phase précédente « le père m'aime », qui possédait un sens génital au moment de l'Œdipe, régresse au niveau sadique-anal antérieur et devient : « le père me bat » (« je suis battu par le père »). Le fait d'être battu est maintenant un composé de conscience de culpabilité et d'érotisme. Freud l'interprète comme un accent mis sur la violence exercée par le père (« le père bat l'autre enfant ») et le refoulement de l'amour du père (« il n'aime que moi ») et comme un fantasme producteur d'une satisfaction masochiste : « sa signification réside en ce qu'il a pris en charge l'investissement libidinal de l'élément refoulé, et avec lui la conscience de culpabilité qui y est attachée. Tous ces enfants indéterminés qui sont battus par le maître ne sont pourtant que des substituts de la personne propre » (Freud, 1919, p. 230-231).

Pour Freud, ces observations peuvent expliquer la genèse des perversions (du masochisme en particulier) et le rôle de la différence des sexes dans la névrose. Il maintient la thèse du « renforcement constitutionnel » ou de « l'avance prématurée d'une composante sexuelle », mais il la complète par le rôle de l'Œdipe dont les fixations perverses seraient les séquelles.

1.4 La seconde topique (après 1920)

L'avènement de la pulsion de mort n'a pas eu d'incidence directe sur la conception de la perversion. Toutefois, par le biais des études sur le masochisme et le sadisme, notamment dans le texte de 1924, des modifications sont intervenues, par l'intervention d'un masochisme primaire et non pas secondaire au retournement du sadisme originaire comme il l'avait dit en 1915.

Comme souvent, Freud reprend des termes de la pathologie pour désigner un fonctionnement psychique appartenant au développement normal et donne aussi une interprétation spécifique de la pathologie. Dans ce texte (1924), il distingue plusieurs formes de masochisme : érogène, féminin, moral. Le masochisme érogène est une composante du développement s'exprimant par exemple dans l'angoisse d'être dévoré, la castration...

Le masochisme féminin s'exprime à travers des fantasmes masochistes, le terme « féminin » désignant non pas « la femme (réelle) » mais les « stéréotypes culturels » sur la féminité, associée à une position passive. Malgré l'ambiguïté du mot, le masochisme féminin concerne aussi bien les hommes que les femmes.

Le masochisme moral est la recherche de la souffrance elle-même (culpabilité, réaction thérapeutique négative...). Freud précise bien que tout masochisme n'est pas pervers, et que les « perversions masochistes » se caractérisent par le passage à l'acte et non par la nature du fantasme. Ces trois formes de masochisme – qui ne sont pas en elles-mêmes des perversions mais des modes de fonctionnement du psychisme – peuvent se combiner dans les fantasmes et prendre part aux différents stades de l'organisation de la libido. La perversion tient à ce qu'une composante puisse devenir indépendante et acquérir une autonomie, le passage à l'acte exprimant ce qui, chez les autres sujets, reste du registre du fantasme.

La période de la seconde topique est aussi capitale pour la mise en évidence de certains mécanismes de défense. Les textes sur l'organisation génitale infantile analysent les phénomènes prégénitaux et génitaux et la problématique de la fixation-régression du pervers à certaines positions préœdipiennes. L'étude du fétichisme, essentielle à une compréhension des perversions, amène la constatation du refoulement de la castration maternelle par une opération nommée « déni ». Chez Freud, les deux opérations sont différentes, mais ne sont pas aussi strictement distinguées qu'actuellement où, de manière radicale, on oppose le refoulement du névrosé, le déni du pervers, la forclusion (ou le rejet) du psychotique et la dénégation (signe d'une reconnaissance partielle du refoulé).

Ce déni de la castration maternelle le met à l'abri de la castration et protège de l'angoisse. Le pervers construit un fantasme de femme-phallique qu'il maintient dans la réalité par les actes pervers. Le déni de la réalité de la castration maternelle, de la différence des sexes, s'associe à une division (clivage du moi) qui fait coexister des croyances différentes, mais aussi des parties scindées du moi.

Même s'il ne s'agit pas de cela dans la perversion, souvenons-nous que le mot « clivage » est, chez Freud, le même que celui qui désigne la scission du Moi dans la schizophrénie (Spaltung).

2. Sexualité infantile, « sexual », pulsion, genre

La sexualité infantile contient ainsi, dès l'origine, cette part pulsionnelle qui existe avant toute génitalisation et ne résorbant pas totalement lors de l'éclosion de celle-ci à la puberté. La véritable découverte de la psychanalyse est d'avoir montré que cette sexualité infantile comporte une part de sexuel archaïque, une forme de sexuel sauvage, rétif à l'évolution vers un primat du génital, qui va demeurer actif la vie durant à la recherche d'excitations (jouissance) sans limite.

Comme l'écrit Dominique Suchet dans son *Rapport* :

> « Le sexuel infantile lui, est délié, démoniaque, toujours refoulé, il ne cesse de faire retour dans des manifestations agies et hallucinatoires. Il insiste, il n'évolue pas, ne se modifie pas. Plus force qu'état, il est en dehors de la différence sexuée, pas "génital" mais pas non plus "prégénital". Il est "paragénital", anarchique, autoérotique, polymorphiquement pervers, rétif à un primat ; il ne connaît aucun objet sexuel, ne s'attache qu'à ce qui satisfait les mouvements autoérotiques : objets partiels, pulsions partielles, buts partiels, dominés par les zones érogènes qui sont à la fois source et but, et qui coexistent diversifiées. Tandis que la sexualité infantile est fondée sur un conflit entre les pulsions sexuelles et les pulsions d'autoconservation, le sexuel infantile, lui, subvertit l'autoconservatif des zones érogènes, il outrepasse le principe de plaisir à la recherche

> de l'excitation plus que de la satisfaction. La psychanalyse dévoile donc qu'au cœur de la sexualité infantile gît une part de sexuel inadéquate à toute évolution » (Suchet, 2015, p. 1436).

L'auteur ajoute une remarque qui n'est pas sans lien avec ce que nous avons évoqué concernant les addictions : ce sexuel infantile « conserve de sa fugitivité native une modalité spécifique de manifestation, par effraction, l'*Einfall,* et aussi un processus spécifique de formation, tout aussi furtif que lui dans la théorie, la dramatisation. Enfin le sexuel infantile pourrait bien être associé à un éprouvé spécifique, la *Sehnsucht* qui désigne cet état de tension transitoire inhérent au manque de l'objet inaugurant le sexuel psychique » (*idem*), *Sehnsucht* que nous avons vu être au cœur du « besoin », comblé par le geste ou l'objet addictif, procuré par le manque nostalgique d'un objet.

La complexité de la « chose » sexuelle, provient ainsi du fait qu'un sexuel autre, génital, entre en conflit avec le sexuel de la sexualité infantile.

> « Peu à peu deux lignes se précisent, celle d'une sexualité infantile tendue vers une future sexualité mature adjointée au primat du génital et celle d'un sexuel, délié, démoniaque autant que démonique, qui ne se modifie pas et qui insiste. Le premier état est orienté par la génitalité à laquelle se réfère la différence des sexes, et la prégénitalité ; le second état, en réalité plus force qu'état, est en dehors de la différence sexuée, il est plus paragénital que prégénital » (Suchet, 2024, p. 121).

Le sexuel infantile pervers polymorphe cherchera ainsi à conserver des territoires prégénitaux (oral, anal, scopique, sensoriel, etc.) que la sexualité infantile tentera elle de toujours vouloir diriger vers un objet.

C'est en 1923 dans son texte sur « l'organisation génitale infantile » que Freud nous fera comprendre l'évolution de la sexualité infantile du phallique au génital. La phase phallique antérieure au complexe d'Œdipe et son complexe de castration installera un carrefour pour le destin du sexuel infantile et l'intégration de celui-ci.

Demeureront, d'un côté, la voie de la reconnaissance et des transformations de la sexualité œdipienne avec ses identifications et la complexification des instances que sont le surmoi et le moi-idéal, et de l'autre, le déni (de la différence sexuelle et générationnelle) par le primat phallique qui pourra survivre dans la sexualité en lieu et place du primat du génital, drainant avec lui une prégénitalité teintée, envers l'objet, de domination et de toute-puissance plutôt que d'acceptation de la différence.

Ce sexuel de la sexualité infantile, nommé sexuel infantile, désignera ainsi la part pulsionnelle intraitable dans la sexualité qu'elle soit infantile ou adulte. C'est ce que l'on peut nommer *le sexuel* et que Jean Laplanche nomme le « sexual ».

Laplanche (2003) rappelle en effet que la sexualité dite « élargie », le sexuel infantile, est la grande découverte psychanalytique de Freud. Infantile bien sûr, liée au fantasme plus qu'à l'objet, donc auto-érotique, ce sexuel infantile – ou « sexual » – est en quelque sorte extérieur à la différence des sexes, voire à la différence des genres : il est oral, anal, ou paragénital[1]. Le « *sexual* » est le refoulé, il est refoulé parce que *sexual*. Il s'exprime à l'adolescence et la vie adulte dans les plaisirs préliminaires et les perversions. Le *sexual* englobe ainsi tout le champ de la pulsion, de l'amour, de la haine, et déborde largement l'acception commune du terme et ne se rapporte que peu au sexué, au génésique, au génital.

Pour introduire le concept de « genre » dans sa théorisation, Laplanche, remarquant que Freud n'utilise « jamais le terme, et pour cause puisque la langue allemande ne le lui permet guère », souligne que le genre chez Freud est néanmoins « présent, en pointillés tout au moins ». En allemand, « *Geschlecht* » veut dire à la fois « sexe » et « genre » ; même s'agissant du « genre humain », c'est le mot « *Geschlecht* » qui est utilisé. L'allemand freudien n'a donc que l'opposition « *Geschlecht* »/« *Sexual* » (Laplanche (2003), 2007 p. 158). Il manque donc, concernant le « genre en tant qu'identité » le mot, même s'il peut sans doute être réinventé en allemand avec le terme savant de « *Genus* ». Laplanche rappelle alors que chez Freud, « à défaut du mot, la chose n'est pas tout à fait absente », car il se retrouve dans les « trois couples d'opposition » freudiens : « actif-passif », « phallique-castré », et celui qui « nous intéresse ici, "masculin-féminin" ».

Le troisième est d'après Freud « le plus difficile à penser, il est peut-être même rebelle à la pensée ». Les références freudiennes sur « cette première différenciation » entre « masculin » et « féminin » se trouve dans *Nouvelle suite des leçons d'introduction à la psychanalyse* et les *Théories sexuelles infantiles*. Cette distinction serait observable pour Laplanche de par les *habitus* observés d'emblée par le voyageur étranger à notre civilisation. C'est à partir de ce point de vue que Laplanche se

1. Laplanche J. (2003), *Sexual*, 2007, p. 155.

permet de légèrement modifier le texte de Freud en remplaçant les deux « sexes » par « genres ». D'après les *Théories sexuelles infantiles* et pour J. Laplanche, le voyageur venu de l'étranger, c'est d'abord l'*infans*: un enfant découvrant le monde des adultes.

Laplanche réintroduit donc la catégorie du genre, entendu comme *Geschlecht* (sexe/genre), opposé au *Sexual*, aboutissant au fait que « la catégorie du genre est [chez Freud] souvent absente ou impensée » (*idem*, p. 163) et ceci en le reliant au « message énigmatique » (de la mère au nouveau-né et jeune enfant) propre à sa *théorie de la séduction généralisée.* Il s'agit d'une situation de séduction originaire qui se passe dans une simultanéité : l'enfant, *en présence* de l'adulte se pose la question de la différence présente chez l'adulte. « Mais chez Freud, bien souvent, ce questionnement est oublié » (*idem*).

Toutefois pour Laplanche, le genre n'est ni une imprégnation cérébrale hypothétique (imprégnation hormonale), ni une empreinte au sens de Stoller, ni une habitude, toutes ces notions étant pour lui « ipso-centristes » (*idem*), c'est-à-dire centrés sur le seul individu.

Le genre, pour le désigner, c'est donc celui d'*assignation*. « Assignation souligne le primat de l'autre dans le processus » (*idem*, p. 166). Cette assignation est faite par « le petit groupe des *socii* proches » (*idem*, p. 167), par l'autre... C'est la question de l'identification « à » et « par » l'autre dont il s'agit ici. Mais à la différence de la thèse des théoriciens du « *gender* » qui disent « le genre précède le sexe et l'organise », le schéma dialectique de Laplanche est alors le suivant : « le genre précède le sexe. Mais loin de l'organiser, il est organisé par lui » (*idem*, p. 69). Ce qui en résulte est le *sexual* de la sexualité perverse polymorphe infantile, et singulièrement le sexuel infantile refoulé des parents qui vient *faire bruit*[1] dans l'assignation et donc dans l'identité de genre.

Dans ce contexte, le « sexe » du « complexe de castration » selon Laplanche, organisateur refoulant le(s) genre(s), se voit distribué dans leur singularité entre les garçons et les filles qui sont ainsi « genrés » autour de ce qu'il nomme le « bras séculier » du sexe psychanalytique : le complexe de castration.

Paul Denis apporte quant à lui une interprétation psychanalytique importante car distinguant deux temps dans la constitution des différentes dimensions du

1. Dans le sens du bruit auto-organisationnel des sciences de la complexité : Prigogine, Stengers, Morin.

genre. Il rappelle que pour le bébé, les différences entre les deux parents sont perçues comme étant d'ordre qualitative : une sexualité interpersonnelle « informe », indifférenciée quant au sexe. Cela peut relever de ce qui est dénommée homosexualité primaire « dans la mesure où, pour le psychisme de l'enfant, au début, sa sexualité serait semblable à celle de l'autre. La différence perçue entre les deux parents est alors analogue à celle qui distingue les *soft toys* des *hard toys*[1] ».

En fait, la construction du chemin allant de la sexualité « informe », indifférenciée, passera par la différence de perception entre père et mère et leur odeur, leurs manières de porter l'enfant, leurs voix, ses qualités créant les premières représentations du « genre » masculin ou féminin qui préexistera à la reconnaissance de la différence sexuelle anatomique de leurs différences. Dans l'esprit de l'enfant, cette perception de la différence de genre et de sexe entre les parents sera progressivement perçue, dans un après-coup, comme correspondant à des fonctions sexuelles différentes et complémentaires dans la procréation. « C'est à partir de cette constatation de l'enfant que son identité sexuelle va prendre une direction fondée essentiellement sur le sexe et non sur le genre et qu'il se reconnaîtra mâle ou femelle. La construction des fantasmes sexuels – celui de « scène primitive » en particulier – prendra alors toute son ampleur.

En d'autres termes, le concept de « genre » ne devrait pas remplacer la complexité psychique, en particulier celle de la *psychosexualité* indissociable du psychisme et de ses productions, fantasmes, délires, désirs, sentiment d'identité, etc.

Il reste que dans notre clinique des addicts, y compris nous allons le voir, avec des pratiques ou des fantasmes sexuels divers, ce qui domine, derrière un défaut d'intériorité et de capacité transitionnelle (jeux, associativité, rêve), sont des formes de demandes dominées de façon sous-jacente par la désintrication pulsionnelle et par la *violence d'un sexuel dominé par une difficile reliaison des processus de déliaison*, qui amène bien souvent à des attaques du cadre et de la relation thérapeutique.

Au-delà de ces questions de genre et d'identité sexuel, gardons ainsi l'idée, pour notre propos, que les traces de la vie pulsionnelle du sexuel infantile chez les adultes perdureront dans les fixations et les régressions qui, de la perversion à la sublimation en passant par l'addiction, et compliqueront la vie sexuelle « dont

1. Denis P. (2019), p. 1541.

le processus de développement ne se produit presque jamais avec une perfection idéale[1] ».

Abordons donc maintenant les questions complexes touchant les liens entre perversion, séduction et addiction, par rappeler quelques propositions de Freud concernant l'alcoolisme, la toxicomanie, l'homosexualité ainsi que l'addiction au jeu.

3. Freud et les liens entre perversions, addictions et somatisations

Les articles de Freud sur l'alcoolisme illustrent les liens entre l'érotisme oral, l'homosexualité refoulée et les jeux sous-tendus par un fantasme. Freud eut très tôt l'intuition, cela a été dit, selon laquelle l'addiction à l'hypnose (*Sucht nach Hypnose*, 1890) s'enracinait dans une relation primaire, fusionnelle et hypnotique, celle de l'enfant à l'adulte, relation retrouvée dans la « foule à deux » (Freud, 1921c, 1991).

Dans sa lettre à Fliess du 16 mars 1897, Freud fait par ailleurs une remarque clinique intéressante, celle de l'alternance entre somatisation et addiction alcoolique dans leurs liens à une addiction, le jeu :

> « [Chez]un homme génial mais un dipsomane invétéré depuis sa cinquantième année. Ses crises de dipsomanie s'annonçaient toujours soit par de la diarrhée, soit par un rhume et de l'enrouement (système sexuel oral !), c'est-à-dire par une reproduction d'incidents qu'il avait lui-même passivement subis. [Chez]cet homme, pervers jusqu'à l'époque de sa maladie, [...] la dipsomanie s'était produite par un renforcement (ou plutôt par une substitution) d'une pulsion venue remplacer la pulsion sexuelle associée. Le même phénomène avait probablement eu lieu chez F. pour la passion du jeu[2]. »

C'est ensuite en corrigeant en effet les épreuves de *Die Traumdeutung* que Freud, évoquant ses recherches futures sur la sexualité infantile écrit, dans une

1. *Idem* p. 115.

2. Freud S., « Lettre à Fliess du 22 décembre 1897, *Naissance de la psychanalyse*, 1956, p. 211-212 ; *Lettre à Wilhelm Fliess*, 2006, p. 364-365.

lettre que nous traduirons comme ceci (lettre du 17 octobre 1899[1]) : « Que dirais-tu si la masturbation se réduisait à l'homosexualité et si cette dernière, c'est-à-dire l'homosexualité masculine (chez les deux sexes), était l'art premier de la « désirance » (*Sucht*) sexuelle ? Le premier but sexuel, analogue au désir (*Wunsch*) infantile de ne pas sortir du monde intérieur (*Innen Welt*). Si d'ailleurs la libido et l'angoisse étaient toutes deux masculines ? »

L'analogie de Freud rejoint les appréciations ultérieures de François Perrier sur l'alcoolisme, qui, pour lui, pouvait représenter une forme de régression à une forme d'auto-inceste dans un fantasme d'auto-engendrement alimenté par un autoérotisme et une homosexualité prégénitale. Ces appréciations rejoignent celles de G. Groddeck ou de S. Ferenczi pour lesquels certaines pathologies somatiques peuvent également être interprétées comme des modes de régression à une androgynie primitive et à un retour nostalgique au sein maternel par « amphimixie » des érotismes (Ferenczi, 1924, p. 13).

On peut donc poser la question, déjà évoquée plus haut, de savoir si les addictions (ou certaines somatisations) ne se présentent pas comme des reliquats ou des traces somatopsychiques d'angoisse de séparation ou de perte de limite datant du temps relationnel pré-historique où l'effet hypnotique était à son maximum – ce que Claude Balier retrouve également dans nombre de genèses de comportements pervers violents (Balier, 1996, p. 57).

Plus tard, en 1912, dans « Contributions à la vie amoureuse » (Freud, 1912d), Freud remarque combien l'absorption d'alcool peut suppléer à un amour impossible, et remplacer ce qui ne peut se faire génitalement. Il faut relier cette remarque à ce qu'avance Freud deux années auparavant dans « Un type particulier du choix d'objet chez l'homme ». Il souligne que l'âge de la puberté voit chez certains hommes, la vie amoureuse et sexuelle se diviser en deux courants : « Là où ils aiment, ils ne désirent pas, et là où ils désirent, ils ne peuvent aimer. » Le courant sensuel/sexuel s'oppose ainsi à l'amour pour la mère et son courant tendre.

Car il ne faut pas l'oublier, chez l'homme, l'objet amoureux (féminin) fait retrouver l'objet primaire maternel, avec ses risques de fusion et engloutissement, de là le détournement pervers fréquent de sa libido sexuelle génitale sur d'autres voies, alors que la femme retrouve quant à elle, en l'homme, non pas le

1. Freud S., « Lettre à Fliess du 17 octobre 1899 », *Naissance de la psychanalyse*, p. 267 ; *Lettre à Wilhelm Fliess*, 2006, p. 483.

premier objet primaire, mais le second, le père… toujours susceptible en retour de n'avoir jamais apporté un amour aussi fusionnel et « comblant le manque » que l'amour maternel.

Ainsi, la persistance d'une fixation à un objet incestueux amène la vie amoureuse de ces hommes à demeurer clivée, interprétation retrouvée, elle aussi, dans un autre texte de 1912, « Sur le plus général des rabaissements de la vie amoureuse » (*ibid.*), à propos du phénomène d'impuissance sexuelle.

Enfin, la composante homosexuelle de l'alcoolique a été soulignée par Karl Abraham en 1908, par Sándor Ferenczi (1911) ou également par Alain de Mijolla et S.A. Shentoub remarquant, quant à eux, chez ces sujets une problématique identitaire antérieure à celle de la différence sexuelle ou, tout au moins – et comme les perversions – une problématique prégénitale ne pouvant passer sous les « fourches caudines » de l'Œdipe dans ses liens à une pulsion sexuelle génitale et qui, à la puberté, est susceptible d'activer angoisse de castration, une angoisse de pénétration et/ou d'abandon.

4. Psychanalystes post-freudiens et addiction alcoolique

L'addiction alcoolique serait-elle alors, comme François Perrier le pense, une forme d'intoxication auto-incestueuse remplaçant une hallucination de satisfaction de désir ? En ce sens, l'alcoolisation entretiendrait un déni de la perte du premier objet d'amour, ce déni pouvant d'ailleurs se manifester dans des symptômes névrotiques et psychosomatiques, comme chez Dora, dans son symptôme de conversion somatique (dyspnée et gastralgie pendant l'absence de M. ou de Mme K.).

Comme le soulignait Paul Kielhoz il y a un siècle, l'alcool ferait ainsi régresser le malade à l'état de pervers polymorphe infantile. L'homme suivrait, par le comportement alcoolique, un « chemin féminin » pour se tromper lui-même sur son autodestruction masochiste et cela en « régressant » à une forme de sexualité infantile *toti-potente*, indifférenciée et perverse d'avant la génitalité. « Le ventre du comptoir », résultat d'une hépatomégalie alcoolique, se trouve être inconsciemment l'analogon d'un désir de grossesse, forme de position passive homosexuelle de contre-identification au père.

Ceci rejoint la proposition de Joyce McDougall (1978) d'un objet addictif entretenant une *illusion bisexuelle et hermaphrodite* construite sur le rempart de la différence des sexes, trouvant son soubassement dans une relation primordiale synonyme d'un besoin d'*annuler toute séparation* d'avec l'autre, de nier son altérité.

La question posée est ainsi celle des relations entre ce que Freud appelle la « complaisance somatique », retrouvée dans la conversion hystérique, et celle de l'ancrage somatique propre à l'addiction (*cf. supra,* chapitre 4, paragraphe 1.4) qui occasionne, à la conjonction de son geste, comportement ou injection/inhalation du produit, une « pervertisation » des fonctions physiologiques – comme cela a été avancé par F.-B. Michel évoqué plus haut concernant une turgescence permanente des cornets du nez dans la rhinite (allergique) chronique.

5. Perversion et séduction

Le terme de perversion vient du latin *pervertere* signifiant « retourner », « renverser » au départ une construction puis, avec une connotation péjorative, les mœurs elles-mêmes : *perversitas* désigne ainsi l'extravagance, l'absurdité, la corruption, le dérèglement, la dépravation. On retient de ces définitions originelles, l'idée de sortir de la mesure, de renverser, de détourner.

Puisque nous en sommes à l'étymologie, rappelons que l'idée de « détourner » se retrouve également dans le mot « séduction » : *seductio* c'est, en latin, « prendre quelqu'un à part » ou encore « séparer » lui faire changer de route, bref le détourner. Le mot vient de *seduco,* « emmener quelqu'un à l'écart », « le tirer à soi »[1].

Seducere, écrit P. Quignard, « est un ancien verbe romain qui veut dire conduire à l'écart. Tirer à soi hors du monde. C'est être *dux* (deux) à part. Royaume de l'ailleurs. Séduire est le contraire d'épouser. En latin, « se marier » est dit *ducere,* « emmener ». *Ducere uxorem domum,* emmener l'épouse en la maison, chez soi. *Se-ducere* au contraire, c'est séparer une femme de la *domus,* c'est l'emmener à l'écart, dans le *secretus,* tout d'abord dans le "hors de chez soi", ensuite dans le "à l'écart des autres hommes" » (Quignard, 1989, p. 218-219).

1. *Dictionnaire Latin-Français* de F. Gaffiot.

Ainsi le terme *se-ducere*, séduire conduisant à « détourner », rejoint celui de « détournement » et le « retournement » propre à l'idée de *perversitas* définie plus haut, au point de souligner les liens réels entre séduction et perversion.

« Perversion : changement de bien en mal... », écrit Littré, en 1875. Est ainsi pervers, ce qui va détourner une règle, une loi, un fonctionnement (qu'il soit psychique, social ou physiologique). Ce processus a pour but un surplus de plaisir, de jouissance, parfois à l'insu du sujet lui-même.

Je laisserai ici de côté les quelques mises au point historiques, judiciaires, psychiatriques et épistémologiques que j'ai pu développer ailleurs concernant les perversions sexuelles (Pirlot, Pedinielli, 2005).

L'essentiel est de souligner que lorsque la psychanalyse évoque la sexualité, c'est, encore une fois, principalement de « psychosexualité » *diphasée* dont elle parle. Diphasée car la sexualité-sensualité infantile précède une sexualité génitale qui, survenant avec la puberté, reformule, cela a été dit, en termes « d'après-coup », tous les évènements, fantasmes et traumas ayant touché cette psychosexualité infantile. L'impact affectif de l'environnement familial, social et culturel surdéterminera ainsi la sculpture de cette psychosexualité de l'Homme puis de sa sexualité proprement dite.

La base des pulsions sexuelles s'organise autour d'orifices ou de régions très innervées et vascularisées, dont témoignent les stades de développement (oral, anal, phallique, génital), qui subissent des remaniements (refoulement, déplacement, isolation, clivage) jusque parfois à la suite de traumatismes individuels (fixation). Cette psychosexualité infantile apparaît comme constitutive de la personnalité et de ses troubles, dont des perversions. Il faut encore une fois rappeler qu'en 1905, dans les *Trois essais sur la théorie sexuelle*, le principal propos de S. Freud était de définir les composantes de la sexualité infantile et non de faire une théorie des perversions cliniques, Freud considérant la sexualité de l'enfant comme « perverse polymorphe ». En ce sens, la perversion peut en être comprise comme l'expression d'une sexualité à caractère infantile.

Nous l'avons vu, dans ces *Trois essais*, la perversion est en effet conçue comme résultant d'un arrêt dans le développement de la pulsion sexuelle, souvent lié aux événements de l'histoire réelle (et non fantasmatique comme dans la névrose) : par exemple séduction par l'adulte qui entraine une fixation vectorisant ultérieurement un mode de satisfaction et de jouissance prévalents.

La séduction induite par tel ou tel fantasme, à la suite de telle ou telle scène réellement vue *in presentia* ou sur un écran, peut également, à un âge prépubère, surtout si elle est répétée, avoir un impact traumatogène et constitué ultérieurement une véritable fixation.

Quant à elle, la perversion, par son caractère répétitif et compulsif, fera ultérieurement apparaître cette fixation à une forme ainsi « bloquée » et stéréotypée de sexualité polymorphe infantile suite à ces traumas réels ou fantasmatiques générateurs d'un plaisir, voire d'une jouissance, contournant l'angoisse de culpabilité et de castration.

La conception de la névrose comme négatif de la perversion sera dès lors liée à l'hypothèse de composantes excessives subissant le refoulement, détournées de leur but, et dirigées sur d'autres voies jusqu'au moment où elles s'extériorisent sous la forme de symptômes morbides dans la névrose. La formule ne signifie pourtant pas que la perversion soit le positif de la névrose...

En fait, *le névrosé refoule ce que le pervers met en acte, et ses symptômes (conversion, obsession, phobie) ne sont que l'effet de ses mécanismes de défenses (refoulement, isolation, déplacement) contre cette mise en acte.* Ainsi les actes pervers révéleraient une sexualité « déculturée » puisque non marquée par le refoulement et non « névrotisée » par l'éducation et la culture. Car l'acte pervers est un « acte partiel » par où l'objet est rabaissé au rang « d'objet partiel » sur lequel s'exerce une « pulsion d'emprise », pulsion, nous l'avons vu, non sexuelle, archaïque, proche du besoin d'étayage et qui ne s'unit que secondairement à la sexualité et à ses pulsions, ici, partielles.

6. Perversion transitoire à l'adolescence

S'il existe des perversions sexuelles répétitivement fixées et invariables dans leurs scénarii chez les sujets à structure perverse, il existe, à l'adolescence, des « perversions transitoires » en tant que pratiques que l'on peut qualifier de perverses apparaissant lors des réorganisations pubertaires et adolescentes et pouvant être en lien avec les comportements addictifs. Ces actes pervers, que l'on peut qualifier de « transitoires », peuvent survenir après des phases délirantes ou dissociatives, des moments d'errances ou une incapacité à dire « non » devant certaines sollicitations externes, en *particulier sous influence de ces « objets transitoires » que sont la drogue ou l'alcool.*

Cette fragilité adolescente, et sa quête d'expériences de sensations diverses, provient en partie, nous l'avons vu dans un chapitre précédent, du fait qu'à cet âge, la pulsion sexuelle qui s'accompagne d'une quête objectale, représente un réel enjeu à la fois narcissique et antinarcissique.

Après la puberté, l'érotisme (re)passe de l'auto-érotisme (infantile) à l'amour d'objet (sexuel et génital), ce qui oblige l'adolescent à certaines « négociations » avec son narcissisme – au point aujourd'hui de le poser en termes « d'identité » son « genre » ... et sous l'influence des « théories du genre » de « choisir » le sien afin d'aucunement mettre à mal ce conflit entre son narcissisme, la bisexualité propre à chaque être humain, et son hétéro- ou homo-sexualité.

De fait, des formes de « perversions transitoires », favorisées par la prise de toxiques, peuvent à certains moments, et de façon passagère, représenter, chez certains adolescents, une régression sur des points de fixation permettant de retrouver une omnipotence et un déni envers ce qui est vécu comme traumatogène et une forme de frustration, c'est-à-dire de castration (Ladame, 1992).

Dans le contexte sociétal actuel en Occident, le moi pourra trouver dans la défense identitaire narcissique, y compris de genre, le moyen de s'affermir ontologiquement et, dans le même temps, d'éviter de « négocier » avec l'altérité du sexuel de l'autre. Cet évitement permet d'éluder une conflictualité interne que, faute de schème œdipien suffisamment solide, le moi ne peut admettre, tout conflit étant synonyme de déchirure et destructivité à l'intérieur du tissu narcissique constitutif du moi.

Le fantasme d'une sexualité *toti-potente, indifférenciée* d'avant la génitalité, réinvestissant des éléments de bisexualité préphallique autant que phallique, facilité par le temps de *re-pli* auto-érotique fréquent propre à l'adolescence, seront ainsi facilitées par certaines addictions et drogues. La revendication phallique pourra alors largement utiliser les fantasmes bisexuels – et leur « idéal hermaphrodite[1] ».

Or ces fantasmes inconscients de fusion, d'indifférenciation, d'inceste et de *toti-potence* habitent ces perversions, transitoires ou pas, comme elles habitent, nous le verrons plus loin avec les travaux d'Earl Hopper, les addictions. Si le phénomène de toti-potentialité est la possibilité pour une cellule de reproduire

1. McDougall J. « L'idéal hermaphrodite et ses avatars », 1973, *cf.* aussi « Hermaphrodite et la masturbation », et « Narcisse en quête de source », 1978, p. 139-160.

tout l'organisme *hors la reproduction sexuelle*, à partir d'une partie de celui-ci, le fantasme du même nom est quant à lui une forme une représentation de la puissance d'une *excitation autocréatrice* de soi-même. En ce sens, faisant fi de l'acte, il s'oppose au scénario de castration (Bizouard, 1990)[1] que suscite la génitalité hétérosexuelle (*ibid.*).

Remarquons que P.-C. Racamier, dans sa longue expérience des schizophrènes, avait décrit ce fantasme de toti-potentialité, d'auto-engendrement et de fusion qui, de l'ordre d'un « fantasme non fantasmé », « *dé*-fantasmé » pouvait être agi dans « l'incestuel » (Racamier, 1992a).

La « voie courte » de la perversion, comme l'a décrite Janine Chasseguet-Smirgel (1984), peut ainsi s'exprimer dans une « économie de la perception-sensation » trouvée à la fois dans certains comportements pervers et dans des somatisations (Dejours, 1987). Ces fantasmes inconscients se retrouvent d'ailleurs agis dans le cas du masochiste de M. de M'Uzan (1969) ou chez ceux des pédophiles et pervers violents, décrit par Claude Balier.

Ces fantasmes (conscients, inconscients ou « dé-fantasmés ») sont donc en lien avec une bisexualité psychique inhérente à la sexualité infantile que décline aujourd'hui sous toutes ses formes cette notion de « genre » survalorisée de nos jours par les mouvements LGBTQ+. Car, « si la différence anatomique entre les sexes est absolue – on naît tout l'un ou tout l'autre, toutes les cellules de l'organisme sont indexées soit XY soit XX –, [et si] les différences de genre n'ont rien d'absolu », elles sont d'abord qualitatives en tant qu'« aspect de la bisexualité psychique laquelle est polymorphe » (Denis, 2019, p. 1540) comme la sexualité infantile.

7. Perversion/perversité, séduction sexuelle/narcissique y compris du « dealer »

Les perversions transitoires de l'adolescence s'opposent ainsi au « pervers-perversité » selon Claude Balier (1996) ou au « perversif » selon Paul-Claude Racamier (1986) qui exercent, quant à eux, leur domination sur l'objet (sexuel

1. Signalons que nombre de mythes associent la vie/mort de l'homme à la vie végétative. *Cf.* Frazer, 1890, p. 359-360.

ou pas) par violence et/ou séduction, comme dans certaines perversions[1] telle la pédophilie. Le prosélytisme des pervers, y compris les pédophiles, laisse apparaître, derrière un discours prétendant défendre le droit à une « sexualité autre », un réel désir de possession à des fins de jouissance sexuelle et narcissique.

En dehors de toute problématique sexuelle, la perversion peut s'exercer dans le registre narcissique comme avec le profil « pervers narcissique » dans lesquels on peut situer nombre de « dealers » que j'ai pu rencontrer aussi bien à l'hôpital psychiatrique que lors de mes vacations pendant quelques années dans un centre pénitentiaire. Séducteurs et manipulateurs, ils savaient repérer leurs victimes et leur *potentielle dépendance*, se mettant dans la position du sauveur de ceux pour qui ils suscitaient un transfert maternel et paternel tyrannique, se présentant comme pouvant apporter la solution au mal-être de leurs victimes.

J'ai été par ailleurs souvent frappé, comme pour les prédateurs sexuels et pédophiles rencontrés dans ce même centre de détention, de voir combien leurs manières avenantes, affables mêmes, étaient celles qu'ils avaient dues avoir face à leurs futures proies. L'absence de culpabilité dominait et leurs façons de nier toute barrière entre nous, comme pour m'inclure dans leurs préoccupations et leur monde, m'amenait à imaginer comment ils en étaient arrivés à isoler de leurs amis et de leurs familles ceux qu'ils réussissaient à manipuler.

C'est à l'adolescence, à l'intérieur de leur groupe, que ces pervers narcissiques, assez souvent « beaux parleurs » avaient fait croire à des ados en rupture de famille, ou déprimés après une rupture amoureuse, ou encore en marge de la société, qu'ils avaient « la » solution. Ils créaient une dépendance d'ordre passionnel faite d'investissements massifs de leur victime suivi d'une absence et d'un abandon qui précédaient un retour inattendu… Cette « discontinuité relationnelle » recréait celles de l'enfance de la victime et, comme l'hypnose, recréait leurs conditions de sidérations continues accentuées par une séduction toute narcissique.

1. Chez le « perversif », P.-C. Racamier insiste sur une « propension active du sujet à nourrir son propre narcissisme aux dépens de celui d'autrui ; ce n'est donc pas d'une perversion sexuelle : plutôt d'une perversité », avançant ensuite : « Sa fonction est double : il s'agit pour le perversif d'assurer sa propre immunité par-devers le conflit et les douleurs de deuil, et de se valoriser narcissiquement (par rapport à des failles profondes et cachées) en attaquant le moi de l'autre et en jouissant de sa déroute ; cette déroute lui est ensuite imputée, ce qui fait que la jouissance perversive est toujours redoublée » (p. 137).

C'est que, de son côté, le pervers narcissique obéit à deux impératifs : ne jamais dépendre d'un objet, quitte à vivre son besoin de dépendance uniquement par le recours à un objet « transitoire », celui d'addiction[1], et ne jamais se sentir inférieur à l'autre qu'il séduit (Racamier, 1992a).

Comme l'a souligné Alberto Eiguer, à la différence du sadique moral qui vise à éprouver de la satisfaction en humiliant et en maltraitant un tiers, le pervers narcissique est plus calculateur et moins porté vers la jouissance ; pour cette raison, il prolifère facilement dans des contextes d'exercice du pouvoir. Il agit par intimidation, produisant la perplexité, la paralysie, la dévalorisation, et l'envahissement de l'esprit par de la culpabilité chez les victimes qui finissent par accepter toutes les compromissions au détriment de leur estime de soi. Le démantèlement du narcissisme de leurs proies ne sera pas sans provoquer chez elles des dépressions, des troubles de l'immunité et des somatisations ainsi que des passages à l'acte suicidaires.

Dans les institutions (Bayle, Prudent-Bayle), dans les couples (Hurni, Stoll) et dans les familles, les séductions et les perversions narcissiques participeront de ces dégâts difficiles à soigner (Moggio), y compris chez les toxicomanes dont la dépendance est entretenue, outre des nécessités psychiques et biologiques, par ces dealers dont le profil pervers narcissique « asocial » est souligné.

On pourrait faire de plus l'hypothèse déjà évoquée précédemment que notre « culture du narcissisme » sélectionne, dans le sens darwinien du terme, certains de ces types de personnalité que Fromm appelait « individualiste asocial », aux comportements ou fantasmes de toute-puissance narcissique où prime l'éviction du père, de toute censure, de toute limite et de tout principe de réalité.

Revenons maintenant à la séduction pour relever qu'en deçà de cette utilisation pathologique et perverse, il faut évidemment souligner qu'elle est un phénomène universel aussi bien chez les névrosés – comme Jean Laplanche l'a montré avec son concept de « séduction généralisée » (Laplanche, 1970) – que chez les « personnes en psychose » – comme P.-C. Racamier l'a souligné. Si la vie sexuelle se trouve liée à la séduction et au désir de l'autre, c'est bien que les parents l'ont « amorcé », par une séduction tempérée introjectée, en même temps que l'amour, dans le psychisme de l'enfant.

1. *Cf.* numéro de la *Revue Française de Psychanalyse,* n° 2, mai 2004, T. 68, « Addiction et dépendance ».

Quant à elle, la séduction narcissique a des spécificités particulières. L'intensité y est beaucoup plus forte et d'une nature qui n'est pas sexuelle mais narcissique : elle a comme première phase ce que Racamier appelait le « décervelage » qui peut se dérouler sur plusieurs années et qui amène la victime à se vivre comme disqualifiée, confuse dans ses émotions et ses pensées, avant que la seconde phase, plus violente, n'apparaisse.

Un des moyens de parvenir à la perte de confiance en soi et dans son propre raisonnement chez la victime peut être, comme souligné plus haut, l'injonction paradoxale de la « double contrainte » (*double bind, supra*) ou, sur le plan politico-sociétal, une « novlangue » maniant paradoxe et pauvreté de vocabulaire, formules contradictoires et sidération de la pensée (*cf. 1984* d'Orwell).

D'un point de vue psychogénétique, l'origine de cette séduction narcissique prendrait sa source, au plus profond, dans la relation de la mère à l'infans puis à l'enfant, l'initiative en étant à la mère. L'unisson narcissique mère-enfant formerait une « galaxie » animée par des forces centripètes qui agissent comme un « pare-excitation » envers les excitations externes. La force de cette union prédéterminerait ainsi le potentiel narcissique du futur manipulateur, qu'il soit dealer, pervers narcissique ou simple bonimenteur.

Dès lors, s'il y a une séduction narcissique « bien tempérée » qui contribue à la construction (narcissique) du futur moi-sujet, il y en a une autre, « mal tempérée », qui servira à détruire, subjuguer, inféoder l'autre.

Car si la séduction narcissique de la mère aide l'enfant à entrer en contact avec son monde à elle, puis celui des autres, il n'empêche que, face au sentiment de perte, de séparation et de dépossession que lui inflige la croissance de l'enfant vers son autonomie, elle permette à la mère, du point de vue pathologique, une forme d'« économie » de son œdipe.

Une fois adulte, l'enfant cherchera dès lors à recréer cette séduction narcissique et son caractère incestuel dans ses relations avec l'autre et ses victimes. Cet incestuel relèvera d'un « climat » dans lequel l'inceste n'est pas agi sur le plan sexuel mais apparaît sous des équivalents (paroles, gestes, attitudes, secrets « imparlables » et cachés) qui maintiennent l'autre séduit *sous emprise* ayant forme inconsciente d'une « empreinte-fantasmée » de l'inceste. Relevons ici que les consommations d'alcool, de drogues, d'excitants divers sont cherchées chez ces sujets habités par ce type de problématique pour mieux agir, sans culpabilité, leur emprise envers les autres.

Un patient décrit par Alexandre Sinanian, Marjorie Roques et François Pommier, illustre cette situation : Georges, 35 ans, dont le mal-être, l'amenant à consulter, était apparu à la suite d'un licenciement économique, était un séducteur compulsif pratiquant un libertinage extrême et addict au sexe, au tabac, à la consommation occasionnelle de cannabis, au cybersexe, aux sites de rencontre, aux réseaux sociaux dont il ne peut se passer même en vacances, aux sports extrêmes ainsi qu'à son travail (*workaholism*).

Séducteur et libertin, Georges accumulait les plaisirs charnels et multipliait les expériences érotiques. Le discours factuel de cet homme, dont le fonctionnement opératoire était patent, avait ses racines dans plusieurs facteurs traumatiques de l'enfance et de l'adolescence dont seule la honte, affect se situant entre le moi et le moi-idéal plus que le surmoi, avait pu lui faire entreprendre un travail psychique (Sinanian, Rocques, Pommier, 2016, p. 658).

Ce patient avait quelques traits en commun avec un de mes patients, Michel, que j'ai eu à prendre en charge pour un problème d'alcoolisme et qui se présentait comme un Giacomo Casanova plutôt que comme un Don Juan. L'élan affectif envers sa conquête féminine, autant que celui d'elle pour lui, le portait en effet moins au « don juanisme », c'est-à-dire à une succession de conquêtes dont l'altérité et les qualités comptaient peu, qu'à une conduite dans laquelle la séduction, y compris par l'érudition de son propos, n'était jamais détachée d'émotions et d'élans amoureux envers les femmes qui lui cédaient.

Ce patient, *séducteur compulsif*, présentait une psychopathologie différente du sujet « sex-addict » gouverné par ses pulsions sexuelles, toujours en quête de sensations dont il devient dépendant en dissociant sa vie affective de ses relations sexuelles.

De même, Michel différait de ceux adonnés au « chemsex », le plus souvent des hommes entre eux, décrits par Murielle Grégoire, chez qui « la multiplication des partenaires et des actes sexuels peut rassurer sur la possibilité de séduction mais aussi d'érection, d'expression de la virilité [...] L'érection et la capacité de donner du plaisir rassurent narcissiquement des sujets finalement peu sûrs d'eux. [...] La quête de sensations et de plaisirs immédiats sans entrave et le sentiment de liberté sont pour eux un moteur majeur de l'usage » (Grégoire, 2016, p. 86).

8. Les « néosexualités » entre perversions et addictions

C'est pour sortir du « piège contre-transférentiel » à penser appréhender certaines des formes perverses, sado-masochistes ou solitaires (masturbatoires) de la sexualité, que la psychanalyste Joyce McDougall, voulant éviter le terme de « perversion sexuelle », a proposé celui de « néosexualité » y compris pour les sujets sex-addicts. Elle notait que la sexualité risque toujours de se voir utiliser en grande partie pour réparer les failles narcissiques dans le sentiment d'identité. D'autre part, maintes pratiques sexuelles dites « perverses » ne sont rien d'autre que des masturbations réalisées de façon compulsive et compliquée : c'est ce qu'on appelle « auto-sexualité » – ce que V. Estellon avait appelé « masturbation assister » (*supra*).

J. McDougall faisait ainsi ce parallèle entre sex-addict et drogue :

> « C'est quand la demande urgente de réparation narcissique et quand le déni massif de l'agressivité dépassent de beaucoup les visées libidinales normales – de donner et de recevoir du plaisir – que la sexualité remplit le rôle d'une drogue, où l'acte porte la marque d'un "acte-symptôme". On est alors dans le registre du besoin plutôt que dans celui du désir. » (McDougall, 1988, p. 96).

Ce qui caractérise pour elle la sexualité addictive de la sexualité libérée, c'est le *manque de variation* de l'acte sexuel et la *compulsivité* attachée à un scénario érotique immuable.

Avec le terme de « néosexualité », Joyce McDougall a plus largement voulu non seulement éviter le terme de « perversion » avec sa nuance de jugement de valeur, mais également évoquer quelque chose de semblable aux « néoréalités » que certains patients fragiles ou psychotiques créent afin de trouver des solutions à leur douleur mentale et j'ajouterai, comme le font les addictions en tant que « néo-besoins ».

Ce terme de « néo-sexualité » se justifie également du fait que la diversité de la structure psychosexuelle du psychisme humain est telle qu'il y a intérêt à utiliser le pluriel et à parler en termes d'« hétérosexualités » ou d'« homosexualités », pendant que nombre de pratiques fétichistes, sado-masochistes, relèvent de mises en scène dans une solitude absolue.

Concernant les « sexualités addictives » elles sont pour J. McDougall des moyens de contrecarrer une douleur mentale en évitant l'élaboration de la position dépressive (M. Klein) et permettent de « court-circuiter » l'angoisse phallique-œdipienne.

Dans ces analyses de patients présentant une forte propension aux néosexualités, la psychanalyste insista sur le fait que celles-ci sont présentes souvent pour combattre des sentiments de perte d'identité et des états de vide interne – ce *qu'elle retrouve également chez ceux qui s'addictent* : l'excitation sexuelle sert dans ce contexte, de *contenant* (*cf. supra* le rôle de l'analité primaire) à toute menace de sentiment de perte de soi (ou d'un « moi perdu ») prenant sa source, le plus souvent, dans des défauts de *holding* maternel et familial autant que dans l'introjection d'une figure paternelle, ou d'autorité, insuffisante (McDougall, 1974) ou par trop violente et impossible à introjecter.

Derrière ce vide et ce défaut de *holding*, le sujet dont la néo-sexualité est celle d'un sex-addict, se trouve avoir clivé sa vie libidinale entre, nous l'avons dit précédemment, d'un côté, un courant tendre et sensuel, inatteignable du fait de la peur de perdre l'objet d'attachement ou du fait des vicissitudes incestueuses ou maltraitantes de celui-ci et, de l'autre, un courant sexuel qui rabaisse des partenaires « chosifiés ». Ce qui importe au sujet sex-addict, à la différence de Michel, est ainsi moins la qualité de ses partenaires qui défilent, les uns après les autres, sans investissement affectif, que plutôt l'investissement en *auto-séduction* (*supra*) de ses propres sensations sexuelles.

« Ces expériences sexuelles répétitives semblent faire l'objet d'un traitement psychique proche de l'annulation rétroactive », relève V. Estellon (2016, p. 38) – ce qui montre le lien entre addiction, ici sexuelle, et problématique obsessionnelle : « Pas d'inscription, pas de traces, pas de mémoire pour ces rencontres sans lendemain » (*ibid.*), ce qui illustre une compulsion de répétition fixant la temporalité dans un présent, immobilisé (*cf. supra*) comme l'est le temps (mort et immobile) du trauma et « découplé » des souvenirs comme du futur.

Une question se pose parmi tant d'autres. Les pratiques aussi bien *néo-sexuelles* que celles des néo-*besoins* addictifs relèvent-elles, selon ce qui précède, d'une « perversion d'affect », en particulier, nous allons le voir, d'affects de honte, de culpabilité, de peur, de dépendance, de détresse, en rapport avec des scénarios fantasmatiques homosexuels ou pervers, afin de mieux en préserver, par clivage, la perception pour le moi ?

9. Perversion affective par la quête de sensations dans les addictions

Avant d'aborder la question de l'évitement de l'angoisse de castration dans les perversions et les néo-sexualités, ainsi que celle des relations entre fantasmes pervers et addictions, faisons un détour par un concept qui, en un certain sens, relève à la fois de certaines névroses et de certaines addictions : la perversion affective. Celle-ci a été décrite par Christian David ayant constaté, chez certains analysants, un investissement de l'affect pour lui-même.

Pour l'auteur, cet investissement pouvait être considéré comme consubstantiel à un processus de psychisation induit par la cure. Ce processus substituait au plaisir génital de la décharge pulsionnelle, un plaisir relevant de l'« auto-affectation » via le fantasme, le virtuel jusqu'à une forme d'« orgasme mental ». On retrouvait chez ces patients, comme dans l'état amoureux, une manière de « pervertir l'affect », celui-ci relevant alors d'une *idéalisation de la pulsion sexuelle* et d'une inhibition quant à son but, du déplacement du désir sexuel, de la mentalisation extrême de la libido et de la dévalorisation de la génitalité – on est donc ici à l'opposé de l'acte pervers.

Christian David notait que la situation analytique elle-même, de par une introversion forcée, se révélait favorable à cette perversion affective : le désir sexuel y rencontre la frustration, de même que son courant antagoniste antisexuel qui le neutralise et le contraint à la métamorphose, ce qui n'était pas sans augmenter les résistances aux changements.

Il évoquait l'aspect « hyperalexithymique » de cette perversion affective comme pouvant provenir d'une crispation défensive née d'un déséquilibre entre les investissements objectaux et ceux narcissiques.

Pourtant, même si cette description de la perversion affective se trouve dans une clinique à l'opposé des perversions sexuelles, elle relèverait, comme dans celles-ci, d'une dynamique narcissique cherchant à éviter les affects désagréables (angoisses de castration et de séparation) lors de la rencontre avec l'objet, quitte, chez certains sujets analysants à devenir addictés à la psychanalyse elle-même…

Cette dynamique se retrouve selon Joyce McDougall chez les addictés, sauf que ceux-ci, par le comportement, cherchent à « éprouver » l'affect sous forme d'une *sensation* (supra) comme par exemple dans le fait de prendre une cigarette et d'en inhaler la fumée avant de donner un coup de fil avec un objet proche affectivement pouvant mettre en tension le moi face au surmoi.

La « perversion d'affect » peut ainsi se trouver être celle dans ce cas d'un « détournement » des fonctions physiologiques, celles du besoin, ici dans ces exemples, de respirer pour empêcher toute perception psychique d'affect pouvant potentiellement créer un trouble physiologique et donc somatiquer.

Le rapport addiction/somatisation/perversion apparaît donc complexe concernant la « gestion économique » des affects comme nous l'avons plusieurs fois montré. Ceci n'est pas sans évoquer ce que nous avions noté plus haut en citant M. Fain (1991) : « Un genre de toxicomanie est découvert par certains jeunes enfants : le spasme du sanglot. Celui-ci correspond à une véritable manipulation chimique par blocage de la respiration pour parvenir à un état d'inconscience », écrit à cet égard M. Fain.

En ce sens les addictions permettent, comme les perversions, une forme de maîtrise-emprise sur l'émotion en tant que perception consciente du lien entre pulsion-affect et leur représentation. Odile Lesourne (1984) écrit à propos d'un de ces patients addicts : « Aussi, lorsque la situation provoque une grande tension chez Anne M... (le bruit du téléphone par exemple), elle éprouve le besoin d'ajouter au mécanisme de défense psychique quelque chose qui rejoint et retrouve le corps. » Dans son ouvrage de 2007, la psychanalyste ajoute combien l'usage de la cigarette vient ainsi pallier toutes les situations d'inconfort psychique.

> « Certains fument lorsqu'ils se concentrent, beaucoup dans les périodes de repos, entre les heures de travail, un peu de plaisir, de réconfort, de reprise de contrôle de soi après le devoir obligé sur un travail intellectuel ; d'autres, lorsqu'ils sont en société ou quand ils doivent attendre pour affronter les hommes ou les femmes. La cigarette vient aussi augmenter, conforter les moments de plaisir, comme si ceux-ci laissaient toujours un goût de trop peu, après les repas, à la pause, pendant le travail, après l'amour, après un effort prolongé » (Lesourne, 2007, p. 62).

Comme elle le souligne, ce sont à l'adolescence les innombrables facettes symboliques de la cigarette qui vont être inconsciemment découvertes et exploitées : symbole phallique ; objet donneur de plaisir, réconfortant, frustrant, inaccessible dans son altitude. La cigarette est une « mère » « qui console quand ça va mal, qui tient compagnie quand on est seul, qui s'interpose quand on veut agresser ou qu'on agresse, qui encourage quand c'est difficile, qui réchauffe quand on a froid, nourrit quand on a faim, embaume par son odeur, dégage par sa présence un sentiment de bien-être » (*ibid.*).

> « Mais c'est aussi l'autre frustrant, père ou mère, qu'on voudrait agresser [...] ce parent qui fait peur, qui fait honte ou culpabilise, qui fait se sentir tout petit et nul. Par la suite, toutes les situations de la vie, qui évoquent ces difficultés d'enfance lorsqu'elles n'ont pas été résolues, vont faire naître l'agressivité et un désir de vengeance. La cigarette devient alors le mauvais objet sur lequel on va pouvoir se jeter pour lui faire du mal, l'agresser, le détruire, avec lequel on va aussi répéter les conduites d'enfance interdites, se donner à soi-même du plaisir, mal se conduire, faire des saletés, répandre des mauvaises odeurs, défier les autres par ce brandon allumé sous leurs nez » (*ibid.*).

Par sa décharge comportementale, par son recours à la sensation, la cigarette va ainsi servir à « pervertir l'affect » mais dans un sens différent que chez le névrosé ou l'alexithymique en analyse (*supra*, C. David), en se proposant régulateur interne d'affects et d'émotions en tentant de compulsivement de les *ritualiser* et les « excorporer » par le geste.

Le *court-circuitage de la pensée, et de l'affect qu'elle suscite* (*cf.* « l'anti-pensée » soulignée plus haut) *se fait par le recours à l'agir et à la dégradation de l'affect en sensation, à l'instar de ce que réalisent les addictions ou la publicité quand elles « dégradent » le désir en besoin.*

Comme le remarque Anne Denis, « les cliniques des dernières décennies [...] ont obligé les psychanalystes à s'occuper de la sensation, ce territoire quasi ineffable de la psyché [...] » (Denis, 2016, p. 1038). Il est à noter que cette *élaboration du sensible* relève de champs aussi divers que l'esthésie, la sensorialité, l'esthétique[1], la création, les neurosciences, auxquels il faut ajouter celui de la psychanalyse à partir des travaux comme ceux d'A. Denis.

Cette psychanalyste remarque à ce sujet que « [...] la voie à suivre pour atteindre à la vérité historique passe alors, chez l'analyste, par sa sensibilité inconsciente qui suppose l'abandon du savoir conscient et la régression à une mémoire des impressions antérieures au signe verbal » (Denis, 2016, p. 1049).

1. Comme j'ai pu moi-même l'écrire ailleurs, le sensible, dans sa dimension esthétique, celle du « beau » dans la trouvaille et le « bricolage » théorico-clinique auxquels nous voue le contre-transfert, appartient au travail analytique, en premier lieu celui de S. Freud (Pirlot G., « Sigmund Freud : la psychanalyse, le contre-transfert et leurs dimensions esthétiques », in *Psyché*, dernier chapitre, 2017).

Elle envisage ainsi « un principe de fonctionnement non figuratif au premier stade de vie où ni l'objet ni la pulsion ne sont encore sources de plaisir, mais dont les formes géométriques sous formes d'étranges sensations, seraient le vestige inhabituellement conservé ».

Ce qu'elle observe dans différents exemples cliniques ou créatifs ce sont des « formes » ou des « schèmes » surgissant chez tel ou tel patient, et chez le/la psychanalyste, peut ainsi être l'expression de *sensations archaïques datant d'un temps pré-verbal*, secondairement pulsionnalisées. Ceci n'est pas sans nous faire poser la question de savoir si chez les addicts ce ne serait pas *l'absence de figuration et représentation* de ces productions de « schèmes » (« psychique pré-psychique » disions-nous plus haut) de la scène visuelle, musicale ou artistique, qui ferait « décharger » celles-ci non pas sur des organes sensoriels mais sur ceux moteurs les poussant à des comportements ritualisés addicts ?

Autre hypothèse, les produits et comportements addictogènes ne chercheraient-ils pas à exacerber une sensorialité pour mieux isoler celle-ci de toute « réminiscence » de traces de sensations plus ou moins potentiellement productrices, outre de souffrances psychiques, de « formes » ou « schèmes » que l'irruption pulsionnelle, y compris sexuelle, réanime, à partir de la puberté et l'adolescence, avec trop de vivacité ?

Dans ce contexte, et pour revenir à notre propos sur le tabagisme, la cigarette ne ferait-elle pas alors *vivre* un excès d'excitation par une maîtrise chimique *périodique* d'une constance pulsionnelle introuvable ? C'est ici que se différencirait le comportement addictif et toxicomaniaque de celui du pervers : chez ce dernier l'analité, le sadisme anal, sont plus affirmés, l'objet étant volontiers « fécalisé », objectalisé comme une « chose ». Il y a cependant dans les deux situations une dynamique psychique par une « voie courte », celle prégénitale dont relève la perversion que Jeanine Chasseguet-Smirgel oppose à celle de la « voie longue » génitale névrotique (Chasseguet-Smirgel, 1984, p. 111 et 291).

Toutefois, dans les deux cas, la pulsion se réifie dans une sensation qui se « pétrifie » en anéantissant son objet.

Cette dynamique est retrouvée chez les sex-addicts :

> « Ce sont les sensations corporelles qui décident l'emploi du temps du sujet : l'ivresse, la douleur, la fatigue sont des expériences sensorielles solipsistes par lesquelles le sujet, pragmatiquement centré sur son propre monde, se coupe

subjectivement de l'autre. Pris dans l'idéal narcissique du "je peux tout, tout seul", le sex-addict ne veut rien savoir de l'autre sinon d'en tirer quelques sensations. Organes, peaux, corps coupés de leur histoire, des rencontres déshumanisées lui suffisent. S'il évite par-dessus tout l'énigmatique trouble de l'érotisme, le mystère lié à la singularité d'une rencontre, le sex-addict pourrait être paradoxalement qualifié de "phobique de la sexualité". » (Estellon, 2020, p. 20).

Ceci introduit à l'*auto-séduction* déjà abordée, qui se présente comme étant de même nature que la séduction narcissique qui, chez le schizophrène, le laisse fusionné à son imago maternelle. Faute d'une « secondarisation de la séduction » cette auto-séduction servirait, ultérieurement, à éviter toute jouissance et toute dépendance affective avec un objet reconnu dans son altérité. Il y aurait de plus un lien occulte entre la quête d'excitation, séduction et addictions.

L'excitation cherchée dans l'automatisme de la répétition qu'est la ritualisation, aussi bien dans l'addiction que dans les néo-sexualités, y compris sex-addict, serait sans doute, *in fine*, celle de la première des séductions : *l'effraction affective d'une greffe psychique maternelle installée dans la période d'attachement et du besoin de dépendance* formulé par Bowlby[1]. Après-coup, et faute de tiercéisation (paternelle ou avec l'autre de l'objet primaire) ayant un aspect par trop proche, envahissant et incestueux (*cf.* « affect passionnel » évoqué plus haut *versus* « affect signal ») l'excitation addiction resexualisée servirait au moi de brèche effractive à toujours renouveler afin de ne pas le laisser atone et sans vie libidinale.

Après-coup, l'addiction tabagique par exemple (*cf.* Jacques et Jean, *supra*) peut être interprétée comme répétant à sa façon l'asphyxie des premières tétées voire celle de la naissance lors de la césure ombilicale et de la perte du placenta (castration dans le réel du corps) : elle fixerait l'enracinement libidinal de la respiration humaine et de la parole en les maintenant à distance d'affects passionnels primaires que sont la rage,

1. L'attachement est pour Bowlby une conduite instinctive, programmée, un « besoin de dépendance inné ». L'amour-tendresse de la mère, sécurisant, est *antérieur* à la sexualité et se révèle profondément lié à l'autoconservation et à ses pulsions (ce qui n'est pas sans incidence sur le choix d'objet par étayage qui suppose une prise en compte des pulsions d'autoconservation). Le but du comportement d'attachement est pour lui de maintenir une certaine proximité avec la figure d'attachement, la mère mais aussi le groupe familial. Pour ce faire, l'enfant dispose d'un large éventail de comportement : cris, pleurs, succion, agrippement… À la différence de D.W. Winnicott, chez lui, l'attachement ne résulte pas de soins maternels mais il est associé à ces soins pour protéger l'enfant. Dans « La place de la séparation et de la perte en psychopathologie » (1978, vol. II, p. 47-57) et « Le traumatisme de la perte » (1984, vol. III, p. 22-38), Bowlby insiste, comme Spitz, sur les conséquences dépressives qu'amènent toute séparation et interruption précoce d'une relation mère-enfant.

la colère, la détresse, la peur, et ceux secondaires comme l'angoisse de castration, si souvent rencontrée dans toute forme de perversion et fantasmes pervers.

10. Évitement de l'angoisse de castration dans les perversions (et addictions)

Avant d'en venir aux liens entre toxicomanie, addictions et fantasmes pervers, rappelons quelques autres caractéristiques des perversions que celles déjà évoquées en début de chapitre. J'emprunterai pour ce faire, une fois encore, quelques extraits de mon ouvrage écrit avec Jean-Louis Pedinielli (in Pirlot, Pedinielli, 2005) sur les perversions sexuelles et narcissiques.

Sur le plan clinique, le pervers se signale par son absence de conflictualisation interne, absence de culpabilité, la faiblesse de l'élaboration psychique (capacité de mettre en mots), la difficulté d'utiliser la parole comme voie de décharge de l'excitation, l'importance de la décharge des pulsions, la mise en acte, le fonctionnement par clivage : ces caractéristiques sont proches de celles relevant du comportement addictif.

À cela s'ajoutent pour spécifier la perversion, des scénarios de mise en acte infiltrés d'éléments de scènes primitives violentes et sadiques où la mère est ressentie comme ayant un rôle actif. Si on suit Gérard Bonnet, la perversion constitue une régression après-coup à des états premiers qu'il juge « fondamentalement équivoques » comme ceux où le désir se fait besoin, « où le sens se réduit à un geste, à un acte, à un objet ».

Sur le plan psychopathologique, la « stratégie » perverse a pour but de *contourner l'angoisse de castration* en régressant vers un univers sadique-anal et phallique où l'autre est « instrumentalisé », « fécalisé », maîtrisé, dominé, humilié, effrayé. L'analité forme la structure « perverse » d'un sceau ineffaçable : la scène primitive, déniée dans sa signification génitale, prend l'allure d'une lutte narcissique-anale.

L'attitude perverse masculine peut être initialisée par celle, séductrice et non moins perverse, de la mère lorsque celle-ci encourage l'enfant *à dénier l'univers génital du père dans la scène primitive* (McDougall, 1972).

Plus tard, à l'adolescence, des facteurs extérieurs comme les séparations, pourront propager l'idée d'une mère castratrice, d'un homme « simple mari », ce qui renverra l'adolescent dans un univers prégénital où la régression vaut mieux que l'angoisse de castration. Dans ces conditions, l'orgasme génital, signifiant la perte de contrôle, sera évité, reculé, différé, contrôlé, l'angoisse de castration étant régressivement vécue comme une angoisse plus archaïque et plus dangereuse propre à l'univers sadique-anal, voire sadique-oral, de la dyade et de l'emprise mère-enfant.

Le surmoi reste ici inabouti dans son développement œdipien, laissant fonctionner le sujet avec essentiellement un *Idéal du moi narcissique*, maternel. Faute d'avoir pu réparer son narcissisme très tôt blessé et d'avoir élaboré des processus secondaires suffisamment efficaces, faute d'avoir pu rencontrer la confiance d'un objet total, le pervers ne peut résister à ses impulsions (y compris sexuelles) et prend du plaisir dans l'usage d'objets partiels et de zones érogènes électives.

Comme G. Bonnet (2001) l'a rappelé, si la perversion apparaît comme l'avatar d'une forme particulière de la sexualité pulsionnelle, sous l'une des modalités qu'elle a prise dans l'enfance, cette résurgence de la pulsion partielle à l'âge adulte est faite pour « réorganiser », à sa façon, la sexualité. Les quatre éléments constitutifs de la pulsion partielle (poussée, source, objet, but) seront surinvestis selon une organisation sexuelle prégénitale dont la dynamique (y compris fantasmatique) va aiguiser, exciter (phalliquement) une sexualité génitale vécue comme incomplète, limitée, angoissante.

La problématique du pervers est en effet préœdipienne.

Du point de vue structural selon Jean Bergeret, le pervers évite de se confronter à ce qui le menace le plus, c'est-à-dire la dépression narcissique (voire mélancolique). En cela il se situe d'une manière très proche au groupe des états limites. Il n'évite la psychose qu'à centrer son déni sur l'autre dans son genre sexuel ou dans son altérité, là où le sujet relevant du « spectre état-limite » n'évite pas toujours les moments de « bouffée délirante aiguë » ou des formes de « folie privée » (A. Green) qui lui font aller de syndrome de dépersonnalisation, à des questionnements importants sur son identité.

Il faut donc réévaluer la perversion et la structure perverse selon des problématiques antérieures à l'Œdipe. Ainsi pour J. McDougall la *solution perverse* permet de contenir la sexualité archaïque et la sexualité œdipienne ; elle a pour fonction de maintenir l'homéostasie libidinale mais aussi l'homéostasie narcissique. Face à l'échec de l'élaboration de l'angoisse de castration, le scénario pervers permet d'éviter d'élaborer la position dépressive (découverte de l'altérité), ce qui conduit le pervers à la quête d'un objet extérieur qui remplace le « manque » qui habite son monde interne.

Pour R.J. Stoller (1975), la perversion est une forme érotique de la haine. Elle est liée à un trouble de l'identité sexuelle (du développement de la masculinité) issu de trois formes d'hostilité : *la colère* de devoir abandonner le bien-être primordial (dyade mère-enfant, prime enfance), *la peur* de ne pas arriver à échapper à l'emprise maternelle, et le besoin de *vengeance* vis-à-vis de la mère qui a provoqué cette situation.

Pour lui, la première identification de l'homme est féminine, l'identification masculine se faisant dans un second temps ; l'homme abandonne la position protoféminine au moment de la séparation-individuation. Aussi, la perversion est-elle un des aléas de cette phase, l'enjeu étant la projection de la haine. Il établit la perversion comme *meurtre de la mère* perçue comme une menace à l'identité sexuelle de l'homme. L'acte place alors le pervers dans une position triomphale de vainqueur, « triomphe illusoire à répéter à l'infini », qui explique la compulsion de répétition.

En fait le pervers se veut être un « père-mère » promoteur, pour sa victime, d'une forme de néosexualité dont les fantaisies romanesques de Sade à Apollinaire[1] sont les expressions littéraires les plus anciennement connues.

Dans un texte consacré à « l'emprise et la perversion » (1992), M. Tomassini a quant à lui relié les perversions à la massivité des angoisses de séparation et aux troubles d'identification primaire. Remarquant que la perversion est le fruit d'une résolution défectueuse ou d'une impossibilité d'élaboration des processus de séparation et de désidentification primaire, l'auteur insiste sur le fait que l'univers de la perversion est *dominé par la figure de la mère.* Il rappelle la position d'Ilse et Robert Barande qui avaient avancé le concept de « *néoténie* » au point que, dans un jeu de mot, ils avaient déclaré qu'à *la notion de Père-version devrait être substituée celle de Mère-version* – ce qui, convenons-en, ne peut qu'être parfaitement entendu dans une société « liquide » dans laquelle la course à la consommation est continuellement stimulée par le maternel du « divin Marché », et dans laquelle également les citoyens sont infantilisés puisqu'attendant tout de l'État, y compris dans l'écoute, la proximité, les caresses, la sollicitude d'hommes politiques jouant de plus en plus un rôle maternel (M. Schneider, 2002), puisque l'ordre décisionnel du pouvoir politique et économique est ailleurs (U.E. et grands groupes financiers).

1. Apollinaire, *Les Onze Mille Verges ou les Amours d'un hospodar*, 1907.

Car force est de constater dans ce contexte sociétal que derrière une optique « patricentrique » freudienne (complexe d'Œdipe, angoisse et complexe de castration) s'éclipsant, émergent des angoisses de séparation, voire de morcellement, que seul colmaterait le fantasme d'un pénis phallique maternel, lui-même dérivé du sein de la prime enfance (J. Chasseguet-Smirgel, 1984), pourvoyant, dans la jouissance, à tous les besoins qu'aurait pu limiter la fonction (de castration et d'inhibition pulsionnelle) paternelle.

Pour terminer, citons encore J. McDougall (1980) pour qui la perversion se situe dans un continuum entre « le pôle de la sexualité archaïque, liée à l'homéostasie narcissique et le pôle de la sexualité œdipienne, liée à l'homéostasie libidinale » ; la solution perverse permet de contenir et de contourner ces deux problématiques. Pour elle, « l'importance et l'étendue de l'agir pervers seront étroitement liées à la fragilité de son économie psychique et au poids que doit porter cet acte érotique ».

Le scénario pervers est alors une « néo-réalité sexuelle, nouvelle scène primitive » et l'intrigue se fait autour du thème de la castration, le rôle du partenaire étant d'incarner les images idéalisées pourvues de ce que le sujet croit manquant en lui.

Enfin si l'acte pervers est un « acte partiel » par où l'objet est rabaissé au rang « d'objet partiel » sur lequel s'exerce une « pulsion d'emprise », pulsion non sexuelle, archaïque, évoquant le besoin d'étayage et qui ne s'unit que secondairement à la sexualité, relevons que cette emprise, nous l'avons vu, indépendante de la sexualité et, dans l'ordre de l'ontogenèse, *antérieure* à la libido sexuelle[1]. Elle se trouve également, nous l'avons vu, en jeu dans les addictions, en tant, là aussi, que défense du pôle narcissique du moi face à l'affect.

11. Pratiques addictives toxicomaniaques et fantasmes pervers

De ce point de vue, les travaux d'Earl Hopper sur les liens entre fantasmes pervers et addictions toxicomaniaques méritent d'être cités. Ce psychanalyste anglais a souligné combien, chez les toxicomanes qu'il avait pris en charge, le thème des

1. Freud, *Trois essais* (1905), 1965, p. 64.

fantaisies inconscientes d'homosexualité et de compulsion de masturbation se trouvaient en lien avec leur addiction et, en deçà, avec le contexte de processus traumatiques précoces. L'addiction aux drogues se présentait pour lui comme des formes de perversion de fantasmes homosexuels, agie de façon régressive dans une quête d'excitation quasi ordalique.

Dans son expérience des toxicomanes, il avance ainsi qu'avant d'être addictés à un produit, ces sujets ont été en quelque sorte « addictés aux fantasmes » et à nombre de scénarios pervers qui, après coup, furent vécus avec beaucoup de honte et de culpabilité. Les toxicomanes à l'héroïne ou à la cocaïne que Hopper a pu prendre en cure « classique » ou en psychothérapie, se montrent ainsi assez inhibés à associer le matériel psychique portant sur l'homosexualité et la masturbation du fait d'une grande culpabilité teintée d'envie et de honte.

La plupart de ces fantasmes étaient ainsi basés sur le souhait redouté (*dreaded wish*) de thèmes d'homosexualité entraînant une grande anxiété et venant réanimer des angoisses de perte d'identité et, en deçà, d'annihilation et de détresse existentielle. En effet, en deçà de ces thèmes d'homosexualité et de passivité existent, chez ces sujets, des angoisses importantes de morcellement, de fragmentation et d'annihilation.

Pour l'auteur, des traumatismes précoces ayant engendré des angoisses d'annihilation, ont prédéterminé ce qu'il appelle une encapsulation, conceptualisée comme un processus introjectif par lequel des tentatives toxicomaniaques sont faites pour fusionner et confondre des parties de l'objet perdu ou abandonné. Cette encapsulation, décrite également plus récemment dans des formes d'anorexie[1], jouxte le clivage, le désaveu dans le climat d'une dépendance sans ressources envers un quelconque objet.

1. Yael Kadish, « Two types of psychic encapsulation in anorexia », 2013. L'auteur fait une distinction entre deux types d'encapsulation psychique, mécanisme couramment rencontré dans le travail avec les anorexiques. Chaque type implique une démarche thérapeutique quelque peu différente. La distinction est faite entre les patients anorexiques qui semblent présenter des signes d'encapsulation autistique/autistoïde par opposition à ceux qui semblent manifester une encapsulation non autistoïde/traumatique ultérieure – appelée encapsulation complémentaire secondaire dans cet article. Les encapsulations défensives sont associées aux organisations pathologiques de la personnalité – tant à l'intérieur qu'au-delà de ces structures, elles exercent un pouvoir organisateur sur les processus mentaux centraux. L'encapsulation psychique et les organisations pathologiques sont des développements structurels défensifs – le résultat d'un traumatisme psychique. Le matériel clinique de trois cas est présenté pour illustrer les arguments.

Les vignettes de 8 patients chez Hopper illustrent les affects ayant organisé ce processus de défense, allant de la peur de l'anéantissement, aux sentiments de fission et de fragmentation, à ceux de fusion et de confusion, ou encore de perte et de séparation.

Le psychanalyste anglais en est venu à différencier des types de fantasmatiques différents selon la drogue. Le cocaïnomane est ainsi souvent envahi par des scènes fantasmatiques violentes, de perte de contrôle, alors que l'héroïnomane est emporté par son désir de fusion à l'océan – la mère (mer) primitive – en revenant à l'état fœtal, ce qui rejoint le fantasme d'auto-engendrement.

Dans les cures de thérapies qu'il a engagées, Earl Hopper souligne que nombre d'héroïnomanes devinrent conscients de leurs fantasmes et purent en parler. Pendant des phases de régressions profondes, la cocaïne tendait parfois à remplacer l'héroïne et permettait de vivre encore ces fantasmes d'être une « merde », un *shit-baby*, à la fois parasite et renaissant analement de ses cendres après l'épreuve ordalique où le corps et la vie étaient engagés.

Pour Hopper, la toxicomanie ouvre ainsi à cette conception d'une maladie de *l'intérieur et de l'extérieur* d'une « peau psychique », hermaphrodite, vécue comme un rectum vide (ce qui évoque « l'analité primaire » d'A. Green, supra) que le produit est censé colmater, remplir (*full*) ; dessous la loi de la ritualisation toxicomaniaque, c'est d'angoisses paranoïdes, psychotiques et de vide dont il est question chez ces sujets. L'effraction paraît alors comme un moyen d'être à la fois, dans un fantasme parthénogénétique, la mère-le père, la mère-enfant, le père-enfant, bref de s'auto-engendrer en risquant la mort.

Dans l'anamnèse des toxicomanes, Hopper souligne également qu'on a souvent retrouvé chez eux l'existence d'un risque fatal à la naissance, pour eux-mêmes ou pour la mère. Ainsi, quand, dès la prime enfance, la vie frôle de si peu la mort, faut-il s'étonner qu'à l'adolescence, moment où l'on engage sa subjectivité dans la vie (sociale), l'attrait de la mort soit aussi intense ?

Dès lors, l'addiction comme la somatisation, voire la séduction ou le comportement pervers, mimeraient un autoérotisme primitif avec pour but la quête d'un « moi psychique perdu » (Arfouilloux, 1990) sans enveloppe délimitée (moi-peau), sans redoublement narcissique, sans repli de soi sur soi (sans soi-même) et situé aux confins d'une inclusion ou d'une crypte – moi perdu « que les amants cherchent à corps perdu ».

12. Défaut de narcissisme, miroir sans reflet et quêtes perverse et addictive

Les buveurs, les toxicomanes, les anorexiques-boulimiques (« l'assiette et le miroir », Brusset, 1977), seraient ainsi autant de Narcisses cherchant dans l'eau de l'étang un objet perdu (le sentiment d'existence du moi ?) qui, faute d'investissement narcissique du regard maternel ou du regard du mari pour elle, ou du regard paternel, n'ont pu construire le cadre hallucinatoire négatif utile à toute représentation de la vie affective et discrimination entre affect et représentation.

Dans *Le Travail du négatif* (1993), A. Green définit l'hallucination négative comme « le revers de la réalisation hallucinatoire du désir qui en est l'avers ». Il précise que la mère est ainsi prise dans le cadre vide de l'hallucination négative, elle est « structure encadrante » pour le sujet. Cette structure encadrante est comparable au *holding* chez D. – W. Winnicott dont le souvenir persiste en l'absence de la mère.

La structure encadrante constitue ainsi une matrice qui associe à la fois le travail du négatif et *l'émergence des représentations.* Cette négativité, revers du traçage négatif du corps à jamais perdu de la mère, la nuit, dans l'auto-érotisme, pousse le psychisme vers le rêve et, le jour, vers l'œuvre de création, ce qu'A. Green nomme en 1982, « la réserve de l'incréable ».

Or, cette négativité, revers du traçage négatif du corps à jamais perdu de la mère, n'a pas trouvé, chez nombre de futurs addicts (alexithymiques ou au fonctionnement opératoire), et nombre de toxicomanes, ni l'auto-érotisme du rêve la nuit, ni la voie de la création le jour. N'ayant pas de reflet dans le miroir[1] l'addiction, la drogue, le jeu, comme le passage à l'acte y compris sexuel (Balier, 1996) les vampirisent, tant la libido narcissique n'a pu trouver l'objet réfléchissant qui construit le narcissisme secondaire.

1. Le miroir serait un test de réalité (psychique) : *n'est réel que ce qui a son envers.* Cette réalité psychique devient ultérieurement, pour le sujet « inscrit » dans le monde du langage et du *dialogue,* synonyme d'une « dialectique » avec l'autre. Rappelons ici que la « dia-lectique » (*dialégesthai*) renvoie au *dialégein* de la *division.* Pourtant, la nostalgie de la fusion demeure incestueusement en nous tous : « Confiance de cristal/Entre deux miroirs/La nuit tes yeux se perdent », écrit P. Éluard dans « Une longue réflexion amoureuse » (1927, Seghers). « Miroir frais sans buée à l'amour réfléchi » écrit P. Jean-Jouve (*Sueurs de sang,* Mercure de France, 1964). « Miroir jamais encore savamment l'on a dit/Ce qu'en votre essence vous êtes/Comblés de trous, tels des tamis » (Rilke, *Poésie,* Éd. Émile-Paul, 1942).

Comme j'ai pu l'écrire ailleurs, le manque de tain du miroir psychique relève de ce que Claude Olivenstein avait dit du drogué : il existe chez lui un « stade du miroir brisé » (Olivenstein, 1982, p. 34).

Comme les vampires (dont le miroir ne réfléchit aucune image d'eux-mêmes), ces sujets chercheront le sang perdu de leur narcissisme dans un liquide à boire (« eau-de-vie »), ou à s'injecter, une poudre, un élixir, un sirop, une faim (chez l'anorexique), censés réanimer l'autoconservation de leur moi (narcissique) perdu – où à jamais blessé.

Outre le texte de 1914 déjà cité, l'autre texte freudien qui traite des rapports du moi au narcissisme est celui « Deuil et mélancolie » (Freud, 1916-1917). Le narcissisme secondaire y est dit « repris à l'objet », permettant à l'autoérotisme « secondaire » de pouvoir se détacher et reprendre des morceaux d'investissements et fonctions à l'objet/de l'objet. Si ceux-ci viennent à manquer, c'est alors toute la construction de l'auto-érotisme qui sera touché, et que « l'auto-sensorialité », propre à l'addiction, remplacera.

Le narcissisme secondaire s'inscrit en effet comme un deuil nécessaire de l'objet narcissique premier (Roussillon, 2004, p. 421-439). En quelque sorte il constitue et se constitue dans le processus même de ce deuil. La mélancolie, ou le fond mélancolique, qui sous-tend fréquemment la conduite toxicomaniaque et nombre de celles addictives, exprimerait un raté de ce « travail de deuil » originaire portant sur la constitution du narcissisme secondaire.

En ce sens, les addictions témoignent de cette « fragilité » du narcissisme du moi qui, en cas d'afflux affectif, de sensations, de tensions psychiques internes, ne peut, du fait de son insuffisance et ses failles, contenir les excitations et leur faire emprunter la voie de la pulsionnalisation et donc de leur représentance psychique *via* les fantasmes. Il s'agit là d'un « narcissisme de mort » témoignant de l'impact des forces de déliaison au sein même du moi.

Derrière ces comportements de dépendance, il y a une pathologie d'une perte, autant de l'objet que du moi ayant investi narcissiquement cet objet. La perte y est donc *narcissique*, portant sur une partie de soi suite à la déception, la désillusion provoquées par un objet participant de l'« économie narcissique » du sujet, de la régulation narcissique de soi face à soi-même et aux autres.

Cette perte ou déception de l'objet, fût-elle celle d'un « idéal », laisse ainsi le sujet, singulièrement état-limite addict ou toxicomane, dans un vide déconcertant, voir une « désaide » (*Hilflosigkeit*) : « c'est le sujet qui est "perdu", chassé de lui-même par l'ombre de l'objet qui s'en est emparé » (Roussillon, 2014, p. 76). La mélancolie et la dépression narcissique que cherchent à palier addictions et produits toxicomaniaques, sont ainsi celles d'un sujet perdu car non souverain de ses désirs et besoins (comme les États, *supra*), dont le « moi psychique perdu » ne peut être subjectivé.

Cette « désubjectalisation » relève dans la clinique contemporaine de formes mineures de la mélancolie perceptibles dans les formes de « mélancolisation du lien » décrites dans notre postmodernité par Alain Ehrenberg (2014, p. 98-109). Elle participe de cette « déliaison subjectale du moi » (Green, 1993b, p. 200-201) dont la pensée opératoire ou l'alexithymie sont les avatars, et que le philosophe J.-D. Robert retrouve dans cette « chute tendancielle du taux de subjectivation » (2011, p.316) inhérente à cette société du « divin Marché » dominée par l'addiction aux objets, à la marchandise, aux écrans, à l'image.

Dans ce cadre aussi bien psychique que sociétal, le recours à l'excitation-sensation-perception des procédés autocalmant que sont les addictions a une fonction antilibidinale comme la pensée opératoire. C'est ce à quoi vise l'addictophilie contemporaine : diminuer le risque, par le recours à l'excitation continue, de la déception ravivant la blessure narcissique, celle par exemple du désir (libidinal) envers un autre qui se refuse à soi. Un de mes amis, courait ainsi les magasins de vêtements, comme d'autres se jettent dans la drogue ou le sport, lorsqu'une petite amie l'avait laissé tomber… Plus largement, la pensée opératoire, l'alexithymie, valorisées dans une société qui se veut « performante », sans Histoire, sans limite et sans frontière, ne peut qu'accentuer l'addictophilie face aux incertitudes et vicissitudes, pour le narcissisme du sujet, de sa vie affective et érotique.

L'approche psychanalytique de la pensée opératoire, ne néglige nullement, nous l'avons dit, la dimension narcissique qui prévaut à son éclosion et entretien (Fain, Marty, 1965 ; M'Uzan, 2005, p. 142-164 ; Smadja, 2014, p. 11-30 ; Pirlot, 2010, 2013, 2022).

Dans son étude sur les addicts, O. Lesourne insiste sur le défaut d'investissement narcissique et/ou le rejet des enfants futurs addictés de la part de leur mère et entourage – ce que corroborent à la fois les travaux de S. Ferenczi sur les « traumatismes froids » issus de relations à la mère décevantes ou encore les études épidémiologiques sur les états-limites que nous avons citées : « lorsque l'enfant boit, il jouit avec ses lèvres, mais il regarde intensément la mère ; pour le futur addict, la mère qu'il a devant les yeux regarde ailleurs ou autre chose que l'enfant, ou elle voit un enfant qui ne lui plaît pas complètement, ou il la regarde, mais elle est absente. Il n'est pas englobé en elle dans une image totalement positive » (Lesourne, 2007, p. 184).

C'est le « double-fond » du *self* qu'est le « double gémellaire » dont parle R. Roussillon (2004), qui fait chez eux défaut : la quête de perception-sensation et d'excitations externes va alors tenter de combler cette problématique du vide et de la détresse intérieure bien antérieure à toute angoisse de perte et de castration qui, pourtant, ne manqueront pas de l'exacerber.

O. Lesourne ajoute, concernant les addictés alcooliques, que ceux-ci ne souffrent pas uniquement de sensations de chute et de vidage (D. Houzel), d'effondrement (D.W. Winnicott) dues à une analité psychique défaillante consécutive elle-même à un manque de *holding/handling* maternel, mais aussi d'une *dépression narcissique* (potentiellement mélancolique) relevant d'une perte de regard de leur mère après qu'elle a fait son devoir de nourricière.

« C'est aussi l'intimité avec la bouteille-mère que les grands alcooliques cherchent à retrouver » (Lesourne, 2007, p. 201) écrivent A. de Mijolla et de S.A. Shentoub. A. Deburge rapporte à propos d'un patient, Fabrice, la collusion entre l'absence du regard de la mère, au moment d'un accident dont il fut l'objet à un an et demi ayant le bras coupé par une porte d'ascenseur, et le déni de cet accident quand elle répète : « Cet enfant est comme tout le monde » (Deburge, 2006, p. 129).

Rappelons une fois encore que le regard de la mère est le premier miroir pour l'enfant comme l'a remarqué D.W. Winnicott (1951). Mais ce miroir ne constitue son *tain réflexif objectivant le self de son enfant* qu'à inclure *un tiers* – le *père de l'enfant, le père de la mère, bref l'autre de l'objet maternel celui qui avive son Œdipe.*

Ce tain, oppose une légère déflexion à la réflexion spéculaire maternelle, assurant une légère béance propice à toutes les interrogations et questions à venir, ouvrant à la pulsion épistémophilique (Pirlot, 2022).

Dès lors, c'est le défaut de ce tain réflexif pouvant être intériorisé par l'enfant qui marquera pour longtemps le « tonus narcissique de base » de son moi au point de produire un vécu de vide, une hypersensibilité aux manques, à l'absence ou, à l'inverse, à la proximité de l'autre.

Tout traumatisme dans l'ordre même d'une mise en rythme des excitations qui aidera à la pulsionnalisation de celles-ci dans les interactions précoces, dans les relations intersubjectives ultérieures, toute perte de l'objet idéal, produira, à la place du tain du miroir psychique, une trouée similaire à un *défaut de maillage* dans l'espace narcissico-objectal. Ce défaut de maillage sera entretenu par une rupture traumatique du *Reizschutz*, du pare-excitation, comme l'a postulé Freud dans « Au-delà du principe de plaisir ».

Dès lors, l'objet d'idéalisation, la douleur, tout comme l'excitation-sensation donnée par le comportement et le produit addictifs, chercheront à combler ces *défauts utiles* à une réflexivité psychique dont les limites et les contenants restent, chez ces sujets addicts, flous et extrêmement fragiles, ce dont se rendra compte pendant un long temps de prise en charge, l'analyste[1].

Reprenant la théorie « triangulation généralisée à tiers substituable » d'A. Green (Green, 1984a, p. 119), on peut avancer que l'Œdipe de ces patients a été préalablement déformé (Richard, 2012 et 2015, p. 128) par ces défaillances de la construction narcissique, se retrouvant ensuite recouvert par des mécanismes d'extériorisation de l'intériorité psychique. « L'extrême dedans » de leur moi n'est ainsi plus accessible à l'interprétation, ce qui rejoint l'appréciation d'une toxicomanie selon E. Hopper comme une maladie de l'intérieur et de l'extérieur d'une « peau psychique », hermaphrodite, vécue comme un rectum vide que le produit est censé colmater (*supra*).

Cette défaillance de tiercéité peut évidemment provenir de situations traumatogènes telle la « discontinuité psychique » générée par une « discontinuité relationnelle » précoce, provoquée par exemple par les allers-retours intempestifs du père, son départ définitif voire sa dévalorisation en tant que tiers entre la mère et l'enfant (*supra*).

Cette discontinuité ne sera pas sans être vécue dans le contre-transfert du psychanalyste lui-même, éprouvant une « discontinuité affective », allant du dévouement total à des attitudes microparanoïdes à l'égard de son patient (*cf.* Kernberg, (1975), 1989, p. 96), tant les mécanismes de défense mis en œuvre dans la prise en charge proviennent du temps précoce où les relations entre le moi et l'objet étaient chaotiques.

1. Rappelons ici la métaphore du récepteur téléphonique de Freud qui suggère le rôle de contenant du psychanalyste, in 1912b, 1972, p. 66.

Bibliographie

Abélès M. (2000), *Anthropologie de la mondialisation*, Paris, Payot.

Ades J. (1994), Les addictions sans drogues, *Neuro-Psy*, 6, 7.

Ades J. (1993), Peut-on se droguer sans drogue? *Revue Dépendance*, 3, 42-46.

Ades J., Lejoyeux M. (1995), *L'alcoolisme en question*, Paris, Laboratoire Sanofi-Wintrop-Clin-Diphac, 31-37.

Agacinski S. (1987), *Critique de l'égocentrisme L'évènement de l'autre*, Galilée.

Anderson P. (1998), *Les origines de la postmodernité*, Paris, Les prairies ordinaires, 2010.

André J. (2017), Quel genre de sexe? in *Quel genre de sexe?* Paris, PUF, p. 17-34.

Anzieu D. (1987), Les signifiants et le moi-Peau, in *Les enveloppes psychiques*, Paris, Dunod, p. 14-18.

Anzieu D. (1985), *Le Moi-Peau*, Paris, Dunod.

Aragon L., *La Défense de l'infini*, (dir. scientifique: Lionel Follet), Paris, Gallimard, 1997.

Arendt H. (1973), Le déclin de l'Etat-nation et la fin des droits de l'Homme, in *Impérialisme*, 2002, p. 251-307.

Arfouilloux J.-C. (1990), Mon corps sans moi, *Revue française de Psychanalyse*, 3, 651-669.

Artaud A. (1925), *Le pèse-nerfs*, *Œuvres complètes* I, Paris, Gallimard, 1976, rééd. 1984.

Aubert N. (2009), L'individu hypermoderne et ses pathologies, *L'information psychiatrique*, 7, 82, p. 605-610.

Augé M. (1997), *La guerre des rêves. Exercice d'ethno-fiction*, Paris, Seuil.

Aulagnier P. (1979), *Les destins du plaisir*, Paris, PUF.

Aulagnier P. (1989), Se construire un passé, *Journal de psychanalyse de l'enfant*, 7, p. 191-219; *Adolescence*, 2015, 33, 4, p. 713-740.

Aulagnier P. (2004), *L'apprenti-historien et le maître-sorcier*, Paris, PUF.

Austin J.-L. (1962), *Quand dire c'est faire*, Paris, Seuil, 1991.

Bailly A., (1901), *Abrégé du dictionnaire grec-français*, Paris, Hachette.

Balier C. (1988), *Psychanalyse des comportements violents*, Paris, PUF.

Balier C. (1996), *Psychanalyse des comportements sexuels violents*, Paris, PUF.

Balint M. (1968), *Le défaut fondamental*, Paris, Payot, 2006.

Barande I., Barande R. (1987), *De la perversion*, Lyon, Ed. Clé.

Barande R. (1975), *La naissance exorcisée*, Paris, PUF.

Bartels A, Zeki S. (2004), The Neural Correlates of Maternel And Romantic Love, *Neuroimage*, 21, p. 1155-1166.

Barthes R. (1957), *Mythologies*, Paris, Seuil, 1957.

Barthes R. (1963), Le message publicitaire, *Les cahiers de la publicité*, 7.

Barthes R. (1964), Rhétorique de l'image, Communication, n° 4.

Bataille G. (1943), *L'expérience intérieure*, Paris, Seuil, 1986.

Bateson G. (1972), *Vers une écologie de l'esprit*, Seuil, Paris ; T. I : 1977 ; T. II : 1980.

Batout J., Constantin E. (2014), Croissance, crise et dépérissement de la politique, *Le Débat*, 5, 182, p. 145-155.

Baudelaire C. (1860), *Les paradis artificiels*, Paris, Garnier-Flammarion, 1966.

Baudrillard J. (1968), *Le système des objets*, Paris, Gallimard, 1991.

Baudrillard J. (1970), *La société de consommation*, Paris, Gallimard.

Baudrillard J. (1972), *Pour une critique de l'économie politique du signe*, Paris, Galilée, p. 90.

Baudrillard J. (1981), *Simulacres et simulations*, Paris, Gallimard.

Baudrillard J. (1985), *Le miroir de la production*, Paris, Galilée.

Baudrillard J. (1989), Le sujet et son double, *Magazine littéraire*, avril, p. 19-23.

Baudrillard, J. (2001), *Télémorphose*, Paris, Sens & Tonka.

Bauman Z. (2000), *La vie liquide*, Paris, Fayard, 2003.

Bayle G., Prudent-Bayle A. (2003), Institutions et perversions narcissiques, *Revue française de psychanalyse*, 3, « La perversion narcissique ».

Bayle J.-F. (1994), Le concept d'addiction, *Neuro-Psy*, 1994, 9, 9-18.

Beauvais C. (2024), *Pour le droit de vote des enfants*, Paris, Gallimard, Tract n° 59.

Beck F., Guignard R., Haxaire C., Le Moigne P. (2014), Les consommations de médicaments psychotropes en France, *La Santé en action*, 427, p. 47-49.

Beigbeder F. (2000), *99F*, Paris, Grasset.

Bell R. (1985), *L'anorexie sainte. Jeûne et mysticisme du Moyen Âge à nos jours*, Paris, PUF.

Bensoussan P.-A., Joannides A.-A., Soubrier J.-P. (1966), « Note sur quelques accidents de l'usage incontrôlé des psychodysleptiques », *Annales médico-psychologiques*, II-1, p. 90-98.

Bergeret J. (1981), Aspects économiques du comportement d'addiction, *Le Psychanalyste à l'écoute du toxicomane*, Paris, Dunod, 9-26.

Bergeron H. (2009), *Sociologie de la drogue*, Paris, La Découverte.

Bergougnoux P. (2005), De la littérature à la marchandise, *Débat*, n° 135 repris in *La Fin du monde en avançant*, Fata Morgana, 2006.

Bernay Edward L. (1928), *Propaganda*, Paris, Zones/La Découverte, 2007, traduction Oristelle Bonis.

Bernheim E., *Cran d'arrêt*, Paris, Gallimard, 1991.

Berthelot-Guiet K. (2015), *Analyser les discours publicitaires*, Paris, Armand Colin.

Besson J. (2018), Spiritualité et addiction, *Cahiers jungiens de psychanalyse*, 1, 147, p. 51-65.

Besson J.-M. (1988), Morphine et douleurs rebelles, *Pour la Science, 128*, p. 26-37.

Besson J.-M. (1992), Nicotine et systèmes de récompense du cerveau, *La Semaine des hôpitaux de Paris*, 1270-1276

Bick R. (1976), *De la cocaïne*, Bruxelles, Éd. Complexe.

Binder P., 2004, Consommation problématiques à l'adolescence : comportements relationnels et représentations, *Synapse*, 210, p. 21-28.

Birraux A. (1998), La violence du corps à l'adolescence, in *Violente adolescence*, Toulouse, Érès.

Bizouard E. (1995), *Le cinquième fantasme*, Paris, PUF.

Blanchot M. (1980), *L'Écriture du désastre*, Paris, Gallimard.

Blewett D. B. (1969), Le LSD dans le traitement psychiatrique, in Bailly J.-C. et Guimard J.-P., *Essai sur l'expérience hallucinogène*, Paris, Belfond, p. 61-63.

Bock-Côté M. (2019), *L'empire du politiquement correct*, Paris, Cerf.

Bock-Côté M. (2024), *Le totalitarisme sans goulag*, Paris, Presse de La Cité.

Bonnet G. (2001). *Les perversions sexuelles*, Paris, PUF (3e éd. revue).

Bossuet J.-B., *Œuvres complètes de Bossuet*, vol. XIV, Paris, éd. L. Vivès, 1862-1875.

Botella C. et S. (1997), Le perceptif en tant que concept limite en psychanalyse, in E. Schmid-Kitsilkis, A. Sanzana (dir.), *Concept limite en psychanalyse*, Lausanne, Delachaux-Niestlé, p. 137-185.

Botella S. (2020), Le perceptif en psychanalyse, *Revue française de psychanalyse*, 3, 84, p. 765-780.

Botella S. et C. (1992), Névrose traumatique et cohérence psychique, *Revue française de psychosomatique*, 2, p. 25-36.

Botella S. et C. (2001), Figurabilité et régrédience, *Revue française de psychanalyse*, 4, 65, p. 1149-1239.

Bounoure L. (1956), *L'instinct sexuel. Étude de Psychologie animale*, Paris, PUF.

Bowlby J. (1969), *Attachement et perte*, Paris, PUF, vol. I.

Bowlby J. 1973), *La séparation : angoisse et colère*, Paris, PUF, vol. II, 1984.

Bradley S. (1979), The relationship of early maternal separation to borderline personality disorder in children and adolescents : a pilot study, *American Journal of Psychiatry*, 136, p. 424-426.

Braunschweig D. et Fain M. (1975), *La nuit, le jour. Essai psychanalytique sur le fonctionnement mental*, Paris, PUF.

Braunstein J.-F. (2022), *La religion woke*, Paris, PUF.

Breuer J., Freud S. (1956), *Études sur l'hystérie*, Paris, PUF.

Brezin E. (1982), La transition ordre-désordre, *Pour la Science*, 174, p. 6-8.

Brighelli J.-P. (2022), *La fabrique du crétin. Vers l'apocalypse scolaire*, Paris, L'Archipel.

Brook J.-S. et coll. (1992), Psychosocial risk factors in the transition from moderate to heavy use or abuse of drugs, *Vulnerability to drug abuse*, Washington D.C., American Psychological Association, p. 359-388.

Bruckner P. (2020), *Un coupable presque parfait : la construction du bouc émissaire blanc*, Paris, Grasset.

Bruckner P. (2024), *Je souffre donc je suis. Portrait de la victime en héros*, Paris, Grasset.

Brusset B. (1985), Anorexie et boulimie dans leur rapport à la toxicomanie, *Anorexie mentale aujourd'hui*, La pensée sauvage, p. 285-314.

Brusset B (1990), Les vicissitudes d'une déambulation addictive (Essai métapsychologique), *Revue française de Psychanalyse*, 54, p. 671-687.

Brusset B (1992), Psychopathologie et métapsychologie de la boulimie, *La boulimie*, Paris, PUF, p. 105-132.

Brusset B (2004), Dépendance addictive et dépendance affective, *Revue française de psychanalyse*, 68, 2, p. 405-420.

Brusset B. (2005), L'or et le cuivre, in F. Richard (dir.), *Le travail du psychanalyste en psychothérapie*, Paris, Dunod, p. 35-70.

Brusset B. (2008), Névroses et fonctionnement limite, in C. Chabert (dir.), *Les névroses*, Paris, Dunod, p. 281-355.

Brusset B. (2009), *Psychopathologie de l'anorexie mentale*, Paris, Dunod.

Brusset B. (2013), *Au-delà de la névrose. Vers une troisième topique*, Paris, Dunod.

Burroughs W. S. (1969), Quelques points de distinction, in *Essai sur l'expérience hallucinogène*, Paris, Belfond, p. 146-151.

Cahn R. (1991), Du sujet (Rapport), *Revue française de psychanalyse*, 1991, 6, 1353-1491.

Caillois R. (1938), Le mythe et le monde, in *Le Mythe et l'Homme*, Paris, Gallimard.

Caillois R. (1950), *L'homme et le sacré*, Paris, Gallimard.

Caillois R. (1958), *Les jeux et les hommes*, Paris, Gallimard 1967.

Canguilhem C. (1962), *Besoins et tendances*, Paris, Classique Hachette.

Canguilhem G. (1966), *Le normal et le pathologique*, Paris, PUF, 2014.

Carayon F.-X. (2020), *Les États prédateurs. Fonds souverains et entreprises publiques à la conquête de l'Europe*, Paris, Fayard.

Carton S., Chabert C., Corcos M. (2011), *Le silence des émotions. Clinique psychanalytique des états vides d'affects*, Paris, Dunod.

Castaneda C. (1968), *L'herbe du diable et La petite fumée*, Paris, U.G.E., 1972.

Castel R. (1981), *La gestion des risques : de l'anti-psychiatrie à l'après-psychanalyse*, Paris, Minuit.

Castel R. (1996), *Les métamorphoses de la question sociale*, Paris, Fayard.

Cesaro P., Keravel Y., Ollat H., Peschnaski M., Sindou M. (1994), Système limbique, *Neuroanatomie fonctionnelle*, vol. 2, p. 241-298.

Chabert C. (2003), *Féminin mélancolique*, Paris, PUF.

Chabert C. (2006), Cliniques, in Ciavaldini A., Jeammet P., Schenckery S. (dir.), *Actes et Dépendances*, Paris, Dunod, p. 61-110.

Chabert C., Verdon B. (2008), *Psychologie clinique et psychopathologie*, Paris, PUF.

Chapoutot J. (2020), *Libres d'obéir. Le management du nazisme à aujourd'hui*, Paris, Gallimard.

Charles-Nicolas A. (1981), Passion et ordalie, in *Le psychanalyste à l'écoute du toxicomane*, Dunod.

Chasseguet-Smirgel J. (1984), *Éthique et esthétique de la perversion*, Paris, Champ-Vallon.

Chassing J.-L. (coord) (1998), *Écrits psychanalytiques classiques sur les toxicomanies*, Paris, Éditions de l'Association freudienne internationale.

Chauvet B. (1995), *La vie dans la matière. Le rôle de l'espace en biologie*, Flammarion.

Chazal M. de (1944), *Pensées*, Paris, Exils Éditeur, 1999.

Chevalier J. (1978), *Variations autour de l'idéologie de l'intérêt général*, Paris, PUF.

Choplin B. (2006), Les conduites à risque des professionnels de la finance Entre addiction et ordalie, *Le Journal des psychologues*, 4, 237, p. 59-61.

Chouvier B. (2023), Les figures de l'emprise groupale, *Revue de psychothérapie psychanalytique de groupe*, 81, 2, p. 141-149.

Cioran E. (1956), *La tentation d'exister*, Paris, Gallimard.

Cioran E. (1973), *De l'inconvénient d'être né*, Paris, Gallimard.

Clit R. (2001), *Cadre totalitaire et fonctionnement narcissique*, Paris, L'Harmattan.

Combe C. (2004), *Comprendre et soigner la boulimie*, Paris, Dunod.

Compagnon A. (2013), *Un été avec Montaigne*, Paris, Inter-Équateur-Parallèle.

Corcos M. (2000), *Le corps absent, Approche psychosomatique des TCA*, Paris, Dunod.

Corcos M. (2005), *Le corps insoumis*, Paris, Dunod.

Corcos M. (2013), *La terreur d'exister*, Paris, Dunod.

Cordier B. (1992), La sexualité addictive, *Dépendance*, 4, 3-10.

Costes A. (1993), Boris Vian : Approche psychanalytique de son œuvre et de la patalittérature, *Inf. Psychiatrique*, 6, p. 552-560.

Cournut J. (1991), *L'ordinaire de la passion*, Paris, PUF, 2001.

Crouch C. (2005), *Postdémocratie*, Diaphane, Bienne/Zürich, 2013 (trad. de l'anglais par Yves Coleman).

Darieussecq M. (2001), *Bref séjour chez les vivants*, Paris, POL.

David C. (1970), La fascination pour l'illimité : antagonisme sexuel et opposition pulsionnelle dans la *Penthésilié* de Kleist, *Revue Française de Pschanalyse*, 34, 4, p. 653-684.

David C. (1972), La perversion affective, in *La sexualité perverse*, Paris, Payot.

De Gregorio D., Popic J., Enns J.-P., Inserra A., Skalecka A., Markopoulos A., Posa L., Lopez-Canul M., Qianzi H., Lafferty C.K., Britt J.-P., Comai S., Aguilar-Valles A., Sonenberg N. and Gobbi G. (2021), Lysergic acid diethylamide (LSD) promotes social behavior through mTORC1 in the excitatory neurotransmission, *Proceedings of the National Academy of Sciences of the United States of America*, (118), 5 (February 2), p. 1-9.

De la Boétie E. (1576), *Discours sur la servitude volontaire*, Paris, Les Mille et une Nuits, 2004.

De La Rosière J. (2021), *40 ans d'égarements économiques*, Paris, Odile Jacob.

De Quincey (1822), *Confession d'un mangeur d'opium*, Paris, Aubier, 1964.

Debord G. (1967), *La Société du spectacle*, Paris, Buchet-Chastel, Gallimard, 1996.

Debray R. (1991), *Cours de médiologie générale*, Paris, Gallimard.

Debray R. (1992), *Vie et mort de l'image : Une histoire du regard en Occident*, Paris, Gallimard, 226-27 (p. 324).

Debray R. (2010), *Éloge des frontières*, Paris, Gallimard.

Debray R. (2013), *Modernes catacombes*, Paris, Gallimard.

Debray R. (2018), *L'angle mort*, Paris, Cerf.

Deburge A. (2006), Les conduites à risque, autocalmants ou jouissance du calme, in F. Duparc et C. Vasseur, *Les conduites à risque*, Paris, InPress, p. 113-134.

Deburge-Donnars A. (1996), Dis-moi que tu m'aimes, *Revue française de Psychanalyse*, 3, 789-804.

Decety J., Grezes, N Costes D., Perani E., Procyk F., Grassi M., Jeannerod M. (1997), Brain activity during observation of actions. Influence of action content and subject's strategy, *Brain*, 120, p. 1763-1777.

Dejours C. (1980), La psychosomatique avec ou sans Groddeck, in *Georg Groddeck*, L'ARC, 78, p. 51-58.

Dejours C. (1986), *Le corps entre biologie et psychanalyse*, Paris, Payot.

Dejours C. (1987), Économie de la perception et processus de somatisation, *Psychanalyse à l'université*, 12, 47, p. 417-435.

Dejours C. (1989), *Recherches psychanalytiques sur le corps. Répression et subversion en psychosomatique*, Paris, Payot.

Dejours C. (1994), La corporéité entre psychosomatique et sciences du vivant, in *Somatisation, Psychanalyse et sciences du vivant*, Paris, EsHeL, p. 93-121.

Dejours C. (1995), *La France malade du travail*, Paris, Le Centurion.

Dejours C. (2008) *Les dissidences du corps*, Paris, Payot.

Dejours C., Rolo D. (2017), Travail et usage de substances psychoactives : une clinique évolutive, in Crespin R., Lhuilier D., Lutz G. (dir.), *Se doper pour travailler* Toulouse, Érès, p. 117-134.

Deleuze G., Guattari F. (1972), *L'Anti-Œdipe. Capitalisme et schizophrénie*, Paris, Minuit.

Delourmel C. (2009), L'addiction, une quête de plaisir… ou de jouissance ? *Perspectives Psy*, 48, 1 p. 45-50.

Delourmel C. (2013), De la fonction du père au principe paternel, *Revue française de psychanalyse*, 77, 5 p. 1283-1353.

Delsol C. (2021), *La fin de la Chrétienté*, Paris, Cerf.

Denis A. (2016), Destins des sensations inassimilées et schématisme du penser, *Revue française de Psychanalyse*, 80, 4, p. 1038-1050.

Denis P. (1992), Emprise et théorie des pulsions, *Revue française psychanalyse, 61*, (6), p. 1297-1421.

Denis P. (2014), Emprise et destructivité, in A. Cohen de Lara et L. Danon-Boileau (dir.), *La destructivité chez l'enfant*, Paris, PUF, p. 25-38.

Denis P. (2019), Sexe et identité de genre, *Rev. fr. de psychanalyse*, 5, 83, p. 1539-1545.

Derrida J. (1968), *La différence*, Paris, Seuil, p. 43-68.

Descartes R. (1649), *Les Passions de l'âme*, Première partie, *Œuvres de Descartes*, texte établi par Victor Cousin, F.G. Levrault, 1824, tome IV (p. 37-84).

Détienne M. (1998), *Apollon le couteau à la main*, Paris, Gallimard.

Deutsch H., (1934), Un type de pseudo-affectivité (« comme si »), in *Les « comme si » et autres textes*, Paris, Le Seuil, 2007, p. 53-72.

Deutsch H. (1965) Aspects cliniques et théoriques des personnalités « comme si », *Les « comme si » et autres textes*, Paris, Le Seuil, 2007, p. 293-301.

Donabedian D., Fain M. (1995), Psychosomatique et pulsions, *Revue française de psychosomatique*, 7, 142-153.

Donnet J.-L. (1995), *Surmoi (1) Le concept freudien et la règle fondamentale*, Paris, PUF.

Donnet J.-L. (2010), Freud et le refus de la féminité : entre « roc du biologique » et contretransfert, *Revue française de psychanalyse*, 74, 5, p. 1495-1503.

Donnet J.-L., Green A. (1973), *L'enfant de ça*, Paris, Minuit.

Duby G. (2013), *Les Trois ordres ou l'imaginaire du féodalisme*, Paris, Gallimard.

Dubus Z ; (2022), Le traitement médiatique du LSD en France en 1966 : de la panique morale à la fin des études cliniques. Cygne noir. *Revue d'exploration sémiotique*, 9, p. 36-62.

Dufour D.-R. (2007), *Le Divin Marché*, Paris, Denoël.

Dufour D.-R. (2009), *La Cité perverse. Libéralisme et pornographie*, Paris, Denoël.

Dufour D.-R. (2011), *L'individu qui vient… après le libéralisme*, Paris, Denoël.

Dufour D.-R. (2016), Addiction sexuelle et économie de marché, *Psychotropes*, (22), 3-4, p. 97-116.

Dumézil G. (1968), *Mythe et épopée. L'idéologie des trois fonctions dans les épopées des peuples indo-européens*, Paris, Gallimard, 1986.

Dupain P. (2006), Néo-besoin et addiction : le concept de craving, *Le Courrier des addictions* (8), 1, janvier-février-mars : 27-28.

Duparc F. (1997), Hallucination négative, formes motrices et comportements autocalmants, *Cliniques psychosomatiques*, Paris, PUF, p. 91-115.

Durkheim E. (1930, *De la division du travail social*, Paris, PUF, rééd. 1986.

Ehrenberg A. (1995), *L'individu incertain*, Paris, Calmann-Lévy, 1995.

Ehrenberg A. (1998), *La fatigue d'être soi. Dépression et société*, Paris, Odile Jacob.

Ehrenberg A. (2014), Narcissisme, individualisme, autonomie : malaise dans la civilisation, *Revue française de psychanalyse*, p. 98-109 (p. 99).

Eliade M. (1959), *Initiations, rites, sociétés secrètes*, Paris, Gallimard.

Éluard P. (1927), *Une longue réflexion amoureuse*, Paris, Seghers.

Éluard P. (1964), Premièrement, *L'amour, la poésie*, Paris, Gallimard.

Estellon V. (2016), Approche psychodynamique des addictions sexuelles, *Psychotropes*, (22), 3-4, p. 29-46.

Estellon V. (2016), *Les folies compulsives*, Paris, Dunod.

Estellon V. (2020), *Les sex-addicts*, Paris, PUF, coll. « Que sais-je ? ».

Fain M. (1971), Prélude à la vie fantasmatique, *Revue française de psychanalyse*, T. XXV, 2-3.

Fain M. (1981), L'approche métapsychologique du toxicomane, *Le Psychanalyste à l'écoute du toxicomane*, Paris, Dunod, p. 27-36.

Fain M. (1986), Du corps érotique au corps malade : complexité de ce passage, *Corps malades et corps érotique*, Paris, Masson, p. 123-135.

Fain M. Marty P. (1965), À propos du narcissisme et de sa genèse, *Revue française de psychosomatique*, 43, 1, p. 11-22 (réédité : *Revue française de psychosomatique*, 1, 43, 2013, p. 11-22).

Fenichel O. (1945), Perversions et névroses impulsives, *in* J.-L. Chassaing (coord.), *Écrits psychanalytiques classiques sur les toxicomanies*, Paris, Éditions de l'Association freudienne internationale, 1988, p. 501-578.

Ferbos C., Magoudi A. (1991), *Approche psychanalytique des toxicomanies*, Paris, PUF, 1991.

Ferenczi S. (1911), Alcool et névrose, *Œuvres complètes I*, Paris, Payot, 1968, p. 189-193.

Ferenczi S. (1919), *Phénomènes de matérialisation hystérique*, *O.C. III*, Paris, Payot, 1974, p. 53-65.

Ferenczi S. (1924), *Thalassa*, Paris, Payot.

Fliess R. (1950) *The Psychoanalytic Reader*, London, Hogarth Press

Fliess W. (1897), *Les relations entre le nez et les organes génitaux féminins*, Paris, Seuil, 1977.

Fontaine (1984), Les hormones et l'évolution, *La Recherche*, 153, p. 310-320.

Forrester J. (1980), *Le langage aux origines de la psychanalyse*, Paris, Gallimard, 1984.

Forrester V. (1996), *L'horreur économique*, Paris, Fayard.

Foucault M. (1984), *Le souci de soi. Histoire de la sexualité 3*, Paris, Gallimard.

Fourquet J. (2019), *L'archipel français. Naissance d'une nation multiple et divisée*, Paris, Seuil.

Frankl V. (1948), *Le Dieu inconscient*, notes de G.-E. Sarfati, Paris, InterEditions, 2012.

Frazer J. (1890), *Le rameau d'or*, Paris, Éd. Ganthier, 1924.

Freud S. (1890), Traitement psychique (traitement d'âme), *Résultats, idées, problèmes*, tome 1, Paris, PUF, 1984 ; (1890a/2015). Traitement psychique (traitement d'âme). *OCF.P*, I : 153-175. Paris, PUF.

Freud S. (1894), Les psychonévroses de défense, *Névroses, Psychoses et Perversions*, Paris, PUF 1973, p. 1-14 ; (1894a/1989). Les psychonévroses de défense : essai d'une théorie psychologique de l'hystérie acquise de nombreuses phobies et obsessions et de certaines psychoses hallucinatoires. *OCF.P*, III : 3-18. Paris, PUF.

Freud S. (1895), Esquisse d'une psychologie scientifique. In : *Naissance de la Psychanalyse*, Paris, PUF, 1956.

Freud S. (1895), Qu'il est justifié de séparer de la neurasthénie un certain complexe symptomatique sous le nom de « névrose d'angoisse, *Névrose, psychose et perversion*, Paris, PUF, 1973, p. 15-39.

Freud S. (1895b [1894]/1989), Du bien-fondé à séparer de la neurasthénie un complexe de symptômes déterminé, en tant que « névrose d'angoisse », *OCF.P*, III : 31-58. Paris, PUF.

Freud S. (1896), L'hérédité et étiologie des névroses, *Résultats, idées, problèmes*, T. I, 1984 ; (1896a/1989). L'hérédité et l'étiologie des névroses. *OCF.P*, III : 107-120. Paris, PUF.

Freud S. (1898), Die Sexualität in der Ätiologie der Neurosen, *Gesammelte Werke Band I*, Frankfürt am Main, Fischer Verlage, 1952, p. 491-516.

Freud S. (1898), La sexualité dans l'étiologie des névroses, *OCF-III*, Paris, PUF, 1989, p. 217-240. (1898a/1989). La sexualité dans l'étiologie des névroses. *OCF.P*, III : 217-240, Paris, PUF.

Freud S. (1905d/2006), Trois essais sur la théorie sexuelle, Paris, Gallimard, 1965 ; (1905d/2006). Trois essais sur la théorie sexuelle, *OCF.P*, VI : 59-181. Paris, PUF.

Freud S. (1908d/2007), La morale sexuelle culturelle et la nervosité moderne. *OCF.P*, VIII : 195-219. Paris, PUF ; (1908d/2007). La morale sexuelle culturelle et la nervosité moderne. *OCF.P*, VIII : 195-219. Paris, PUF.

Freud S. (1910h/1993), D'un type particulier de choix d'objet chez l'homme. *OCF.P*, X : 191-200. Paris, PUF.

Freud S. (1910i/1993), Le trouble de vision psychogène dans la conception psychanalytique. *OCF.P*, X : 179-186. Paris, PUF., *Névrose, psychose et perversion*, Paris, P, 1973, p. 167-173.

Freud S. (1911b/1998), Formulations sur les deux principes de l'advenir psychique. *OCF.P*, XI : 13-21. Paris, PUF ; Formulations sur les deux principes du fonctionnement mental, *Résultats, idées, problèmes, I*, Paris, PUF, 1984, p. 135-143.

Freud S. (1912a), Contributions à la vie amoureuse, dans *La vie sexuelle*, Paris, PUF, 1969, p. 47-80.

Freud S. (1912b), Conseils aux médecins sur le traitement psychanalytique, in *La technique psychanalytique*, Paris, PUF, 1972, p. 61-71.

Freud S. (1912d/1998), Du rabaissement généralisé de la vie amoureuse : contributions à la psychologie de la vie amoureuse II. *OCF.P*, XI : 129-141. Paris, PUF.

Freud S. (1923e/1991), L'organisation génitale infantile. *OCF.P*, XVI : 303-309. Paris, PUF.

Freud S. (1913j/2005), L'intérêt que présente la psychanalyse. *OCF.P*, XII : 95-125. Paris, PUF.

Freud S. (1914), Pour introduire le narcissisme, *La vie sexuelle*, Paris, PUF, 1969, p. 81-105 ; Freud S. (1914c/2005). Pour introduire le narcissisme. *OCF.P*, XII : 213-245. Paris, PUF.

Freud S. (1914), Remémoration, répétition et élaboration, *La technique psychanalytique*, Paris, PUF, 1953, p. 105-115 ; (1914g/2005). Remémoration, répétition et perlaboration. *OCF.P*, XII : 185-196, Paris, PUF.

Freud S. (1915), Le refoulement (*Die Verdrängung*), GW X, 248-261 ; SE XIV, 146-158 ; in *Métapsychologie*, Gallimard 1968, 45-63 ; (1915d/1988). Le refoulement. *OCF.P*, XIII : 189-201. Paris, PUF.

Freud S. (1915), L'inconscient (*Das Unbewusste*), GW X, 264-303 ; SE XIV, 166-204 ; in *Métapsychologie*, Gallimard 1968, 65-123 ; Freud S. (1915e/1988). L'inconscient. *OCF.P*, XIII : 205-242. Paris, PUF.

Freud S. (1916-1917), *Introduction à la Psychanalyse*, Paris, P.B. Payot, 1975.

Freud S. (1916-17g [1915]/1988), Deuil et mélancolie. *OCF.P*, XIII : 259-278. Paris, PUF.

Freud S. (1919), On bat un enfant, *Névrose, psychose et perversion*, Paris, PUF, 1973, p. 219-243 ; (1919e/1996). « Un enfant est battu » : contribution α la connaissance de la genèse des perversions sexuelles. *OCF.P*, XV : 115-146. Paris, PUF.

Freud S. (1920), Au-delà du principe de plaisir, *Essais de psychanalyse*, Paris, Payot, 1981, p. 42-115 ; *OCF-XV*, Paris, PUF, 1996, p. 277-338 ; (1920g/1996). Au-delà du principe de plaisir. *OCF.P*, XV : 273-338. Paris, PUF.

Freud S. (1921), *Psychologie des foules et analyse du moi*, Paris, Payot, 1981 ; (1921c/1991). Psychologie des masses et analyse du Moi. *OCF.P*, XVI : 1-83. Paris, PUF.

Freud S. (1923), Das Ich und das Es, *Studienausgabe, Band III*, Frankfürt am Mein, Fischer Verlag, 1971, p. 288-330.

Freud S. (1923), *Le Moi et le Ça*, in *Essais de psychanalyse*, Paris, P.B. Payot, 1981, 218-275 ; *OCF-XVI*, Paris, PUF, 1991, p. 257-301 ; (1923b/1991). *Le Moi et le Ça*, in *OCF.P*, XVI : 255-301. Paris, PUF.

Freud S. (1925), « La négation », in *Résultats, idées, problèmes*, II, Paris, PUF ; 1985 ; *OCF-XVII*, (1992), p. 167-17 ; (1925h/1992). La négation. *OCF.P*, XVII : 165-171. Paris, PUF.

Freud S. (1926), *Inhibition, symptôme et angoisse*, Paris, PUF, Paris, 1993 ; *O.C.F.*, XVII, Paris, PUF, 1992, p. 203-286 ; (1926d [1925]/1992). Inhibition, symptôme et angoisse. *OCF.P*, XVII : 203-286, Paris, PUF.

Freud S. (1927c/1994), L'avenir d'une illusion. *OCF.P*, XVIII : 141-197, Paris, PUF.

Freud S. (1928), Dostoïevski et le problème du parricide, *Résultats, idées, problèmes, II*, Paris, PUF, 1985, p. 161-179 ; *OCF-XVIII*, Paris, PUF, 1994, p. 207-225 ; (1928b [1927]/1994). Dostoïevski et la mise à mort du père. *OCF.P*, XVIII : 205-225. Paris, PUF.

Freud S. (1930), *Malaise dans civilisation*, PUF, Paris, 1971 ; *OCF. XVIII*, PUF, Paris, p. 245-333 ; (1930a [1929]/1994). Le malaise dans la culture. *OCF.P*, XVIII : 243-333. Paris, PUF.

Freud S. (1933), Angoisse et vie pulsionnelle, *Nouvelles conférences de Psychanalyse*, Paris, Gallimard, 1984, p. 111-149 ; 111-149 ; *OCF-XIX* (1995) Paris, PUF, p. 85-208 ; Freud S. (1933a [1932]/1995). 32e leçon : angoisse et vie pulsionnelle. *OCF.P*, XIX : 164-194. Paris, PUF.

Freud S. (1933), La décomposition de la personnalité psychique, *Nouvelles conférences sur la psychanalyse*, Paris, Gallimard, 1989, p. 80-110 ; *OCF-XIX* (1995) p. 85-208 ; (1933a [1932]/1995). 31e leçon : la décomposition de la personnalité psychique, *OCF.P*, XIX : 140-163. Paris, PUF

Freud S. (1937c/2010). Analyse finie et analyse infinie. *OCF.P*, XX : 13-55. Paris, PUF.

Freud S. (1940), *Abrégé de psychanalyse* Paris, PUF, 1973 ; Freud S. (1940a [1938]/2010). Abrégé de psychanalyse. *OCF.P*, XX : 225-305. Paris, PUF.

Freud S. (1940), Le clivage du moi dans le processus de défense, *Résultats, idées, problèmes II*, Paris, PUF, 1985, p. 283-286 ; (1940e [1938]/2010). Le clivage du moi dans le processus de défense. *OCF.P*, XX : 219-224. Paris, PUF.

Freud S. (1950c [1895]/2006), Projet d'une psychologie. *Lettres à Wilhelm Fliess : 1887-1904*, p. 593-693. Paris, PUF.

Freud S. (1986), *Briefe an Fliess (1887-1904)*, (Herausgegeben von Jeffrey M. Masson), S. Fischer Verlag GmbH, Frankfurt am Main.

Freud S., *Naissance de la psychanalyse*, Paris, PUF, 1956.

Freud S.-Abraham K. (1969), *Correspondance 1907-1926*, Paris, Gallimard.

Freud S., Ferenczi S., *Correspondance 1908-1914*, Tome 1, Paris, Calmann-Lévy, 1992.

Fromm E. (1964), *The Heart of Man : Its Genius for Good and Evil*, New-York, Harper & Row.

Fukuyama F. (1992), *La Fin de l'histoire et le Dernier Homme*, Paris, Flammarion.

Gachelin G. (1985), Vie relationnelle et immunité, in *Corps et histoire, IVe rencontres psychanalytiques d'Aix-en-Provence*, Paris, Les Belles Lettres, 1985:45-98.

Gachelin G. (1991), Émotion et immunité, *La Recherche*, 17 (177), Spécial « Les défenses du corps ».

Gachelin G. (1995), Psychosomatique et modèles biologiques, *Revue française de psychosomatique*, PUF, (8), p. 7-23.

Gaffiot F. (1934), *Dictionnaire Latin-Français*, Paris, Hachette.

Garma A. (1962), Les images inconscientes dans la genèse de l'ulcère peptique, *Revue française de psychanalyse*, 25, n° 5-5-6, PUF, rééd. *Revue française de psychosomatique*, 26, 7-16.

Gillibert J. (1977), De l'auto-érotisme, *Revue française de psychanalyse*, 61, 5/6, 763-949.

Ginsberg A. (1960), Une expérience, in Bailly J.-C. et Guimard J.-P., *Essai sur l'expérience hallucinogène*, Paris, Belfond, p. 140-146.

Girard R., Bonnamy J.-L. (2020), *Quand la psychose fait dérailler le monde*, Gallimard.

Goethe J.-W. von (1809), *Les affinités électives*, Paris, UGE, 1963, coll. « 10/18 ».

Goldschmidt G.A. (1988), *Quand Freud voit la mer*, Paris, Buchet/Chastel.

Goodhart D. (2019), *Les Deux Clans. La nouvelle fracture mondiale*, Paris, Les Arènes.

Goodman A. (1990) Addiction : definition and implications, *Br. J. Addict.*, 85 (II), p. 1403-1408.

Grandin T. (1992), *Ma vie d'autiste*, Odile Jacob, 1994.

Green A. (1967), La diachronie dans le freudisme, *Critique*, n° 238, 1967, p. 359-385 ; repris in sous le titre « La diachronie en psychanalyse », in *La Diachronie en psychanalyse*, Paris, Minuit, 2000, p. 11-39.

Green A. (1967), Métapsychologie de la névrose obsessionnelle, *Revue française de psychanalyse*, 31, p. 629-646.

Green A. (1970), Répétition, différences, réplication, *La Diachronie en psychanalyse*, Paris, Minuit, 2000.

Green A. (1972), L'« Anti-Œdipe » de Deleuze et Guattari (note de lecture), *Revue française de psychanalyse*, (36), 3, 1972, p. 491-499 repris in *La clinique du négatif*, 2022, Paris, Ithaque, p. 119-129.

Green A. (1973), *Le discours vivant*, Paris, PUF, 1973.

Green A. (1974), L'analyste, la symbolisation et l'absence, *Revue française de psychanalyse*, 5-6, 1974 (spécial « Rêve »), p. 1191-1230.

Green A. (1975), Le temps mort, *Nouv. Rev. Psychanal*yse, 11, p. 103-109.

Green A. (1975), Les fondements différenciateurs des images parentales : l'hallucination négative de la mère et l'identification primordiale au père, 27e Congrès de psychanalyse de langue romane, in *Propédeutique* (1995), Paris, Champ-Vallon, p. 77-88.

Green A. (1980), La mère morte, *Narcissisme de vie, narcissisme de mort*, 1983, p. 222-253.

Green A. (1982), La réserve de l'incréable, in *La déliaison*, Paris, Les Belles-Lettres, 1992, p. 313-340.

Green A. (1983a), *Narcissisme de vie, narcissisme de mort*, Paris, Minuit, 1983.

Green A. (1983b), Malaise dans *ma* civilisation, *Le Débat*, 24, 2, p. 25-29.

Green A. (1984a), Le langage dans la psychanalyse, in *Langages*, Paris, Les Belles Lettres, 1984, p. 19-250.

Green A. (1984b), Pulsion de mort, fonction désobjectalisante, narcissisme négatif, in *Le Travail du négatif*, Paris, Minuit, 1993.

Green A. (1985), Réflexions libres sur la représentation de l'affect, in *Propédeutique*, Champ Vallon, 1995, p. 91-107.

Green A. (1986), Pulsion de mort, narcissisme négatif et fonction désobjectalisante, in *La pulsion de mort*, Paris, PUF, p. 49-59.

Green A. (1990a), *La Folie privée. Psychanalyse des cas limite*, Paris, Gallimard.

Green A. (1990b) Du tiers et de la tiercéité. Communications au Congrès SPPUNESCO, *La Psychanalyse, questions pour demain*, Paris, PUF, p. 9-16 et 243-277.

Green A. (1993a), *Le travail du négatif*, Paris, Minuit.

Green A. (1993b), L'analité primaire. Relations avec l'organisation obsessionnelle, in *La pensée clinique*, Paris, Odile Jacob, 2002, p. 111-147.

Green A. (1994), Psychique, somatique, psychosomatique, in *Somatisation, psychanalyse et science du vivant*, Paris, EsHeL, 167-185.

Green A. (1995), *La causalité psychique entre nature et culture*, Paris, Odile Jacob.

Green A. (1997), *Les chaînes d'Éros: Actualité du sexuel*, Paris, Odile Jacob

Green A. (1998), Théorie, in Fine A. et Schaeffer J. (dir.), *Interrogations psychosomatiques*, Paris, PUF, p. 17-53.

Green A. (1999a), Sur la discrimination et l'indiscrimination affect-représentation, *Revue française de Psychanalyse*, 65, 1, p. 217-271; in *La pense clinique*, Odile Jacob, Paris, 2002, p. 189-257.

Green A. (1999b), Passivité-passivation: jouissance et détresse, *Revue française de psychanalyse*, 63, 5, p. 1587-1600.

Green A. (2000), Hystérie et état-limite: chiasme. Nouvelles perspectives, *L'Hystérie*, Paris, PUF, p. 139-162; *La Pensée clinique*, p. 79-110.

Green A. (2000), *Le Temps éclaté*, Paris, Minuit.

Green A. (2002a), *Idées directrices pour une psychanalyse contemporaine*, Paris, PUF.

Green A. (2002b), *La pensée clinique*, Paris, Odile Jacob.

Green A. (2005), Le syndrome de désertification psychique; à propos de certaines tentatives d'analyse entreprises suite aux échecs de la psychothérapie, in F. Richard (dir.), *Le Travail du psychanalyste en psychothérapie*, Paris, Dunod, p. 17-34.

Green A. (2011), Les cas limites. De la folie privée aux pulsions de destruction et de mort, *Revue française de psychanalyse*, 75, 2, p. 375-390.

Green A. (2022), *La clinique du négatif. Narcissisme, destructivité et dépression*, Paris, Ithaque.

Green A., Donnet J.-L. (1973), *L'enfant de ça*, Paris, Minuit.

Grégoire M. (2016) Slam, chemsex et addiction sexuelle, *Psychotropes* (22), 3-4, p. 83-96.

Grezes N., Decety J. (2001), Functional anatomy of execution, mental simulation, observation and verb generation of actions: a meta-analysis. *Human Brain Mapping*, 12, 1-19.

Grinker R., Werble B., Drye R. (1968), *The Borderline Syndrome*, New York, Basic Book.

Groddeck G., *Ça et moi*, Paris, Gallimard, 1977.

Guilbert C. (2019), *Écrits stupéfiants, Drogue et littérature. D'Homère à Will Self, Paris*, Laffont.

Guillaumin J. (1985), Besoin de traumatisme et adolescence. Hypothèse psychanalytique sur une dimension cachée de l'instinct de vie, *Adolescence*, 3, 1, p. 127-137

Guilluy C. (2018), *No society. La fin de la classe moyenne*, Flammarion, 2019.

Gutton P. (1984), Pratique de l'incorporation, *Adolescence*, 2, (2): 315-338.

Gutton Ph. (1996), *Adolescens*, Paris, PUF.

Haag G. (1984), Autisme et phénomènes autistiques, *Psychiatrie de l'enfant*, 27, 2, 293-354.

Hachet P. (1997), La toxicomanie, une pseudo-introjection d'expériences traumatisantes, *Information psychiatrique*, 2, p. 151-157.

Hagège C. (1992), *Contre la pensée unique*, Paris, Odile Jacob.

Hazan E. (2006), *LQR. La propagande du quotidien*, Paris, Raisons d'agir.

Hegel G.W. (1805), *Phénoménologie de l'esprit*, trad. Jean-Pierre Lefebvre, Paris, GF-Flammarion, 1996.

Heidegger M. (1954), La question de la technique, in *Essais et conférences*, Paris, Gallimard, 1993, p. 9-48.

Heidegger M. (1927), *Être et Temps*, Paris, Gallimard, 1986, trad. Vezin.

Helgeland M. et Torgersen S. (2004), Developmental antecedents of borderline personality disorder, *Compresive Psychiatry*, 45 (2), p. 138-147.

Herzberg-Poloniecka R. (1989), Périple en psychosomatique à la lumière des symptômes, in *Corps malade et corps érotique*, Paris, Masson, p. 88-99.

Hoffmann J.-P. et coll. (1995), The effects of family structure and family relations on adolescent marijuana use, *International J. of Addiction*, 30, p. 1207-1241.

Hopper E. (1991), Encapsulation as a defence against fear of annhilatio, *Intern. J. of Psycho-Analysis*, 72, p. 607-624.

Hopper E. (1995), À psychoanalytic theory of "drug addiction": un unconscious fantaisies of homosexuality, compulsions and masturbation within the context of traumatic process, *International Journal of Psycho-Analysis*, 76, p. 1121-1141.

Huerre P., Pagen M., Reymond J.-M. (1998), *L'adolescence n'existe pas*, Paris, Odile Jacob.

Huntington S. (1996), *Le Choc des civilisations*, Paris, Odile Jacob, 1997.

Hurni M., Stoll G. (2003), Perversion narcissique dans les couples, *Revue française de Psychanalyse*, n° 3, p. 873-896.

Huxley A. (1954), *Les portes de la perception*, Paris, Éd. du Rocher.

Jasmin C. et coll. (1990), Le cancer : le renouveau, *Revue française de Psychanalyse* 54 (3), p. 827-842.

Jaunait A., Chauvin S. (2013), « Intersectionnalité », *Dictionnaire. Genre et science politique*, Achin C., Béréni L., (dir). Paris, Presses Science Po, p. 286-297.

Jauvert V. (2020), *Les voraces*, Paris, Laffont.

Jean de la Croix (1995). *La Vive Flamme d'amour*, Paris, Seuil.

Jenkins J. E. *et al.*, 1998, The relationship of family structure to adolescent drug use, peer affiliation, and perception of peer acceptance of drug use, *Adolescence*, 33, (132), p. 811-22.

Jennar R.-M. (2004), *Europe, la trahison des élites*, Paris, Fayard.

Jones (1953), L'épisode de la cocaïne, in *La vie et l'œuvre de S. Freud*, tome I, PUF, 1958.

Jünger E. (1970), *Approches, drogues et ivresse*, Paris, Gallimard, 1974.

Kadish Y. (2013), Two types of psychic encapsulation in anorexia, *Psychoanalytic Psychotherapy*, (27), 1, p. 60-76.

Kaës R. (2007), Notes sur la violence et la destructivité dans les groupes, *Journal de la psychanalyse de l'enfant*, 39, p. 187-206.

Kaës R. (2016), *L'Idéologie, l'idéal, l'idée*, l'idole, Paris, Dunod.

Kapsambelis V. (1994), *Les médicaments du narcissisme. Métapsychologie des neuroleptiques*, Paris, Les Empêcheurs de penser en rond.

Karam H. (2010), *Da alcoolizacao ao verbo. Ensaio de psicodynâmica do trabalho*, Brasilia, Paralelo.

Karila L., Benyamina A. (2018), Les cathinones de synthèse : un nouvel aspect du spectre des addictions, *PSN (Psychiatrie, Sciences humaines, Neurobiologie)*, (16), 1, p. 33-44.

Karila L. *et al.* (2004), Mécanismes neurobiologiques des addictions, *Synapse*, 206, p. 13-19.

Kernberg O. (1967), Borderline Personality Organization, *Journal of the American Psychoanalysis Association*, 15 (3), p. 641-685.

Kernberg O. (1975), *Les Troubles limites de la personnalité*, Toulouse, Privat, 1989.

Kestemberg E. (1978), La relation fétichique à l'objet, *Revue française de Psychanalyse*, 37, (2), p. 195-214.

Kestemberg E. (1999), *L'adolescence à vif*, Paris, PUF.

Kestemberg J., Kestemberg E., Decobert S. (1972), *La faim et son corps*, Paris, PUF.

Klein M. (1928), *La psychanalyse des enfants*, Paris, PUF, 1959.

Klein M. (1975), *Envy and gratitude, and other works : 1946-1963*. London : Hogarth Press

Klein N. (2008), *La Stratégie du choc : La montée d'un capitalisme du désastre*, Arles, Actes Sud.

Klemperer V. (1947), *LTI, la langue du IIIe Reich. Carnets d'un philologue*, Paris, Albin Michel, Agora, Pocket, 2003 (rééd.)

Kohut H. (1978), *Le Soi*, Paris, PUF, 2004.

Konicheckis A. (2016), Les sensations entre plasticité, ombre et arrière-plan, *Revue française de Psychanalyse*, 80, 4, p. 1012-1023.

Koob G.-F. (1992), Drugs of abuse : anatomy, pharmacology and function of reward pathways, *TIFS*, 13, 177-185.

Kreisler L., Fain M., Soulé M. (1981), *L'enfant du désordre psychosomatique*, Toulouse, Privat.

Kreisler L., Fain M., Soulé M. (1974), *Psychosomatique de l'enfant*, Paris, PUF.

Lacan J. (1958), La métaphore paternelle, *Le Séminaire, livre V : Les formations de l'inconscient*, Paris, Le Seuil, 1998.

Lacan J., *Écrits*, Paris, Seuil, 1966.

Ladame F. (1992), Adolescence et solution perverse, *Revue française de Psychanalyse*, 61, p. 1679-1684.

Ladame F. (1992), Courtes remarques sur l'analyse des adolescents, *Revue française de Psychanalyse*, n° 3, p. 827-835.

Lagrange H. et Mogoutov A. (1997), Un retardement de l'entrée en toxicomanie, *Déviance et Société*, (21), 3, p. 289-302

Lancelot M. (1968), *Je veux regarder Dieu en face (le phénomène hippie)*, Paris, Albin Michel.

Lane C. (2007), *Comment la psychiatrie et l'industrie pharmaceutique ont médicalisé nos émotions*, Paris, Flammarion, 2009.

Laplanche J., Pontalis (1967), *Dictionnaire de Psychanalyse*, Paris, PUF.

Laplanche L. (1970), *Vie et mort en psychanalyse*, Paris, Flammarion.

Laplanche J. (2003), « Le genre, le sexe, le sexual », *Libres cahiers pour la psychanalyse. Etudes sur la théorie de la séduction*, Paris, In Press, p. 69-103 repris in *Sexual. La sexualité élargie au sens freudien*, Paris, PUF, 2007, p. 153-193.

Lasch C. (1988), *La Culture du narcissisme*, Paris, Robert Lafont, 1991, rééd. Castelnau-le-Lez, Climat, 2000.

Lautréamont (1870), « Poésie II », in *Les Chants de Maldoror*, Poésie/Gallimard, 1973.

Lee H.G. (2014) La société ouverte et ses nouveaux ennemis, *Diogène*, 4 (n° 248), p. 49-58.

Le Guen C. (2002), La psychanalyse est une anthropologie, in Le Guen A., Pragier G. (dir.), *Freud, le sujet social*, Paris, PUF, p. 73-100.

Le Guen C. (2009), *Dictionnaire freudien*, Paris, PUF.

Le Poulichet S. (1987), *Toxicomanie et Psychanalyse. Les narcoses du désir*, Paris, PUF.

Lebas F. (2023), Étymologie de « travail » in *Idées reçues sur le travail*, Tours, Éd. Le Cavalier bleu.

Lebreton D. (1990) *Anthropologie du corps et modernité*, Paris, PUF.

Legendre P. (1996), *La fabrique de l'homme occidental*, Paris, Ed. Mille et une Nuits.

Le Goff J.P. (1999), *« La barbarie douce », La modernisation aveugle des entreprises et de l'école*, Paris, La Découverte

Legutko R. (2019), *Le Diable dans la démocratie. Tentations totalitaires au cœur des sociétés libres*, Paris, Le Toucan/L'Artilleur, 2021.

Lejoyeux M., Ades J. (1994), Les achats pathologiques, *Neuro-Psy*, p. 25-32.

Lépinard E., Mazouz S. (2021), *Pour l'intersectionnalité*, Paris, Anamosa.

Lesourne O. (1984), *Le grand fumeur et sa passion*, Paris, PUF, 2008.

Lesourne O. (2007), *La genèse des addictions. Essai psychanalytique sur le tabac, l'alcool et les drogues*, Paris, PUF.

Levinas E. (1979), *Le temps et l'autre*, PUF, 1983.

Levivier M. (2012), Addiction, *pharmakon* et néoténie, *Psychotrope*, (18), 1, p. 103-116.

Levy P. (2000), *World philosophie*, Paris, Odile Jacob.

Levy-Soussan P., Corcos M., Barbouch R. *et al.* (1993), Anorexie mentale et vulnérabilité aux infections : le rôle des anticorps naturels, *Neuro-Psychiatrie de l'enfant et l'adolescent*, 41, 5/6, 309-315.

Lewin L. (1927) *Phantatica*, Paris, 1970, Payot, coll. « Petite bibliothèque », n° 164.

Lipovetsky G. (1980), Narcisse ou la stratégie du vide, *Le Débat*, (5), 5, p. 113-128.

Lipovetsky G. (1983), *L'ère du vide, essai sur l'individualisme contemporain*, Paris, Gallimard.

Lipovetsky G. (1992), *Le crépuscule du devoir. L'éthique indolore des nouveaux temps démocratiques*, Paris, Gallimard.

Louët E., Chabert C. (2011), La mélancolie, un destin de la passivité, *L'Évolution psychiatrique*, 76, 1, p. 31-42.

Lukianoff G. et Haidt J. (2018). *The Coddling of the American Mind : How Good Intentions and Bad Ideas Are Setting Up a Generation for Failure*, New York, Penguin Press.

Lyotard F.-F. (1979), *La condition postmoderne*, Paris, Éd. de Minuit.

M'Uzan M. de (1969), *De l'art à la mort*, Paris, Gallimard.

M'Uzan M. de (1970), Affect et processus d'affectation, intervention faite au XXXe Congrès des psychanalystes de langues romanes en 1970, sur le rapport d'André Green : « L'Affect », in *Revue Française de psychanalyse*, 34, 5-6, p. 1197-1202

M'Uzan M. de (1984), Les esclaves de la quantité, *Nouvelle Revue de Psychanalyse*, n° 30, p. 129-138 ; 1994, *La bouche de l'Inconscient*, Paris, Gallimard.

M'Uzan M. de (2005), Addiction et problématique identitaire : le tonus identitaire de base, in *Aux confins de l'identité*, Paris, Gallimard, p. 132-141.

M'Uzan M. de (2005), *Aux confins de l'identité*, Paris, Gallimard.

M'Uzan M. de (2010), Créativité et addiction, in Cupa D., Reynaud M., Marinov V., Pommier F. (dir.), *Entre corps et psyché : les addictions*, Paris, EDK, p. 119-123.

Maalouf A. (2019), *Le naufrage des civilisations*, Paris, Grasset.

Maffesoli M. (1988), *Le temps des tribus. Le déclin de l'individualisme dans les sociétés de masses*, Paris, Les Méridiens.

Maffesoli M. (2004), De l'identité aux identifications, in Aubert Nicole, *L'individu hypermoderne*, Ramonville Saint-Agne, Érès.

Mannoni O. (1990), La part du jeu, in *D.W. Winnicott*, L'ARC, p. 39-45.

Marcelli D. (1986), *Positions autistiques et naissance de la Psyché*, Paris, PUF.

Marcuse H. (1955), *Éros et civilisation. Contribution à Freud*, Minuit, 1963.

Marcuse H. (1964), *L'Homme unidimensionnel*, Minuit, 1968.

Marinov V. (2001), Le narcissisme dans les troubles de conduites alimentaires, *Anorexie, addictions et fragilités narcissiques*, Paris, PUF, p. 37-69.

Marks I. (1990), Behavorial (non-chemical) addiction, *British J. of Addiction*, *85*, (11), p. 1403-1408.

Marty M. (1976), *Les mouvements individuels de vie et de mort*, Payot.

Marty P. (1955), Importance de la motricité dans la relation d'objet, *Revue française de psychanalyse*, 19, 1-2, p. 205-284.

Marty P. (1958), La relation objectale allergique, *Revue fr. de psychanalyse*, XXII, n° 1, rééd. *Rev. fr. de psychosomatique*, 2006, 29 (1), p. 7-30.

Marty P. (1980), *L'ordre psychosomatique*, Paris, Payot.

Marty P. (1990), *La Psychosomatique de l'adulte*, Paris, PUF.

Marty P. (1991), Processus de somatisation, *Corps malade et corps érotique*, Paris, Masson, p. 106-107.

Marty P., M'Uzan M. de (1963), La pensée opératoire, *Rev. fr. de psychanalyse*, 27, n° spécial : 345-356 ; rééd. *Rev. fr. de psychosomatique*, 1994, 2, 6, p. 197-208

Marx K., *Critique de l'économie politique* (manuscrit de 1844), Paris, UGE.

Mauduit L. (2018), *La caste*, Paris, La Découverte.

McDougall J. (1974), Le psyché-soma et le psychanalyste, *Nouvelle Revue de Psychanalyse*, 10, p. 131-142.

McDougall J. (1978), Narcisse en quête de source, *Plaidoyer pour une certaine anormalité*, Paris, Gallimard, p. 139-160.

McDougall J. (1978), *Plaidoyer pour une certaine anormalité*, Paris, Gallimard.

McDougall J. (1980), Essai sur la perversion, in *Les perversions*, Paris, Tchou.

McDougall J. (1982), *Théâtre du Je*, Paris, Gallimard.

McDougall J. (1986), Un corps pour deux, *Corps et histoire*, Paris, Les Belles-Lettres.

McDougall J. (1988), De la sexualité addictive, *Psychiatrie française*, 91:29-51.

McDougall J. (1989), *Théâtre du corps*, Paris, Gallimard.

McDougall J. (1991), Entretien sur la boulimie, Avec Alain Fine, In *La Boulimie*, Paris, PUF, p. 143-151.

McDougall J. (1996), *Éros aux mille et un visages*, Paris, Gallimard.

McDougall J. (2003), Addiction, dans *Addiction et pathologies limites*, Paris, PUF, 2003.

McDougall J. (2001), L'économie psychique de l'addiction, *Anorexie, addictions et fragilités narcissiques*, Paris, PUF, p. 11-36.

McDougall J. (1973), L'idéal hermaphrodite et ses avatars, *Nouvelle Revue de Psychanalyse*, 1973, n° 7, p. 263-276, in *Plaidoyer pour une certaine anormalité*, p. 63-78.

Menahem R. (2000), *Joyce McDougall*, Paris, PUF.

Mendel G. (1968), *La révolte contre le père. Une introduction à la sociopsychanalyse*, Payot.

Merleau-Ponty M. (1945), *Phénoménologie de la perception*, Paris, Gallimard.

Merlet A. (1986), Tout organe détermine devoir, in Le Wattel R., Merlet A., Laurent E. (dir.), *Le phénomène psychosomatique et la psychanalyse*, Paris, GREPS, Éd. Navarin, p. 126.

Mesnil J. (1990), La désymbolisation en question, in *Psychanalyse à l'université*, Paris, PUF, p. 79-105.

Metzner R., Leary T. (1969), « Sur la programmation des expériences psychédéliques », in *Essai sur l'expérience hallucinogène*, Paris, Belfond, p. 253-268.

Michaux H. (1956), *Misérable miracle*, Paris, Gallimard.

Michaux H. (1966), *Les Grandes Épreuves de l'esprit*, Paris, Gallimard.

Michaux H. (1975), *L'Infini turbulent*, Paris, Mercure de France.

Michéa J.-C. (1999), *L'Enseignement de l'ignorance*, Castelnau, Climats.

Michéa J.-C. (2017), *Notre ennemi, le capital. Notes sur la fin des jours tranquilles*, Paris, Flammarion.

Michel F.-B., *Du nez*, Paris, Grasset, 1993, p. 31.

Mijolla A. de, Shentoub S.A. (1973), *Pour une psychanalyse de l'alcoolisme*, Paris, Payot.

Moggio F. (2003), Clinique psychanalytique de l'enfant : les séparations parentales, creuset possible de la perversion narcissique, *Revue française de Psychanalyse*, n° 3, 2003, p. 959-968.

Mondenard J.-P. de (2004), *Dictionnaire du dopage. Substance, procédés, conduites, dangers*, Paris, Masson.

Monjauze M., *La problématique alcoolique*, Paris, Dunod, 1992.

Montaigne M. de, *Essais, Livres I, II, III*, Denis Bjaï, Bénédicte Boudou, Jean Céard, Isabelle Pantin (dir.), Le Livre de poche Classique, 2002.

Morin E. (1991), De la complexité : Complexus, in *Les Théories de la Complexité*, Paris, Seuil, p. 283-295.

Morin E. (2001), *La méthode*, vol. 5 : *L'humanité de l'humanité*, Paris, Seuil.

Muray P. (1999), *Après l'Histoire*, Paris, Gallimard, 2011.

Neau F. (2013), Narcissisme et perversion, in C. Chabert (dir.), *Narcissisme et dépression*, Paris, Dunod, p. 7-115.

Nietzsche F. (1878-1879), *Humain, trop humain*, in J. Lacoste et J. Le Rider (dir.) (1993), *Œuvres*, Paris, Laffont, p. 417-956.

Nietzsche F. (1888), *L'antéchrist*, Paris, UGE, 1967.

Nietzsche F. (1909), *Ecce Homo*, Denoël/Gonthier, 1971.

Nin A., *La maison de l'inceste*, Paris, La Table Ronde, 1964.

Novarina V. (2010), *Devant la parole*, Paris, P.O.L.

Ogden T.H. (1994), *Les Sujets de l'analyse*, Paris, Ithaque, 2014.

Olds I., Milner P.M. (1954), Positive reinforcement produced by electrical stimulation of septal area and other regions of rat brain, *J. Comp. Physiol. Psychol.*, 47 p. 419-427.

Olivenstein C. (1982), *La vie du toxicomane*, Paris, PUF.

Ouazzani Touhami Z, Benlafkih L., Jiddane M., Cherrah Y, El Malki H.O., Benomar A. (2011), Neuromarketing : lorsque neurosciences et marketing se rejoignent, *Revue Neurologique*, 167, 2, February 2011, p. 135-140.

Orwell G. (1949), *1984*, Paris, Gallimard, 1950.

Pages M., Bonetti M., de Gauléjac V., Descendre M. (1979), *L'emprise de l'organisation*, Paris, PUF, p. 184-85 *sq.*

Parménide, *Le poème* (présenté par Jean Beaufret), Paris, PUF, 1955.

Peele S. (1975), *Love and addiction*, New York, Taplinger.

Péguy C. (1934), *Pensées*, Paris, Gallimard.

Perrier F. (1981), *L'alcool au singulier*, Paris, Inter-Éditions.

Perrier G. (1684), *La vie de Monsieur Pascal*, Paris, La Table Ronde, 1994.

Perron-Borelli M. et Perrron R (1987), « Fantasme et action », *Revue française de psychanalyse*, 51, 2, p. 539-638.

Perron-Borelli M., Perron R. (1993), *La dynamique du fantasme*, Paris, PUF.

Pert C.B. et coll. (1985), Neuropeptides ans theirs receptors : a psychosomatic network, *J. Immunology*, 135, p. 792-797.

Piazza P.V. (1991), Dopamine activity is recuced in the prefrontal cortex of rats predisposed to develop amphetamine self-administration, *Brain Research*, 567, 169-174.

Pirlot G. (1990), Douleurs sociales, maladies psychosomatiques de civilisation, *Revue française de psychosomatique*, 1999, 15, p. 199-212.

Pirlot G. (1997), *Les passions du corps : La Psyché dans les addictions et les maladies auto-immunes*, PUF.

Pirlot G. (2001), *Violence et souffrance à l'adolescence*, Paris, L'Harmattan.

Pirlot G. (2002), Paradoxical immune diseases after cessation of addictive behaviour : 'M'Otherness pathology in psychic or immunolological Self, *The Psychoanalytic Review*, 89, 3, 339-361.

Pirlot G. (2007), La pensée neurophysiologique de S. Freud peut-elle aider au dialogue entre psychanalyse et neurosciences ?, *Revue française de psychanalyse* (Vol. 71), 2, p. 479-500.

Pirlot G. (2009), *Déserts intérieurs. Le vide négatif dans la clinique contemporaine, le vide positif de «l'appareil d'âme»*, Toulouse, Érès.

Pirlot G. (2009), *Psychanalyse des addictions*, Paris, Dunod, rééd, 2018.

Pirlot G. (2010), *Contre l'uniforme mental. Scientificité de la psychanalyse face au neurocognitivisme*, Paris, Douin.

Pirlot G. (2011), Mort d'âme dans contexte social et/ou professionnel, *Revue française de psychanalyse* (4), 75, p. 1045-1061

Pirlot G. (2013), *Classifications et nosologies des troubles psychiques. Approches psychiatrique et psychanalytique*, Paris, Armand Colin.

Pirlot G. (2014), Les addictions entre psychanalyse et neurosciences, *Psychotrope*, 20, 1-2, p. 169-190.

Pirlot G. (2016), Traumas économiques postmodernes et «voix pronominale» des pulsions, in Zawieja P. (dir.), *Psychotraumatologie du travail*, Paris, Armand Colin, p. 99-112

Pirlot G. (2017), «La désaffectation et sa différence avec l'alexithymie», *Corps et Psychisme*, 71, p. 9-22.

Pirlot G. (2018), *Psyché, dans ses reflets (d'amour) créateur face aux séparations. Montaigne, Descartes, Pascal, Freud, Magritte*, Toulouse, Presses Universitaires du Midi.

Pirlot G. (2018), (2018), *La colère de Rimbaud. Le chagrin d'Arthur*, Paris, Imago.

Pirlot G. (2022), *Le miroir sans tain de Narcisse dans les cliniques et souffrances psychiques contemporaines*, Toulouse, Presses Universitaires du Midi.

Pirlot G. (2023). «L'effacement du *miroir sans tain* du regard parental», in *Psyché en quête d'esprit*, L'Harmattan, p. 59-81

Pirlot G. (2024), «J'arrive où je suis étranger», *Revue française de psychanalyse*, 88, 2.

Pirlot G., Pedinielli J.-L. (2005), *Les perversions sexuelles et narcissiques*, Paris, Armand Colin.

Pluckrose H., Lindsay J. (2020), *Le triomphe des impostures intellectuelles*, Paris, H & O, 2021.

Popper K. (1945), *La Société ouverte et ses ennemis*, Paris, Seuil, 1979.

Quignard P. (1994), *Le sexe et l'effroi*, Paris, Gallimard

Quignard P. (1998), *Vie secrète*, Paris, Gallimard.

Quignard P. (2007), *La nuit sexuelle*, Paris, Flammarion

Quignard P. (2024), *Compléments à la théorie sexuelle et sur l'amour*, Paris, Seuil.

Quinodoz M. (1990), Le vertige dans la cure, *Revue française de Psychanalyse*, (2), 493-509.

Racamier P.-C. (1986), Entre agonie psychique, déni psychotique et perversion narcissique, *Revue française de Psychanalyse*, 55, p. 1299-1309.

Racamier P.-C. (1992a), *Le génie des origines, Psychanalyse et psychoses*, Paris, Payot.

Racamier P.-C. (1992b), Pensée perverse et décervelage, *Secret de famille et pensée perverse*, Gruppo n° 8, *Revue de psychanalyse groupale*, Paris, Apsygée, p. 137-155.

Racamier P.-C. (1993), *Cortège conceptuel*, Gruppo n° 9, *Revue de psychanalyse groupale*, Paris: Apsygée, 124 p

Rădo S. (1933), La psychanalyse des pharmacothymies, *Revue française de Psychanalyse*, 1975, (2) 4, p. 603-618.

Ramonet I. (2000), *Propagandes silencieuses: masse, télévision, cinéma*, Paris, Galilée.

Reinberg A. (1983), *Les rythmes biologiques*, PUF.

Revault d'Allones M. (2022), *Le crépuscule de la critique*, Paris, Seuil, coll. « Libelle ».

Reynaud M. (2005), *L'amour est une drogue douce... en général*, Paris, Flammarion.

Richard D. (1994), *La coca et la cocaïne*, Paris, PUF.

Richard F. (2012), L'Œdipe déformé des patients d'aujourd'hui, *Revue française de psychanalyse*, 76, 5, p. 1603-1610.

Richard F. (2015), La pensée du psychanalyste dans la cure : le travail avec les états-limites, in Emmanuelli M., Nayrou F., *La pensée, approche psychanalytique*, PUF, Paris, p. 111-128.

Riesman David (1950), *La foule solitaire*, Paris, Arthaud, 1979.

Rizzolatti G. *et al.* (1996), Premotor cortex and the recognition of motor actions, *Cognit. Brain Res.*, 3, 131-141.

Rosenberg B. (1991), *Masochisme mortifère et masochisme gardien de la vie*, Paris, PUF.

Rosset C. (1976), *Le réel et son double*, Paris, Gallimard, 1984.

Roth P. (1970), *Portnoy et son complexe*, Paris, Gallimard, Folio, 1973.

Rouhier A. (1969), L'ivresse peyotique (Étude autour de l'expérience de Havelock Ellis), in Bailly J.-C., Guimard J.-P., *Essai sur l'expérience hallucinogène*, Paris, Belfond, p. 63-73.

Rousseau J.-J. (1781), *Essais sur l'origine des langues*, Paris, Hatier, 1983

Roussillon R. (1995), Perception, hallucination et solution bio-logique du traumatisme, *Revue française de Psychosomatique*, 8, p. 105-117.

Roussillon R. (2004), La dépendance primitive et l'homosexualié primaire « en double », *Revue française de Psychanalyse*, 68, 2, 2004, p. 421-439.

Roussillon R. (2005), Affect inconscient, affect-passion, affect-signal, in *L'affect*, Paris, PUF, p. 117-135.

Roussillon R. (2014), Narcissisme et complexification, *Rev. fr. de Psychanalyse*, 78, 1, 2014, p. 68-82.

Rubin G. (2004), *Le déclin du modèle œdipien*, Paris, L'Harmattan.

Rueff-Escoubes C. (1995), Allons-nous vers une société normalement opératoire ? *Revue française de psychosomatique*, n° 8, 2, p. 193-208.

Sami-Ali M. (1980), *Le banal*, Paris, Gallimard.

Sami-Ali M. (1987), *Penser le somatique ; imaginaire et pathologie*, Paris, Dunod.

Sanfaçon D., Barchelat O., Lopez D. et Valade C. (2005), Drogues et dommages sociaux. *Revue de littérature internationale*, OFDT, « Focus », Paris.

Sartre J.-P. (1943), *L'être et le néant, essais d'ontologie phénoménologique*, Paris, Gallimard, 1972.

Sawitt R. (1963), Psychoanalytic studies on addiction ego structure in narcotic addiction, *Psychoanalytic Questions*, 32, p. 43-57.

Scharbach H., Viard A., Approche psychopathologique de l'asthme infantile, *Annales médico-psychologiques*, 1989, 147, 2, 200-204.

Schenckery S. (2006), La toxicomanie : une clinique de la mouvance, in Chabert C., Ciavaldini A., Jeammet P., Schenckery S. (dir.), *Actes et dépendances*, Paris, Dunod, p. 171-208.

Schmitz B. (1967), Les états-limites ; introduction pour une discussion, *Revue française de Psychanalyse*, 31, 2. p. 245-266.

Schmitz B. (1972), Narcissisme et toute-puissance phallique, *Revue fr. de Psychanalyse*, 36, 2, (Résistance et caractère), p. 249-264.

Schneider M. (2002), *Big Mother. Psychopathologie de la vie politique*, Paris, Odile Jacob

Schneider M. (2007), *La confusion des sexes*, Paris, Flammarion

Schneider M. (2013), *Miroirs des princes. Narcissisme et politique*, Paris, Flammarion

Searles H. (1959), L'effort pour rendre l'autre fou, *Nouvelle Revue de Psychanalyse*, 12, 1975, p. 23-48.

Searles H. (1965), *L'Effort pour rendre l'autre fou*, Paris, Gallimard, 1977.

Searles H. (1986), *Mon expérience des états-limites*, Paris, Gallimard, 1994.

Sifneos P.-E. (1967), Clinical observations on some patients suffering from a variety of psychosomatic diseases, dans Antonelli Proceeding of the 7th European Conf. of Psychosomatic Research, Rome, *Acta Med. Psychosom.*, 1967, p. 1-10.

Sifneos P.-E. (1973), The prevalence of « alexithymy » characteristics in Psychosomatics patients. In *Psychoth. Psychosomat.*, 22, 255-62.

Sifneos P.-E. (1986), Psychosomatique, alexithymie et neuroscience», *Revue française de psychosomatique*, Paris, PUF.

Sinanian A., Rocques M., Pommier F. (2016), La sexualité addictive, évitement et répétitions traumatiques, *L'Évolution psychiatrique*, (81), 3, p. 653-667.

Smadja C. (1991), À propos des procédés auto-calmants du moi, *Revue française de Psychosomatique*, Paris, PUF, 4, 9-26.

Smadja C. (1993), Les procédés autocalmants ou le destin inachevé du sadomasochisme, *Rev. fr. de psychosomatique»*, 8, 1995, p. 57-89.

Smadja C. (1998), Logique freudienne, logique martyenne, in A. Fine, J. Schaeffer (dir.) *Interrogation psychosomatique*, Paris, PUF, p. 55-69.

Smadja C. (2014), Le modèle pulsionnel de la psychosomatique, *Revue française de psychosomatique*, (45), 1, p. 11-30

Smadja C. (2018), Corps malade et surmoi, *Revue française de psychosomatique*, (53), 1, p. 167-179.

Sparer E. A. (2013), « Cadre totalitaire et fonctionnement narcissique » de Radu Clit, *Revue française de psychanalyse*, 1,67, p. 311-316

Spinoza, B. (1632-1677), *Traité de l'Autorité politique*, Gallimard.

Steiner G. (2003), *Nostalgie de l'absolu*, Paris, UGE.

Stiegler B. (2023), *« Il faut s'adapter ». Sur un nouvel impératif politique*, Paris, Gallimard.

Stoller R.J. (1975). *La perversion : forme érotique de la haine*, Paris, Payot, 1978.

Suchet D. (2015), Un commencement sexuel, *Revue française de psychanalyse, Spécial congrès, Le sexuel infantile et ses destins*, 2015/5, 79, p. 1434-1502.

Suchet D. (2024), *Le sexuel la vie durant. Histoire et actualité du sexuel et de la sexualité infantile*, Toulouse, Presses universitaires du Midi.

Svevo I. (1923). *La conscience de Zéno*, Paris, Gallimard, 2014.

Szwec G (1991), De la crise d'asthme à la crise de fou rire, *Revue française de psychosomatique*, 1, 119-132

Szwec G. (1993), Les procédés autocalmants, *Revue française de psychosomatique*, 1995, 8, p. 27-51.

Szwec G. (1995), Relation mère-enfant machinale et procédés autocalmants, *Revue française de Psychosomatique*, p. 69-90.

Taguieff P.-A. (2022), *Le retour de la décadence. Penser l'époque postprogressiste*, Paris, PUF.

Tamassa P. (2016), Pourquoi la littérature en temps de détresse (globale)? in S. Coyault et M. T. Jacquet (dir.), *Les chemins de Pierre Bergounioux*, Macerata, Quodlibet, p. 191-202.

Tassin J.-P. (1994), La maladie psychosomatique ; une confusion de « bassin » non traitée ? in *Somatisation, Psychanalyse et Science du vivant*, Paris, EsHeL, p. 245-259.

Tassin J.-P. (2007) Neurobiologie de l'addiction : proposition d'un nouveau, *Information psychiatrique*, 83, 2, p. 91-97

Tassin J.-P., Lanteri C. and Salomon L. (2006), Uncoupling between noradrenergic and serotonergic neurons : As a mechanism for drug addiction, *Med Sci* (Paris). Oct. 22 (10), 798-800.

Ternier C. et G. (1980), L'adolescence : un processus, *Revue française de Psychanalyse*, 3-4, Spécial Adolescence, p. 581-590.

Tisseron S. (2005), Quand l'addiction aux images cache une dépendance aux fantômes, in J. Aïn (dir.), *Dépendances*, Toulouse, Érès, p. 31-41.

Tisseron S. (2011), *L'image et la pensée*, Toulouse, Érès.

Tisseron S. (2018a), *Les dangers de la télé pour les bébés*, Toulouse, Érès.

Tisseron S. (2018b), Les smartphones… peut-être, Postface in *Génération Internet (2018), Génération Internet. Comment les écrans rendent nos ados immatures et déprimés*, Bruxelles, Mardaga, p. 401-416.

Todd E. (2024), *La défaite de l'Occident*, Paris, Gallimard.

Tomassini M. (1992), Désidentification primaire, angoisse de séparation et formation de la structure perverse, *Revue française de Psychanalyse*, 61, 1541-1614.

Tort M. (2005), *La fin du dogme paternel*, Paris, Champs Flammarion.

Tort M. (2013), La subjectivation patriarcale et la fonction paternelle de refus du féminin, *Rev. fr. de Psychanalyse*, (77), 5, p. 1665-1673.

Tristani J.-L. (1978), *Le stade du respir*, Paris, Éd. de Minuit.

Tustin F. (1990), *Autisme et Protection*, Paris, Le Seuil, 1992.

Twenge J. (2018), *Génération Internet. Comment les écrans rendent nos ados immatures et déprimés*, Bruxelles, Mardaga.

Varga K. (1996), *L'adolescent violent et sa famille*, Paris, Payot.

Varoufakis Y. (2024), *Les nouveaux serfs de l'économie*, Paris, Les liens qui libèrent.

Vernant J.-P. (1962), *Les Origines de la pensée grecque*, Paris, PUF.

Vincent J.-D. (1986), *Biologie des passions*, Paris, Odile Jacob.

Vincent J.-D. (1989), Le neurone excité, *Nouvelle Revue de Psychanalyse*, n° 39, p. 131-136.

Watts A. (1969), L'expérience psychédélique : réalité ou chimère ?, in *Essai sur l'expérience hallucinogène*, Paris, Belfond, p. 238-251.

Watzlawick P., Weakland J., Fisch R. (1974), *Changements : Paradoxes et psychothérapie*, Paris, Seuil 1975

Westen D. et coll. (1990), Physical and sexual abuse in adolescents girls with borderline personality disorder, *American Journal of Orthopsychiatry*, 60, p. 55-66

Winnicott D. W (1952), L'angoisse associée à l'insécurité, *De la pédiatrie à la psychanalyse*, p. 126-130.

Winnicott D. W. (1951), Le rôle de miroir de la mère et de la famille dans le développement de l'enfant, *Nouvelle Revue de psychanalyse*, 10, 1974, p. 79-86.

Winnicott D. W. (1971), Objets transitionnels et phénomènes transitionnels, *Jeu et réalité*, Paris, Gallimard, 1975, p. 27-64.

Winnicott D. W. (1952), L'angoisse associée à l'insécurité, *De la pédiatrie à la psychanalyse*, p. 126-130.

Winnicott D. W. (1962), L'Adolescence, *Déprivation et délinquance*, Paris, Payot, p. 163-179.

Winnicott D. W. (1967), Le concept d'individu sain, in *D.W. Winnicott*, L'ARC, librairie Duponchelle, 1990, p. 13-26.

Winnicott D. W. (1974), La crainte de l'effondrement, *La Crainte de l'effondrement et autres situations cliniques*, Paris, Gallimard, 2000.

Winnicott, D. W. (1969), La théorie de la relation parent-nourrisson, *De la pédiatrie à la psychanalyse*. Paris, Payot, 1969, p. 237-256.

Wulff M. (1932), Sur un intéressant complexe symptomatique oral et sa relation α l'addiction, trad. Granjeon A. et Rose M.-C., *La boulimie*, PUF, 1992, p. 47-62.

Zanarini M.C. et coll. (2002), Severity of reported childhood sexual abuse and its relationship to severity of borderline psychopathology and psychosocial impairment among borderline inpatients, *The Journal of Nervous and Mental Disease*, 190 (6), p. 381-387.

Zorn F. (1977), *Mars*, Gallimard, 1979.

Zuckerman M. (1971), Dimension of sensation-senking, *J. Clin. Psychol*, 36, (1), p. 45-52.

Sitographie

Bokanowski Th. « Traumatisme, traumatique, trauma, Le conflit Freud/Ferenczi », Sommaire des Conférences en ligne, http://www.spp.asso.fr/Spp/ConferencesSeminaires/index.htm.

Fernández-Aranda F. *et al.* (2020), COVID Isolation Eating Scale (CIES) : Analysis of the impact of confinement in eating disorders and obesity – A collaborative international study, in *European Eating Disorders Review, SPECIAL ISSUE* sept. https://onlinelibrary.wiley.com/doi/10.1002/erv.2784.

Commission d'enquête sur l'impact du narcotrafic en France et les mesures à prendre pour y remédier : https://www.senat.fr/travaux-parlementaires/structures-temporaires/commissions-denquete/commission-denquete-sur-limpact-du-narcotrafic-en-france-et-les-mesures-a-prendre-pour-y-remedier.html.

Couturier B. (2020), 28/09/2020, Campus américains et liberté d'expression, un changement de culture ? Épisode 1 : La politique des identités joue-t-elle contre l'esprit critique ? *Le tour du monde des idées, France culture*. https://www.radiofrance.fr/franceculture/podcasts/serie-campus-americains-et-liberte-d-expression-un-changement-de-culture.

de Blok C. , Wiepjes C. , van Velzen D., Staphorsius A., Nota N. , Gooren L., Kreukels B., den Heijer M. (2021), Trends over five decades in adult transgender people receiving hormone treatment : a report from the Amsterdam cohort of gender dysphoria, *Lancet Diabetes Endocrinol*, 9 (10), p. 663-670 ; https://pubmed.ncbi.nlm.nih.gov/34481559/.

Duparc F. (2004), « Des traumatismes invisibles ou par manque de réalité », *Conférences en ligne*, site de la SPP, http://www.spp.asso.fr/Spp/ConferencesSeminaires/index.htm.

Haag G. (2006), « La psychanalyse et la recherche sur l'autisme », site Société Psychanalytique de Paris : http://www.spp.asso.fr/main/Actualites/Items/27.htm.

Karila L., Les 5 C de l'addiction et l'addict-arbre, https://apprendreaeduquer.fr/les-5c-de-laddiction-et-laddict-arbre-laurent-karila/.

Lahtinen O. (2024), « Construction and validation of a scale for assessing critical social justice attitudes », *Scandinavian Journal of Psychology*, March 14, https://onlinelibrary.wiley.com/doi/10.1111/sjop.13018.

Guilbert C. dans *Les chemins de la philosophie* https://www.radiofrance.fr/franceculture/podcasts/les-chemins-de-la-philosophie/la-drogue-heroine-de-la-litterature-6803431.

Albert Hofmann le père du LSD disparait in *Monde Magazine*, mai 2006 : https://www.lemonde.fr/blog/fredericjoignot/2023/04/19/albert-hofmann-le-pere-du-lsd-disparait-a-102-ans-apres-avoir-ete-fete-au-world-psychedelic-forum-bale/.

Mondenard J.-P. de, blog : Sport et dopage : https://dopagedemondenard.com/.

Référence des textes utilisés et modifiés afin de faire chapitre

« Emprise addictive à l'adolescence », paru dans *Adolescence*, 2024a, (42), 1, p. 141-152

« L'addiction entre resomatisation de l'affect, refoulement et "mémoire amnésique" », paru dans *Le Carnet Psy*, 2019, (9), 230, p. 47-50.

« Approche psychosomatique des addictions », paru dans *Le Carnet Psy* (4), 2008, p. 45-49.

« Perversions et addictions : les affinités sélectives » paru dans *Perversions. Aux frontières du trauma*, sous la direction de Joyce Aïn, Toulouse, Érès, 2006, p. 111-133.

« Complexité psychopathologique du phénomène d'addiction réévalué avec des concepts psychosomatiques et métapsychologiques », paru dans *Psychotropes*, 2002, (8), 2, 2002, p. 97-118.

Du même auteur

PIRLOT G. (1997), *Les Passions du corps. La psyché dans les addictions et les maladies auto-immunes*, Paris, Presses Universitaires de France, Le Fil rouge (épuisé).

PIRLOT G. (2001), *Violences et souffrances à l'adolescence : psychopathologie, psychanalyse et anthropologie*, Paris, L'Harmattan.

PIRLOT G. et PEDINIELLI J.-L. (2005), *Les Perversions sexuelles et narcissiques*, Paris, Armand Colin, coll. « 128 », rééd. 2013.

PIRLOT G. (2007), *Poésie et Cancer chez Arthur Rimbaud*, Paris, EDK (épuisé).

PIRLOT G. (2009), *Déserts intérieurs. Le vide négatif dans la clinique psychique contemporaine et positif dans l'appareil d'âme*, Toulouse, Érès.

PIRLOT G. (2009), *Psychanalyse des addictions*, Paris, Dunod, 4e édition augmentée 2025.

PIRLOT G. (2010), *La Psychosomatique entre psychanalyse et biologie*, Paris, Armand Colin.

PIRLOT G. (2010), *Contre l'uniforme mental. Scientificité de la psychanalyse face au neurocognitivisme*, Paris, Douin.

CORCOS M. et PIRLOT G. (2011), *Qu'est-ce que l'alexithymie ?*, Paris, Dunod.

GUERRAOUI Z. et PIRLOT G. (dir.) (2011), *Comprendre et traiter les situations interculturelles. Approches psychodynamiques et psychanalytiques*, Bruxelles, De Boeck.

PIRLOT G. et CUPA D. (2012), *André Green. Les grands concepts psychanalytiques*, Paris, Presses Universitaires de France.

PIRLOT G. et CUPA D. (2012), *Approche psychanalytique des troubles psychiques*, Paris, Dunod, 2e éd. augmentée, 2017.

PIRLOT G., (2013), *Classifications et nosologies des troubles psychiques. Approches psychiatrique et psychanalytique*, Paris, Armand Colin, coll. « Cursus ».

PIRLOT G., (2015), *André Green. Dialogues et cadre psychanalytiques*, Paris, Presses Universitaires de France.

PIRLOT G., (2015), *T.E. Lawrence. Le désert, l'avers du désir*, Toulouse, Presses Universitaires du Midi.

PIRLOT G. (2018), *Psyché, dans ses reflets (d'amour) créateur face aux séparations. Montaigne, Descartes, Pascal, Freud, Magritte*, Toulouse, Presses Universitaires du Midi.

PIRLOT G. (2018), *La colère de Rimbaud. Le chagrin d'Arthur*, Paris, Ed. Imago.

JOUBERT C., PIRLOT G. (Dir.) (2021), *Soins et guérison en psychanalyse*, Paris, In Press.

PIRLOT G. (2021), *Le silence n'est pas sans voix. Et si Rimbaud avait rencontré Nietzsche à Bâle et Freud à Vienne ?* Paris, Lazare et Capucine (roman).

PIRLOT G. (2021), *Mirages, rêves de déserts*, Paris, L'Harmattan (poésie).

PIRLOT G. (2022) (Dir.), *Le miroir sans tain de Narcisse dans les cliniques & souffrances psychiques contemporaines*, Toulouse, Presses Universitaires du Midi.

PIRLOT G. (2022), *Entrelacs*, Paris, Ed. Les Impliquées (poésie).

PIRLOT G. (2023), *Psyché en quête d'esprit. Cliniques adolescentes, psychosomatiques et des cas-limites postmodernes*, Paris, L'Harmattan, coll. « Études psychanalytiques ».

PIRLOT G (2023), *L'affect et ses troubles de pensée*, Paris, In Press.

PIRLOT G (2023), *Je rêve, donc je suis. Les trois songes de Descartes*, Paris, Imago.

PIRLOT G. (2025), *René Magritte. Miroirs de rêves sur le mystère du regard maternel*, Paris, Presses Universitaires du Midi.

88039 - (I) - OSB 80° - SOFT - DNN
Dépôt légal : juin 2025
Achevé d'impression par
la Nouvelle Imprimerie Laballery 58500 Clamecy
N° d'impression : 504752
Imprimé en France